让课堂更精彩

——微格教学设计案例选编

王凤桐　杨宣　陈莉　主编

首都师范大学出版社
CAPITAL NORMAL UNIVERSITY PRESS

图书在版编目(CIP)数据

让课堂更精彩:微格教学设计案例选编/王凤桐,杨宣,陈莉主编.—北京:首都师范大学出版社,2014.3(2022.01重印)

ISBN 978-7-5656-1847-5

Ⅰ.①让…　Ⅱ.①王…　②杨…　③陈…　Ⅲ.①课堂教学—微格教学—教案(教育)—中小学　Ⅳ.①G632.421

中国版本图书馆CIP数据核字(2014)第055119号

RANG KETANG GENG JINGCAI

让课堂更精彩

——微格教学设计案例选编

王凤桐　杨宣　陈莉　主编

首都师范大学出版社出版发行

地　址　北京西三环北路105号

邮　编　100048

电　话　68418523(总编室)　68982468(发行部)

网　址　www.cnupn.com.cn

印　刷　北京九州迅驰传媒文化有限公司

经　销　全国新华书店

版　次　2014年6月第1版

印　次　2022年1月第5次印刷

开　本　787mm×1092mm　1/16

印　张　24.5

字　数　545千

定　价　58.00元

内容介绍

本书以微格教学对教学技能培训的理论为依据，以课堂教学事件为平台，突出对教学细节的推敲斟酌，反映了教师备课时对某些教学技能精心筹划的心路，从而使得课堂教学更精彩。

本书教学案例的撰写，突出教学的妙招，凸显教学技能运用的特点，对要素、类型和教学意图，具有互动的逻辑效果，尽显教师的教学风格特色。这种切片式的教案撰写形式，反映出微格教学的优点和特点，对教师理解和运用教学技能，提高教学水平大有裨益。

编 委 会

前　言

利用微格教学对培训教师掌握教学技能是十分有效的方法。微格教学的实践表明，在各级各类学校中，实施微格教学是一个系统的工程。它包括硬件设备的提供，软件技术的支持，微格教学的管理、规划，教学人员的配置，微格课堂的教学的组织实施等等。其中，微格教学的课前准备，即掌握教学设计、撰写教案，就是一件十分重要的工作。

教师备课需要掌握教学设计技术，进而撰写出科学的、实用的课堂教学的教案。对于利用微格教学接受教学技能培训的教师来讲，进行微格教学设计，撰写微格教学的教案具有更为特殊的意义。

“凡事预则立，不预则废”，制定教案是教师上课前的重要准备工作，事先不备课，不撰写出好的教案，教案不合格，就不能上好课。

编写微格教学教案是教师把教学技能知识用于教学实践的第一个动态过程，所写教案的质量如何，能够体现出学员对教学技能的理解和运用水平。教案又是学员上角色扮演课的依据，是完成教学任务的保证。

所以，本书运用一定的篇幅阐述微格教学设计实践中的体会和感悟，并展示部分参与培训的教师编写的微格教案，教案呈现的是教师进行教学设计的心智成果。

我们在每个教学技能项目开始都提供有该项技能的定义、要素、类型和评价表，目的是便于对选编的设计案例的阅读。

2013 年“课堂教学技能”作为北京教育学院中小学教师教育技术的专题，在北京市开展了项目培训，在培训过程中，我们收集一些微格教学教案，并进行了筛选、整理工作。我们在北京教育学院孟宪凯先生和首都师范大学郭友教授的指导下，进行了多年的微格教学实践研究，我们参与了孟宪凯主持的北京市“十一五”立项课题“教师课堂基本教学技能标准、训练及其评价的研究”的项目，通过与微格教学培训教师的共同探究、摸索，现在将微格教学培训中部分中小学教师撰写的教学技能设计案例 89 篇，共 17 个技能项目，拿出来汇集成书。希望与微格教学第一线的同行交流、切磋，共同提高，以此，推动微格教学的设计向更高水平发展。

编者

2013 年 12 月

目 录

微格教学设计概说篇

微格教学设计案例篇

微格教学设计说课篇

微格教学设计概说篇

微格教学设计

一、微格教学设计意义

教学系统是由相互联系、相互作用和相互影响的多种要素构成的，教师在备课过程中，用系统的方法对这些要素分析与研究，对教学实施策划，进行合理的安排和计划，叫做教学设计。

教学设计是实现教学过程与教学结果的最优化的系统教育技术，对于提高教师的教学能力具有实效性。教学设计不同于教案编写，其成果主要体现在教案上。编写教案是教学设计的重要内容，但是不等同于教学设计。教学设计是根据教学目标和教学对象的特点，组织和安排各种学习资源，使得教学过程的所有的要素都组合到一个优化的教学结构之中。

教学设计工作是依据一定的教学理论理念对面临的教学进行规化，是用已知的教学规律去创造性地解决教学中的问题。教学设计的理论依据是系统理论和传播理论，要与教学理论、教学法、教学媒体相联系，其核心和关键是要有教学理论作为指导，教学设计者要有与时俱进的教学理念和先进的教学思想。教学设计最终表现为教案对教学过程的预设呈现。

皮连生主编的《教学设计》一书中指出："教学设计将教学活动建立在系统方法的科学基础之上，使教学手段、过程成为可复制、可传授的技术程序。只要懂得相关的理论，掌握科学的方法，一般教师都可以较迅速地实际操作。因此，学习和运用教学设计的原理与技术，是促进教学工作的有效途径。"(皮连生：《教学设计》，高等教育出版社，2000 年，第 2、3 页)

由此看来，教学设计有利于教学工作科学化，有利于教学理论与教学实践相结合，有利于教师思维能力和思维习惯的培养，最终可提高教师的教学水平。

微格教学是一种小的课型的教学，北京教育学院微格教学课题组在实验的基础上认为：微格教学是一个具有控制性的教学实习系统，它可使师范生和在职教师集中解决某一特定的教学行为，并在有控制的条件下进行学习和训练。它是建筑在教育教学理论、科学方法论、视听理论和技术的基础上，系统训练教师课堂教学技能的方法。

郭友先生指出：在准备微型课时，对教学过程中相互联系的各个要素做出计划和安排，建立一个分析研究和解决问题的方法，并对预期的结果进行分析。这种用系统的方法计划微型课的过程，我们把它称之为微格教学教学设计。(孟宪凯：《微格教学基本教程》，北京师范大学出版社，1992 年，第 167 页)

实施微格教学的主要目的是培训师范生或在职教师掌握教学技能。因此，在每一项教学技能学习之后，就要通过一个简短的微型课对所学技能进行训练，把理论和实践结合起来，这就需要事先进行微格教学设计。微格教学课的设计步骤与普通课堂教学设计大体相同，是实现教学过程与教学结果的最优化的教育技术。微格教学是针对不同教学水平教师进行的教学技能训练或以研究为目的的教学，因此，微格教学设计要求就应具有不同的层次水平。

对于年轻的、初参加工作的教师，他们还没有教学经验，还不能熟练地将教学理论与教学实际相结合，他们的微格课就属于对教学技能“入门”、“入格”的设计。对于有一定教学经验的教师来讲，他们设计微格课就有研究教学的味道，他们的微格教学设计就有“破格”表现出创造性教学的特点。一个好的微格教学设计必须对教学技能有透彻的理解。如果对教学技能仅一知半解，就不会有高质量的微格教学设计。总之，微格教学是教师成长的摇篮，微格教学设计技术是教师的挚友，它有利于教师的发展，对于青年教师迅速成长尤其具有独特的意义。

微格教学设计的成果主要体现在教案上，编写教案是教学设计的重要内容，编写微格教学教案是教师把教学技能知识用于教学实践的第一个动态过程，撰写教案的质量能体现出学员对教学技能的理解和运用水平。教案又是学员上角色扮演课的依据，是完成微格教学任务的保证。若教案不合格，就不可能上好微格教学技能训练课。

教学设计的实质，是对学员进行心智技能训练，然后将教学设计的成果在课堂教学中展现出来。微格教学通过简短的微型课对学员所要学的教学技能进行训练，是教学优化理论和教学实践紧密地结合的体现。因此，设计微格教学课，必须把所要掌握的教学技能准确、恰当地体现在微格教案之中，这是教师上好微格课的前提条件。

二、微格教学设计特点

微格教学具有小的课型特点，微格的课堂教学设计不同于一般大课堂的教学设计，微格课是以教学技能训练为目的的教学，是完成微格教学技能培训的保障。

微格教学课以培训教师掌握教学技能为目的，它以训练教师的“诊断”教学能力为目标，它要求把课堂教学变得更加实际，它特别重视师生双方活动的两个变量的影响和变化，以促进学习。微格教学的实质是培训执教学员学会运用教学技能教学生掌握知识、培养能力、提高教学质量。它重视教学诊断和诊断后采取的措施。微格教学设计有三个显著特点：

1. 微格教学是一个教学事件

微格课授课内容少，课时短，微格教学是一个完整的小的教学过程，以此来作为对某项教学技能训练的课型。

在微格教学设计中，是把教学一个事实、现象、概念等当作一个过程。在每一个学习事件中，都有开头和结尾，中间还有许多不同的阶段在进行着。这种小的教学过程同样有“动机—领会—获得—保持—实践—反馈”的特点。罗伯特·加涅把它形象地称为“学习事件”。这个教学事件过程又分为若干阶段，每一个阶段是一个信息加工过程（信息输入—加工—输出）如图1所示：

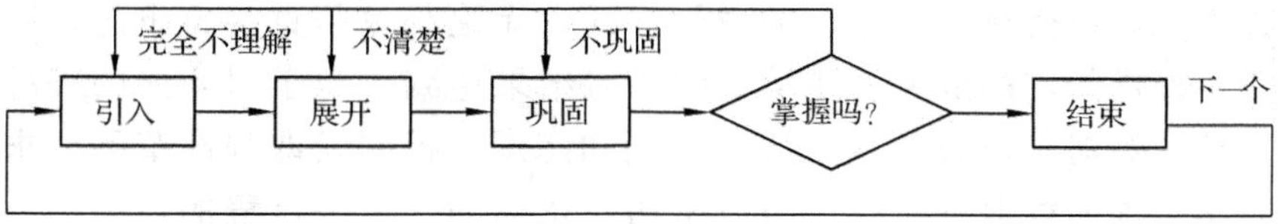

图1

微格教学重视教学"诊断"和诊断后采取的措施。

"怎样才能为每一学习事件做教学计划，以便使这些事件在整个行为的学习中发挥最好的作用。在这么做的时候，我们将处理那些一般能够应用于所有学习结果的外部条件(如注意、动机、强化)，我们也将处理为每一种学习结果所必需的不同的条件。"(罗伯特·加涅著：《学习的条件》，傅统先、陆有诠译，人民教育出版社，1985年)

从这一观点出发，在进行微格教学设计时，我们首先应划分学生学习一个事实等所经历的学习阶段，然后根据每一阶段的特点和所要达到的目标来设计教学活动。信息加工是学习的关键，教师必须懂得如何为信息内部加工创造良好的外部条件，促进学习者内部因素发挥作用，知道了这一点，就掌握了微格课堂教学的基本宗旨。

总之，微格教学课堂系统是由相互联系、相互作用的多种要素构成的，如何组织、设计一堂课，把各要素协调起来形成一个有机的整体，并通过反馈予以完善和改进，这是微格教学备课时必须把握的关键。

根据微格教学的实践，主要有两种模拟方式，如图2、图3所示：

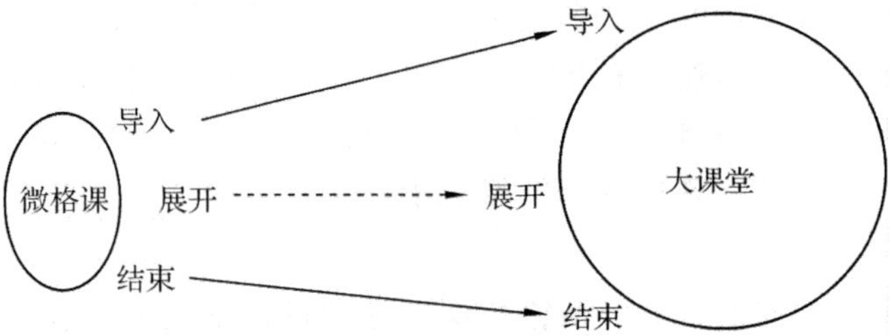

图2 微格大小课堂模拟教学示意图：小课堂模拟大课堂

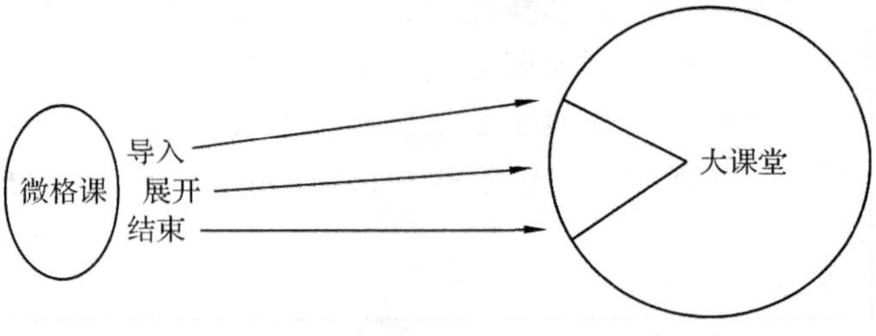

图3 微格小课堂模拟教学示意图：小课堂模拟教学局部

从教学实践上看，教师喜欢用小课堂模拟大课堂，尤其是做教学研究的教师，他们更倾向于用这种方式模拟教学以从事研究教学之用。用小课堂模拟教学局部，对于培训教学技能的教师更适用。这种模拟，并不是简单地截取课堂教学的片断，这一点，还要参看有关微格教学的教材加以理解，本文不再赘述。(见王凤桐、陈宝玉：《走进微格教学》，首都师范大学出版社，2010年，第9—14页)

从理论上说，微格教学所设计的教学模式，无论是教师直接给予的，还是通过某种方式为学生提供的，都是为了使学生的学习结果达到人类学习才能的五种标准，即智力技能、认知策略、语言信息、活动技能和态度。根据新课程改革的要求，我们同样将这个教学事件的教学目标设定为三维的：认知的，方法过程的，情感、态度与价值的。

2. 教学技能训练具有层次性

微格教学课堂主要是训练教师掌握教学技能。从培训实践中观察，这些技能可以分为一般教学技能、基本教学技能和综合教学技能三个层次水平。见图 4 所示：

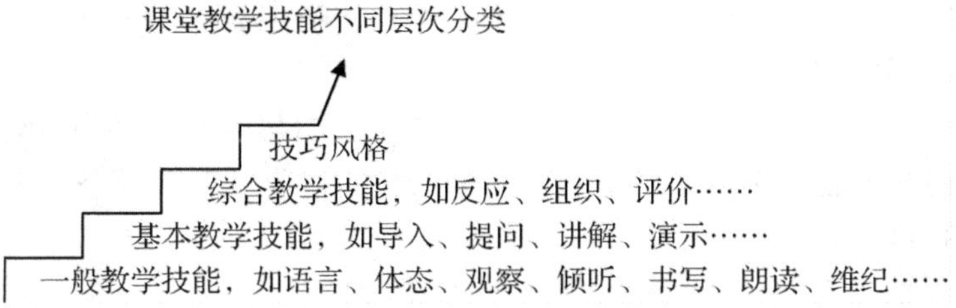

图 4　课堂教学技能不同层次分类

一般教学技能包含：口语、体态语、观察、倾听、书写、朗读、维持课堂学习纪律。

基本教学技能包含：教学语言、导入、讲解、提问、变化、强化、演示、板书、结束、组织。

综合性教学技能包含：反应、组织、评价等。具体地说，还有学习指导、思维训练、组织讨论、指导口语交际、沟通技能、引导感悟、鼓励创见、指导探究、指导实验操作等。

以上教学技能是我们从培训实践中得到的经验认识，还有待今后逐步完善和研究。从微格教学的实践看，教学技能研究目前有三个趋势：

一是保持对于课堂“基本教学技能”的训练。有语言技能、导入技能、讲解技能、提问技能、板书技能、变化技能、强化技能、演示技能、结束技能、组织技能，共十项基本教学技能。(见孟宪凯：《微格教学基本教程》，北京师范大学出版社，1992 年)这是目前争议较小且使用频率较多的教学技能。这是“满格”培训水平。

二是将原有教学技能再细分，研究得更精细。如将组织技能细分为组织讨论、维持教学秩序、组织学习、布置练习等；将提问技能细分为：追问、反问、设问、探询等；将体态语言技能细分为眼神、面部表情、手势、体态、站位等；将演示技能细分出板书、板画、课件演示、操作演示等；将语言技能细分出幽默技能等。从目前微格教学的培训实践看，这些技能都融合在不同的教学技能之中，虽没有专门的训练项目，主要靠教师平日里心领神会，自行揣摩。这是进入教师行业的“入门”水平。

三是为了更贴近教学需求，将教学技能整合得综合性更强些。如学习指导技能、思维训练技能、引导感悟技能、鼓励创见技能等。这些教学技能对于教师落实新课程理念更实用，教师更乐于接受。根据教学的需求，教师们对教学技能的分类不断提出新的要求，如要求指导教师开发、培训“指导探究学习技能”、与学生进行互动的“沟通技能”等等。这些技能同样能够融合在不同的基本教学技能当中进行培训，而且对于实施新课程有很大优势，教师们喜欢这些教学技能。所以，微格教学培训必须重视对这些技能的研究，这是当代教学实际所需要的。

由于这些技能涵盖面比较大，综合性较强，所以称之为综合教学技能。实在地说，这是成熟教师要达到的“破格”水平，他们已经走上研究教学的道路，他们的教学正逐步具有娴熟的技巧，将要形成自己个性特征的教学风格。

以上认识，均反映在《走进微格教学》(首都师范大学出版社，2010 年)一书第六章的教学技能训练纲要中，内容包括一般教学技能、基本教学技能和综合教学技能等，一共介绍了 24 项教学技能。

无论何种层次水平的教学技能，在实际教学技能培训中，为了规范和便于操作，教师必须掌握每项技能的定义、要素和类型，还要使学习者知道教学技能的功能，运用策略、评价标准。

单项技能训练具有“识”、“能”、“智”三个阶段的特点。

根据微格教学培训操作实践，教学技能形成自动化过程一般经历“识、能、智”三大阶段：一“识”是第一动态过程，是内隐的心智活动阶段；二“能”是第二动态过程，是外显的行为活动阶段；三“智”是技能自如阶段，要通过反复探究、演练才能实现的高水平的教学阶段，见表 1。

表 1　培训教学技能三阶段

识：知识(入格)	能：操作(合格)	智：策略(破格)
陈述性知识：技能定义、功能、要素、类型、使用策略	程序性知识：技能要素(结构)和类型的实践操作	策略性知识：实施技能的策略、监控技能实施效果、向技艺发展

识：建构技能知识的学习阶段。主要是了解、理解教学技能的定义、功能、要素、类型、运用策略。这是陈述性知识教学层次，属“入格”阶段。学习者主要是心智技能操作，是教师内隐行为，表现出来的是教学设计与撰写教案。

这里特别提到，学员撰写教案后，指导教师通过审阅、指导学员撰写教案，可以答疑解难，辅导学员理解教学内容，预想学生学习行为，进一步帮助学员理解教学技能，并将教学技能与教学实际紧密地结合起来。

能：实施教学技能的阶段。“能”是教学技能在课堂教学中的操作、实施。这是程序性知识的学习，关键是要进行课堂教学记录，这是微格教学成功的关键，也是微格教学的重要特色。教师要能成功地进行角色扮演，将教学技能运用于教学实际，这是程序性知识的教学层次，属于运用教学技能是否“合格”的阶段。

要察看学员的教案准备情况，尤其是看学员是否有微格教案，有的学员为了图省事，按照常规教学写教案是不合要求的；要准备记录设备，没有教学实录的教学是不合格的微格教学培训；指导教师听课做记录和讲评课必须以学员的微格教案和课堂录像为凭据，不能像常规课堂听课那样脱离教学技能培训要求妄言，那样容易造成学员精神不集中，无所适从，纠正教学行为精力分散，学习效果差。

智：教学技能策略的运用和监控阶段。“智”是运用教学技能的策略进行教学，这时，学员进入到主动学习、控制自己教学技能的学习阶段，这是策略性知识的教学层次，表现出学员的教学智慧性特点，这属于“破格”阶段。

三个阶段的特性以提问技能为例，见图 5 所示：

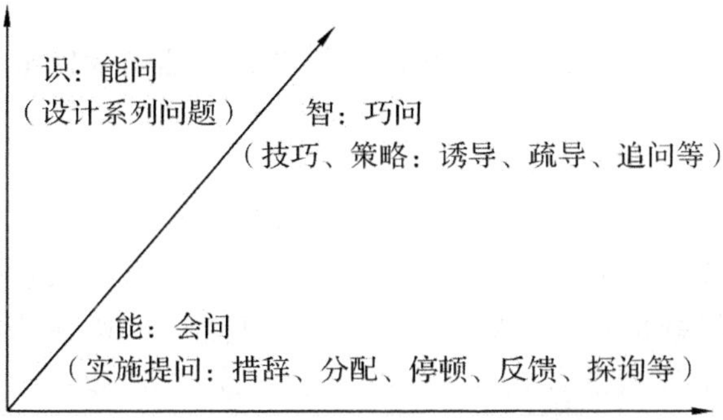

图 5　提问技能的三个阶段

识是要求教师用新的课程理念设计教学；能是在教学中训练掌握提问技能要流畅；智是向技艺发展，勇于研究创新。教师要由能问，走向会问，再走向巧问。这时，教学趋向于技巧风格发展，展现出教学的智慧性风采。

3. 微格教学技能培训的两个目标

微格教学技能培训要达到两个目标：一是被培训者应该掌握的教学技能目标，二是被培训者在微格教学课堂中通过技能运用，要达到的技能训练目标。

教学技能是实现教学目标的手段，教学目标达到的程度是对教学技能运用的检验和体现，两者互相联系，相互依存。前者是手段，后者是目的。（孟宪凯：《微格教学基本教程》，第 167 页）

微格教学课以培训教师掌握教学技能为目的，它以训练教师的“诊断”教学能力为目标，把课堂教学变得更加实际，它特别重视师生双方活动的两个变量的影响和变化，以促进学习。

从表面上看，进行微格教学的教学设计是让被培训者实践所学的教学技能，并逐渐熟练掌握各种教学技能。但实际上，无论是导入的技能、讲解的技能、变化的技能还是提问的技能等，都是运用这些方法激发学生的学习动机，促进思维，掌握知识和巩固知识。通过这些技能的运用，推动学习者的认知建构，提高学习者的学习质量。

训练教师掌握教学技能，主要是作用于学生。所以既要关注教师的行为，还要关注学生的行为。因为学生的表现才能反映教师技能行为的效果。教师心中始终要有学生。有人说：微格教学就是“微课”、“微教”和“微学”，这种形象的说法有利于人们对微格教学的理解。

微格教学模拟的课堂，是通过简短的微型课，对学员的教学技能进行训练，必须把所要掌握的技能恰当地、真实地运用到教学之中，最终实现教学目标。所以说，微格教学不是要花架子，它具有教学实效性，这也是搞好微格教学的关键。

4. 细节体现教学智慧

教学技能训练的高水平，是培养教师由狭义技能向技巧转变，教师要学会运用策略实施教学，使自己的经验不断积累，教学逐渐走向成熟。

心理学家费茨通过调查鉴别出四种动作技能构成成分：

(1)强调认知成分，学习者需要理解训练项目。要会判断，对技能运用有周密的判断。

(2)在技能学习中知觉因素的重要性，学习者必须准确敏锐地辨别需要做出反应的线索。

(3)协调能力起关键作用。

(4)学习者个性和气质特征，如保持冷静和放松的重要性。

借助内部语言在头脑中进行的认识活动则是心智活动，它包括感知、记忆、分析、想象、综合等，抽象思维是它的主要成分。“在认识特定事物，解决具体课题中，这些心理活动按一定的合理的完善的方式进行就是心智技能。”(藩菽：《教育心理学》，人民教育出版社，2001年，第139页)。

掌握正确的思维方式、方法是心智技能的本质特征。心智技能又称智力技能，它是按一定程序组织起来，并能顺利完成某种认识活动任务的复杂智力动作系统。

根据加涅的智慧技能理论，心智技能从简单到复杂，它的构成是一个由“辨别—概念—规则—高级规则”的阶梯层级：在“刺激—反应”基础上，形成最低级智力技能——辨别，“辨别”指发现事物或符号之间的差别；在辨别基础上，形成概念，“概念”是同类事物的共同本质特征的反映；在概念基础上，可以获得更高一级心智技能——规则，“规则”是几个概念之间的关系，以命题形式出现，规则是办事的准则。通过简单规则重新组合，在新情境中应用得到新的规则为“高级规则”，这是智力技能的最高层次。

心智技能形成的特点是：内部语言趋于概括化、简约化，思维品质达到优化，意志控制逐渐减弱。做不到这一点，运用技能就不能形成自动化。

在学习心理学史上，加涅首次提出智慧技能在本质上是应用习得的概念和规则办事的能力，他提出的智慧层次论认为：所谓程序性知识或智慧技能，其核心成分是概念和规则的运用，策略是一种特殊的智慧技能和认知技能，概念和规则的运用也是认知策略的核心。

案例：

学习《滥竽充数》一文，学生问：“为什么对齐宣王用‘死了’这个词?”

教师1：“这有什么好问的？人死了不用‘死了’难道还用‘活了’不成?”这是教师的调侃压制了学生的质疑。

教师2：“是呀，人死了，可以用哪些词？查一查字典看看?”

学生查字典查出：去世、辞世、羽化、圆寂、驾崩……但作者为什么用“死了”呢？大家意见不统一。

此时，教师在黑板上写了“寓言”两个字，并提问：“谁知道，寓言的特点是什么?”

生：“是假托的故事，作者通过一个故事说明一个道理。”

师：“对呀，因为作者写的不是真实的事情，只是通过故事说明一个道理，故事要好读易懂才行呀。用‘死了’不是正好做到这一点了吗?”

教师2运用提问进行启发、引导、探询，通过“启发”使学生达到“愤”“悱”的境界。最后，结合讲解，帮助学生解除了疑难。

教学细节的操作实践表明，教师要凭借自己的智慧，学会运用策略实施教学，从而达到教学高水平。教学细节浓缩着教师智慧的精华。教师要不断雕琢、修改细节，要运用评价技术不断反复地监控矫正自己的教学，将自己的教学技能向技巧、风格方向发展。这是教师本人的创造性教学阶段。

三、微格教学设计步骤

微格教学设计不是仅仅进行教案编写，微格教学设计与一般教学设计的步骤大体一致，是在理解教材，掌握教学大纲、教学法、教学理论的基础上实施教学设计。教学设计内容主要有：教材分析、学情分析、教学目标、教学重点难点、教学理论依据与理念、教学策略、教学媒体、板书设计、教案编写、教学评价等内容。

1. 教材分析

教育目标、价值主要通过课程来体现实施，教材分析必须钻研教学大纲、课程标准，教科书以及阅读有关资料。教师要明了本课教材在教学单元中的任务和特点，理解教材内容，明确教学要求。教材分析、确立教学目标相关，教材分析得透彻，利于确定教学重点和难点，规划课堂练习，布置作业。教材分析和学情分析、教学方法、教学策略不要混为一谈。

2. 学情分析

学生是教的对象，是学习的主体。教师要了解自己的教学对象，了解学生年龄心理和认知特点，包括学生的学习兴趣，怎样做到乐知爱学等。要分析学生原有知识基础，对新、旧知识接受的程度，确定最近发展区。教师要确认学生的学习技能水平，做到因材施教，保证教学技能训练的科学性。教学经验少的教师在学情分析的时候容易将教学方法、教学策略掺杂其中。

3. 确定教学目标

制定准确的教学目标是上好课的前提。制定教学目标是在教学背景分析的基础上确定的，教师必须首先分析教材、分析学情，并且掌握教学大纲精神。教学目标是用明确的行为标准来陈述，教学目标必须是能够被观察和可操作的。

教学目标和教学目的有区别又有联系。在平常的语言里，两者几乎是同义的，指的是“要全力以赴地去做的那件事”。但是在教育专业术语中，两个词都有不同的意义。“目的”一般地是指对教育意图的总的说明或概括。“目标”则是用来思考学生在学习结束的时候应当能够做什么，表现出的是行为方式，这样的目标有助于对学习效果进行精确的评定。

例如，语文教学《翠鸟》一文：

目的：学习本课生字新词，理解课文内容。

目标：会解释“荡漾”一词，知道它的用法，并会用“荡漾”造句。知道翠鸟的外形特点，并能够仿照课文的写法练习写小片段。

对于教学目标的制定，影响较大的是布卢姆的教学目标分类学。还有其他的分类方法，其说不一，至今未有定论。目前，教师都在尝试按照新课程标准，考虑三维目标的制定。

4. 确定教学重点、难点

教学重点，是根据教材的教学要求确定的，确定教学重点反映教师对教材的理解程度。

教学难点，是根据学生对达到教学要求的能力情况确定的。确定教学难点反映了教师对学生的了解程度，看教师是否能够结合学生的实际进行教学。有的时候教学重点也是教学难点，有的时候教学难点不一定是教学重点。

5. 确立理论依据、理念

微格教学设计的核心和关键是要有教学理论的指导，教学设计者要有与时俱进的教学理念和先进的教学思想。微格教学设计虽然是对教学技能的训练，但是，教师学员不能盲目地机械地练习教学技能，这不是简单地、呆板地进行技能操作，必须思考：我为什么这样做？怎样做得更好？要做研究型教师，这对教师提高业务水平是十分有益的。比如，做微格课的教师要思考：本节微格教学课的技能训练的指导思想是什么？培训教学技能的要素是什么？用什么教学理念指导上课？等等。

教师的理论知识储备可以列出很多，如，教育学理论、思维学理论、教学信息论、教育心理学理论、学习心理学、智育心理学、教学论、学科教学论、学科教学法、教学技能著述、新课程标准、教学大纲及其他如教学权威著述、教学研究资料等等。

有的教师嫌麻烦，不愿意考虑太多，认为教学设计听指导教师的就行了，这是学习自主性的缺失，对教师本人高效掌握教学技能无益。实践证明，凡是在技能训练中肯动脑筋研究教学的教师学员，学习效率更高，学习效果更好。

6. 选择教学策略

教学策略是实现教学目标的手段，通俗地说是教学方法。但是策略又不完全是方法，有的策略具有很高的概括性和智慧性，如抗日战争中，毛泽东提出的“反对日本帝国主义的策略”，这个策略就很大，这需要高瞻远瞩的大智慧；战争中的局部战役组织的策略就相对较小，如孟良崮战役、上党战役；战斗中射击、投弹、炸碉堡的策略就更小，就属于方式、方法了。

教学策略有不同的层次。比如教学设计，它包括理念、方法、步骤、模式等内容，这种策略是对学科教学的宏观把握。

中观的策略，是指课堂教学某个阶段用何种教学方式，实现何种教学理念、教学意图或教学任务。如在进入课题阶段、教学展开阶段、教学结束阶段，教师都要有不同的策略安排。

微观的策略，如导入策略、讲解策略、提问策略、演示策略等，这是对课堂教学活动细节的微观把握。

教学策略属于教学智慧，是教师心智技能的高层次。策略高明的教师，教学水平相对较高。所以教师学员要仔细阅读有关运用教学技能策略的知识，重视对使用教学技能使用策略的运用。

7. 选择教学媒体

选择教学媒体属于教育技术的运用，教师的素质要求是全方位的，如，掌握媒体运用的理论依据，包括运用媒体的理论和运用媒体的技术。

教师要掌握媒体操作技术，如制作、操作。熟悉演示操作呈现、观察指导与建构等；教师要熟悉演示类型，如声像的、实物的、图像的、静态的、动态的等；教师要精通演示设计，如，教材、媒体、学生、教学的整合优化。

8. 板书设计

板书是提高教学效果的手段，是教学内容、教学思路的反映，是教师与学生双向信息交流的桥梁。板书是衡量教师教学水平的标志之一。由于电脑辅助教学的运用，教师板书并不局限于用手书，很多教师采用课件演示教学思路和学生进行信息交流互动的，而且更省时省力。

9. 教案编写

撰写微格教案是教师预设教学过程。微格教学过程反映在微格教学教案之中，编写微格教学教案是教师把教学技能知识用于教学实践的第一个动态过程，所写教案的质量如何能够体现出学员对教学技能的理解和运用水平。教案又是学员上角色扮演课的依据，是完成教学任务的保证。教案不合格，就不可能上好微格教学技能训练课。本书将微格教案编写单列一个题目(见后文：四、微格教学教案编写)，进行详细说明，此处不再赘述。

10. 教学评价

微格教学技能训练的教材，都提供有教学技能评价项目，用来评价技能训练水平。如果是进行专项的教学技能培训，则微格教学设计者就要使用指导教师提供的教学技能教材评价项目单进行评价。

评价有衡量教学技能水平的终极评价和培训过程中灵活掌握的定量评价两种。北京教育学院组编的教学技能培训教材提供的技能评价表有四个等级：优、良、中、差。(见北京教育学院组编：《微格教学教程系列》，科学出版社，1999 年)2002 年，该书被教育部师范教育司推荐为全国中小学教师继续教育教材。2007 年，孟宪凯主编的微格教学技能培训教材，提供的教学技能评价表为：好、较好、一般、待努力。虽然评价等级的措辞有变化，但仍然是四个等级。(见孟宪凯主编：《教学技能有效训练——微格教学》，北京出版社，2007 年)根据培训不同的阶段和培训目的的不同，评价项目的权重可以适当调整。如，讲解技能。为了改变传统教师讲，学生听的被动局面，可以将教师讲解之前的探查权重值调高，以突出讲解的针对性，避免教师盲目的讲解。又如，指导探究技能。如果教师总是指导、指导再指导，学生仅仅是被动地接受指导，那就等于是变相地讲解，是教师运用提问设套让学生钻，使学生成为容器而不是真正意义上的探究学习了。因为教师将咀嚼完东西喂学生，学生的探究能力并没有真正地得到提高。叶圣陶先生说的“教是为了不教”说的就是这个道理。所以，评价教师的指导探究技能是指教师创设学习情境，提供平台，放手让学生运用预想、假设。学生自己提出需要探究的问题和探究方法，把这个项目的权重分值调高，以此来评价教师指导探究学习的水平，其目的是引导教师通过指导探究技能的训练，真正提高指导学生探究学习的能力。

另外，如果教师是利用微格教学进行教学研究，则微格教学设计者可以根据自己的研究目的，自拟课堂评价表进行微格教学的评价。

四、微格教学教案编写

微格教案要体现出教学细节的情境设计，不能宽泛。细节决定成败，细节让课堂更精彩，细节浓缩着教师教学智慧的精华。

微格教学教案应包括学科、课题、培训教师、时间、教学目标、应掌握的技能要素、学生行为、教学意图等几项内容。请看教案格式：

微格教学教案

科目：　　**课题：**　　**训练的技能：**　　**教师：**

教学目标：				
教学环节	授课行为 （导入、提问、讲解等）	应掌握的技能要素	学生行为 （预想回答等）	教学意图
__分 __秒				

日期：　　年　　月　　日

首先说明，撰写微格教学教案要认真填写表头，表头中需注明学科、授课题目，尤其注明训练何种教学技能。只有注明所训练的技能，才能在技能要素栏目中衡量教师撰写微格教案的质量如何。如果教师在微格教学课上连自己练习什么教学技能都不清楚，就失去了微格教学的培训意义。

1. 教学目标

首先，制定的微格教学目标要具体、明确。微格教学还有一个教学技能训练目标，是通过教师撰写教案反映出来的。年轻教师在制定教学目标时最大的困难是：不能深入地钻研教材，教学目的不明确，不能制定具体而准确的教学目标。制定教学目标，首先要考虑围绕微格教学课所选择的教学内容，针对性要强。

在微格教学指导的实践中发现，年轻教师在制定教学目标时容易犯两个毛病：一是目标定得大，盲目抄参考书，不顾微格课堂教学实际情况；二是具体明确的教学目标制定不出来，只能设定含糊、笼统的教学目标。

指导教师必须对教学目标的制定给以具体的指导，帮助年轻教师理解教学大纲，帮助他们深入的钻研教材，引导他们将一篇课文的教学总目标化解成微格教学课的具体目标。所以说，理解和钻研教材是制定教学目标的关键。

请看下面两位教师编写《小蚂蚁》一课的微格教学教案。他们练习的是导入技能，两人制定的教学目标如下：

甲教师制定的教学目标：(1)产生对本课的学习兴趣；(2)了解小蚂蚁的习性特点。

乙教师制定的教学目标：(1)产生对本课的学习兴趣；(2)知道本课的学习目标。

甲教师制定的教学目标，其实是针对学习全篇课文的，对于练习导入技能的教案来讲，制定的目标显然过大。乙教师制定的教学目标，显然是针对微格教学训练导入技能设计的。应该说，乙教师制定的教学目标是准确的。

其次，还必须考虑学生实际，结合学生的学习水平制定教学目标。

当然，微格教学课堂本身还有教学技能训练目标。像这节微格教学课，它训练的是教师的导入技能，针对的是学生，所以不将教学技能训练目标写在教案的教学目标之中。

新课程标准实施过程中，教师比较喜欢制定三维教学目标，这也是撰写微格教案探讨的重要项目。

2. 时间分配

微格教学以 0 分 0 秒开始计时，它的课堂教学每一步都以分、秒计时，是顺承式撰写，不必累加。如：0 分 5 秒、0 分 25 秒、1 分 15 秒 、5 分 8 秒等等。意思是：该教师在 0 分 5 秒的时候教师有何种教学行为，在 0 分 25 秒的时候教师有何种教学行为，以此类推。这样具体的规定，可以增强培训教师的时空感知能力，逐步形成教学直觉，从而自动化地控制课堂教学各个环节的进程。实践证明，经过微格教学训练的教师，对上课时间掌握得都比较准确。

3. 授课行为

又称教师的教学行为，教师的授课行为包括讲授、演示、板书等若干教学活动，这是一个有顺序、有步骤的教学过程。微格教学课的时间短，教学内容少，必须把教学过程的每一步写清楚，这样便于教师(学员)查阅和使用，更利于教师熟记教学细节，形成心智程序，便于教师上微格课时集中精力练好教学技能。

需要指出的是，教师的教学行为事先要有周密的预想，进行前反馈超前想象，它与学生行为(预想回答)这一栏相呼应，从而使自己的教案更具有可行性。凡事预则立，不预则废。年轻教师由于缺乏经验，在备课时对课堂教学往往没有预见性，缺少应变措施，临阵遇到意外情况，往往心慌意乱，不能随机应变。这需要指导教师点拨、提醒，帮助他们制定一些应对课堂变化的预案。

4. 授课技能要素

因为微格教学模拟课堂教学是练习教学技能，所以教师必须明确自己练习的是何种技能，怎样联系，这是微格教学课成功的关键。虽然微格课堂教学规模小，但也是复杂的真实课堂教学，教师的教学行为是多方面的，教师必须知道自己练习的教学技能的要素(结构)和类型，并将它们明确地反映在教案中。这是微格教学训练的重点，也是难点。学员过了这一关，就初步掌握了教学技能。

如，训练提问技能，虽然教师的授课行为有多种技能，可是，只需要把提问技能的要素如“措辞”、“焦点化”、“分配”、“停顿”、“反馈”以及提问类型如“确认”、“解释”、“分析”、“综合”等写在授课技能这一栏目中即可。

见图 6，提问技能类型与要素关系示意：

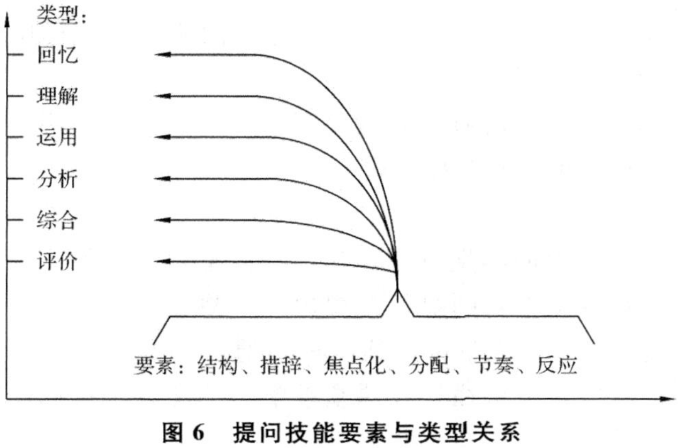

图 6　提问技能要素与类型关系

教案举例：

微格教学教案

科目：　　　　课题：　　　　　　　　　　训练的技能：　　　　主讲：

教学目标：（略）				
时间（分秒）	授课行为（讲解、提问等内容）	应掌握的技能要素	学生行为（预想回答等）	教学意图（媒体准备）
0 分	……			
0 秒	同学们想得到教科书是什么心情？	确认	是“渴望”的心情。	引起思考
	谁说，渴望是什么意思？	解释	就是希望。……	通过反馈再追问，引导学生寻找正确的答案，最后进行强化鼓励。
	作者说希望可以吗？	反馈追问	……	
	再想一想？	探询	渴望是指非常迫切的心情。渴望就是指非常迫切的心情，课文里就是非常想得到教科书。	
		分配		
02 分 30 秒	谁再结合课文完整地说一遍？	解释		
	解释得正确……	反馈肯定		通过运用评价完成对“渴望”一词的教学。
	谁能用渴望造句？	强化鼓励		
	（选择中等程度学生）	运用	造句	
	他的造句怎么样？	分配		
		评价	评价、交流：句子是否完整，用词是否准确……	
05 分 30 秒	小结	形成新的期待	……	……

日期：2013 年 12 月 1 日

说明：上例教案，教师使用了确认、解释、运用、评价等提问类型，提问要素有反馈、探询、分配、鼓励等提问要素。根据培训实践，提问要素主要表现在课堂实际操作中，教案并不能完全表现出来。（见本书提问项目教案）

又如，导入技能。虽然进入新课时教师的授课技能有多种，可是只需要把导入技能要素“引起注意、激起好奇；建立联系、激发认知需要；组织指引、形成学习期待；培养兴趣、促进参与”写在授课技能一栏中即可。

举例：导入技能类型与提问技能要素的关系图示（见本书图 7）：

说明：教师，在导入时使用的类型不多，导入的要素填写得比较清楚。见本书导入的教学案例。（见本书导入项目）

练习任何技能都不一定把所有的要素都写全，不必面面俱到，要灵活变通，要根据教学的实际需要灵活地填写授课技能这一栏。

5. 学生行为

这是教师在备课中预想的学生行为。学生在课堂教学中的行为有观察、回忆、解答、操作、阅读等，在备课中教师要通过想象，预测学生的课堂行为，这一点十分必要，可以使教师有备无患。新手备课往往一厢情愿，只顾自己怎样讲课，忽视课堂教学中对学生的组织和反应，结果往往在课堂教学中偏离教学目标，导致教学失控。请看一位教师的教学实录：

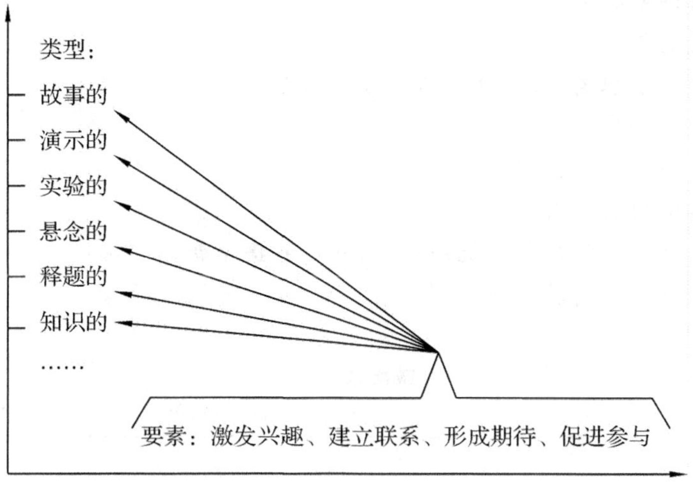

图7　导入技能要素与类型关系

师：谁说，什么叫渴望？

生：就是口渴了想喝水。

师：不对。

生：就是希望。

师：不对。告诉你们吧，就是非常想的意思。

实录教案如下：

微格教学教案

科目：　　　　**课题：**　　　　**训练的技能：**　　　　**主讲：**

教学目标：（略）				
时间（分秒）	授课行为（讲解、提问等内容）	应掌握的技能要素	学生行为（预想回答等）	教学意图（媒体准备）
0分 0秒	…… 谁说，什么叫渴望？ 不对。 不对。告诉你吧，就是非常想的意思。 ……	 解释提问 反馈，否定。 否定，解释。	…… 就是口渴了想喝水。 就是希望。 认真听。 ……	 引起思考 负强化 答疑解难

日期：2013年12月1日

这位教师在备课时设定的教学目标是让学生理解“渴望”一词，因此，只提了一个什么是渴望的问题，在预想回答部分只写了正确答案，根本没有预计到学生回答的各种可能，所以教师在上课的时候只能是顺学生的正确答案往下讲，学生不能说出正确的答案时，教师也不给予引导，最后只能是教师自己说出答案。

传统上写教案较多关注的是教师的教学行为，只顾教师，不管学生，没有把学生当成学习的主体。在当代微格教学技能训练中，这种状况必须改变。请看下面这位教师修改教案后的教学实录。

师：小朋友想得到教科书是什么心情？

生：渴望得到教科书。

师：什么是渴望？

生：就是口渴了想喝水。（师不语，暗示答案不正确）

生：就是希望。

师：再想一想。（探询、提示）

生：就是非常想的意思。

师：解释正确。请结合课文说一说。（肯定并提示新的思路）

生：就是非常想得到教科书。

实录教案如下：

微格教学教案

科目：　　　课题：　　　　　　训练的技能：　　　　主讲：

教学目标：（略）				
时间（分秒）	授课行为（讲解、提问等内容）	应掌握的技能要素	学生行为（预想回答等）	教学意图
0 分 0 秒 05 分 30 秒 07 分	上课！ …… 小朋友想得到教科书是什么心情？ 什么是渴望？ 不语（暗示答案不正确） 再想想？ 解释正确。请结合课文说一说。 （肯定并提示新的思路） 对！是非常想得到教科书。 ……	 启发，确认 解释提问 负强化 肯定，探询 肯定，引起 深入思考 肯定，强化	…… 渴望得到教科书。 就是口渴了想喝水。 就是希望。 就是非常想的意思。 就是非常想得到教科书。 ……	 设计提问引起 学生的思考 利用反馈技能 帮助学生理解 词语

日期：2013 年 12 月 1 日

这是第二次讲课：教师先给学生创设一个思考环境，让学生通过思考确认出重点词，然后引导学生回答，当学生答不出时，教师则通过探询（这里运用了沉默和提示两种方式）引导学生通过思考寻找出正确的答案。而第一次讲课，教师想让学生说出答案，当学生说不出来时，教师也没有了办法，干脆自己将答案告诉学生，那是典型的“注入式”教学。

6. 教学意图

微格教学之初，此栏在教案中是为了注明使用的视听材料，以便课前做好准备。教师的板书内容也要在此栏注明。随着微格教学的发展，教师更喜欢填写教学意图。教学意图栏目中可以注明教学体现的教学理念，呈现教学策略、教学方法的运用，尤其要注明运用教学技能要素使用目的。这样做，对于教师运用教学技能的情况一目了然，便于指导教师了解学员运用教学技能的水平。对此，本书选编了三位教师的微格设计说课案例，并独立编为“微格教学设计说课篇”，以期读者管中窥豹，略见一斑。

五、教学技能整合教案

1. 教学技能的整合课

在教学技能培训中，教师必须熟悉和掌握各种单项教学技能，形成一套完整的心智技能程序。没有这一套心智技能程序，教师掌握教学技能就不能形成自动化。但是，教学技能自动化的形成，仅仅是教学技能培训的第一步，接受培训的教师欲将教学技能用于课堂教学，必须根据教学要求和学生实际灵活地综合运用教学技能才能完成教学任务。

教学技能是那些具有某一方面功能特点的一类教学行为方式，而完整的课堂的教学能力是这些特殊的能力的有机构成，这就是教学技能的整合。

掌握单一的教学技能不是微格教学的训练目的，在教学技能训练中必须实现“循环增殖”，见图 8，表示为：

技能 1 ＋ 技能 2 ＋ 技能 3 ＋ ……——→整合能力

具体地说，就是学员对教学技能的掌握是一个技能、一个技能地训练过程，随着时间的推移，教师的教学能力则不断地整合、提高，教师的教学技能训练是循环增殖的。

综合的教学能力在教学功能和教学行为方式方面表现出更复杂的多样性、灵活性、全面性和系统性。“综合就是创造”，一位成熟的教师是将各项教学技能融会贯通在一起，整合起来加以运用，这样才能达到良好的教学效果。

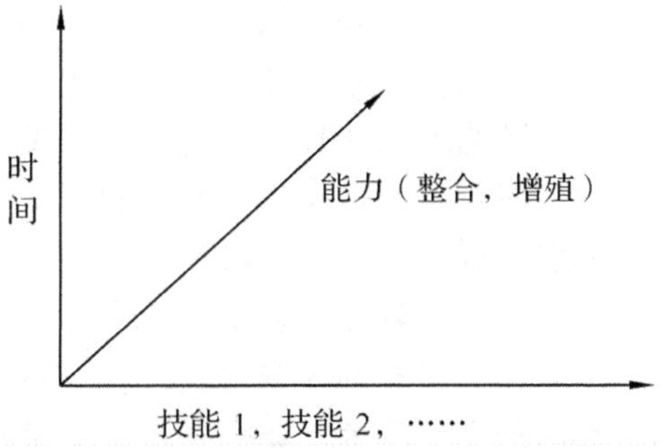

图 8　教学技能训练循环增殖图

随着教育形势的发展、变化，微格教学也要不断地发展、完善、创新，以适应教学改革的要求。教师要不断更新教育观念，在教学实践中利用微格教学的基本原理和新的教学理念，改造、充实已有的教学技能，开发新的教学技能，并将教学技能综合运用到更高的层次水平。

乌申斯基说教学艺术是“一切技艺中最博大精深、最高级、最必要的艺术”。至今人们普遍的认识是，把教学艺术狭义地理解为有效地开展课堂教学的提问、板书、讲解等等。夸美纽斯把整个教学论作为教学艺术探讨，这是广义见识。

高素质的教师，必须具备高水平的教学技艺，这是实现高效教学的保障。用微格教学提高教师教学技艺，将教学技能培训上升到技艺训练水平，是培养高素质教师的必由之路。为此，教师必须将全新的教学理念融入教学之中，能够将教学技能整合，达到灵活运用。

对于一节综合微格课，它是要求整合教学技能进行授课，因此，对整合课堂教学的评价，要搞清楚好课的标准。

什么是一节好课？对于好课的标准说法不一。严格地说，符合国家规定的评课标准的课是好课。但是在实际课堂教学中又要区分不同的情况。科学地说，符合学生实际的教学达到优化的课是好课。依据微格教学对教师教学技能的整合培训实际，达到以下的训练要求就可以说是一节好课：一是教学效果好，学生掌握了知识，身心都能健康得到发展；二是三维目标达成；三是教师角色定位准确。教师是学生学习的指导者、顾问、参与者、关爱者；四是能够让学生对学习充满兴趣，能够将自己的学习潜力充分发挥出来；五是教师教学充满智慧和艺术性，教学要体现教师的创造性和教学风格。

本文仅就北京教育学院组编的《微格教学教程》的纲要，择其要点撰述如下：

(1)提高运用教学语言的艺术性，将“训导”语，改变为使用诲人不倦、启发诱导的民主教学语言。

由于传统的师承与环境的熏陶影响，教师教育学生，出口便是命令语、训斥语、冷漠语、说教语，非民主的师道尊严、权威式的教学氛围极为浓厚，学生在教师面前唯唯诺诺、提心吊胆、呆若木鸡，在这种环境里造就的学生只有守纪律、听话、顺从、看眼色行事的长处，但是缺乏敢想、敢说、敢争辩的创造精神。

新课程理念指导下培训的新型教师应善于运用爱护、关心、体贴，充满爱心情感的启发、诱导的民主教学语言与学生沟通。这种语言能够启迪学生心灵，使他们产生共鸣，乐知、善思、敢问。例如，教师将“你怎么不会？这么笨！这么简单的题都不会做?!”的说法，换成“你再想一想，老师相信你能动脑筋想出来，一会儿把你的想法告诉老师，咱们一起研究。”两者大相径庭，其教学效果截然相反。

充满艺术性的教学语言是培养高素质教师的重要内容。它充满民主、和谐的教学氛围，时刻在陶冶学生情操，鼓励、强化学生学习积极性，帮助学生树立自信心，勉励他们上进，帮助他们成长，唤起学生对真理的渴望和追求，这正是素质教育所期望的。人们说：教师的语言不是蜜，但可以粘着学生！请看下面一段话：

这个小猫特别不踏实，一会儿捉蜻蜓，一会儿捉蝴蝶，结果呢，什么也捉不到，鱼也没钓着。后来呢？小猫接受了老猫的批评，一心一意地钓鱼，结果也钓着了一条大鱼！

学生们在听教师讲解时，一会儿替小猫惋惜，一会儿又替小猫高兴；时而侧耳细思，时而喜形于色，这是多么和谐、愉快的教学情景啊！

“语言是欣赏的音乐”。老师通过控制语速、声调、强度、节奏，使用充满激情和魅力的语言，可以驱走学生对学习的冷漠，启动他们积极思维，达到理想的教学效果。

(2)进入课题废止“注入式”、“指令式”。既要激发学生学习兴趣，还应将学生注意力引向学习目标，知道学什么，怎么学，培养学生学习的自觉性和主动性，形成探究学习的良好态势。

(3)善于运用变化技巧进行教学，打破循规蹈矩的沉闷的学习气氛，减轻学生学习疲劳，将愉快带进课堂。

课堂教学是一个复杂的、多层次的知、情、意变化的心理过程，教师要善于把科学性、思想性、艺术性结合起来，开展多样化学习实践活动，充分调动学生的学习积极性，最大限度地挖掘其学习潜力，发挥学生主体作用，提高学习质量。纯熟地将口语与体态语配合教学：讲解要形象(例证、表情、手势、演示)，提问要生动(音调、手势配合)，使教学语言表达形象化等等。

善于将教学活动多样化，解放学生手脚，使学生的眼、耳、口、手、脑等多种器官活动起来，参与教学活动，实现主动学习、合作学习。开展丰富多彩的课堂教学实践活动，将观察、猜想、实验、合作交流等生动活泼的学习活动有机结合起来，使后现代课程理念在教学中充分展现出来。变化技艺是提高教学效率、融洽师生关系，也是体现教学艺术风格的重要手段。

(4)运用强化、激励技巧，塑造学生正确学习行为，改掉不良倾向，改变“师道遵严”实行民主教学。

思维科学研究表明：经常接受反馈的失败信息，则思维力减；经常接收成功信息，则思维形成定势；接受失败和成功信息各半，则思维力得以保持和提高；接收失败少成功多的信息，则思维力大增。

强化是塑造和保持人的正确学习行为的重要心理学理论，掌握强化技巧是提高教师教学素质的重要内容。如激励学生自信心，中肯的鼓励、赞赏，恰当的评论等。教师要积累一套行之有效的“强化库”。如微笑、暗示、眼神、手势、标志物、图片、鼓励语、奖赏活动、象征性奖励等等。

强化是教师实施正面教育、尊重学生改变“师道尊严”运用“因势利导”实现教学民主化的重要手段。

(5)精讲和训练结合，废止“满堂灌”、“填鸭式”的教学，将学习时间还给学生，切实发挥学生主体性，实现培养学习能力的教学。

课堂教学中的讲解有其长处和先天不足之处，应扬长避短。讲解的缺点和不足主要是学生如果被动地听，不能实现师生双向交流，学生主动活动机会少，限制其主动探索精神和创造力的发挥。而且只靠听，吸收知识信息的保持率不高，尤其是“满堂灌”式的讲解导致学生注意力集中。所以应提倡精讲和训练结合，适当地讲解以及答疑解难，对学生进行点拨、启迪、说明、示范是必要的，但传授知识和方法的讲授要“精”，先在探查了解的基础上确定讲解内容，使讲解有的放矢，才能达到事半功倍的效果。

(6)面向多数学生，改变一问一答的简单提问方式，使全体学生，都开动脑筋，敢于质疑、善于探索、研究，学会思考，提高能力。

提问主要是为启发学生思考，训练学生的思维能力，而“师问、生答、师评价”的提问方式，只注重了教师的主导性，忽略了学生的主动性，且只训练了个别尖子生，实施的是“精英”教学，多数学生只是陪衬，这不符合“面向全体”的素质教育要求。

面向全体学生的提问，首先要求教师训练学生敢质疑、会质疑，会提问，要训练学生解疑、评疑能力。教师要鼓励学生提出探究的问题，教师要慢张口，学生要多动口。要群口，不要单口。谁张口了，谁就锻炼了思维，所以教师要千方百计让全体学生都有张口锻炼的机会。要开展口语交际，要让学生要在张口、动手和合作学习实践中主动探究答案，这就是发挥主体性学习的课堂学习方式。教师改变教学角色，充当学生学习的帮助者、合作者，这是新型课堂教学的崭新形式。

教师更要善于使用追问、反问、探问，将诱导、疏导、对比、台阶、迂回等多种提问方式巧妙整合，将知识教学与思维能力训练有机结合起来，使学生在掌握知识、方法的同时学会思考，切实提高能力。

(7)教师的角色是“顾问”和“交换意见者”，微格教学培训要求改变教师的“教师中心式”、“权威式”单向交往的教学模式，形成师生多向交往的互动合作学习模式。

教师的“权威式”教学，在师生间造成一种十分死板的等级关系。当这种关系变得过于死板时，这就会使学生感觉不到他自己应有的责任，并使他不能做出他本可能做到的积极而自由的反应。因此，将教育对象变为自己教育自己的主体，采用合作学习，既有利于沟通师生关系，更有利于发挥学生积极性、主动性、创造性，它利于学习者之间交往，为学生营造一个道德、智慧和情感融洽一致的学习世界。

教师要以“顾问”、“参加意见者”的身份开展教学活动，要走下讲台，融入学生的学习活动之中，要创造、熟悉新型课堂教学模式，如组织讨论、合作交流、指导探究、反思监控学习等，做到互教互学，从而在合作学习中形成“教学相长”的合作式的师生关系。

(8)微格教学培训注重改变重“智”的单纯知识性教学，注重将知识教学、发展智力与培养非智力因素紧密结合。

非智力因素与认知过程紧密相连，认知水平与情感水平同步发展，这是当代教学论关注的重要课题。近年来，人们在教学中已经注意到在教学生掌握知识、发展能力的同时，要与培养非智力因素结合起来。布鲁姆把学生的认知行为和情感行为比作一个人用两个并列的梯子向上爬墙，说不清谁先谁后，二者同等重要(见表2)。

表2　认知、技能与情感发展关系

认知水平	识 记	理 解	运 用	综 合	评 价
技能水平	模 仿	协 调	熟 练	迁 移	技 巧
情感水平	接 受	热 爱	态 度	意 志	人 格

资料来源：《走进微格教学》，首都师范大学出版社，2010年，第168页

学习者学习知识，只有识记知识才能进入接受状态，进而上升到理解水平；理解了知识，才能进入到热爱的情感状态，进而认知水平上升到运用知识层次；运用知识与态度相关，态度端正有利于知识的运用；当学习进入到综合应用层次，必须有意志作保证，有的学生由于吃不得苦，而败下阵来；当学习进入到评价阶段，这时学习者的情感上升到人格水平，人的价值观、看问题的角度、处理问题的方式及性格特点等，都直接影响着学习者的评价水准，由此可以看到培养学习者的健康人格，是教育者的重要职责。

学习的过程是学生自我完善的过程，教师要善于培养学生关注自身的学习目的性，控制自己注意力，从理解材料中获得满足和快感，在取得知识过程中形成正确的认识、态度和价值观，养成不为情绪所引起波动的意志力，最终养成健康的人格品质。

(9)改变封闭的应试型的仓储式教学，实施培养科学精神和创新思维习惯的开放的、全方位、多样化的教学。

培养创新精神的教学是一个系统教学工程，在课堂教学中，需要教师改变教学观念，调整教学内容，运用纯熟的教学技艺实施教学改革，开创创造性教学局面。

培养创造力的教学是指教师在课堂教学中运用创新理论、思维学原理突出以学生

主体性实践活动为特点的在获取知识与技能的同时，培养学生创新意识，渗透创造原理，教学生掌握创造思维技法、提高学生创新能力的一类教学行为。培养创造力的教学是基本教学技能在更高水平上的运用；是教师熟练运用教学理论、综合地运用各项基本教学技能进行的教学。

根据以上的阐述，我们归纳出运用教学技能开展有效教学的三字经：

妙语言，善导入，会讲解，巧提问，有变化；

精演示，常强化，能合作，要反馈，融情感。

综合地运用教学技能，在课堂教学中体现学习主体性、以人为本的民主教学思想，开展愉快学习、民主教学、合作学习，切实提高能力教学，使学生在认知、德、情、意等方面都得到发展，最终为培养创造型人才、落实素质教育进课堂，这是教育之本，也是民族的希望。

实践证明，微格教学的技能培训已日臻成熟，它的高效、实用、可行的培训模式为落实先进的教育思想，培养创造性教学的高素质教师，开辟了一条通达之道。（见王凤桐：《微格教学在中国》，新华出版社，2012 年，第 143—149 页）

2. 教学技能整合课的评价

评价项目	评价等级			
	好	较好	一般	待努力
1)语言：生动形象，体态语运用合理。	（ ）	（ ）	（ ）	（ ）
2)导入：吸引学习兴趣，建立知识联系，通过创设情境，引起探究学习，指导学法。	（ ）	（ ）	（ ）	（ ）
3)讲解：清楚明白，少而精，具有逻辑性。	（ ）	（ ）	（ ）	（ ）
4)提问：成系列框架，师生互动生成思维，提供质疑问难平台。	（ ）	（ ）	（ ）	（ ）
5)演示：设计合理，操作熟练。	（ ）	（ ）	（ ）	（ ）
6)强化：恰当的表扬鼓励，能调动学习积极性。	（ ）	（ ）	（ ）	（ ）
7)变化：教学生动形象、形式多样。	（ ）	（ ）	（ ）	（ ）
8)板书：辅助教学设计合理，书写规范。	（ ）	（ ）	（ ）	（ ）
9)交际：有口语交际的指导。	（ ）	（ ）	（ ）	（ ）
10)讨论：合作学习效果好。	（ ）	（ ）	（ ）	（ ）
11)结束：指导反思学习，巩固所学知识。	（ ）	（ ）	（ ）	（ ）
12)教学特色：实施新课程理念，教学有新意。	（ ）	（ ）	（ ）	（ ）

六、微格教学设计说课

教师设计课的工作完成之后，还可以深入开展一些教研活动，其中一项活动形式就是说课。说课对教师培训极具意义。通过说课实践，充分地证明了说课在教学和教学研究中对提高教师素质，提高教学质量起着重要的作用。

说课可以促进教师对教育教学理论的学习和掌握。由于在说课过程中除了要求说清教学设计等常规项目外，还要求教师能说出进行教学设计所依据的教学理论。要求教师不仅要具备专业知识，还必须掌握教育科学知识，具备一定的教育教学理论水平，促使教师在钻研教材的同时，认真学习和钻研教育教学理论，促进教师的业务素质从单一的学科文化知识过渡为既有学科文化知识又掌握一定的教育教学理论多元的素质结构，极大地促进了教育教学理论与教学实践相结合。

说课可以促进课堂教学质量的提高。说课属于前反馈的范畴，教师还未上课，先在脑中过一遍，旁听者评判、提建议，说课者根据别人的建议修改自己的教案设计，然后再上课，这就等于是另一种形式的教学演练，确切地说，这是一种真实的模拟上课。教师做好说课，对他们提高教学能力十分有益。

微格教学的说课，与一般教学设计的说课大同小异，说课的要求基本上相同。实际上说课就是介绍自己的教学设计。教师在说课中，首先关注的是教学理念，在先进的教学理念指导下才能设计出有特色的教学。说课原则是，具有逻辑性、创造性、生动性。第一，逻辑性。要求不东拉西扯，要一以贯之，重点是理念、策略和教学意图及关键的教学处置行为；第二，创造性。要求有教学特色，教材分析出新不容易，教材处理和教法凸显教师创新能力；第三，生动性。要求教师具有好的风度、临场心态和表达能力。

1. 微格教学的说课要点

微格教学培训说课的一般思路是：(1)教材分析；(2)学生分析；(3)教学目标；(4)教学重点、难点；(5)教学理念；(6)教学策略；(7)教学媒体；(8)教学过程；(9)教学评价。

说课的微格教案主要内容包括：教学时间、教师行为、教学技能要素、学生行为、教学意图。

为了避免教师教条，现在将说课内容从另一个角度简略叙述如下：

(1)说教材。教师对教材的整体了解和局部把握是上好课也是说好课的一个重要方面，说课质量的高低，取决于对教材分析的深广程度。

教师要掌握编者的意图及本书课与其他章节相关内容的联系和地位。挖掘教材的知识价值、能力价值和思想价值。教材的知识价值，是由这部分知识在整个学科体系中所占的地位所决定。教材的能力价值，是指知识本身所含有的对人的能力发展有促进作用的因素。教材中隐含的思想教育价值，主要在教学中通过知识传授对学生进行恰如其分的辩证唯物主义观点和方法的教育，以及人文教育等。从教材分析中，要能看出教师把握教学的重点、难点情况。

(2)说对学生的情况分析。即学生对所学的内容的接受能力。尤其是要明了学生的最近发展区，教师可以依据三维教学目标的思路进行分析。从学情分析中，要能看出教师把握教学难点情况。

(3)说教学目标的制定。要制定符合本班实际的教学目标并非易事。教师必须在教材分析、学情分析，以及对教学大纲、学科教学法的透彻分析、理解基础上才能制定出比较符合自己教学实际的教学目标。

(4)要阐明教学依据的理论和理念。说课中应该说出哪些理论依据？①可以是自己本课教学方法、策略的理论依据。②可以是本课教学安排的理论依据。③可以是自己开展课堂教学研究的理论依据和理念。引用的教育理论可以来自专业书籍、下载资料、教学大纲或名家名言。不管运用哪一种理论，都要结合具体教学内容，不要贴标签，不要空喊大道理，最忌理论下没有具体实质的内容。

(5)说教学策略。教学策略与教学目标、教学理念、教学重点、难点密切相关。为了落实教学理念，实现教学目标，完成教学重点任务，攻克教学难点，教师必须筹划对应的教学策略。虽然教学策略与上述各项有一一对应的逻辑关系，但是并不需要逐条开列出来，而是重点阐述，抓住主要项目阐述即可。

(6)说教学过程。在说课堂进程中，教师要说明自己教学思路、课堂结构，一般地说，一节课的教学环节中，包括新课的引入、课题的提出、教学的展开、巩固练习、课堂小结、作业布置等，除此还要说出课堂教学的板书设计、现代教学媒体的应用等内容。

要结合具体的教学内容，讲清本节课教师和学生怎样互动，才能达到课堂教学的优化，实现教学理念、完成教学目标(见图 9)。

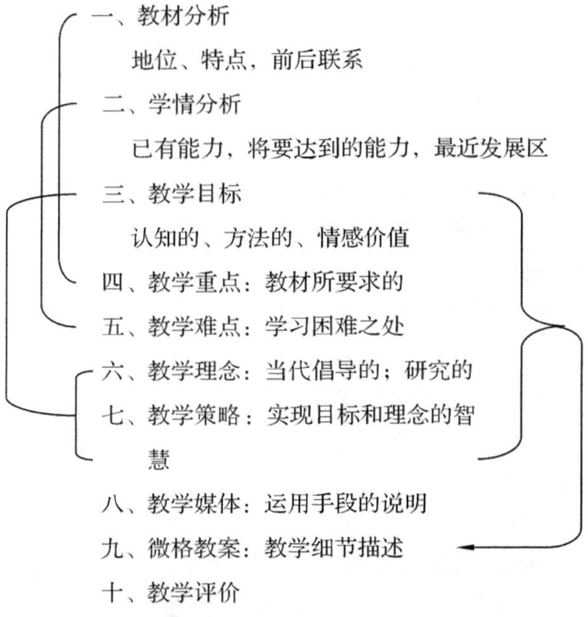

图 9　微格教学设计说课关注各子项对应示意图

科目：　　　　课题：　　　　训练的技能：　　　　主讲：

教学目标：				
教学环节	授课行为 (导入、提问、讲解等)	应掌握的技能要素	学生行为 (预想回答等)	教学意图
0 分 0 秒				

日期：　　　年　　月　　日

图 10　微格教学教案说课示意图

根据图示 9、10 看微格教学设计说课应关注以下几点：

1)教学目标与教材分析和学情分析对应。

2)教学重点与教材分析相关，教学难点与学情分析相关。

3)突出教学理念与教学理论指导教学的主旨。选择的教学理念要符合课程改革精神，教学理念要体现出自己当前的教学研究方向。

4)选择的教学策略要与教学目标、教学理念对应。

5)教学要素与教学意图对应。

6)教学反思要抓住组织教学细节的亮点。(教师教学的细节创新点和学生表现出色的效果点)

2. 微格教学的说课技巧

说课是教师将教学设计规划讲给别人听，所以说课要讲求效果、要追求最佳效果，就要讲究技巧。现简要介绍如下：

(1)说课前要做好充分准备，如讲演的课件，所需要用的媒体。有条件最好事先调试，以免临时发生不必要的麻烦。

(2)首先要仪表大方，给人一个好的印象。

(3)说课要调整心态，要有自信，不要心慌意乱，前言不搭后语。

(4)说课要合理运用自己的眼神，要正视听讲的人。既不要用直视的目光盯人，也不要眼珠乱转，双目无神。

(5)说课要口齿清楚，要有节奏，让人听得明白。要用自己的语言技巧强调自己要表达的重点。

(6)说课的内容依照事先规定的提纲，不要随意修改，无故增添不必要的内容。

(7)说课要严守时间，利用时间要充分合理。要充分利用规定的时间做完自己的事情，不要拖拖拉拉延误时间。

(8)说课后的答辩，要有充分的心理准备，心态要平和。既不要因自己说课顺利而沾沾自喜，也不要因没有达到预想结果而垂头丧气。要认真倾听别人的提问或点评，记录要点。别人提出问题需要自己答辩时，要冷静地将别人的意思想清楚，然后调整好自己的应答思路耐心地回答别人的问题。回答完后，可以询问对方是否满意或是否听清、听明白了，如果没有听明白，自己还要补充说明，直到对方满意为止。

(9)说课要注意有礼貌，要善用交际语言。

3. 微格教学的说课类型

根据对微格教学设计培训实践的观察，我们将教师的教学设计说课水平划分为四个类型：生手型、工匠型、探究型、专家型。

(1)生手型。这个类型的教师处于模仿教学设计阶段。此时教师对于教学技能的掌握还处于一知半解、不能有效地运用于教学情境，他们还在尝试、模仿，写出的教学设计零零碎碎不具有逻辑性，有的甚至概念不清、有的甚至有张冠李戴的现象。虽然他们能够写出零零碎碎的教学设计体会，但是还不能用撰写论文方式陈述自己的教学设计思路。

(2)工匠型。这个类型的教师已能够进行独立教学设计。他们在进行教学设计的时候，手不离参考书，能按照条文照章办事写出教学设计体会，但是还不能撰写出具有创造性的、具有教学新意的教学设计成果。

（3）探究型。这个类型的教师能够进行探索性的教学设计。他们有研究意识，能够摆脱条条框框的束缚，有兴趣参与教学研究。他们具有依据掌握的教学理论、理念，并结合自己的教学经验实施教学设计的能力。他们在教学上有所突破，能够尝试运用策略解决问题。但是他们还不成熟，在教学设计中还有这样或那样的漏洞和问题。他们能够写出比较有新意的教学设计体会和论文，并能在教育专刊上发表自己教学的观点和认识。

（4）专家型。这个类型的教师能够进行创造性的教学设计。他们能够带领团队开展教学研究，能够撰写著述，具有教育影响力。他们教学不保守，不仅凭经验办事。他们的教学理论、理念能够不断更新。他们能够根据教学实际，灵活地处理教材。能够依据教学理论、理念和教学策略熟练地实施教学设计。他们教学上有所突破，教学有亮点，创新有收获。

（后面我们单列成编，选了三位微格教学培训教师的说课案例，供读者阅读）

微格教学设计案例篇

项目1　教学语言技能

定义：教学语言是指教师传递信息、提供学习指导的语言行为方式，它不独立存在于教学之中，是一切教学活动的最基本行为。

要素：语音、语调、语速、节奏、语汇。

类型：引入语、揭示语、启迪语、评核语、阐释语……

教学语言技能评价单

日期__________　　任课教师__________

请您在听课后对以下各项目评价，在恰当等级下画“√”

	优	良	中	差	权重
1. 普通话讲得准确。	□	□	□	□	0.1
2. 吐字清楚，速度、节奏适当。	□	□	□	□	0.1
3. 语调有起伏，富于变化。	□	□	□	□	0.05
4. 用语规范、准确。	□	□	□	□	0.15
5. 语言目的明确，主次分明，表达简明，重复恰当。	□	□	□	□	0.15
6. 语言流畅、连贯、有条理。	□	□	□	□	0.1
7. 语言生动、形象、有激励作用。	□	□	□	□	0.07
8. 语言科学、多样、无语病。	□	□	□	□	0.1
9. 语言有启发性和应变性。	□	□	□	□	0.1
10. 体态语，眼神、手势、微笑等恰当，能起到强化作用。	□	□	□	□	0.08

生动的语言　活跃的思维

——数学《圆的认识》教学设计

右安门一小　赵伟静

一、教材分析

教材通过用圆规画圆或用圆纸片折叠的活动，使学生认识圆心、半径和直径。通过画一画、量一量、折一折，使学生了解半径与直径的关系。在活动中加深对“圆心到圆上各点的距离都相等”这一圆的特征的了解。通过画不同大小、不同位置的圆，认识圆心的位置决定圆的位置、半径的长短决定圆的大小。

二、学情分析

学生在生活中经常接触到“圆”，对“圆”有一定的感知。同时也积累了测量、比较、分析等一些几何知识的活动经验。六年级的学生已经具备了观察、分析、推理、归纳等能力，具有一定的空间观念，但空间观念比较薄弱。

三、**教学目标**(见教案)

四、教学重点、难点

教学重点：学会画圆。

教学难点：认识圆的特征。

五、教学理念

《数学课程标准》指出："推理是数学的基本思维方式，也是人们学习和生活中经常使用的思维方式。学习数学就是要学习推理。具有一定的推理能力是培养学生数学素养的重要内容，也是数学课程和课堂教学的重要目标。"

苏霍姆林斯基说："教师的语言修养在极大程度上决定着学生在课堂上脑力劳动的效率。""高度的语言修养是合理利用时间的重要条件"，"当我们很有必要使事物、现象和概念在教师的语言里找到鲜明的、能够为儿童所理解的语言外壳的时候，我们却在无数次的复习上浪费了多少时间啊！"

六、教学策略

1. 运用"发散思考思维活"的策略，鼓励发散。通过观察、想象、推理等活动引起学生思维的碰撞，激发学生的学习兴趣。

2. 通过小组合作、自主探究学习，培养学生思维能力。

七、教学媒体(略)

八、板书设计(略)

九、教案

科目：数学　课题：圆的认识　训练的技能：语言技能　主讲：赵伟静

教学目标：
1. 通过"画圆"的活动，认识圆的特征，初步学会画圆。
2. 通过观察、想象、推理等活动认识圆的特征，发展空间观念，训练学生思维能力。
3. 在认识圆的过程中感受圆特有的美，积累观察、思考、辨析、画图的数学活动经验。

时间	授课行为	应掌握的技能要素	学生行为	教学意图
0分 0秒	一、用直尺"画圆"，初步感知圆的特征			
	1. 同学们！以前我们都学习过哪些平面图形？	引起注意 语调	长方形、正方形、平行四边形、梯形、三角形等。	搭建思维支架，找准已学知识和新课之间联系。
	2. 请拿出直尺。用它画一个平面图形，能做到吗？请画在练习纸上。	形成期待 探询 神态		
	3. 好，欣赏一下同学们的作品。(实投展示)	鼓励		鼓励学生总结概括提炼。训练思维的有序性、严谨性。
3分	4. 请同学们仔细观察仔细揣摩，大家画的这些图形有什么共同特点？	诱导意识 强调确认	预设：1. 都有角。2. 都是封闭的图形。3. 都是由线段围成的。	
	5. 大家用直尺画了这么多平面图形，你觉得用直尺能画出圆吗？	引导假设 激励语调	预设：1. 画不出来。 2. 画得出来。	大胆假设，鼓励学生开拓思维，训练

续表

时间	授课行为	应掌握的技能要素	学生行为	教学意图
	觉得能画出来的同学，请你们大胆尝试一下。 6. 老师这有一个圆，我们先来认识“直径、半径、圆心”。	促进参与 节奏 语速平缓	集中注意。	动手操作能力。思维与操作能力共提升。
5分 30秒	7. 现在咱们认识了圆各部分的名称，你觉得和其他平面图形相比圆最显著的特点是什么？ 小结：难怪在2000多年前，古希腊的数学家毕达哥拉斯在研究完大量的平面图形后，发出这样的感慨：在一切平面图形中，圆最美。(课件展示)	启发联想 诱导提问 语调 神态 描述 语气 声调	预设：1. 没有角。2. 是曲线围成的。	仔细观察、对比思考、鼓励学生发散思维。
6分 30秒	二、用圆规“画圆”，深入探究圆的特征 1. 初步学会用圆规画圆 过渡语：圆到底美在哪呢？接下来，我们就一起更加深入地认识圆！(板书：圆的认识)	语调语气 形成期待 促进参与		
	(1)刚才有同学借助直尺画出了圆，但这种画圆的方法太麻烦，而且画出的圆也不美观！有没有简单的方法？可以利用学具自己试着在练习纸上画一个圆吗？ (2)大部分同学画的都很圆，也有的同学遇到了困难。咱们来看看，你能帮同学渡过难关吗？先分析分析同学遇到了什么困难？怎么办呢？	启迪策略 独立发散 语言强化 探询目光	尝试实践。 预设：1. 没有拿住柄旋转。(圆心动了位置就变了)2. 纸动圆规没动。3. 圆规两脚间的距离动了。(不圆了)	鼓励学生大胆尝试、假设、推理、实践，借动手实践操作突破画圆难点。
	(3)听了他们的分析，谁能给大家总结一下“画圆”的方法？ (4)这几位同学，你们的困难解决了吗？会画圆了吗？好，下面请大家画一个直径3厘米的圆。	探询概括 真诚信任 语气语调	预设：1. 圆心不能动。 2. 两脚间的距离不能动。 3. 握住把柄旋转。	训练思维的条理性、准确性、敏感性。
	(5)同学们！老师发现了一个奇怪的现象。按理说同学们画的圆都应该是一样大的吧！可是老师却发现了这样两个圆。这是怎么回事呀？	诱导 启迪 假设	预设：1. 圆的大小是由圆的半径决定的，半径大的那个圆一定大。2. 当然半径是直径的一半，如果知道了两个圆的直径照样也能判断。	通过诱导提问启发学生观察比较分析总结概括训练学生思维的深刻性、灵活性。

续表

时间	授课行为	应掌握的技能要素	学生行为	教学意图
12分	小结：可见半径或是直径决定了圆的(大小)。	概括 肯定语气		比较，感悟圆的特征。培养逻辑思维品质。训练思维的深刻性。
	2. 借助“画圆”的活动，总结圆的特征 (1)下面请大家回忆一下刚才用直尺和圆规“画圆”的过程。从这个过程中你发现直径和半径有什么特点了吗？	分析综合 反馈强化 语调的	预设：1. 圆有无数条半径和直径。2. 半径都相等，直径都相等。3. 直径过圆心、最长。4. 直径是半径的2倍(用数学语言怎么表达?)。	鼓励学生大胆思考、推理，培养思维的深刻性、灵活性、创造性。
	(2)同学们的发现还真不少，接下来就利用咱们发现的知识，解决一些问题。	鼓励强化		
	①连接圆上任意两点，形成线段AB，像这样的线段在圆内有多少条？是直径吗？	语速 确认理解	无数条。不是。	
	②这样的线段有多少条？是直径吗？为什么？看来，过圆心也是直径的一个特点。(板书：过圆心)	追问 确认分析 手势	无数条。不是。因为没有经过圆心。	小组合作探究学习，集思广益，形成良好思维品质。在合作学习中训练观察品质，提高思维能力。
	③两个端点在圆上，只有过圆心的线段才是直径是吗？	确认		
	④如果没有圆心，你还能找到直径吗？把你的想法和组员说说，组长可以拿出学具，小组同学一起研究。	启迪 语气语调	小组合作学习。	
	(3)其实在很早以前人们就开始研究圆了，我国古代伟大的思想家墨子对圆进行研究之后，得出了这样的结论。是什么呢？“圆，一中同长也。”(课件展示)	说明 语速节奏 语调		激发学习兴趣，从字面上帮助学生理解圆的特征，深奥的数学认识仅用几个字概括，实在妙不可言。
	(4)“一中”什么意思？“同长”什么意思？	探询	预设：圆有一个圆心，圆心到圆上的距离都相等，也就是半径相等的。	
17分	(5)这么多平面图形中(课件展示)，只有圆，一中同长吗？正三角形、正方形、正五边形、正六边形，它们是“一中同长”吗？	启迪策略 发散辨析 神态语调	预设：这些平面图形中心点连到顶点上的长度是一样的，但连到线段上其他点上长度就不一样长了。圆是圆心到圆上任意一点距离都相等。	鼓励学生用一中同长思考、推理、辨析其他平面图形特征，深刻理解圆的独特。
	(6)正三角形内，中点到边上相等的线段只有3条，正方形内有4条，正五边形内有5条……圆呢？	诱导 对比提问 启发联想	有无数条，因为圆的直径和半径都有无数条。	已学平面图形特征与圆特征对比，建立知识间联系，发

续表

时间	授课行为	应掌握的技能要素	学生行为	教学意图
20秒	(7)为什么是无数条? (8)在我们刚才的分析中你还发现了什么? ……	引导探究 鼓励发散思维 ……	预设:圆是轴对称图形,直径所在的直线是圆的对称轴。圆有无数条对称轴。 ……	散思维,突破重难点,训练思维的深刻性、有序性、敏感性。 ……

日期:2013年6月29日

【教案点评】

本教案突出了语言技能训练的理念。教师运用生动、形象的语言,引导学生观察、想象、推理等数学活动,鼓励学生思考、辨析、自主探究学习。在思维训练过程中,引起学生思想的碰撞,激发学生的学习兴趣,鼓励学生发散思维,帮助学生真正理解和掌握基本的数学知识与技能、数学思想和方法,积累数学活动经验,发展空间观念,提高了思维能力。

声情并茂,突出语言训练

——语文《神奇的鸟岛》教案设计

白盆窑小学　王玲玲

科目:语文　课题:神奇的鸟岛　训练的技能:语言技能　主讲:王玲玲

教学目标:
1. 知识与技能:理解第2自然段,知道从哪几个方面写出鸟很多;体会第2自然段的写法。
2. 过程与方法:在抓住重点词句的基础上,体会关键词句在表情达意方面的作用。
3. 情感、态度与价值观:了解鸟岛的美丽,感受大自然的神奇奥妙。

时间	授课行为	应掌握的技能要素	学生行为	教学意图
1分	一、导入 学习之前,我们先来做个文字游戏,猜一猜这是哪里? 课件出示:神奇的岛儿开红花,自由自在鸟当家。比翼齐飞融融乐,团结一致大家夸。 二、新课 (一)整体感知 你们都猜对了,答案就是鸟岛。鸟岛给你留下了怎样的印象啊? (老师板书学生答案)	引入语,神秘的激发兴趣形成学习期待 激情朗读 回忆 鼓励 探询语调	集中注意,提高兴趣学习。 鸟岛。 1. 鸟多。 2. 鸟团结。 3. 鸟岛很美。 4. 鸟岛很神奇。 ……	激发学生的学习兴趣,引入新课的学习。 引导学生整体感知课文内容。

续表

时间	授课行为	应掌握的技能要素	学生行为	教学意图
3分	课文哪里介绍了鸟岛上的鸟多呢？ 轻声自由朗读第2自然段吧！看一看那里有多少鸟吧！ 踏上鸟岛，眼前的景色令人——	确认 曲调 依从 长调语音 概括	第2自然段。 轻声自由读第2自然段。 眼花缭乱。	培养学生分析、思考的能力。 学会抓住重点词语感悟文章内容。
4分	啊！眼花缭乱是什么意思呢？	惊奇探询 例证	形容东西的颜色、样子和种类很多，眼睛都看乱了……	通过用事实举例的方法理解词语。
6分	(二)抓重点词句，逐一解析 说得好！鸟岛上的鸟多得令人眼花缭乱！你是从哪里看出鸟多的呀？ 1. 天上飞的是鸟 能抓着词语说体会，很好！“色彩夺目”还可以用什么词来表达呢？ 我们讨论了天上飞的鸟，还有其他吗？ 2. 地上跑的是鸟	鼓励延伸 分析 确认 鼓励 联想发散 启发语调 确认	用自己的话说出天空中，地面上和湖水里的鸟都是什么样子的。 “我是从……”抓词语，说体会。 五颜六色、五光十色、五彩缤纷、五彩斑斓…… “我是从……”抓词语，说体会。	通过分析、理解色彩夺目、锦绣画卷等词语，感受天空中鸟的颜色多，从而突出鸟多。 通过分析、理解几乎、满岛等词语，感受鸟的数量之多。
8分	(1)咱们现在就登上鸟岛了，来！快站起来，我们往前走！ (2)好，请坐，你们表演得真好，好像身临其境一般。此时此刻，你会脱口而出什么？ 我们讨论了地上跑的鸟，还有别的吗？ 3. 湖里游的是鸟 (1)省略号里还藏着什么鸟呢？ (2)湖里的鸟儿这么多，千姿百态，自由自在，你羡慕它们吗？ 你想怎样表达你的羡慕之情呢？ 想画的同学下课以后可以画，现在你可以加入到读或者演的队伍中，请想表演的同学起立，想读的同学开始读吧！	诱导 诱导语调 启发语调 确认 引导想象 神态 语调 探询 引读 分配 运用	踮起脚尖，小心翼翼地走 鸟真是太多了！ 非常多！ 不计其数！ “我是从……”抓词语，说体会 1. 小巧玲珑的麻雀 2. 展翅高飞的燕鸥…… 羡慕 “我想读”，“我想表演”，“我想画”。 学生进行表演、朗读	通过实践活动，感知语句的含义，同时激发学习的热情。 通过分析感受出作者通过写鸟千姿百态的样子写出鸟多。 结合文字内容，感知省略号的作用。 拓展、发散思维，引导学生有创新的意识，促进学习积极性。

续表

时间	授课行为	应掌握的技能要素	学生行为	教学意图
11分	(三)再次整体感知 望着光彩夺目的天空，欣赏着湖里千姿百态的鸟儿，作者发出了这样的感叹：真是鸟的—— 鸟的—— 鸟的—— 鸟的——	深情的 节奏 音长	世界。 天堂。 国度。 乐园。	引导学生概括，同时发散思维，激发创新的意识。
12分	(四)体会写法 在这一段中，作者几次说出了他的感受啊？分别在哪里？ ……	诱导 ……	学生回答。 ……	……
14分	结束语：今天这节课，我们跟随作者一起领略了美丽壮观的鸟岛风光，美丽的青海湖鸟岛是鸟儿的天堂，愿我们人类能和这些美丽的精灵做伴，共同栖息在这美丽的地球上，直到永远！	鼓励 节奏 语调 激昂	与教师产生共鸣。	从情感态度上感受鸟岛的美和大自然神奇奥妙。

日期：2013年12月1日

【教学反思】

我运用语言技能配合提问等教学技能，为学生创造了自主学习的情景，鼓励学生自由大胆地表达，突出了对学生的语言训练，同时渗透了学习方法。在学生回答中，不但有文本中的语言，学生还加入了自己的想象。整个学习过程，是在师生互动和生生互动中加深理解，同时又有个性思维的体现。

提问语言激情，启发引导探求

——美术《北京的古塔》教案设计

丰台二小　王剑

科目：美术　课题：北京的古塔　训练的技能：语言技能　主讲：王剑

时间	授课行为	应掌握的技能要素	学生行为	教学意图
教学目标： 1. 知识与技能：了解古塔的历史与文化，认识北京古塔不同种类的造型特点，以及塔的结构。利用线描或剪贴的方法表现北京的古塔。 2. 过程与方法：通过视觉、听觉、自主探究等活动提高学生的造型表现能力。 3. 情感、态度与价值观：感受北京城中古建筑的历史与文化，感受造型活动的乐趣，培养学生的艺术情操。				
0分 0秒	课前准备、上课问好。 一、导入创设情境	音调升高	学生问好。 集中注意力。	引起注意。

续表

时间	授课行为	应掌握的技能要素	学生行为	教学意图
3分 20秒	今天王老师带大家走进古老的北京城，寻找一种古老的建筑。下面我们先来听一段快板书《玲珑塔》。 你们从快板书中找到答案了吗？	语调轻 语气慢 诱导	认真聆听。 塔、玲珑塔。	通过音乐的方式导入知识，激发学生学习兴趣。
4分	没错，今天我们一起来画《北京的古塔》。	音调升高 语言节奏		启发学生乐于接受。
4分 20秒	二、新课 古塔的种类繁多，同学们在课前搜集了大量关于古塔的资料，同时将它们进行了整理，下面一起来看一看听一听同学们认识的古塔。有请同学代表发言。	语音 语调 体态	北海的白塔、香山琉璃塔、上方寺的玲珑塔等。	提高课前搜集整理资料的能力，让学生更快更方便地在课上获取更多知识。
6分 50秒 7分 10秒	利用课前搜集的各组代表发言。 多么全面的资料，这些资料我们都熟悉吗？这些都是你们搜集来的，你们能够利用互联网这个资源我特别认同。因为这种方法能使我们更快更方便地了解知识。	依从 语速加快 语音放大且肯定		启发学生乐于接受。
7分 20秒	古塔的种类这么多，它们每一种都有自己的名字，你们想知道吗？下面我们就来一起探究一下古塔的分类。 看，老师这里有八个古塔，你可以通过观察它的外形试着把它分一分类。	追问探询 指导学习方法	很想知道 1和4一组 2和8一组	激发学习积极性。 启发思考发展能力。
8分 50秒	同桌同学可以讨论一下。 北京的古塔分为四类：密檐塔、楼阁塔、喇嘛塔、金刚宝座塔。	鼓励强化 阐释强化	3和5一组 6和7一组	讨论后，以小组代表的形式回答问题。
9分	你们看图中画红线部分是不是对应了它们的名字呢？ 它们的种类虽然不同，但它们有相同之处。它们的组成结构相同。下面我们走近一些去看一看这个楼阁塔的组成。	提问措辞 探询 纠正 阐释 反馈	是的，对应了古塔的外型	反馈矫正。 强化学生的学习积极性。
11分	塔的组成：塔刹、塔身、塔座。 你能上前用电子笔在白板中圈出塔的组成吗？	探询 指导方法 分配合理	学生上前圈画。	
12分 30秒	同学们的表现很出色，刚才我们远观了古塔种类，我们又走近了了解塔的组成，现在我们再走近一些，我们仔细来看一看塔身上的花纹。	表扬肯定 焦点化 探询		

续表

时间	授课行为	应掌握的技能要素	学生行为	教学意图
12 分 50 秒	出示花纹不同塔的示范画，问：你更喜欢哪一个？为什么？	探询 追问	我更喜欢左边的，因为它上面有漂亮的装饰。	启发发展思考能力。
13 分 20 秒	一定是右边的，因为它装饰了精美花纹，书中就有精美的古塔，下面我们把书打开。	阐释说明		在反馈中指导学习方法。
13 分 30 秒	我们把书打开，第 36 页。同学们可以看到，书中出示的古塔照片正是我们所学的这四种。	讲解		
14 分	想象一下，古时候的工匠们是用泥土、木头等材料建造古塔，今天我们要用什么方式进行建造呢？用绘画和剪贴的方法完成它。你们想学吗？ ……	焦点化 ……	用剪贴和绘画的方法进行制作。 ……	教师运用探询提问，把同学们引入自主探究制作过程阶段。 ……

日期：2012 年 5 月 18 日

【教学反思】

教师的语言生动，教学环节步骤紧凑；用快板书导入，激发了孩子的好奇心；通过课前的搜集与整理的资料，使孩子们在课堂上有了语言交流的内容，而且能够更快、更方便地获取到更多的知识；在学习知识的过程中，教师还利用提问激发学生不断探求新知的兴趣。

谆谆诱导，唤发体验激情

——政治《理想指引人生》教学设计

卢沟桥中学　马玉玲

一、教材分析

《理想指引人生》是北京市义务教育课程改革实验教材思想品德第五册五单元第 16 课内容。课程标准要求在“我与集体、国家和社会的关系”中“认识国情，爱我中华”，“体会理想的实现必须经过艰苦奋斗，立志为将来报效祖国、奉献社会努力学习”。

二、学情分析

(1)认知结构方面：学生对理想的认识较空洞。

(2)情感方面：学生过早地沉溺于优越的物质生活享受中，平日自由散漫，学习、生活缺乏动力，精神生活空虚，意志薄弱，耐挫能力差等。

(3)学生现状：这是一批 90 年代后出生的少年，多是独生子女，家庭条件比较优越，都在家长的精心呵护下成长，物质上十分丰富，但是家长过多的照顾使他们的依赖性很强，他们普遍存在个人主义强、以自我为第一、自私、缺乏爱心、缺乏奉献精神、心理素质较差、适应环境的能力较弱的问题。

(4)生活背景方面：中学阶段是每个适龄少年的必经阶段，在这里他们必须接受义务教育最后阶段的学习。在这一过程中，他们学习最基本的文化科学知识和做人的道理，选择人生的方向，为进入更高一级学校学习和今后的工作打下根基。能否顺利度过这一时期，对于他们的人生而言显得尤其重要。

三、**教学目标**（见教案）

四、教学重点、难点

理想对人生的重要作用。

五、教学理念

保罗·韦地博士在概括“好的教师的12种素质”时，几乎每一种都涉及教师的语言修养，可见教师的语言对学生发展的重要意义。教师充满激情的语言对学生有吸引、感染和强化作用。教学语言富有强烈的情感，可启发学生的思维、启迪其心灵。人们形象地比喻说：教师的语言不是蜜，但可以粘住学生。即使对学习无兴趣的学生，也能被吸引过来，驱走他们对学习的冷漠，启发他们积极思维。

根据新课程标准所倡导的精神，教学活动侧重于学生主体参与的体验、探究、交流、研讨等实践性教学活动，利用学生已有的经验，用多种感官去观察、理解、感悟、体会，获得对生活的真实感受，在理解和感悟中受到教育。

六、教学策略

利用案例组织学生进行学习、研究、锻炼能力。用语言技巧创设良好、宽松的教学情景，激发学生学习兴趣，培养创造能力及分析、解决问题的能力。

七、教案

科目：政治　课题：初三政治《理想指引人生》　训练的技能：语言技能　主讲：马玉玲

<table>
<tr><td colspan="5">教学目标：
1. 知识目标：掌握理想的含义；理解理想对人生的重要作用。
2. 能力目标：培养理解能力、分析归纳能力、查找收集整理资料能力。
3. 情感、态度与价值观：帮助学生思考人生理想问题，认识体会理想的作用，树立正确的人生观、世界观，真正理解自己的人生价值。</td></tr>
<tr><td>时间</td><td>授课行为</td><td>应掌握的技能要素</td><td>学生行为</td><td>教学意图</td></tr>
<tr><td>0分
0秒

2分
15秒

3分
15秒</td><td>25年前的理想……
故事中人物的理想——海军大臣、法国总统、英国内阁大臣、驯狗师、领航员、王妃……
通过这个故事，你感悟到什么问题？
问题：
(1)你认为故事中的孩子们的理想有没有实现的可能？你的理由是什么？
(教师紧扣理想定义进行引导：“具有实现可能”意即具备实现的主客观条件，“向往和追求”意即以此为目标，并为之努力。)</td><td>引起注意
创设情境
深情

探询目光

启发思考
诱导

肯定</td><td>集中注意力。

阅读故事材料。

交流感悟。
小组成员汇报。

回答问题：理想是人们在学业成就、未来职业、道德人格、家庭生活等方面追求的目标，代表着我们对生命的一种盼望，反映了我们对生活的积极态度。</td><td>利用一个故事进行多层次分析，逐层深入，设计问题。

通过调查了解学生对理想的认识为帮助学生真正理解理想含义做好铺垫。</td></tr>
</table>

续表

<table>
<tr><th>时间</th><th>授课行为</th><th>应掌握的技能要素</th><th>学生行为</th><th>教学意图</th></tr>
<tr><td>4分30秒</td><td>(2)结合刚才的分析，你能否给理想下个定义？
人生理想，既有对远大社会政治理想、崇高道德理想的追求，也有对职业理想和生活理想的向往。
板书本节课标题：理想指引人生
那么，故事中的孩子到底有没有实现自己的理想呢？</td><td>探询
语气
手势
设问</td><td>探究假设。</td><td>引导学生认清坚持与理想要贴近现实的关系。</td></tr>
<tr><td>5分50秒</td><td>只要不让年轻时的梦想随岁月飘逝，成功总有一天会出现在你的面前。(投影展示)</td><td>演示
引导感悟
诱导</td><td>小组讨论汇报。</td><td></td></tr>
<tr><td>6分30秒</td><td>(3)戴维的这句话给你什么启示？
布伦克特的这封信后来被发表在《太阳报》上，因为他作为英国第一位盲人大臣，用自己的行动证明了一个真理：假如谁能把15岁时想当总统的愿望保持25年，那么他现在一定已经是总统了。(投影展示)
活动：25年的理想
请同学们在纸上写出自己的理想，以及自己作为初三学生目前奋斗的目标。(要求详细写，最好写明原因)</td><td>体态
语调
组织讨论
变化活动
语速</td><td>写出作为初三学生目前奋斗的目标。
学生填写完成统计表。</td><td>帮助学生认识到理想的重要性，让同学们写出自己的理想，帮助同学应对现阶段紧张的初三生活，将课堂和学生实际生活相联系。</td></tr>
<tr><td>9分30秒</td><td>(4)与小时候相比，你的理想是否发生了变化？
统计：<table><tr><td>理想</td><td>没变化</td><td>有些改变</td><td>完成改变</td></tr><tr><td>人数</td><td></td><td></td><td></td></tr></table>(5)你为什么要改变自己理想？
刚才同学们提到，目标一旦确立，就要为之奋斗，现在又说要随着年龄和阅历的增长，不断调整和修正自己的理想，这不是自相矛盾吗？
在学生分析的基础上，教师引导：前面我们已经说过，理想的实现要从实际出发，要符合自身和社会提供的条件。因此，有时候我们需要根据实际情况调整自己的理想。但这并不意味着是在没有深思熟虑和不打算为此奋斗的前提下，就对理想随意进行调整。</td><td>探询目光
引导感悟
指导交流
语调
讲解
速度
节奏
神态</td><td>学生小组交流，统计。
学生根据自己的实际交流分享。</td><td>引导学生思考理想是人生的奋斗目标。
引导学生明确理想需要不懈努力奋斗。
再次感知理想对人生的重要。</td></tr>
</table>

续表

时间	授课行为	应掌握的技能要素	学生行为	教学意图
	因为人的生命是有限的，要使有限的			
	生命有意义，就必须在奋斗目标的指			
	引下沿着正确的人生道路前进。如果			
	朝秦暮楚，只能在蹉跎中虚度光阴，			
	最终一事无成。正是在这个意义上，	演示		引导学生从身
11 分	我们说：理想是人生的奋斗目标。	语调		边去发现和学
15 秒	(教师板书)			习身边的榜
	目标一旦确立后，戴维就坚定不移地	深沉		样，激励学生
12 分	为之努力奋斗，在前进的路途中克服	语调		为理想不懈
	了许多常人难以想象的困难和挫折。		学生阅读材料	奋斗。
22 分	出示材料	媒体变化	学生小组讨论交流	
30 秒	问题：从戴维的奋斗史中，你能看到	分析	小组汇报	通过活动，帮
	理想在其中起到了什么作用？			助学生进一步
	其实，不仅仅是戴维，任何人要想成	节奏		理解本课内
	就一番事业，都需要有理想的指引。			容，理想指引
23 分	教师板书：			人生。
	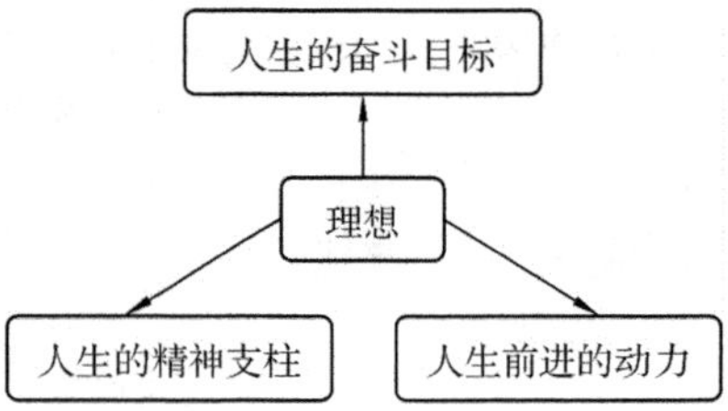	演示		
……	……	……	……	……

日期：2013 年 12 月 1 日

【教学反思】

以“德育回归生活”的理念为出发点，通过引入情景故事创建良好课堂氛围，先让学生心理舒缓，在较好心理状态下自然而然地进入探究学习。

教师注重激发学生的兴趣，充分调动学生的积极性，给予学生自我评价的时间和交流的机会，学生以高昂情绪参与体验、探究、交流研讨等实践性学习活动，获得了对生活的真实感受，在理解和感悟中实现了学习目标。

项目2　导入教学技能

定义：导入技能是教师在进入新课时，运用建立问题情境的方式，引起学生注意，激发学习动机，明确学习目标，形成学习动机，建立知识联系的一类教学行为。

要素：引起注意、建立联系、形成期待、促进参与。

类型：问题导入、情境导入、故事导入……

导入教学技能评价单

日期__________　任课教师 __________

请您在听课后对以下各项目评价，在恰当等级下画“√”

	优	良	中	差	权重
1. 导入能引起学生兴趣和积极性。	□	□	□	□	0.2
2. 能自然引入课题、衔接恰当。	□	□	□	□	0.15
3. 新旧知识联系紧密、目标明确。	□	□	□	□	0.25
4. 讲话感情充沛、语言清晰。	□	□	□	□	0.15
5. 时间掌握紧凑、得当。	□	□	□	□	0.1
6. 能将学生引入学习情景。	□	□	□	□	0.15

积极探究，小壁虎怎么办？

——语文《小壁虎借尾巴》教学设计

看丹小学　王玉琴

一、教材分析

《小壁虎借尾巴》是一篇科普童话，课文借助形象化拟人的手法，通过小壁虎向小鱼、黄牛、燕子借尾巴的故事，讲了鱼、牛、燕子、壁虎尾巴的特点，揭示了“动物尾巴都有用”这样一个道理。

二、学情分析

学生对文中的小动物比较熟悉，学生在独立阅读的基础上，容易了解动物尾巴的用途。他们能够借助教师提供的交际平台，探究学法，从而增强阅读兴趣。

三、教学理念

1. 导入犹如戏剧的“序幕”起着酝酿情绪、集中注意力、激发兴趣、进入智力振奋状态等作用。导入还像音乐“定调”一样，教师根据学习任务，向学生明确提出学习目标，以调动学生学习的自觉性和主动性。

2. 学习动机是引起个体活动，维持这个活动并使之朝某一目标前进，以满足个体某种需要的一种内部动力。教学初始，教师必须以学生先天具有的需要和后天应获得的需要为基础，使需要和内驱力指向某种特定的目标、诱因或强化，以形成动机。教师工作的成效是和他对自己指导的学习者动机的了解成比例的。学习动机则为学生的学习行为提供力量和方向。

3. 合作交流学习可以为学生提供宽松舒适的语言环境，教师应指导学生明确完成的任务，从而有效地进入自主学习状态。

四、教学目标(见教案)

五、教学重点、难点

1. 了解动物尾巴的功能及壁虎尾巴可以再生的特点。

2. 分角色有感情地朗读课文。

六、教学策略

1. 采取小组合作学习、教师指导倾听和表达、课内外知识联系与迁移等方法进行教学。

2. 结合搜集的资料和生活实际，通过联想和想象，学习语言和表达，发展学生的语言能力和思维能力。

3. 通过说一说、演一演的形式了解课文内容，使学生在宽松的语言环境中与人交流，促进学生口语交际能力的发展。

七、教案

科目：语文　课题：小壁虎借尾巴　训练技能：导入技能　主讲：王玉琴

教学目标：
1. 知道本课学习目标。
2. 明确学习思路。

时间	教学行为	技能要素	学生行为	教学意图
0分 0秒	一、情境导入，激发兴趣 出示“小壁虎”图片：快和它打个招呼。小壁虎要考考同学们词语掌握得怎么样，你们敢接受挑战吗？	吸引兴趣 回忆	打招呼：小壁虎你好！ 敢！	以本课的主人公“小壁虎”导入新课，激发学生学习兴趣。
0分 10秒	PPT出示：词语 壁虎　挣断　掌握　借尾巴　告别 拨水　蚊蝇　难看	肯定	读词语	
1分 30秒	读读这两个词：难过、高兴。你有“难过”和“高兴”的时候吗？课文中说的是谁“难过”、谁“高兴”？	建立联系 确认	结合生活实际说说让自己难过高兴的事情。	通过因果联想，理解难过、高兴的意思，知道这是两个描写心情的词语。
	二、深入课文，了解内容 (一)质疑导读 板书课题：小壁虎借尾巴			
2分 30秒	1. 想一想，通过读课题，你想知道什么？ 2. 我们怎样学习解决这些问题呢？	引导质疑 形成假设 诱导	预设：小壁虎为什么要去借尾巴？小壁虎向谁借尾巴？借到了没有？为什么没借到尾巴？…… 读书、和同学合作交流。	引导学生提出问题，进行预读假设，梳理问题，培养学生质疑探究能力。 指导学法，探询提问，了解学情。明确学习目标。
4分	3. 通过读书你知道了小壁虎遇到了什么难题？	探究学法 概括	思考问题。 小壁虎的尾巴断了，想去借尾巴。	
4分 30秒 6分 30秒	(二)合作学习，解决问题 小壁虎想去借一条尾巴，怎样借？借到没有？为什么没借到？你和同学一起合作来学习好不好？ 合作学习3—5自然段。	台阶提问	带着问题读课文，边读边思考。	根据梳理的思路进入阅读环节。
	……	……	……	……

日期：2013年12月1日

【教学反思】

本教学设计根据学生实际，引导学生质疑提出问题，通过学生合作交流，抓住文章线索进入阅读环节，使学生在阅读建构过程中，真正发挥主体性学习的积极性。

自主合作探究　创设趣味课堂

——数学《用字母表示数》教学设计

樊家村小学　王娜

一、教材分析

这是京版教材五年级上册《用字母表示数》的第一课时。这节课是学生学习代数初步知识的启蒙课，是后续学习简易方程以及中学进一步学习代数知识的前提和基础，在数学知识整体结构和学生学习进程中有着至关重要的地位和作用。由具体的数过渡到用字母表示数，是学生认识上的一次飞跃。为此，教材在编写时注重创设丰富的情境，让学生在运用字母表示具体数量的活动中，体会字母所表示数的意义。

二、学情分析

学生在以往的学习中已经初步接触过用字母表示数，但是对于具有普遍意义的用字母表示数及用含有字母的式子表示数量关系的学习需求还是潜意识的。由具体的数过渡到用字母表示数，对于学生来说是一次学习的飞跃，这对于小学生来说，初学时存在一定的难度。

三、教学目标(见教案)

四、教学重点、难点

1. 教学重点：体会用含有字母的式子表示数，体会用字母表示数的价值。

2. 教学难点：体会用字母表示数的意义。

五、教学理念

新的课程标准明确指出，要注重数学与生活的联系，要善于从学生身边去发现数学问题，让学生体验数学的价值，让学生学习有价值的数学。教学应以建构主义为理论依据，实施学生“主体参与”的教学模式。

奥苏贝尔认为，在有意义的学习中，认知因素(原有知识)直接参与新旧知识的相互作用。他说：“假如让我把全部教育心理学仅仅归结为一条原理的话，那么，我将一言以蔽之曰：影响学习的唯一最重要的因素，就是学习者已经知道了什么。要探明这一点，并据此进行教学。”布鲁纳说：“可以用向儿童提出问题以诱导他们向高一级阶段发展的方法刺激儿童智力的发展。”在导入中，教师通过创设问题情境，设置新的矛盾，这是给教学补充新的能源。

六、教学策略

1. 通过猜数字以及学唱儿歌，激发学生的学习积极性。

2. 运用“自主、合作、探究”的策略引导学生学习新知。

3. 充分调动学生的学习需求，开发课堂教学资源，积极重组教材，帮助学生在“做”数学的情境中经历知识产生的过程，感悟用字母表示数及数量关系的简洁，发展其数感与符号化思想。

七、教学媒体：Traceboard 白板软件、黑板

八、教案

科目：数学　课题：用字母表示数　训练的技能：导入技能　主讲：王娜

教学目标： 1. 使学生初步认识字母表示数的意义和作用。 2. 学生在学习用字母表示数的过程中，思考用字母表示数的必要性，渗透符号化思想。 3. 感受数学的简约之美，培养学生对数学的喜爱之情。				
时间	授课行为	应掌握的技能要素	学生行为	教学意图
0 分 0 秒	一、游戏导入，初步感知 同学们好！上课之前我们先做个猜数游戏！ 黑板上给出 5，你能准确猜出右边的数字是几吗？ (教师给出右边的数是 15) 接下来，给出第二组中左边的数是 12，你们这下能猜出右边的数字是几？	激发兴趣 引起注意 诱导提问	由于只知道一个数字所以学生的答案很多。 预设 1：通过第一组数字 5 和 15，知道右边的数字比左边多 10，因此猜到的是 22。 预设 2：5 和 15 这组数，右边的数字是左边的 3 倍，所以猜到的是 36。 学生发现答案很多,说不完。	本环节主要是激发学生兴趣，使学生较快进入思考的状态。
3 分 5 分	根据左右两组数的关系进行后面几组数字的判断。再举例说说具有这种关系的数。 你有什么好办法把具有这种关系的数都表示出来？先自己想一想，再在小组内交流你的想法。 你们认为哪种方法更加简单明了？	建立联系 设疑 促进参与 反馈探询	预设 1：1000，1010。 预设 2：任意一个数加 10。 预设 3：我用 a 和 b 分别表示左右两边的数字。 预设 4：用 a 表示左边的数，$a+10$ 这个含有字母的式子就表示整个右边的数。	通过小组讨论，集体交流，观察、比较，初步感知用字母表示数的优势。同时渗透用字母可以表示两个量的关系。
9 分	看来我们用字母就可以简单概括的表示一些数了。这就是我们今天学习的“用字母表示数”(板书) 二、儿歌接龙，领悟新知 同学们，老师想问大家一个问题，你唱过儿歌吗？有一首儿歌久久不能忘怀，因为唱了这么多年，一直就没把它唱完，你们有兴趣一起唱一唱吗？	归纳 指向目标 探寻目光 启发诱导	师生齐唱儿歌。	渗透把具体的数代入到含有字母的式子求值的方法。 利用学生喜闻乐见、符合年龄特征、贴近生活实际的儿歌进一步感知，通过儿歌

续表

时间	授课行为	应掌握的技能要素	学生行为	教学意图
	出示： 1只青蛙1张嘴，2只眼睛4条腿， 2只青蛙2张嘴，4只眼睛8条腿， 3只青蛙3张嘴，6只眼睛12条腿， 4只青蛙4张嘴，8只眼睛16条腿， ……	演示	观察，演唱。	的教学让学生感受到用字母表示数的必要性，优越性，理解用字母表示数的意义。
11分	同学们怎么越唱越慢呢？而且越唱越不齐了呢？	设疑	越到后面越不好计算出青蛙嘴的张数，眼睛的只数和腿的条数。	
12分	同学们！这首儿歌有无数句呢，永远也唱不完，我们能不能用一种简明概括的办法把这首儿歌给它唱完呢？	引导探究	学生通过观察、计算，发现儿歌中的数量关系，用字母表示儿歌中的数，将儿歌唱完。	
14分30秒	从这几个含有字母的式子中我们看到它们不仅能表示出青蛙的只数、嘴的张数、眼睛的只数和腿的条数，你还能从中看出什么呢？	启发思考 引导假设	看出它们之间的数量关系。青蛙嘴的张数是青蛙只数的1倍，青蛙眼睛的只数是青蛙只数的2倍，青蛙腿的条数是青蛙只数的4倍。	突出了用字母可以表示具体的一些数，也可以表示数量关系式，揭示了“用字母表示数”的精髓，即渗透了函数思想。
16分	看来还能从含有字母的式子中看出它们之间的数量关系啊！（板书：数量关系）	强调 形成期待		
	……	……	……	……

日期：2013年6月6日

【教案点评】

实现了情景创设的趣味性和有效性。本课开始，从猜数字并找规律入手，让学生通过找规律，知道符号和字母可以用来表示数。学生的学习兴趣被充分调动起来，更重要的是在找规律的过程中，学生的思维经历了从具体到抽象，从简单到复杂，从一般到特殊的过程。

趣味导入，为思维碰撞搭台

——《分数的意义》教案设计

白盆窑小学　李兵

科目：数学　课题：分数的意义　训练的技能：导入和指导探究技能　主讲：李兵

教学目标： 1. 知识与技能：在具体情境中认识、理解单位“1”，进一步感知分数的意义。 2. 过程与方法：通过动手操作，在探索、交流的过程中，培养学生的实践、观察及创新能力，促进其思维的发展；同时获得类比、迁移的数学思想方法。 3. 情感、态度与价值观：发展学生的数感，体验数学与生活的密切联系。

续表

时间	授课行为	应掌握的技能要素	学生行为	教学意图
0分0秒	一、游戏激趣埋伏笔——"说一不二"初识单位"1" 正式上课之前我们先做一个"说一不二"的游戏好吗？自己读一读游戏规则。	创设情境 激发兴趣	坐姿端正，精神集中，充满自信。	游戏导入，创设轻松愉悦课堂氛围，激发学生学习兴趣。
0分30秒	课件出示游戏规则： 用适当的数学语言描述所给的情境，描述时只允许用数"1"，不允许用除了1以外的其他数。)	讲解要求	生读游戏规则。	
2分	看懂了吗？谁来帮大家解释一下游戏规则？ 师出题： 这是几？(1个手指) 这是几？(5个手指) 这是？(10个手指)……	分析理解 快乐游戏	指名学生解释游戏规则 全员参与游戏，并回答。 生：一个手指。 生：一只手。 生：一双手。	建立思维桥梁，为新知识的学习做铺垫。
2分30秒	通过"说一不二"的小游戏，你对自然数"1"有了什么新的认识？ 今天我们认识的1很特殊，我们用它来表示一个整体，所以我们要给它加上引号，称它为：单位"1"。(板书)	启发探究 讲解	生：1个人，1名同学。 生：1桌同学，1组同学。 生：1排同学。 生：1班同学。 谈感受，说认识。 生：不仅可以表示1个，还可以表示多个事物，把多个物体看作了一个整体。	
2分50秒	二、回顾旧识架桥梁——"创造分数"悟分数意义 过渡：游戏中有只能用1不能用其他数的规定，但在我们的生活中，能有这样的规定吗？不能。所以我们才要认识更多的数！今天我们就继续学数，猜猜什么数？	启发诱导	生：分数。	
5分50秒	(板书：分数) 1. 复习旧识 对于分数，我们已经不陌生了，但是不是由于时间太长对它有些遗忘了啊！没关系，咱们先来一起回忆一下！ 课件：	引向目标		
6分30秒	①一个苹果平均分成2份，你能用分数表示吗？1/2(演示分的过程)你能说说1/2是怎么来的吗？ ②一个正方形平均分成4份，每份是这个正方形的(1/4)，3份是它的(3/4)，3/4里有(3)个1/4。	建立联系 唤醒回忆 分析讲解	回顾旧识。 看课件回答问题。 复习旧识。 夯实学习新知基础。	复习旧时，唤醒回忆。

续表

时间	授课行为	应掌握的技能要素	学生行为	教学意图
9 分	③把一米的线段平均分成(5)份，每份是它的 1/5，4 份是它的(4/5)，4 个 1/5 是(4/5)。 分数是怎样产生的？		根据已有经验谈对分数的认识。	
11 分 30 秒	2. 创造分数 现在老师这里有 1 块奶糖，我可以平均分吗？你能说出分数来吗？ 现在老师这里有 12 块奶糖，不是一个了，还能平均分吗？ 我们把 12 块糖看作单位“1”，这个单	探究 确认 运用	把一个物体平均分，其中的一份或几份就可以用分数表示。	运用台阶提问，将学生的思考逐步引向深入。
13 分	位“1”的 1/2 是多少？我应该怎样分？ 板书：把 12 块糖看作单位“1”，把单位“1”平均分成 2 份，其中的 1 份是 1/2，有 6 块糖。 这 12 块糖还可以怎样平均分，请你们利用手中的 12 颗棋子代表 12 块糖来创造分数，好吗？	启发思考 深入 分析	把一块奶糖平均分成 2 份，其中的一份就是这块糖的 1/2。 生：可以，我们可以把 12 块糖看作一个整体，用单位“1”表示。	运用生活实例激发学习兴趣，诱发学生积极思考。
14 分 30 秒	课件出示自学提示： (1)同桌合作，创造分数。 ①把 12 颗棋子平均分一分、摆一摆。 ②填写记录单。 ③同桌交流记录单的内容并互相说说怎样平均分创造出分数的。 (2)思考提示：(学习记录单)	结论 指导探究 形成新期待 指导合作	同学猜想。 生汇报，师操作演示。	
15 分 50 秒	我把(　　　　　)看作单位“1”，把单位“1”平均分成(　)份，其中的 1 份是单位“1”的 $\frac{(\quad)}{(\quad)}$，有(　　　)个棋子，(　)份是单位“1”的 $\frac{(\quad)}{(\quad)}$，有(　)个 $\frac{(1)}{(\quad)}$。 ……	反馈强化 合作互助 动手操作 实践体验 ……	同桌合作，在分糖活动中体会分数的产生，进一步感知分数的意义。 同桌合作平均分棋子，填写记录单，共同交流学习过程，再次感知分数产生过程和分数的意义。 ……	合作互助，在数学活动中感知新知，体验数学学习的快乐。 在互动交流中思维碰撞，发现问题，解决问题，互助提高。 培养学生合作交流的能力。 ……

日期：2013 年 12 月 1 日

【教学反思】

游戏导入，突破单位“1”的认识。教学之初，课伊始，趣已生。“说一不二”的游戏，情趣高而技能巧。借助这个游戏，在活跃了课堂紧张的气氛同时，帮助学生突破了原有认知的禁锢，让学生在潜移默化中充分感知了“在很多时候我们可以把多个物体看成一个整体，而这个整体也可以用‘1’来表示”，学生就很自然地对自然数 1 有了新的认识，认识单位“1”的这一教学难点也就不攻而破了。

巧妙导入，诱发探究

——数学《分数化成有限小数的规律》教案设计

右安门一小　牛凤敏

科目：数学　课题：分数化成有限小数的规律　训练的技能：导入技能　主讲：牛凤敏

教学目标：
1. 能够使学生产生学习本节课的兴趣，形成探究学习的需要。
2. 知道本课的学习目标，建立学习方法的联系。

时间	授课行为	应掌握的技能要素	学生行为	教学意图
0 分 0 秒	师生问好。 1. 创设情境：我们已经学过分数化成小数的方法，今天我们就来个小比赛，请你把下面的分数化成小数，看哪个同学算的最快？ $\frac{1}{10}$　$\frac{3}{100}$　$\frac{7}{1000}$ $\frac{1}{5}$　$\frac{3}{4}$　$\frac{7}{40}$ $\frac{1}{15}$　$\frac{3}{11}$　$\frac{7}{30}$	引起注意 激起好奇	预备状态、精神集中。 学生快速做题。	依据学生好胜心理，设计比赛，激发学习的积极性。 给学生提供几组有特点素材，为后面更多的学生探究出规律搭建支架。
2 分 40 秒	2. 追问：请你们仔细观察、揣摩，在计算的过程中你们发现了什么？ 评价：说得好！对刚才你们提出的观点，你有什么疑问吗？	建立联系 诱导意识 确认 诱导质疑	生回答：有些分数能化成有限小数，有些不能化成有限小数。 生提问：哪些分数能化成有限小数？那些分数不能化成有限小数呢？	搭建思维支架为新知识的策略运用做铺垫。 训练学生提问，启迪思维意识，激发学习动机。
	你认为这节课我们应当研究什么？	引导探究	生回答：分数化成有限小数的规律。	引导发现培养创造思维能力。
4 分 10 秒	3. 教师对学生的探索问题给以肯定：同学们提出了一个非常有研究价值的问题，这节课我们就来解决这个问题，同时揭示题目并板书：分数化成小数的规律。	强化认识 形成期待 板书课题	认同。	明确学习目标，为后面更多的学生探究出规律搭建阶梯。
	4. 你准备用哪个学习策略来学习？诀窍是什么？ 下面我们就用这个思维策略探究分数化成小数的规律。	确认 强调 促进参与	自我提问自引导； 大胆假设细检验。 认同	回忆自我提问自引导思维策略建立学习方法的联系。

日期：2013 年 12 月 1 日

【教案点评】

本教案主要呈现的是导入技能。依据儿童认知心理设计比赛情境，引起学生注意，产生对学习兴趣，使学生快速进入学习准备状态。然后通过教师的追问、质疑、反馈等活动给学生搭建思维支架，明确学习目标，使学生能够很快产生进一步探究学习的期待。

从感性到理性，升华认识

——数学《反比例函数》教学设计

丰台七中　范少伟

一、教材分析

本节课是北教版第十七册第二十章第六节的内容。函数知识是初中代数的核心内容之一，反比例函数是初中学习的三大函数之一，是继一次函数、二次函数之后，又一类重要的数学模型。通过反比例函数的学习，为学生今后进一步研究其他函数奠定了良好的基础。本节课通过对具体情景的函数分析，利用类比的方法，概括出反比例函数的概念。再通过学生自己举例进一步丰富对函数的认识，理解反比例函数的意义，进一步领悟函数的概念，为后续学习产生积极的影响。

二、学情分析

九年级的学生虽然已经具有一定的观察、分析和归纳能力，在此之前学生已经学习了一次函数、二次函数，对函数已经有了一定的认识，初步掌握了研究函数的一般方法。对于我们的学生来说，对前面一次函数、二次函数的内容掌握得还不熟练，并且对函数的生活实例和相关背景理解不到位，加上阅读理解能力的限制，学生对本节课的内容仍会感到抽象，理解起来也较困难。

三、教学目标(见教案)

四、教学重点、难点

教学重点：理解反比例函数概念。

教学难点：学会反比例函数概念的辨析。

五、教学理念

导入犹如戏剧的“序幕”，起着酝酿情绪、集中注意力、激发兴趣、进入智力振奋状态等作用。导入还像音乐“定调”一样，教师根据学习任务，向学生提出明确学习目标，以调动学生学习的自觉性和主动性。

人的核心发展是思维能力，思维是构成人的智慧的核心要素，思维训练的目的就在于开发人的智慧，智慧又是在“解题”中表现出来的。因此本节课的学习过程中，学生经历建立反比例函数模型的过程，并且充分发挥学生的积极性，让他们自己发现和建立模型、提出问题、解决问题，有意识地培养学生发现和提出问题的能力，提高学生的创新意识和解题能力。从而达到培养学生的思维能力，改善学生的思维品质的目的。

六、教学策略

1. 通过“类比”搭建思维支架，降低学生思维难度。

2. 通过“台阶提问”引导学生积极思考问题，培养学生灵活的思维品质。

3. 通过指导反思培养学生监控自己的思维能力。

4. 通过合作交流，培养学生团队合作意识。

七、教案

科目：数学　课题：反比例函数　训练的技能：导入与思维训练　主讲：范少伟

教学目标：

1. 知识与技能：掌握反比例函数定义，能判定一个函数是否是反比例函数。

2. 方法与过程：通过类比的方法，经历反比例函数概念形成的过程，培养学生观察、分析和归纳能力。

3. 情感、态度与价值观：反比例函数概念建立的过程是从感性认识到理性认识的转化过程，在此过程中培养学生应用数学的意思和创新意识。

时间	授课行为	应掌握的技能要素	学生行为	教学意图
0分	一、引入 请同学们根据题意写出下列函数关系式。 1. 圆的面积是 S 半径是 r 之间的函数关系式。 2. 长方形面积是20，一边是 a，另一边是 b。 3. 大米每斤2元，购买的斤数 x 斤，与花的总钱数 y 元之间的函数关系式。 4. 100元去买牛肉，所买的斤数 y 斤，与大米单价 x 元/斤之间的函数关系式。 5. 等腰三角形一个底角 α 和顶角 β 之间的关系。 6. 正方形面积 S 和边长 a 之间的函数关系式。	回忆 诱导思维意识 建立概念	举手回答。 答： 1. $S=\pi r^2$ 2. $ab=20$ 或 $b=\frac{20}{a}$ 或 $a=\frac{20}{b}$ 3. $y=2x$ 4. $y=\frac{100}{x}$ 5. $2\alpha+\beta=180°$ 或 $\beta=180°-2\alpha$ 6. $S=a^2$	通过学生列函数关系式，复习学过的函数关系式，搭建思维支架，诱导学生思维意识。
3分	提问： 1. 请把上面所有函数的自变量换成 x，因变量换成 y。	理解	答： 1. $y=\pi x^2$ 2. $y=\frac{20}{x}$ 3. $y=2x$ 4. $y=\frac{100}{x}$ 5. $y=180-2x$ 6. $y=x^2$	通过自变量和因变量的变换，让学生理解函数关系式的本质，渗透模型的思想。
4分	2. 谁能到黑板上挪动这些纸板，把这些函数关系式分分类？	归纳	答：第一类： $y=x^2$，$y=\pi x^2$ 第二类： $y=180-2x$，$y=2x$	通过学生亲自动手操作，更加形象地展示出几种形式，

续表

时间	授课行为	应掌握的技能要素	学生行为	教学意图
			第三类： $y=\frac{100}{x}$，$y=\frac{20}{x}$	也培养学生的学习兴趣。
	3. 你为什么这么分类？	分析 引导假设	答：第一类是二次函数。(新学的最熟悉)第二类是一次函数，最后一类是分式。	通过台阶提问，引导假设，得到反比例函数的一般形式，培养学生的类比和归纳能力。渗透从具体到抽象的思维方式。
	4. 一次函数的一般形式是什么？二次函数呢？	回忆	答：$y=kx+b(k\neq0)$ $y=ax^2+bx+c(a\neq0)$	
	5. 剩下的一类有什么特征呢？	综合	答：都是分式。	
	6. 你能总结出它的一般形式吗？ 请你提出新的研究课题？	归纳总结 形成期待	答：$y=\frac{k}{x}$ 这个函数是……	
6分	二、新课 综上，我们得到如下结论：定义：一般地，我们把形如 $y=\frac{k}{x}$(k 是常数，$k\neq0$)的函数叫作反比例函数。	归纳总结 指导思维步骤	总结记忆。	通过归纳总结，指导学生思维步骤，培养学生研究函数的一般方法。
7分	例1　请根据定义判断下列函数是不是反比例函数 (1)$y=3x-1$ (2)$y=2x^2$ (3)$y=\frac{3}{2x}$ (4)$y=\frac{x^2}{2}$	应用 启发联想和想象	答：(1)不是，是一次函数。 (2)不是，是二次函数。 (3)是。 (4)不是。是二次函数。 (5)是。 (6)是或不是。	通过例题的辨析，启发学生联想。培养学生理解数学定义的严谨性。培养学生批判的思维品质。
9分	(5)$y=-\frac{\sqrt{2}}{x}$ (6)$y=\frac{3}{x^2}$	小组活动		
	例2　请你根据上面例题，同组的同学相互出一道题目，让同学判断是否是反比例函数，看谁出得好！	应用 启迪思维策略		
	要求： 1. 轮流出题目，同学互相判断。 2. 派代表把你们组出得比较好的题目写到黑板上。 (老师指导) 3. 指定其他组同学回答，并作评价。	评价综合	三个人一个小组，轮流出题，最后派代表把较好的题目写到黑板上。	通过学生自己出题，启迪思维策略，培养学生思维的灵活性和创造性及合作意思。
14分	三、小结	指导反思	1. 今天学习了反比例函数	

续表

时间	授课行为	应掌握的技能要素	学生行为	教学意图
	请你谈一下今天的收获。		的定义。并会判断一个函数是不是反比例函数。 2. 要注意 $y=\frac{k}{x}$ 中 $k\neq 0$。 3. 经历了建立反比例函数模型的过程，体会了模型思想。 4. 学会了用类比的方法研究数学问题。	通过指导反思，培养学生监控自己的思维能力，使学生对知识形成系统化。

日期：2013 年 9 月 8 日

【教学反思】

遵循了概念教学的规律，让学生通过实际生活经验，在教师的引导之下自主体验，构建知识，经历了建立概念的过程。同时注重培养学生由感性认识上升为理性认识，注重数学思想方法的灌输，基本达成了教学目标。

由于微格课程容量的限制，删除了部分例题，使本节课整体的深度不够。这一方面是因自己太年轻教学经验不足，另一方面是学习微格课程时间不长，对有些微格术语理解还不到位所致。所以自己还要积极学习，不断提高自己。

营造氛围抓问题，曲折探索中国路

——《曲折探索》教案设计

卢沟桥中学　丁宏霞

科目：历史　课题：曲折探索　训练的技能：导入技能　主讲：丁宏霞

教学目标： 1. 知识与能力：知道“大跃进”和人民公社化运动的失误史实。 2. 过程与方法：能够对“大跃进”及人民公社化失误的原因分析，深入探究学习。 3. 情感、态度与价值观：培养探究意识和正确分析事物的能力。				
时间	授课行为	应掌握的技能要素	学生行为	教学意图
0 分	导入新课： 出示三幅大跃进时期的宣传漫画： “一个萝卜千斤重，两头毛驴拉不动”；“大麦穗、大玉米，运到北京去见毛主席”；“刻舟称瓜”。 提问：同学们，你们相信画面里的内容是真的吗？有没有科学根据？ 当然这是假的，没有任何科学根据。	引起注意 创设情境 假设 肯定	看漫画。 思考回答。	设计情景和问题导入新课。 通过交流培养科学素养。

续表

时间	授课行为	应掌握的技能要素	学生行为	教学意图
4 分	但是在五十年代的中国，大家对这些宣传深信不疑，国家还大肆宣传这些看来荒唐的事。 出示：当时的《人民日报》报道。 为什么会出现这些现象呢？这反映了我国五十年代“大跃进”和人民公社化运动时期高指标、瞎指挥、浮夸风、“共产风”等错误的泛滥。 小组汇报：课前搜集的关于“大跃进”和人民公社化运动的内容材料。 （分男女两组分别汇报） 今天我们就一起回到那个年代，了解那些我国在社会主义探索和建设中曾经惨痛的经历，一起学习新课《曲折探索》。	建立联系 讲解 组织交流 形成期待	了解史实。 分组汇报。	了解“大跃进”和人民公社化运动的失误历史。
11 分	讲授新课： 为什么当时会出现探索的失误呢？	质疑 提出问题焦点化	回忆旧知识，分析原因。	探讨“大跃进”与人民公社化运动的原因，培养学生历史分析能力和正确看待事物的能力。
……	……	……	……	

日期：2013 年 7 月 1 日

【教案点评】

本节课前教师做了大量的教学准备工作：搜集的一些图片资料、文字资料作为教学资源，充实教学内容。然后对这些教学资源进行筛选，作为制作课件的素材。这样，不仅使所制作的课件实用，而且别具特色。

本课还精心创设问题情境，激活学生的思维，充分发挥学生在教学中的主体作用，符合新课程理念。通过让学生看图片：《以钢为纲》、《小高炉群》、《“卫星田”的稻穗托住小姑娘》、《肥猪赛大象》、《刻舟称瓜》等，让学生近距离接触“大跃进”和人民公社化运动那段历史，培养学生从历史资料中提取信息的能力。

层层深入　探究学法

——语文《驿路梨花》教案设计

卢沟桥中学　李琛

科目：语文　课题：驿路梨花　应掌握的技能：导入技能　授课人：李琛

教学目标：
1. 通过学习知道写事的文章要围绕着线索写。
2. 通过学习，学会破题，自主寻找写事的记叙文中的线索并按照线索理清文章脉络。通过分析重点句子，掌握分析关键词的技巧，提高阅读和答题技术水平。
3. 通过文章线索脉络，分析出谁是小茅屋的主人，进入阅读状态。

时间	授课行为	应掌握的技能要素	学生行为	教学意图
0分0秒	今天我们继续学习第九课《驿路梨花》，现在出现在屏幕上的就是我们这一课的课题。 1. 谁能分析一下，从这个题目中，我们能够获得哪些信息？ 是写梨花的(重复观点)，很好。哪儿的梨花？道旁的。那驿路是什么意思？你回答跟书下注解几乎一致，说明回家好好读书了。现在我们还有驿路这种说法吗？通过分析题目得到的信息好像这是一篇写景的文章，实际上是吗？那是写什么？ 小结：驿路是古代传送公文的路，说明他对社会的意义不一般，现代既然没有驿路的叫法了，为什么还称为驿路呢？那一定是有它的特殊含义，而且驿路上还有美丽的梨花，课文中又不是描写景物的，那这梨花又象征什么呢？ 2. 写事的文章我们要从哪方面入手阅读课文？ 板书：写事抓线索 线索是故事情节发展的脉络又是探求问题的途径。	激发兴趣 回忆 建立联系 分析 指导 反问	集中注意。 应该是描写梨花的文章，而且是在驿路旁的梨花。驿路的意思是古时国家为了传递公文而开辟修建的道路，如今已经没有了。通过对课文的阅读理解这是一篇写事的文章，所以说明这是发生在路上的一件有价值的事情。 梨花和人有关，这是写事的文章。 抓线索——怎么学。	通过组织教学语言，集中学生注意力，引起学生兴趣，引导理解题意，锻炼破题能力。 理解课题意义，形成阅读期待。
3分30秒	很好，那么请大家翻开书第43页，开始自己迅速默读一遍课文，同时找找这篇文章的线索是什么？ ……	总结 归纳 ……	以寻找小茅屋的主人为线索阅读。 ……	通过师生互动，探究学习方法。 ……

日期：2013年12月1日

【教案点评】

本导入通过教师引导，学生积极探究阅读思路，对培养学生语文阅读能力具有显著意义。

项目 3　讲解教学技能

定义：教师主要运用语言的方式，向学生传授知识和方法，启发思维，表达思想感情的一类教学行为。

要素：探查、流畅、条理、例证、强调、反馈。

类型：类比讲解、归纳讲解、演绎讲解；原理中心式、问题中心式、行为动作中心式。

讲解教学技能评价单

日期＿＿＿＿＿＿　任课教师＿＿＿＿＿＿

请您在听课后对以下各项目评价，在恰当等级下画“√”

	优	良	中	差	权重
1. 讲解紧密结合重要教学内容，有价值。	□	□	□	□	0.15
2. 提供感性材料丰富、能利用例子、类比等能讲解清楚。	□	□	□	□	0.1
3. 讲解有条理、有逻辑性。	□	□	□	□	0.1
4. 讲解内容、方法与学生认知水平相当。	□	□	□	□	0.1
5. 对讲解重点或关键加以强调。	□	□	□	□	0.1
6. 结合提问方式，使讲解过程与学生呼应，相互作用好。	□	□	□	□	0.1
7. 能调整讲解内容和方法，使讲解取得最佳效果。	□	□	□	□	0.1
8. 帮助学生深化、巩固所讲的内容。	□	□	□	□	0.1
9. 讲解情感充沛，速度适当，有感染力并能激励学生。	□	□	□	□	0.05
10. 讲解语言精练、有趣、亲切、音调富于变化。	□	□	□	□	0.1

抓住重点词句　以读促悟　以悟带读

——语文《小动物上体育》教学设计

阳春小学　陈勤

一、教材分析

《小动物上体育》是北京课改实验教材第二册语文中第八单元的第三篇课文。这是一篇有趣的童话诗，写的是小动物上体育课的事情。作者创设了一个“队伍总是走不齐”的情境，巧妙地告诉小学生：动物体态不同，走路姿势也不同。课文内容浅显易懂。

本单元的重点是：通过四篇不同的课文，分别从侧面介绍了一些科学普及和环境保护的基础知识。

二、学情分析

低段学生很喜欢这类动物题材的小故事，文中小鸭子、小螃蟹、小马、棕熊的形象更是深入学生内心。其中鸭子、螃蟹、棕熊走路的姿态都是学生比较熟悉的，学生容易模仿。

三、教学目标(见教案)

四、教学重点、难点

教学重点：写好本课“体、育”2个生字，认读12个生字及相关词语；正确流利地读好课文。

教学难点：能读出合适的语气，能体会小动物的心态。

五、教学理念

《语文课程标准》在第三部分实施建议中明确指出：识字教学要将儿童熟识的语言因素作为主要材料，同时充分利用儿童的生活经验。

《语文课程标准》指出：低年级以识字教学为主，课文是识字的载体，做到字不离词，词不离句。低年级阅读教学要在阅读中让学生积累词语，要学习用正确流利的普通话，有感情地朗读课文。

六、教学策略

1. 从生活中巧妙引入新课，使学生在轻松、自由的氛围中开始学习。

2. 注重识字。把阅读作为识字的重要载体，识字和阅读同步进行。

3. 结合搜集的资料，课件直观展示、动作演示和模仿引导学生学习和理解生字词。

七、媒体准备

制作多媒体课件

八、教案

科目：语文　课题：小动物上体育　训练的技能：讲解技能　主讲：陈勤

教学目标：
1. 知识与技能
(1)正确规范地书写生字“体、育”。
(2)会认读12个字。在不同语境中正确读多音字了(liǎo)、着(zhē)。
(3)正确、流利、有感情地朗读课文。
2. 过程与方法
(1)通过多种形式的读，培养学生朗读能力。
(2)通过课文朗读，体会小动物的心情。
(3)通过对生字的学习，使学生体会汉字的形体美。
3. 情感、态度与价值观
(1)使学生产生喜爱动物的情感。
(2)渗透尊重他人的思想感情。
(3)产生对祖国语言文字的喜爱之情。

续表

时间	授课行为	应掌握的技能要素	学生行为	教学意图
0分	小朋友们，这是我们班的课表，你最喜欢上什么课呀？ 喜欢上体育课，“体育”这个词你们认识吗？跟着老师一起认真读读、写写这个词语吧。（师板书：体育） 不仅小朋友喜欢上体育课，动物王国里的小动物们也喜欢上体育课。你们看！（课件出示图片）跟着老师一起认真写，再读读这个词语。（板书：动物）	探查 反馈 语调 建立联系 语言 连接 理解	学生回答。 生指名读、书空、齐读。 指名生读、书空、齐读。	拉近距离，激发兴趣。 认识生字 概括、描述，图文结合，认识生字。
2分	今天我们就一起学习第23课《小动物上体育》（师补齐板书：小动物上体育）	语言 强调 （手势语）		
4分 6分	提问：谁在上体育？师：读得再清楚一点。读了课题，你还想知道什么？ （过渡：小动物干什么？）赶快把书翻到111页，读一读这篇课文吧。不认识的字用拼音帮助你。	启发 形成期待 语言 连接	生读课题。 我想知道都有哪些小动物上体育？它们是怎么上体育的？学生自由读课文。	揭示课题 学生初步整体感知，培养语感。
7分	小朋友们真棒。读音都正确了。那么这篇课文分成了几小节？谁来读第一小节？第二、第三呢？其他人认真听一听。	评价 理解 探查 反馈	指名分小节读课文。	培养学生正确读课文，培养认真倾听的好习惯。
8分 9分 10分	第一小节说这些小动物上得怎么样？（课件出示：第一屏：小动物上体育，队伍总是走不齐。） 刚才我们见过了动物、体育，还记得吗？ 再来读读这两个词语：队伍、总是 我们把这四个词语放在一个长句子中，看看谁能读好，自己练一练。 是一次、两次走不齐吗？可真着急呀！大家一起来读读。（突出“总是”）	强调 语气重 语调上扬 诱导 语言 探查确认 语言 有条理 诱导启发 理解	生：小动物上体育，队伍总是走不齐。 指名读、齐读。 生练习读好长句子。（齐读） 生：不是，很多次。	描述，初步培养学生分析课文的能力。 语境中再次呈现，字不离词，词不离句，巩固生字词。 指导读好较长的长句子。
11分	你怎么知道是很多次的？ （课件变红）你们再读读这句话。（一起读）	强调 确认	生：总是。	指导朗读，已读促悟，培养分析能力。
12分	小动物到底怎么走不齐呢？你们看看吧。（课件出示小动物练队走不齐的情景）			课件显示 直观感受

续表

时间	授课行为	应掌握的技能要素	学生行为	教学意图
13分	如果你是老师，学生们总是走不齐，你会是什么心情？有一个字表现了老师的心情。 你能把老师着急的心情读出来吗？自己试着读一读。	诱导启发 分析	“急的”。 指名读。	理解。 以悟带读。
16分	到底是什么原因让动物们总是走不齐呢？赶快读读第二小节吧！现在谁愿意跟大家说说？	概括语言 语调连接	生读第二小节。	过渡。
20分	你们知道鸭子怎么走路吗？学一学，通过动作体会。它这样走是故意的吗？它跟老师说的时候是什么心情？ (出示课件螃蟹) 螃蟹怎么横行呢？这是一个成语，试着读读，记住它。张牙舞爪是什么样子呢？就是这样呀！课文中说小螃蟹张牙舞爪的，想看看它是什么样子吗？(出示图片)看着小螃蟹的样子，再来读读这个词语。当你和别人道歉时，你是什么心情？你会怎么说？	启发诱导 演示 理解 体会 启发诱导 演示 理解 确认 启发诱导 理解 感悟	生边说，边模仿动作。 生试着读读。 指名读、齐读。 生通过动作感悟。 生再读。 自己练习说说。	通过描述感受鸭子走路摇摆的样子。 描述，初步培养学生理解词语的能力。 感受张牙舞爪，指导朗读。 进行感悟训练，发散学生思维。

2013年8月20日

【教案解读】

教师从生活中巧妙引入新课，学生在轻松氛围中开始学习。讲解注重识字，把识字和阅读同步进行，讲解能结合搜集的资料、课件展示、动作演示和模仿等方式，引导学生学习和理解生字词。

诵诗句　解诗意　品诗境　悟诗情

——语文《送孟浩然之广陵》教案设计

铁十一小　陈艳春

科目：语文　课题：送孟浩然之广陵　训练的技能：讲解技能　主讲：陈艳春

教学目标： 1. 读懂诗句，理解诗意。 2. 想象诗中描绘的画面，感悟诗情。 3. 有感情诵读全诗。

续表

时间	授课行为	应掌握的技能要素	学生行为	教学意图
0分 0秒	导入：我国是一个诗的国度，唐宋的诗歌更是浩如烟海。根据诗歌表达的情感和描写内容的不同，我们可以把古诗分成很多类，(配乐)比如有(幻灯出示)： 边塞诗——“大漠沙如雪，燕山月似钩。”	创设情境 激发兴趣	听着背景音乐，集中注意力，进入到古诗学习的意境和情绪中。	在音乐和诗句中进入到古诗的学习情境中，激发兴趣，积累古诗有类别意识。
	思乡诗——“独在异乡为异客，每逢佳节倍思亲。” 爱国诗——“只解沙场为国死，何须马革裹尸还。” 我们还背过一类诗，老师出示图片你们来猜一猜？(幻灯出示图片)	语调 节奏	看幻灯片读诗句。体会古诗描写内容和表达情感的不同。	
	“莫愁前路无知己，天下谁人不识君？” “劝君更尽一杯酒，西出阳关无故人。” “桃花潭水深千尺，不及汪伦送我情。”	建立联系 归类概括	观察图画，边联系之前所学。猜诗句。	由已知引出所学，在建立联系的同时为结尾处的比较做铺垫。
1分 30秒	说说这是哪一类呢？ 揭题：是的，古人非常重离别，往往在这种时刻会赋诗一首，表达情感。今天我们再来学习一首送别诗。(出示诗题) 齐读诗题。 题目是什么意思呢？ 根据注释，引导理解题目。 是的，这首诗也叫“黄鹤楼送孟浩然之广陵”(板书“黄鹤楼”并指导“鹤”的书写)。	理解方法	总结刚刚猜到的诗句属于送别诗。 齐读诗题。 题目意思：送孟浩然去广陵。 学生可以说出以下内容：(1)之：去、往。(2)广陵：就是诗中提到的“扬州”。(3)送别的地点：黄鹤楼 学生书留空学写“鹤”。	
	再指导说题目的意思。(明示方法：串联字义、借助注释)	建立联系	巩固刚刚理解题目的方法，再理解题目，心中明确方法。	
3分	指导读正确、流利。 都能读熟，还要读出情，读出神来，这就需要我们理解诗句的意思，并且体会作者的思想感情。我们可以用到哪些方法呢？说一说。	初读感知 指导方法 形成期待	正确流利读诗句。 学生回忆理解古诗意思和感悟作者情感的方法。(反复涵咏、诵读；结合书下注解；想象画面；联系自己的生活；串联字义转换角色等等)	回忆巩固学法，为理解诗句的意思，体会情感做铺垫。

续表

时间	授课行为	应掌握的技能要素	学生行为	教学意图
5 分	现在请你静下心来用这些方法，默读自学，然后和同伴交流，说说你从诗中都知道了什么？ 全班交流 预设(1) 送别的人物——故人(孟浩然) 故人：老朋友。(教师适时介绍李白与孟浩然的关系)李白很崇敬孟浩然。有诗为证：“吾爱孟夫子，风流天下闻。” 引导理解“西辞”：谁来说说为什么说“西辞”(孟浩然由武昌去扬州，是由西往东，所以说西辞。)说说诗句的意思。(李白在黄鹤楼和老朋友辞别)	自主学习 同伴交流 指导程序 资料补充	默读自学，同伴交流。 交流理解。 感受李白与孟浩然之间志同道合、惺惺相惜的关系。 理解“西辞”的意思是由西向东行。 串连理解第一句诗的意思。	学生在充分自学的基础上交流讨论。体现从自学到同伴互助再到教师讲解的过程。教师充分相信学生，体现学生是学习的主体。
6 分	预设(2) 送别的时间——烟花三月 明媚的早春三月，花儿开得异常灿烂。此刻，你的眼前浮现了怎样的画面，能用一些词语或者是诗句来形容一下你想象的烟花三月的样子吗？ 师引导：繁花似锦，花红柳绿，五彩缤纷、鸟语花香、春回大地、万紫千红、春意盎然、百花争艳，万物复苏，春光明媚，春暖花开，草长莺飞，拂堤杨柳醉春烟。 流连戏蝶时时舞，自在娇莺恰恰啼。 等闲识得东风面，万紫千红总是春。	想象 诱导语 回忆 巩固 语调 节奏	借助想象，能感受到“烟花三月”的美丽景象。 回忆描写春天的词语和诗句，加深印象、巩固，并在潜移默化中分类加以积累。	通过联系生活实际想象春天的艳丽景色，在巩固和回忆词语与诗句的同时，感受春天的美丽，为体会诗句的情感做铺垫。
8 分	沾衣欲湿杏花雨，吹面不寒杨柳风。 引导理解“下”的意思。	猜测 验证	学生猜地势的高低。再理解为何用“下”，理解“下”是顺流而下的意思。	体会诗人用字的准确并理解诗句的意思。
8 分 30 秒	播放幻灯：春天的美景。	理解	欣赏春天的美景。直观感受“烟花三月”的景象，有身临其境之感。	
9 分	过渡：就在这样明媚的春光中，李白似乎也无心赏花啊。他看到的是什么呢，用诗句来回答。出示： 孤帆远影碧空尽，唯见长江天际流。 师引读过渡：他不见春风又绿江南岸，也不见日出江花红胜火，还不见拂堤杨柳醉春烟，只见孤帆远影碧空尽，唯见滚滚长江天际流。	语言训练	回答诗句：孤帆远影碧空尽，唯见长江天际流。 学生跟师引读，强化认识。	

续表

时间	授课行为	应掌握的技能要素	学生行为	教学意图
11 分	引导理解诗句表面意思，他见到的是什么呢？ 引导学生感悟情感。 预设(1)孤帆 引导：长江之上，过境千帆，百舸争流，为什么李白却说是孤帆呢？ 预设(2)尽：这里指帆影消失。站的时间很长。 引导：此时此刻，你就是站在黄鹤楼上目送朋友远去的大诗人李白，你都看不到朋友的身影了，甚至已经看不见他乘坐的小船了，为什么还不离开呢？帆影虽然已经消失了，但是什么没有消失？ 李白久久伫立，心情一直不能平静，想象一下他此时在想些什么呢？ 是啊，这些诗人都没有写，这些思绪，这些牵挂与不舍都化作滔滔的江水送朋友远去了。这也就是诗的语言，言有尽而意无穷，言已尽而情无限。	联系 质疑 换位思考 例证 转换角色 揣摩心理 想象 联系 归纳总结	用自己的话说：那只船越走越远，船影都消失在了晴朗的天空里。只看见滚滚的长江水，浩浩荡荡地向天边流去。 互相补充、纠正。 李白心中只有孟浩然一个人，所以只关注朋友的小船，眼中就没有别的船了。 转换角色谈感受：朋友乘坐的小船的帆影虽已消失，但我心中的牵挂和深深的情谊没有消失，反而越来越浓。这种依依惜别的情没有消失。想多站一会儿，多送朋友一会儿。 展开想象：谈诗人所想，想他们曾经一起饮酒作诗，游玩赏景，高谈阔论等等，体会诗人的不舍之情。 体会诗歌的特点。	学生自然而然地进入到理解诗句意思的步骤。 学生由表象的理解诗句意思深入到揣摩人物内心，自然体会人物的思想情感。 进一步补充并深化理解朋友之间的情谊。 体会诗句表达情感的同时，感受诗歌语言凝练、含蓄的特点。
13 分	想象诗中的画面，读一读全诗，读出你对这两位朋友情谊的理解。教师引导练习吟诵。		带着想象与理解再配乐读全诗，读出感情。	
14 分	听听老师怎么读，说说和你们读的有什么不一样？(有一些音读得很长) 读古诗可是很有讲究的，古诗像音乐一样有节奏，有韵律。 师讲解平仄规律：为了方便，咱们就把平声都标成“—”，仄声标成“1”，再来看看。 出示全首诗： 1 — — — — 1 — 故 人 西 辞 黄 鹤 楼， — — — 1 1 — —	示范比较 指导朗读	听老师范读，听出不同之处。 听讲解，明白什么地方该如何读。	对学生进行初步古诗的读法上的渗透，让学生能从感性到理性有一个过渡的认识，并加以实践。

续表

时间	授课行为	应掌握的技能要素	学生行为	教学意图
	烟 花 三 月 下 扬 州。 —— 1 1 1 — 1 孤 帆 远 影 碧 空 尽， — 1 ———1 — 唯 见 长 江 天 际 流。 引导练习全诗的吟诵。(强调音断气不断)		练习吟诵。 展示练习成果。	拓展，开阔学生视野。
16分	古诗不但可以吟诵出来，更可以吟唱出来，我们一起来听一听。(播放吟唱的录音)	拓展补充	欣赏吟唱录音。	
17分30秒	知识强化反馈(趁热打铁)进行“填一填”“说一说”的练习。	知识巩固强化理解	说关键字词的意思，互相纠错，准确掌握，强化记忆。	增强课堂的实效性，及时巩固知识，并强化理解，准确掌握。
19分	拓展延伸： 回顾几首送别诗：与这首诗比较一下，虽然同为送别诗，但是送别方式和情感略有不同，你发现了吗？ 《送元二使安西》王维 劝君更尽一杯酒，西出阳关无故人。 《赠汪伦》李白 李白乘舟将欲行，忽闻岸上踏歌声。 《别董大》高适 莫愁前路无知己，天下谁人不识君？ 《送孟浩然之广陵》李白 孤帆远影碧空尽，唯见长江天际流。	比较理解 提升认识	对比思考送别诗送别方式与表达情感的不同之处。交流自己的理解并听取他人的意见加以修正。 以酒相送，表达祝福之情。 以歌相送，表达感激之情。 以话相送，表达鼓励、安慰之情。 以目相送，表达依依惜别之情。	与课初的几首古诗再进行深入的比较，并理解送别方式与表达情感的不同之处，渗透学法。
20分 21分	总结 边出示本课学习思路边回顾指点方法。(出示思维导图) 我们学习的思路就是这样一步步深入，又一点点提升的。从大处着眼，小处着手，又回顾审视。总是一味地扎到书本里不知反思与回看是不行的。也就是经历学习过程、跳出学习过程、再回顾学习过程。我们的认识才会步步提升。	思路回顾整理提升	回顾学习过程，提升认识。	让学生经历学习过程后，再跳出这个过程并回顾过程，提升认识，发展思维。
……	……	……	……	……

日期：2013年12月1日

附件：

1. 课后总结思维导图：

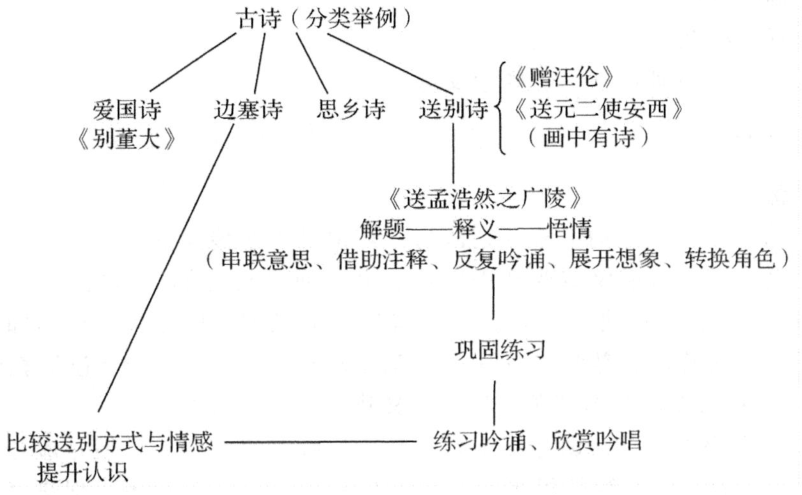

2. 板书预设

（黄鹤楼）送 孟浩然 之 广陵

西辞──→ 下──→ 扬州

【教学反思】

课前教学资料的充分搜集和准备，无疑使我在课堂设计上更加有把握。在理解诗句内容的处理上，几个层次的设计既是在难度上步步加深，也是对学生想象力的激发和已有认知的调动。

重点处理的地方是“孤帆远影碧空尽，唯见长江天际流。”一句，尤其是句中的“孤帆”一词。我要把诗人眼中的意象用足，就要调动学生的想象力。长江之上不是孤帆而诗人眼中却说成“孤帆”，孩子在理解了诗人这种别有用意之后自然也会体会出诗人和友人之间依依惜别的深情了。那就是过境千帆皆不是，心中只有孟浩然。

问题设置有层次，精讲和训练结合

——数学《有理数的乘方》教学设计

看丹中学　郝静

一、教材分析

《有理数的乘方》选自北京市义务教育课程改革实验教材数学第十三册第二章第九节。本节课是在生活实践的基础上，通过观察、类比、归纳、知识迁移，结合生活经验理解乘方的意义，探求并掌握有理数乘方的运算方法。本节课的学习为今后开展混合运算的教学做好铺垫，并培养学生初步了解、体会转化的数学思想，逐步养成观察及发现规律的意识。

二、学情分析

本课之前，学生刚学完有理数的加、减、乘、除法运算，但对许多概念、法则的理解还不深刻，容易造成知识的遗忘和混淆。该班学生基础知识薄弱，学习习惯有待培养。

三、教学目标(见教案)

四、教学重点、难点

1. 教学重点：有理数乘方的概念及意义。

2. 教学难点：$(-a)^n$ 与 $-a^n$ 的意义与区别，$\left(\frac{b}{a}\right)^n$ 与 $\frac{b^n}{a}$ 的意义与区别。

五、教学理念

1. 探究合作学习。建构主义理论认为：知识是不能传递的，而是在经验的基础上建构的；学生学习知识不仅需要动手做，更需要通过对他们所做的进行反思与讨论。它强调认知主体的内部心理过程，把学生看作是信息加工的主体，认为知识不光是通过教师传授所得到的，而是学习者在一定的情境中，借助其他人(包括教师和学习伙伴)的帮助，利用必要的学习资源，通过意义建构的方式获得。

2. 课堂教学提倡精讲和训练相结合，必要的讲解仍然需要，但是应与其他教学方式结合，扬长避短，使讲解效果更好。教师是意义建构的帮助者、促进者，而不是传授者与灌输者；学生是意义建构的主体，是课堂的主人，应还给学生更多的自由和主动。

六、教学策略

1. 通过生活中的例子，学习乘方的基本知识，并扩展到生活中及日常的行为规范中。

2. 组织开展实验、观察、合作等教学活动，使学生在合作中可以有效地感受到数学问题的探究性和挑战性。

3. 本课教学基本过程：创设情景—观察思考—合作交流、分析讨论—解决疑难—联系生活、得出结论。

七、教学媒体(略)

八、板书设计(略)

九、教案

科目：数学　课题：有理数的乘方　训练的技能：讲解技能　主讲：郝静

教学目标：
1. 知识与技能：理解底数、指数、幂的概念及意义，会正确表达有理数的乘方。
2. 过程与方法：在生活实践的基础上归纳出乘方的定义，深刻理解乘方的意义。
3. 情感、态度与价值观：初步了解并体会转化的数学思想，在相互启发中体验合作学习，树立团队意识。

时间	授课行为	应掌握的技能要素	学生行为	教学意图
0分 0秒	同学们，在上课之前让我们做个小游戏好不好？请同学们将手中的彩纸对折，在折纸的过程中发现规律，完成学案上的问题。 对折1次可折成______层。 对折2次可折成______层，即____	创设情境 激发兴趣 巡视指导 调查了解	动手操作。 观察纸片，发现规律。 口答结果。 2 2×2	创设情景，激发兴趣。 通过动手操作，让学生亲

续表

时间	授课行为	应掌握的技能要素	学生行为	教学意图
	（用算式表示） 对折 3 次可折成______层，即____（用算式表示） 对折 4 次可折成______层，即____（用算式表示） 对折 5 次可折成______层，即____（用算式表示） 对折 10 次可折成______层（用算式表示） 若对折 100 次，算式中有几个 2 相乘？____	促进参与	$2\times2\times2$ $2\times2\times2\times2$ $2\times2\times2\times2\times2$ 10 个 2 相乘。 100 个 2 相乘。	历每个因数都相同时的乘法，书写起来的冗长，所以才需要创造一种简单的形式，从而形成一种学习期待。
02 分	同学们折纸的过程非常认真，回答的也很准确，请同学们观察，这些算式有什么共同点吗？	引导分析 设问	仔细观察，认真思考后发现共同点：所有算式都是乘法，因数相同。	
03 分 30 秒	太棒了，同学们观察得非常仔细，总结得很全面，那么有没有一种简单的方法来表示这些冗长的式子呢？这就是我们今天要学习的内容：有理数的乘方（板书§2.9 有理数的乘方）	确认 设问 形成期待		
04 分 30 秒	引入新知：一般地，我们把几个相同的因数相乘的运算叫作乘方，乘方的结果叫作幂。如果有 n 个 a 相乘，可以写成 a^n，也就是 $\underbrace{aaa\cdots a}_{n个a}=a^n$ 其中 a^n 叫作 a 的 n 次方，也叫作 a 的 n 次幂。a 叫作幂的底数 a 可以取任何有理数；n 叫作幂的指数，可以取任何正整数。 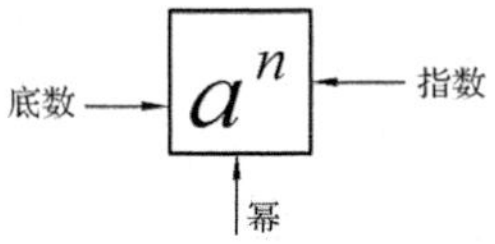 （板书乘方的定义） 同学们，为了加深对概念的理解，你能完成下面几个练习吗？ 例 1 (1)在 12^{10} 中，12 是____数，10 是____数，读作______________； (2)$\left(\frac{2}{3}\right)^7$ 的底数是______，指数是______，读作__________________；	归纳概括 讲解 说明 语调 逻辑 体态 追问 引导分析 观察比较 分析运用 掌握时机	边记录，边体会、理解。 口答。	体会、理解概念。 应用新知解答例题，理解有理数乘方中幂、指数、底数的概念。

续表

时间	授课行为	应掌握的技能要素	学生行为	教学意图
	(3)在$(-3)^{16}$中，-3是____数，16是____数，读作________________； (4)在a^{17}中，底数是____；指数是____；读作________________； (5)5看成幂的话，底数是____，指数是____，可读作____________； (6)x看成幂的话，底数是____，指数是____，可读作____________. 同学们回答得都非常好，对于第5、6题，你们说指数是1，可是这个1哪去了？			
08分20秒	太棒了，没错，指数1是可以省略的。看来你们已经理解了乘方的定义，下面我们试着来完成下面的两道题，请同学们写在学案上。	确认 追问 强化	指数1省略了。	通过具体例题再次强化在幂的书写过程中需要注意的事项。
08分40秒	把下列相同因数的乘积写成幂的形式 (1) $(-6)\times(-6)\times(-6)$ (2)$\frac{2}{3}\times\frac{2}{3}\times\frac{2}{3}\times\frac{2}{3}$	形成期待 引导分析 观察比较		
09分10秒	请两位同学写到黑板上，有不同的写法吗？也请同学写到黑板上。(学生板书结果)	分析结果 反馈矫正 掌握时机	$(-6)^3$或者-6^3。 $\left(\frac{2}{3}\right)^4$或者$\frac{2^4}{3}$。	
10分	现在分别出现了两种不同的写法，咱们现在就针对这两种不同的写法，来进行一下小组讨论吧？讨论一下两种写法的含义是否一样，如果不同的话，分别代表什么含义，哪种写法是正确的？ (1)$(-6)^3$和-6^3； (2)$\left(\frac{2}{3}\right)^4$和$\frac{2^4}{3}$	合作探究 巡视指导 调查了解	小组讨论。	通过小组合作讨论，自主探究。
13分10秒	同学们讨论得非常积极热烈，请小组代表来汇报一下讨论结果。 同学们回答得太好了，所以我们要注意在幂的底数是分数或负数时，底数应该添上括号！	赞扬 肯定 解释 强化	小组代表汇报本组讨论结果。	训练学生能正确表达有理数的乘方。
13分50秒	最后让我们来进行智力闯关，看看你今天的收获。 填表	设问 形成期待		

续表

<table>
<tr><th>时间</th><th>授课行为</th><th>应掌握的技能要素</th><th>学生行为</th><th>教学意图</th></tr>
<tr><td></td><td><table><tr><td>底数</td><td>-1</td><td>2</td><td></td><td></td><td>10</td></tr><tr><td>指数</td><td>3</td><td>5</td><td></td><td></td><td>4</td></tr><tr><td>幂</td><td></td><td></td><td>$(-4)^3$</td><td>0.3^4</td><td></td></tr></table></td><td>分析运用</td><td>学生板书。</td><td>进一步体会乘方的意义和运算方法。</td></tr>
<tr><td>15 分</td><td>同学们回答得都很正确，本节课我们对有理数的乘方进行了学习。在自己动手实际操作中，得到了有理数的乘方的哪些知识？
说说自己的感受和体会吧。</td><td>讨论形式
鼓励
强化
追问
总结归纳</td><td>总结收获。

交流体会。</td><td>梳理本节课脉络，加深对有理数乘方的理解，培养学生监控自己学习的能力。</td></tr>
<tr><td>17 分
30 分</td><td>同学们刚才总结得太好了，都是自己切身的体会和感受。其实老师还想告诉你们一个秘密，乘方有着特别巨大的威力。珠穆朗玛峰是世界的最高峰，它的海拔高度是 8848 米。如果我们把一张足够大的厚度为 0.1 毫米的纸，连续对折 30 次，它的厚度就是 107200 米，能超过珠穆朗玛峰。所以最后老师要送给同学们一句话，让微笑和礼貌乘方，让我们的校园和社会到处都充满和谐的阳光！</td><td>实践迁移
扩展延伸</td><td>激发兴趣。
知识和精神两个层面得到升华。</td><td>通过珠穆朗玛峰的例子认识到乘方的威力，并扩展到日常的行为规范中，使德育教育落实到课堂教学中。</td></tr>
</table>

日期：2012 年 10 月 16 日

【教案点评】

在教学中一方面进行直观的动手操作，引发学生的学习兴趣；另一方面创造条件与机会，发挥学生学习的主动性。

精讲和训练结合，将教知识与培养学生能力同步进行，积极组织学生开展学习实践活动，将知识、技能、策略的教与学融为一体，真正实现学生的主体性学习。整体教学过程比较流畅，教学效果比较突出。

讲解具有启发性，学生主动获新知

——信息技术《安全使用计算机》教学设计

丰台七中　周申

一、教材分析

本课为北京市义务教育课程改革实验教材《信息技术》第 4 册第一章第二节“安全使用计算机”部分。随着计算机日益的普及和网络的广泛应用，计算机系统的维护和信息的安全保障越来越重要。使用计算机首先要学习和了解信息安全的基本知识，学会对计算机系统基本安全的维护操作。

二、学情分析

1. 学习对象：七年级学生

2. 学生现有认知水平：对计算机安全使用的知识是零散的，需要教师带领进行梳理和总结提升。

3. 学生心理特点分析：对病毒、木马、黑客等网络威胁感兴趣，有探秘的需求。希望得到老师和同学的认同和表扬。

三、教学目标(见教案)

四、教学重点、难点

教学重点：掌握计算机基本的防护措施，培养学生防护意识。

教学难点：安全意识的培养。

五、教学理念

袁微子认为：某些知识，当学生并不了解或无从了解的时候，就要靠教师讲解。这两种情况，对学生来说是经常发生的，对待那些毫无所知的，要靠教师用讲解的方式来传授新知；对那些无从知道的，也要靠教师用讲解的方式指导他们怎样获得新知，或者提供取得新知的条件，启发他们自己去探求。那种认为讲解是注入式，是不得已而用之的教学方式，应当使用得越少越好的看法，显然是不妥当的。只是在讲解时，应当避免生硬灌输的方法，要在讲解中给人以启发。

六、教学策略

1. 本节课内容，由问题入手，分析找出解决办法，培养学生分析问题解决问题能力。

2. 通过课前的学生情况调查分析，确定讲解计算机系统安全基础常识和网络常识。

3. 通过讲解和练习使学生能够掌握计算机防护的基本技能，打造相对安全的计算机系统。

七、教学板书

安全使用计算机

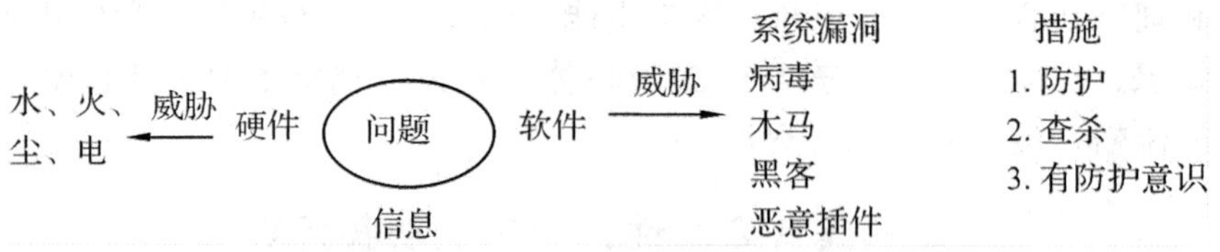

八、教案

科目：信息技术　课题：安全使用计算机　训练的技能：讲解技能　主讲：周申

教学目标：
1. 知识目标：(1)了解计算机安全的分类。
(2)了解威胁计算机安全的原因、传播途径和应对措施。
2. 能力目标：掌握360安全卫士和360杀毒的下载、安装和基本使用方法。
3. 情感、态度与价值观：培养学生日常安全防护意识，提高信息素养。

时间	授课行为	应掌握的技能要素	学生行为	教学意图
0分 0秒	同学们好！现在开始上课。 调查：老师做一个统计，家里面有计算机的同学请举手。啊！计算机已经普及到我们的家庭，大部分同学家里都有计算机了，那么你在使用计算机和上网的过程中遇到过什么问题？	语调、语气 说明 环顾体态 感叹 说明	注意力集中。 举手示意。	吸引注意 通过调查了解计算机在家庭中的普遍性，为后继学习做铺垫。
00分 30秒		递进 转折	讨论： 找一找你遇到过哪些问题。	明确存在问题的普遍性。
02分	我把大家所举现象总结如下：计算机无法开机…… 这些问题都是计算机的安全隐患，如果不及时解决，计算机就会出现很多安全问题。 小结：要想让计算机正常工作就要对它进行防护，计算机安全防护要从两方面下手：硬件安全和软件安全。 首先讲解硬件方面：……	归纳小结 清晰流畅 推理 强调 语调 语气 节奏	看数据、图片 了解危害。 和教师互动、讨论。	用具体数字，和图片吸引学生，了解病毒的危害。 运用启发讲解，说明计算机防护内容。
3分 30秒	计算机安全防护 威胁计算机硬件的因素有哪些？ 一、计算机硬件安全 1. 远离水、火、尘的危害。 2. 注意用电安全，使用正规插座。 继续分析问题产生原因：软件问题。	分析 判断 讨论 分析	观看课件，分析硬件产生问题的主要原因。 了解计算机软件的主要安全隐患：病毒、木马。	明确计算机硬件的防护措施。 了解计算机面临的软件威胁。
7分	二、计算机软件安全 1. 计算机软件(系统和应用软件)的主要威胁是什么？系统漏洞、黑客入侵、恶意插件。怎样预防这些威胁对计算机造成危害？ 三、综合防范措施	确认		
10分	(一)安装一个什么工具软件可以及时修复系统的漏洞；打开防火墙；清理	确认	了解并掌握基本防范措施。	明确本节课的重点内容，形成知识体系。

续表

时间	授课行为	应掌握的技能要素	学生行为	教学意图
	系统垃圾、木马、恶评插件？教师以360安全卫士为例讲解 1. 打开浏览器，地址栏输入“http：//www.360.cn” 2. 单击“下载”，“运行”，“快速安装” 3. 安装完成后打开“360安全卫士”立即体检和使用“一键修复”功能。	讲解 诱导 确认	举例360安全卫士。 观看演示，明确操作步骤。	掌握防护软件的使用方法。 明确预防为主
15分	介绍360安全卫士的使用，了解它的基本功能，了解其他软件都有帮助功能，学生可以自学。	确认		知识迁移，掌握杀毒软件的使用方法，杀毒是辅助作用。
16分	如果我们的计算机已经中毒了怎么办？ (二)安装防护软件后还要安装杀毒软件，进行杀毒。	讲解	学生表述：安装杀毒软件及时更新升级、扫描查杀病毒。	
	(三)我们了解了预防和杀毒，那么还有哪些方面需要注意？ 1. 使用U盘先查杀，不轻易双击U盘盘符。 2. 注意网络资源的选择	确认	学生分组讨论，然后发言。 学习计算机使用的良好习惯。 学生总结。 理解表达。	利用合作学习、交流、探讨养成良好习惯。
18分	3. 重要数据经常做备份 4. 使用尽量复杂的密码(数字、大小写字母、符号组合) 【小结】 谈一谈这节课你有什么收获？ 计算机安全很重要：一保硬件运转好，二装杀毒防护软件不可少，三要保持警惕高。	引导讨论 听讲记忆 概括总结	掌握本课知识重点，学会防护计算机的基本方法。	巩固要点，通过顺口溜了解计算机防护的基本方法。

日期：2013年8月20日

【教学反思】

本课通过几个环节讲解了安全使用计算机的方法，体现了讲解设计：环节一，归纳小结。环节二，讲解提出硬件、软件防护内容。环节三，结合演示讲解防护方法。学生在教师指导下练习，教师及时进行点拨、启发、指导。最后教师指导学生在反思中进行总结，提升认识。

通过课后调查，本课教学内容学生已经能够掌握，并应用到实际生活当中。

项目4　提问教学技能

定义：提问技能是教师运用提出问题，以及面对学生的回答所采取的方式，以促使学生参与学习，了解他们的学习状态，启发思维，使学生理解和掌握知识，发展能力的一类教学行为。

要素：设计、措辞、焦点化、分配、节奏、反馈。

类型：依从、肯定、确认、回忆、理解、运用、分析、综合、评价。

技巧：诱导、疏导、迂回、对比、台阶、追问、反问……

提问教学技能评价单

日期＿＿＿＿＿＿　任课教师＿＿＿＿＿＿

请您在听课后对以下各项目评价，在恰当等级下画"√"

	优	良	中	差	权重
1. 提问设计目的明确。	□	□	□	□	0.1
2. 能运用不同类型提问，设计多种水平的提问。	□	□	□	□	0.15
3. 能遵循知识的规律性设计系列化问题。	□	□	□	□	0.13
4. 时机恰当，富于变化，能打开学生思路，启发学生积极思维。	□	□	□	□	0.12
5. 提问准确、适度，能被学生理解。	□	□	□	□	0.1
6. 提问节奏适当。	□	□	□	□	0.05
7. 能把问题分配给全班，照顾到各类学生。	□	□	□	□	0.08
8. 能帮助学生深入思考答案。	□	□	□	□	0.1
9. 对回答分析评价准确，反应恰当。	□	□	□	□	0.1
10. 与讲解、板书、演示等配合得当。	□	□	□	□	0.07

在问题中思考，用策略解题

——数学《鸡兔同笼》教学设计

王佐学校　徐立心

一、教材分析

《鸡兔同笼》是北京市义务教育课程改革实验教材第八册第三单元《实际问题》中的内容。本教材向学生提供了现实、有趣、富有挑战的学习素材，借助我国古代趣题"鸡兔同笼"问题，使学生展开讨论，应用假设的数学思想，从多角度思考，运用多种方法解题。

二、学情分析

学生在四年级初步学习简单的"鸡兔同笼"问题，他们已经初步了解运用画图列表的方法解决问题，还有一些学生在课外书中已经学习了相关的内容。

学生根据自己的经验，可以逐步探索不同的方法，找到解决问题的策略，在合作交流学习的过程中，积累解决问题的经验，掌握解决问题的方法。

本班的学生思维活跃，有一定的小组合作经验和合作能力，但有一部分学生不敢说。

三、教学目标（见教案）

四、教学重点、难点

教学重点：使学生理解并运用假设的思想，通过画图法、列表法来解答“鸡兔同笼”及其类似的数学问题。

教学难点：使学生发现并掌握用列表法解决鸡兔同笼及类似的数学问题。

五、教学理念

美国教学法专家斯特·G. 卡尔汉认为：“提问是促进学生思维、评价学习效果、推动学生实现预期目的的基本手段。”

智慧性提问能使学生产生一种怀疑、困惑、激动的心理状态，这种心理状态不仅能驱使学生积极思考、主动探究，还能不断提出问题和解决问题，而且还能激发师生的教与学的热情，师生间互动生成思维，碰撞出智慧的火花。

六、教学策略

展开讨论，应用列表法、画图法、假设法、方程等方法，从多角度思考，在具体情境中，根据自己的经验，逐步探索不同的方法，找到解决问题的策略。

本节课运用的思维策略是“细审词句明题意”、“数量关系图中现”；学习新的思维策略是“大胆假设细检验”。

七、教案

科目：数学　课题：鸡兔同笼　训练的技能：提问技能　主讲：徐立心

教学目标：（略，与第 166 页同）				
时间	授课行为	应掌握的技能要素	学生行为	教学意图
0 分 0 秒 00 分 40 秒 1 分 30 秒	一、历史激趣，导入新课 1. 师：我们伟大祖国具有五千年的文明史，尤其在数学领域有《九章算术》、《孙子算经》等古代名著流传于世，书中记载了许多有趣的数学名题，如一千五百年前的数学名著《孙子算经》中有这样一道题，请看：今有雉兔同笼，上有三十五头下有九十四足，问雉兔各几何？ 2. 这句话中，你们有不明白的词语吗？（电脑出示：题目中的“雉”就是野鸡。）谁来说一说，这道题目是什么意思？谁能用现代文翻译一下？	引起兴趣 引发思考 确认	生：这道题目是说，现在有一些野鸡和兔子，关在同一只笼子里，从上面看，共有 35 个头；从下面看，共有 94 只脚。问有多少只野鸡、多少只兔子？	引起学生的兴趣，感受我国古代数学文化的博大精深。

续表

时间	授课行为	应掌握的技能要素	学生行为	教学意图
02分 10秒 03分	3. 师：古代人对这样的题目有着自己独到的见解，我们把类似于这样的问题，统称为"鸡兔同笼"。今天，我们就来研究中国历史上著名的数学趣题"鸡兔同笼问题"。（板书课题：鸡兔同笼）	诱导 形成期待		
	4. 我们先从简单一些的问题入手，来探讨解决这类问题的方法。			
	二、合作探究，构建新知 (一)回忆已学策略			
	1. 出示题目，鸡兔同笼，有8个头，26条腿，鸡、兔各有多少只？		我用"细审词句明题意"这个思维策略知道：	提高学生审题能力。
04分 05分	2. 你从题中发现了哪些数学信息？这道题里还有隐藏的数学信息吗？	确认	①鸡和兔共8只。 ②鸡和兔共有26条腿。 ③鸡有2条腿。 ④兔有4条腿。	
07分	3. 你想用什么思维策略来解决"鸡兔同笼"问题呢？	确认 指导策略	生1：我想用"数量关系图中现"的思维策略中的画示意图解决这个问题。 生2：我想用"数量关系图中现"的思维策略中的列表来解决。	学生通过思考，回忆选择思维策略。
	(二)学习新策略(列表法)			
	1. 你们先大胆地猜一猜，鸡有几只？兔有几只？	引导假设	生1：鸡有1只，兔有7只。 生2：鸡有2只，兔有6只。	
	2. 你们是随便乱猜的吗？ 那你们是根据什么猜测的？	启发诱导 分析	不是，根据鸡和兔一共有8只，所以猜测时鸡和兔要8只。	
	对，我们猜测时不要乱猜测，要寻找规律。 （板书：不要乱猜测，要寻找可能的规律。）	强化认识		
	3. 根据"鸡和兔一共有8只"这个信息猜测鸡得兔各有几只，还有其他的可能吗？	点拨	生：有。	
	怎样能把所有猜测的情况都写全？		生：按照一定的顺序写。	
	都有哪几种猜测，分别是什么？ 板书： 鸡/只　1　2　3　4　5　6　7 兔/只　7　6　5　4　3　2　1	追问 确认		
13分 00分	4. 怎样才能确定同学们猜测得对不对呢？	分析	把鸡的腿数和兔的腿数加起来看等不等于26条腿。	

续表

时间	授课行为	应掌握的技能要素	学生行为	教学意图
14 分	5. 那好，你们快速地算一算腿数，检验一下，哪种猜测是正确的。 6. 谁来说一说？ 教师板书 鸡/只　1　2　3　4　5　6　7 兔/只　7　6　5　4　3　2　1 腿/条　30　28　26　24　22　20　18	运用 启发 强化 归纳诀窍	学生汇报 先猜测鸡和兔各有多少只，然后再计算共有的腿数，找到正确答案。	通过交流，培养学生合作交流的能力，发散学生思维。
	7. 小结：刚才我们用列表的方法找到了正确的结论。那么我们回忆一下，刚才是怎么列出各种情况并得出正确结论的。 对，实际上这是一个思维策略，我们把这个学习过程叫作“大胆假设细检验”。这个策略的诀窍就是：①不要乱猜测②要寻找可能的规律③根据其他信息计算检验。	归纳	形成认识。	总结方法，学习新的思维策略，归纳诀窍。
18 分 20 分	(三)尝试运用策略(图解法) 1. 刚才同学们用列表法解决了这个问题，那么我们还有没有其他方法解决这个问题呢？ 2. 出示○ |，我们用○表示鸡和兔的头，用 | 表示鸡和兔的腿，那么就表示鸡；就表示兔。 3. 你能用“大胆假设细检验”这个思维策略，画示意图来解决这个问题吗？自己先试着画一画，小组合作交流。 板书图： 	鼓励发散 综合 组织交流	汇报交流 假设全是鸡：(板书) 如果把兔全当成鸡一共就有 8×2=16(条腿) 26－16＝10(条)(把兔看成鸡来算，4 条腿兔当成两条腿的鸡算，每只兔就少了 2 条腿，10 条腿是少算了兔的腿)4－2＝2(假设全是鸡，是把 4 条腿的兔当成两条腿的鸡。所以 4－2 表示是一只兔当成一只鸡就要少算 2 条腿。) 10÷2＝5(只)兔(那把多少只兔当成鸡算就会少 10 条腿呢？就看 10 里面有几个 2 就是把几只兔当成了鸡来算，所以 10÷2=5 就是兔的只数。) 8—5=3(只)鸡(用鸡兔的总只数减去兔的只数就是鸡的只数，8—5=3 只鸡。)	

续表

时间	授课行为	应掌握的技能要素	学生行为	教学意图
	三、总结 这节课我们学习的收获有哪些？请大家交流。我们又学习了一个新的思维策略“大胆假设细检验”，诀窍是：①不要乱猜测②要寻找可能的规律③计算检验。	指导反思 归纳总结	知识； 策略； 态度。	通过总结概括，深化对思维策略的认识。

日期：2013年12月1日

【教学反思】

学生根据自己的经验，探索不同的方法，找到解决问题的思维策略，在合作交流学习的过程中，积累解决问题的经验，掌握了解决问题的方法。

联想想象，我们会听泉

——《鼎湖山听泉》教学设计

阳春小学　侯宇涵

一、教材分析

《鼎湖山听泉》是一篇游记。全文以游览路线的先后顺序，记叙了在景区的所见、所闻、所感。文章以写在鼎湖山听泉的感受为主要内容，使学生感受到鼎湖山泉声的美妙、感受到人与自然的和谐。激发学生热爱大自然、亲近大自然的情感。

二、学情分析

六年级学生能在理解课文内容的基础上，有感情地朗读课文，能对自己感兴趣的事物提出问题，确定学习目标，并能进行探究性的学习，寻求解决问题的办法。但是学生在分析写作手法方面还存在着一些欠缺，不能够准确地进行分析。

三、教学目标(见教案)

四、教学重点、难点

教学重点：掌握诵读要领，能有感情地朗读课文。

教学难点：体会作者由听泉而生悟，领会文中深含的哲理。

五、教学理念

1. 开展合作学习。小组合作学习可以使学生在宽松舒适的语言环境中充分地与他人交流，促进口语交际能力的发展。有明确的责任和分工的互助性学习，可以有效地实现自主学习。

2. 新课标强调在发展语言能力的同时，发展思维能力。语文课堂教学中必须注意在引导学生展开联想和想象、激发想象力和创造潜力的同时训练学生的表达能力，达到发展语言能力和思维能力的目的。

六、教学策略

1. 学生自主提问，教师通过指导倾听和表达等方法实现学生自主学习。

2. 结合音频资料，通过联想和想象，学习语言和表达，发展语言和思维。

七、教案

科目：语文　课题：鼎湖山听泉　训练技能：提问、思维训练　教师：侯宇涵

教学目标：
1. 有感情地朗读第 4 自然段，品味泉声的美妙动听。
2. 通过联想和想象，结合课文对泉水的描写，分析本自然段的写法。
3. 培养学生热爱自然、亲近自然的情感。

时间	授课行为	应掌握的技能要素	学生行为	教学意图
0 分 0 秒	一、情境导入，激发兴趣 通过上节课的学习，我们在白天跟随作者已经听到了鼎湖山泉那美妙的声音了。	引入情境	集中注意力。	
0 分 5 秒	入夜后，鸟儿栖息了，一切都趋于平静。白天喧闹的山中，此时万籁俱寂。只有泉声一直传到作者的枕边。	建立联系 启迪意识		通过创设情境与旧知建立联系。
	现在就让我们来听听这夜晚的泉声（播放泉水录音），请你展开想象的翅膀，想象一下你听到了什么样的泉声呢？给你什么样的感受呢？	激发兴趣 焦点化 启发联想 反馈探询	学生听录音，展开想象。 说说自己听到了什么样的泉声，有什么感受。	引起学生兴趣，通过启发想象，指导学生感受音乐形象，培养学生的形象思维能力。
3 分 0 秒	二、阅读建构 1. 作者又是怎样描述这些泉声的呢？请你朗读课文第 4 自然段，说说要体会理解这个自然段，我们应该弄明白哪些问题？	启发 指导学法 形成期待 假设	作者听到了什么样的泉声？他是用什么方法描写这些泉声的？	引导学生提出问题，培养学生探究能力。
5 分 30 秒	2. 同学们，你们提出的这些问题很有价值。下面咱们就根据你们提出的这些问题进行小组学习。	指导小组合作学习	自学分析这个自然段的写法，之后组内交流讨论。	通过合作学习，创设宽松环境，培养学生合作意识。
7 分 30 秒 12 分	课件出示：小组学习合作要求 3. 小组内交流。 4. 全班交流。	探询 分配	作者听到了像小提琴、大提琴、琵琶、铜管一样的泉声…… 运用了四个比喻和排比的形式写出了泉声的美。	探询提问，了解学情，培养学生思维的深刻性。
15 分	5. 你最喜欢哪种声音？请你带着想象，有感情地朗读。	启发想象	学生带着想象有感情地朗读课文。	通过朗读体会泉声的美，培

续表

时间	授课行为	应掌握的技能要素	学生行为	教学意图
19 分 20 分	谁愿意加上优美的动作边表演边朗读？ 6. 全班有感情地朗读这四个比喻句。 三、小结 通过今天的学习你有了哪些收获呢？ 四、质疑 你还有什么不懂的问题要和大家交流？ ……	综合 确认 依从 指导反思	学生表演读 全班齐读 学生谈感受 提出不懂的问题 ……	养学生表达情感的创造思维能力。 指导反思培养学生反思监控能力。

日期：2013 年 12 月 1 日

【教学反思】

根据本堂课的设计特点，反思教学如下：

1. 导入环节教师通过提问启发学生思维，引导学生运用自我提问的方法，通过假设、预设，找到学习课文的方法和策略，为本课的学习搭桥铺路，创设了一个良好的自主学习态势。

2. 教师启发学生联想和想象，学生分析四个比喻句和排比句，领会泉声的美，并带着感情朗读抒发情感，课堂氛围其乐融融。

3. 教师为学生提供展示的平台，学生在理解课文的基础上，加上优美的动作，边表演边朗读，充分抒发了热爱自然、亲近自然的情感，实现了培养情感态度的教学目标。

提问，画龙点睛

——数学《周长的认识》教案设计

扶轮小学　师洋

科目：数学　课题：周长的认识　训练的技能：提问技能　主讲：师洋

教学目标： 1. 知识目标：认识封闭图形的周长，知道周长的概念。 2. 方法与过程目标：通过自主探究长方形、正方形的周长计算方法，获得学习成功的体验，逐步培养合作学习的能力。 3. 情感、态度与价值观目标：培养学生的自我探究能力，同时认识到数学既来源于生活又广泛应用于生活，培养正确的价值观。				
时间	授课行为	应掌握的技能要素	学生行为	教学意图
00 分 40 秒	一、动手操作探究新知识 1. 同学们拿出你们手中的这张纸，请一笔将纸上长方形的边线画出来。	促进参与	学生动手操作	开门见山，直奔课的内容。

续表

时间	授课行为	应掌握的技能要素	学生行为	教学意图
01分	2. 谁能来说一说你是怎么画的？	分析	学生演示怎样一笔画长方形	通过分析比较，让学生自主探究观察。
01分15秒	3. 你们还有其他的方法吗？	探询	学生演示其他方法	
01分30秒	4. 这两种方法有什么不同点？又有什么相同点呢？	比较	回答：都是从一点出发，沿着边儿画，最后又回到了这一点。	
02分	5. 不论是从哪一点开始，只要沿着长方形的边线，最后又回到了这一点，这两点怎么样了？	探询	回答：连上了，起点和终点连在一起。	
02分20秒	师：连上了也就是首尾相接了，我们正好沿着长方形的边线描画了一周。	进行强调		使学生加深印象。
02分30秒	6. 学生汇报总结，教师引导，适时板书。PPT出示从不同起点画出长方形的一周。 小结：从图形边线上任意一点出发，沿着图形的边线，最后回到那一点，首尾相接了，这就是图形的一周。	反馈	回答：从图形边线上任意一点出发，沿着图形的边线，最后回到那一点就是图形的一周。	充分利用学生的观察、发现、归纳的能力，提高解决问题的能力。
03分	7. 我们会找图形的一周了，那物体有一周吗？	建立联系	回答：有	联系实际、引起兴趣。
03分10秒	8. 老师这里有一片美丽的大树叶，（黑板贴出树叶），谁愿意在黑板上描出树叶的一周？其他同学伸出你的小手一起描一描树叶的一周。	引起注意 促进参与 反馈探询	2名学生板书 回答：从一点出发，沿着树叶的边线，最后又回到这一点	数学与生活相结合，使学生感受到数学来源于生活。
03分50秒	请你说一说你是怎么描的？			提高学生表述能力。
04分10秒	那你是怎么描的呢？	追问 语言强化	回答：从一点出发，沿着图形的边，最后回到那一点。	利用追问，提升认识。
04分30秒	9. 不论是从哪一点开始，沿着树叶的边线，最后又回到了这一点，这就是树叶的一周。	清晰流畅 诱导提问		
04分40秒	那树叶一周的长度叫什么呢？ 师板书：周长。		回答：周长。	
5分	10. 谁来概括一下什么叫周长？ 板书：图形一周的长度。	探查了解	回答：图形一周的长度。	
5分20秒	11. 拿起你的数学书，我们一起来摸一摸数学书的周长。	掌握时机 使用例证	学生动手操作	使学生感受生活中物体的周长，加深印象。
5分40秒	谁能来说一说你是怎么找到数学书的周长的？	反馈探寻	回答：从一点出发，沿着数学书的边儿，又回到了这一点。	

续表

时间	授课行为	应掌握的技能要素	学生行为	教学意图
6分	12. 你还能找到其他物体的表面的周长吗？ 请你和同桌相互说一说。	探询		
6分 30秒	13. 是不是图形一周的长度就都叫作周长呢？		回答：从一点出发，沿着××表面的边线，最后又回到了这一点，这就是××表面的周长。	提高语言表达能力。 通过反问增加学生学习的兴趣。
	接下来老师要出几道难题考考大家了，你们有信心吗？ PPT出示：封闭图形和不封闭图形。	反问语调 演示设计	回答：有。	用生动直观的展示增强形象认识。
6分 40秒	14. 你能找到这些图形的周长吗？小组讨论哪些图形有周长？哪些图形没有周长。讨论好了请坐好。	诱导提问 组织讨论 时机恰当	小组讨论	通过小组内的合作学习，增加沟通与交流、资源共享，提高学习效率。
9分	谁愿意说一说第一个图形？ PPT演示	反馈探询 直观展示	从一点出发，沿着图形的边线，又回到了这一点，首尾相接了，所以这就是图形的周长。	语言、动作强化。 语言、动作强化。
9分 20秒	再来说一说第二个图形？ PPT演示	反馈探询 直观展示	从一点出发，沿着图形的边线，又回到了这一点，首尾相接了，所以这就是图形的周长。	通过观察、分析、对比学习新知，形成能力。
9分 40秒 10分	谁来说说第三个图形？ PPT演示 15. 像这样没有封口的图形我们就管它叫作不封闭图形。	反馈探询 直观展示 反馈矫正	从一点出发，沿着图形的边线，没法回到原点。	
10分 10秒 10分 20秒	不封闭图形没法从起点回到起点，不能做到首尾相接，那它还有周长吗？ 小结：所以说，不封闭图形没有周长，只有封闭图形才有周长。 板书：封闭图形 齐读周长定义	诱导提问 进行强调 结构布局	回答：没有。 定义：封闭图形一周的长度就是周长。	通过实例让学生再次认识周长。 语言强化。
11分 11分 10分	二、总结质疑 1. 同学们这节课表现得非常好，这节课我们认识了哪位新朋友呢？ 2. 你对新朋友有了怎样的了解呢？ ……	诱导提问 指导反思 ……	回答：周长。 交流 ……	培养反思能力。 ……

日期：2013年8月12日

【教案点评】

提问环环相扣，紧密联系，注意提问的节奏、语言、语调等，充分激发了学生学习数学的兴趣，使学生认识到数学既来源于生活，又广泛运用于生活之中。

通过诱导探询、反复提问，帮助学生建立了完善的知识概念；通过直观展示及强调，让学生们从具体到抽象，直观的认识了物体表面及图形的周长。

重引导，抓线索，读思感悟学得活

——《葡萄沟》教学设计

保台小学　苗朝暖

一、教材分析

《葡萄沟》一课是北京义务教育课程改革实验教材第五册第六单元21课的内容。这篇文章用生动的语言介绍了我国新疆吐鲁番的葡萄沟盛产水果，最有名的是葡萄和葡萄干，文中重点介绍了葡萄沟的葡萄枝繁叶茂，葡萄结得又多又好。表达了作者对葡萄沟的喜爱之情。本文共有四个自然段，第二自然段是课文的重点段。

二、学生分析

经过一段时间的学习，学生对于三年级语文的学习已经有了一定的基础，也找到了一些方法，本课对于学生来说也是比较感兴趣的，葡萄、葡萄干他们都见过，都吃过，有些学生甚至还见过葡萄架，学习本篇课文有一定的经验基础，只是对新疆比较陌生。

三、教学目标(见教案)

四、教学重点、难点

了解葡萄沟是个盛产葡萄的好地方，那里的葡萄干非常有名，对葡萄沟产生喜爱之情。

五、教学理念

学从疑始。发明千千万，起点是一问。疑问是探究的第一步。教师激发学生的好奇心，引导学生发现问题，进而引起探究活动，从而培养学生的创造意识和创造思维。

新课程标准规定："学生在阅读方面要具备独立的阅读能力，学会运用多种阅读方法，注重情感的体验，发展感受和理解能力。""阅读作为一种心智活动，其过程非常的复杂，语文的阅读能力，只有在学生与阅读材料重复接触，多次实践和反复练习中才能获得。重视学生阅读过程中的主体地位，独特感受和体验。"

六、教学策略

1. 读中感悟。通过指读、对读、师生对读、轮读等多种朗读的方式，进行有层次、有梯度地朗读，达到读中感悟的目的。

2. 合作探究学习。通过学生提问、让学生以小组为单位进行合作探究式学习，引导学生在小组讨论中准确把握课文的内容。

七、媒体准备

录像、多媒体课件。

八、教案

科目：语文　课题：葡萄沟　训练的技能：导入、提问技能　主讲：苗朝暖

教学目标：
1. 知识目标：(1)能够按照要求找出相关的句子，结合上下文和生活实际理解句子的意思。
(2)理解“五光十色”的意思。
(3)体会作者的写作手法。初步感悟比喻句的好处。
2. 能力目标：能够用“五光十色”造句。
3. 情感、态度与价值观：(1)有感情地朗读课文，了解葡萄沟是个盛产葡萄的好地方。
(2)感受作者的感情，对葡萄沟产生喜爱之情。

时间	授课行为	应掌握的技能要素	学生行为	教学意图
0分 0秒	一、破题导入 板书“葡萄沟” 齐读课题，说一说从课题中你得到了哪些信息？	引起注意	破题策略的运用：葡萄沟是一个地方；本文是一篇写景的文章；葡萄沟里葡萄一定很多 ……	让学生在破题的过程中对课文有一个初步的感知，激发学生学习的欲望和兴趣。
	同学们从题目中得到不少信息啊！ 你还能想到有关葡萄沟的哪些内容？ 大家有不错的探究思路啊！ 作者写的文章是不是能够满足我们的愿望呢？ 大家快速地浏览课文，看看作者抓住哪条线索来介绍葡萄沟的？	鼓励强化 建立联系 启发 引导预设	葡萄沟的葡萄都什么样？ 葡萄味道怎么样？ 那里的景色美不美？ 抓住葡萄是什么样的这条线索来写的。	让学生由题目思考，找到学习的线索和内容。很好地建立书本与学生之间的联系。
02分	小结： 下面就让我们一起到葡萄沟看一看那里的葡萄吧！	形成期待		通过学生的预设，找到学习的突破口，形成对阅读的期待。
……	……	……	……	……
03分	二、读、思、感悟，理解文章内容 (一)自由轻声读全文，整体感悟课文 提问： 1. 葡萄沟给你留下了怎样的印象？ 2. 用书中的一句话来概括。 板书：真是个好地方	指导学习 确认	学生自由轻声读全文，谈体会。 葡萄好； 葡萄沟的葡萄真多； 葡萄沟真是个好地方……	学生初读课文，熟悉课文内容，整体感知，把握课文内容。 引入本课的重点，明确本课的学习内容。
	3. 默读课文，哪个自然段介绍的是葡萄沟的葡萄这一内容呢？	建立联系 确认 反馈	学生默读，找到第二自然段写的是葡萄沟的葡萄。	通过阅读初步理解内容，找到文章的重点段，确定学习的内容。

续表

时间	授课行为	应掌握的技能要素	学生行为	教学意图
06分	(二)自学与小组合作相结合，深入理解课文内容 1. 葡萄沟的葡萄到底有什么与众不同的地方呢？根据自学提示进行学习。 出示自学提示： 默读第二自然段 (1)用直线画出描写葡萄枝叶的句子，说说你体会到了什么？ (2)用曲线画出描写葡萄样子的句子，感受句子要表达的意思。 (3)自学后组内交流学习成果。	自学探究 理解 合作交流 肯定 确认	学生阅读自学提示，根据自学提示进行自主学习。 理解所画句子的意思，组织语言，表达。 组内交流。	通过学生自读自悟，自学探究，在独立的读、画、思考的过程中培养学生理解句子的能力，练习口头表达。
10分	(三)汇报自学成果 1. 理解描写葡萄枝叶的句子。 (1)重点理解：茂密的枝叶向四面展开，就像搭起了一个个绿色的凉棚。	指导分析 理解 综合	学生找到描写葡萄枝叶的句子，读一读，再说自己的理解。 (1)这是一个比喻句，把一个个葡萄架比喻成凉棚。 (2)这样写让我们感受到葡萄枝叶繁茂。 (3)我从“一个个”能感受到葡萄多。 (4)我从“茂密的枝叶向四面展开”感受到葡萄生长得旺盛。	运用阅读思维策略“联想想象细揣摩”，体会到这样的描写使事物的形象更具体，可以在头脑中出现具体的形象。达到较好地理解句子的目的。体会语言的优美和描写的具体。
	(2)比较句子： A. 枝叶向四面展开，就像绿色的凉棚。 B. 茂密的枝叶向四面展开，就像搭起了一个个绿色的凉棚。	比较 分析	(1)这样写不好，不具体，不形象。 (2)没有具体数量上的感受。 (3)枝叶的样子没有办法想象。	通过对句子的比较，从中体会描写的具体和用词的准确，渗透写法。
15分	你更喜欢哪句话？为什么？ 出示投影图片感受枝叶的繁茂。	想象表达 口头表达 思维训练	我喜欢文中的句子。 文章中的句子写得具体、形象，能够在头脑中产生画面。	培养学生的想象和口头表达能力。培养学生的朗读能力。
17分	(3)试着填一填： 茂密的枝叶向四面展开，就像(　)。	运用指导，强化反馈	练习把句子说清楚，说具体。 学生练读。	通过填写练习帮助学生展开合理的想象，进行练习，达

续表

时间	授课行为	应掌握的技能要素	学生行为	教学意图
	(4)指导朗读。 2. 理解描写葡萄的句子： 到了秋季，葡萄一大串一大串挂在绿叶底下，红的、白的、紫的、暗红的、淡绿的，五光十色，美丽极了！ 结合学生的朗读出示图片，加深学生对于课文的理解 读出自己的理解。 (1)哪个词可以很好地概括出葡萄的颜色多？它跟哪个词像？你能说说它们的区别吗？	理解运用 指导讨论分析 理解课文内容 指导朗读 确认 指导表达 总结	 学生自读谈体会。 可以分别读出葡萄的数量多，颜色多，漂亮…… 五光十色、五颜六色。 (1)这两个词都在说颜色多。 (2)五光十色说的颜色应该有光泽，亮闪闪的。 (3)五颜六色只是颜色多，不一定有光泽。	到锻炼口头表达能力的目的。 指导学法： 抓住描写颜色的词语。 体会语言的优美和用词的准确。 提高朗读能力，培养学生的思维能力。 培养学生的发散思维能力和口头表达能力。
19分	(2)你能试着用五光十色说个句子吗？	综合运用	学生练习说话： (1)晚上，路边的彩灯五光十色，美丽极了。 (2)柜台里的宝石五光十色，非常耀眼。	通过学生造句，检查学生理解词语的意思，对学生口语表达的能力进行培养。通过对全文的回忆总结，帮助学生更好地理清结构，理解内容。
20分	(四)小结：这个自然段在描写葡萄的时候是分哪两方面写的，分别是怎样写的？	总结 回忆 综合	这个自然段分两个方面写的，分别写了葡萄的枝叶和葡萄的颜色。	
	三、谈收获	反思评价 总结	(1)写一个事物要把它写具体。 (2)运用比喻句可以把句子写的具体、形象。 ……	通过总结，帮助学生整理学习内容，形成能力。

日期：2013年12月1日

【教学反思】

教师指导学生在充分阅读的基础上，重视独立思考、学生之间的交流，体会文章中句子的含义，将学生的读、思、表达结合在一起，为语文素养的形成打下了基础。同时，注重对学生的口头表达能力的培养，尊重学生的独立见解，从多方面帮助学生理解文意，学生读懂了文字，还能够结合文字在头脑中形成表象，同时理解、表达和思维能力都得到了很好的锻炼和提高。

巧设问题　深悟文本

——语文《客人到家我说请》教案设计

南苑一小　李文洁

科目：语文　课题：客人到家我说请　训练的技能：提问教学技能　主讲：李文洁

教学目标：
1. 学会本课 8 个生字，认读 4 个字。认识新偏旁“言字旁”、“目字旁”。
2. 通过比较青字族 6 个字的音形义，初步感悟形声字的构字规律。
3. 指导学生在田字格中规范书写汉字。
4. 激发学生识字的兴趣，培养学生喜欢汉字的情感。
5. 能按照田字格里的范字写“请”字。

时间	授课行为	应掌握的技能要素	学生行为	教学意图
0 分	一、同学们，老师给大家带来了一位新朋友，它将和我们一起学习，它是谁呢？请大家动脑筋来猜一猜： “小小游泳家，说话呱呱呱，小时没有腿，长大没尾巴。”——青蛙	引起注意 促进参与 诱导 建立支架	集中精神。 猜谜语：青蛙。	从猜谜语的提问入手，引出青蛙妈妈一家，到认识青字家族，将枯燥的学习趣味化，引起学生注意，促进参与，符合低龄学生的年龄特点。
2 分	二、初读儿歌，认读青字族的字 1. 青蛙妈妈可不是一个人来的，它还带来了它的蝌蚪宝宝。它们就藏在一首名字叫《客人到家我说请》的小儿歌里。让我们先来读读这首小儿歌。打开书 39 页，请你借助拼音朋友把儿歌里的字音读准确，句子读通顺。 找 5 位同学一人读一句。 我们一起读一遍。	依从 指导阅读	5 位同学读课文。 齐读课文。	让学生通过各种形式的认读对所认识的生字有深刻的印象。将生字放到语言环境中去认读，既读准了字音，又对字义有初步了解。
6 分	2. 你们读后有没有发现跟青蛙的青字长得很像的字？它们就是小蝌蚪了，请你拿出笔来圈在书上。 你从儿歌的哪句话中找到的就读哪句。（师贴蝌蚪图片）	肯定 确认	用笔圈画青字族的生字：请 清 晴 情 睛 蜻。	

续表

时间	授课行为	应掌握的技能要素	学生行为	教学意图
9分	出示课文，没画全的补一补，画全后读两遍。			
11分	你们找得真准确，能说说为什么找这些字吗？	分析	汇报找到的青字族的字。	初步认识字族中生字的特点。
30秒	中国的汉字真神奇，一个字妈妈就可以变出这么多字宝宝，我们一定要看清偏旁，仔细辨别，才能读准确。让我们一起来读一读，记牢它们。	比较 确认、分析	字形很像、字音相近都有“青”字。	
13分	同学们这就是青蛙妈妈一家，青代表青字家族，小蝌蚪的名字就是青字家族的字。	综合	认读生字。	
	三、分析青字族字的字形，理解字义 1. 青字家族的字有这么多，很容易记混，你们有没有什么好办法记住这些字呢？读读课文再跟你的同桌交流交流。	比较 确认	选一个最想说的字跟大家交流。	通过不同的偏旁表示的意思不同,来记住每个青字族的字。
14分	板书言字旁			
16分 30秒	请：看图，客人已经到门口了，如果你是这位小朋友你会对客人说什么？	回忆 理解、分析	请：学“言”字，认识言字旁是跟说话有关。有礼貌地说话。	联系生活实际理解“请”的意思。
	睛：你是怎样记住这个字？	启发	睛：目字旁跟眼睛有关。	
	清：水清清是什么样的水？	运用	描述水清的样子。	
20分	看，透过清清的河水我们看到…… 水真干净呀！读句子	确认	看图片理解“清”，读句子。	借助图片帮助理解。
21分	情：你什么时候有好心情？好心情就是心里特别高兴。	回忆 指导	说说让自己心情好的事情。读句子。	联系生活实际理解。
22分	晴：你能组哪些词？	指导学习 理解 运用	晴天、晴空万里、晴朗……	知识积累。
23分	蜻：你是怎样记住它的？	启发 运用	蜻蜓是昆虫，所以是虫字旁。	对记字的方法进行梳理比较，引导学生发现左表意，右表音的共同特点，感悟到形声字的构字特点。
25分	2. 现在我们已经记住了青字家族中的字，想想我们是怎么记的？左边的偏旁表示字的意思，偏旁不同字的意思也不同。右边的青表示字的读音。所以它们还有一个名字叫形声字。	确认 诱导启发 综合 确认	左表意思右表音。	
	……	……	……	……

日期：2013年7月29日

【教学反思】

本课从猜谜语入手，引出青蛙妈妈一家，到认识青字家族，将枯燥的学习趣味化，激发学生的兴趣。教师利用几处比较点的设计，引导学生去发现这些青字族的字有什么相同与不同，帮助学生记住青字的字形。

抓住重点　升华情感　感悟语言魅力

——语文《捅马蜂窝》教案设计

扶轮小学　石莹

科目：语文　课题：捅马蜂窝　训练的技能：提问技能　主讲：石莹

教学目标：
1. 知识与技能：积累词语，用“反驳”造句。
2. 过程与方法：掌握抓住重点词句理解文意的方法。
3. 情感、态度与价值观：了解课文内容，理解“我”思想感情的变化，产生不伤害旁人，与动物和谐相处的情感。

时间	授课行为	应掌握的技能要素	学生行为	教学意图
3分	“怎么不行？头上蒙块布，拿竹竿一捅就下来。”奶奶反驳道。 “反驳”这个词什么意思？ 好，是反对别人的意见，谁能再准确地说一下？	启发探询 反馈 强调	反对别人，提出不同的意见。 说出自己的理由，来否定别人跟自己不同的理论或意见。	结合课文理解词义。 利用眼神询问鼓励大家踊跃参加讨论评价。
5分	很好！这个同学补充得很准确。反驳的意思是说出自己的理由来否定别人跟自己不同的理论或意见。本篇课文中爷爷说不能捅马蜂窝，会蜇死人的，奶奶反驳了他的说法。那你能用“反驳”这个词造个句子吗？	反馈 表扬强化 分配 运用	1. 我反驳了他的意见。 2. 辩论会上，大家各自说自己的看法，相互反驳，十分热闹。 ……	在反馈互动中利用强化完成对词义的理解运用。
5分50秒	好，对于爷爷和奶奶的对话他们是说者无心，而我却听者有意。带着强烈的好奇心我做了一个精密的捅马蜂窝的计划，那结果怎么样呢？ 哦，那后果可不堪设想啊！捅马蜂窝后，“我”的心理发生了哪些变化呢？请你画出相关语句，联系上下文读一读，思考发生变化的原因，可以简单地写写批注。下面给大家2分钟的时间小组讨论一下，开始！	反馈 追问 焦点化 分配	“我”虽然捅下了马蜂窝，但也被马蜂蜇了。 学生进行小组讨论。	运用分析巧归纳的策略充分让学生自主探索、合作学习。整理自己的合作结果，构建认知体系，体现学生的主体地位。
……	……	……	……	……

续表

时间	授课行为	应掌握的技能要素	学生行为	教学意图
7分30秒	时间到，谁来说说捅马蜂窝后“我”的心理发生了哪些变化？	分析	学生说出“我”害怕、恐惧、后怕、心生罪孽感、愧疚、舒心等心理活动。	用眼神探询同时给学生信心。用曲调结合扬声准确表达问题，为学生能准确得出答案做好铺垫。
8分50秒	质疑问难：捅马蜂窝之后，“我”的心理发生了这样复杂的变化，你们有什么问题想问吗？其中，你觉得最难理解的是什么？	反馈 追问 理解	学生多数对罪孽感不理解。	
10分30秒	“罪孽感”这个词是什么意思呢？	解释	犯了很大的错后后悔的心态。	
	“我”被马蜂蜇了，明明是受害者可为什么会有罪孽感呢？	分析		以疑导学，重点理解“我”产生罪孽感的原因。
12分	教师相机引导： 从“视死如归的架势”、“真像一个英雄”等处体会到“我”的罪孽感，引导联系课文第7自然段描写马蜂拼死一搏的语句理解。 (1)读一读，说说你的眼前出现了一幅怎样的画面？ (2)补充出示对比句：我一回头，只见一只马蜂径直而凶猛地朝我飞来，好像一架战斗机。这句话你怎么理解？	反馈 探询 肯定 确认	学生定位文中相关段落：我回想起马蜂蜇我那天的情景：“我一回头，只见一只马蜂径直而凶猛地朝我扑来，好像一架燃料耗尽、决心相撞的战斗机。这复仇者不顾一切而拼死的气势使我惊呆了。”	抓住重点词句体会课文内容。
	是啊，这只小小的马蜂，此时就像燃料耗尽的战斗机，它……只剩下小小的躯体，而它正是用这仅有的、弱小的生命，与“我”做最后一搏。在“我”心中，它已不再仅仅是一只小虫，而是复仇者，这不顾一切而拼死的气势更让“我”感到了——恐惧、震惊、感叹……请大家带着自己的理解再读这句话。	联想 理解	我从“扑”字以及“燃料耗尽、决心相撞的战斗机”的架势体会到马蜂速度之快和它不顾一切，决心与“我”同归于尽的决心。 学生有感情朗读。 学生找出文中爷爷的话。	结合联想和想象帮助学生体会重点段落。
14分	这最后一搏也让马蜂丧失了性命，可它为什么非要这么做呢？(解读爷爷的话。) 从“我”和爷爷的对话你知道了什么？	确认 反馈 概括	①马蜂蜇“我”是因为“我”毁了它们的家。 ②马蜂蜇了人自己就会死的。 学生联系第7自然段描写马蜂的句子理解。	

续表

时间	授课行为	应掌握的技能要素	学生行为	教学意图
16分50秒 …… 17分30秒	它是如何拼命的？ 过渡：是啊，一只小虫竟有这样的激情和勇气，这也让“我”为之惊叹，而它现在呢？出示PPT：我听了心里暗暗吃惊，一只小虫竟有这样的激情和勇气。……真像一个英雄……我面对这……尸体，似乎有种罪孽感沉重地压在我的心上。 当“我”再次回想起当天马蜂与“我”做最后一搏的情境时，“我”还是那种害怕的心理吗？ …… 指导：此刻，“我”怎能不背负起沉重的罪孽感呢？请带着自己的理解读这段话。 是啊，当我看到……产生了罪孽感，正是因为我的行动，为了保住自己的家抱着必死的决心来蜇我，它蜇了我，自己也死了。从这里你能感受到什么呢？	反馈 追问 焦点化 评价反馈 分析 指导朗读 反馈 强化	不是，似乎有种罪孽感沉重地压在我的心上。 我不禁想起那天……真像一个英雄……我面对这……似乎有种罪孽感沉重地压在我的心上。 学生有感情地朗读。 不能做伤害旁人的事，伤害了别人自己也不会好受	训练学生自我反馈的能力。 教师运用焦点化把对课文的学习引向深入。 运用强调追问渗透课文重点内容。 用反馈评读体会作者的情感。 考察综合能力。
……	……	……	……	……

日期：2013年8月8日

【教案点评】

本篇课文是本册书中最长的一篇课文，本着长文短讲的原则，在进行教学设计时我让学生梳理出文中“我”的感情变化，让学生找出自己最难理解的地方，其实也就是以“罪孽感”这个词为突破口让学生体会理解马蜂誓死保卫家园的决心，最后得出不能存有伤害旁人的心理的道理。

今后，教师还要在指导学生通过口语交际和合作交流自己动脑思考，以此提高学生的阅读能力。

引导思考，巧学语言

——《Cooking with Mocky》微格教学设计

人民村小学　刘颖

一、教材分析

《Cooking with Mocky》选自北京市义务教育课程改革实验教材第八册第11单元第一课时故事教学。具体目标：在学生初步熟识课文故事，理解故事大意的基础上，阅读教师所给材料，判断制作蛋糕所需材料的分量，熟悉制作蛋糕的步骤。通过听、说、读、交流学习蛋糕制作过程。

二、学情分析

学生对于计量牛奶所用的单位 liter 较为陌生，对于“升”的概念模糊，对于本课中表示请求类的祈使句平日接触较少。我校绝大多数孩子更没有制作蛋糕的经历，也就无法体会文中 Mocky 为了做蛋糕更改了制作材料的分量。

三、教学目标(见教案)

四、教学重点、难点

教学重点：能够读懂并理解故事的内容，掌握本单元有关蛋糕的制作词汇。

教学难点：掌握祈使句的运用和对步骤或顺序的表达。

五、教学理念和理论依据

1. 面向全体。课标中指出英语课程应成为学生在教师指导下构建知识、发展技能、拓展视野、活跃思维、展示个性的过程。

2. 重视语言学习的实践性和应用性。鼓励学生在教师指导下，通过体验、实践、参与、探究和合作等方式发现语言规律，逐步掌握语言知识和技能，发展自主学习能力。

六、教学策略

运用演示和提问将学生的思维引向深入，通过小组阅读、讨论和独立思考突破教学重难点，让学生学习祈使句，学习蛋糕制作过程。

七、媒体准备

课件、阅读材料

八、教案

科目：英语(五年级)　课题：Cooking with Mocky　**训练的技能：提问技能　主讲：刘颖**

教学目标：
1. 认知目标：知道制作蛋糕的步骤，能够说出所需要的材料名称。
2. 技能目标：能够朗读对话内容，能够叙述故事情节。
3. 情感目标：了解西方国家的家庭有烤蛋糕、做面包的习惯以及东西方饮食习惯的差异。

时间	授课行为	应掌握的技能要素	学生行为	教学意图
40 秒	一、导入 唱一首本册教材中的英语歌曲，营造和谐的课堂氛围，将学生的注意力转移到课堂上来。	歌曲导入 引起注意	精神集中。	课件音乐。
1 分	二、语言准备 1. 问一问学生是否会做菜，问学生会做什么、是否知道制作的过程。	建立联系 确认提问	会制作糖拌西红柿、腌黄瓜等。 先洗，再切，放调料，拌。	
2 分 40 秒	2. 让学生说一说他们过生日时吃什么，是否吃蛋糕，是否知道制作蛋糕需要哪些原料，有哪些制作步骤。	回忆 理解	需要面粉、鸡蛋、糖。	出现新词。
3 分 20 秒	学生可能会用到一些新的词汇学习新的单词(flour 面粉、sugar 糖、butter 黄油等)		看课件跟读单词。	课件播放。

续表

时间	授课行为	应掌握的技能要素	学生行为	教学意图
5分40秒	三、学习故事 (一)理解故事 1. 先让学生独自看插图、读对话，试着了解本课文的大致情节。 2. 教师带领学生一起理解故事内容。可以把学生当作 Mocky，每到 Mocky 念做蛋糕步骤的时候，教师带领学生一起读 Mocky 说的话，采用互动的方式，在模仿、表演中理解故事。	确认		故事引入激发兴趣。
10分	3. 对制作蛋糕的材料出示实物(面粉、牛奶、鸡蛋、糖、黄油)，用直观的方法，让学生理解。特别是1公斤，教师通过展示实物让学生感受、体会文中所说的材料分量。 展示教师探访蛋糕店的结果(9寸蛋糕仅需要90克面粉，而文中提到3公斤面粉说明 Mocky 想要的蛋糕太大了) 4. 对于制作步骤，由于涉及动作，可以采用做动作示范、演示的方法，帮助学生理解。(打碎 break、搅拌 mix) Put 3 kilograms of flour into a bowl. Add one kilograms of butter to the flour.	确认 运用 确认	看到直观实物读单词、说单词，运用功能句练习 We need flour，milk，butter，sugar and eggs. A 学生读句子 Put 3 kilograms of flour. B 学生读句子 Put 90 grams of flour.	初步感知单词和课文。 加深记忆感知 通过引入探究形成新的策略认识。 通过实物的对比全面观察。
13分40秒	Break 12 eggs into the bowl. Add a liter of milk. Mix them together. (二)听故事 1. 放故事录音，让学生听。注意听人物的语调、语气，结合插图中人物的表情、动作理解内容。 2. 再放一遍录音，可以让学生跟读。	指导活动 引导学习 理解	边做动作边说单词和句子。 跟读对话。	熟悉故事情节培养学生对故事的观察能力。 强化鼓励激发兴趣。
16分	(三)读故事 1. 给每组学生两份材料(A 是原文，B 是真实的做蛋糕步骤、材料分量和方法)初读，比较发现两份材料有什么不同?	分析	A 中所需材料较多，分量较大。 Put 3 kilograms of flour into a bowl.	联系生活实际通过变式练习培养学生正确描述能力。

续表

时间	授课行为	应掌握的技能要素	学生行为	教学意图
	2. 让学生阅读书A(本文字部分)，结合上面的连环画理解故事的内容。 3. 教师带领学生一起采用结合插图、解释、示范、模仿等形式，帮助学生理解文字内容。	理解 运用	Add one kilograms of butter to the flour. Break 12 eggs into the bowl. Add a liter of milk. Mix them together.	通过小组合作完成拓展提高的练习，开发智慧，综合运用策略。
18分	4. 再读材料B真实的做蛋糕的方法及步骤 Put 90 grams of flour into a bowl. Add one spoon of butter to the flour. Break 2 eggs into the bowl. Add a cup of milk. Mix them together.	确认 综合	B中所需材料与A种类相同，但是分量明显减少 Put 90 grams of flour into a bowl. Add one spoon of butter to the flour. Break 2 eggs into the bowl. Add a cup of milk. Mix them together.	培养小组合作学习。
20分	四、小结 通过本课学习你学到了什么，你有什么收获？	分析 综合	总结收获时要说出句子。	

日期：2013年6月10日

【反思教学】

英语学习如果只提供书本材料让学生阅读，学生就会感到枯燥无味，本课我添加了实物的演示，使知识点与学生的实际生活相联系。对难点突破设计了小思考、小问题，从而使问题设置更加具体化。小组合作使合作探究更加有针对性。整体教学过程比较流畅，教学效果显著。

追问中研读，研读中感悟

——语文《差不多先生传》教学设计

西罗园学校　史常慧

一、教材分析

《差不多先生传》是北京版第13册第三单元第十二课，属于一篇人物传记，作者胡适。具体教学标准是：整体把握行文思路，品味幽默讽刺语言，理解作者的写作意图，探究文本的现实意义。

《差不多先生传》是一篇略读课文，在继续练习理清文章思路，把握主要内容的基础上，幽默讽刺的语言和作品的现实意义是本课研究学习的重点。

二、学情分析

经过课前调查和开学两个月的训练，学生能够整体感知课文内容，概括课文的主要事件，体会人物特点，感受作者情感。但是对幽默、讽刺的语言、课文的写作意图和作品的现实意义等问题的理解，学生存在很大疑惑，甚至会出现本末倒置的情况。

三、教学目标(见教案)

四、教学重点、难点

教学重点：引导学生品味幽默的讽刺语言，了解作者的为人处事态度，探究课文的写作目的和作品的现实意义。

教学难点：理解作者的写作意图，探究文章的现实意义，认识敷衍塞责、马虎从事的危害。

五、教学理念和理论依据

2011 年版《语文课程标准》关于阅读教学实施建议中提到“阅读教学应引导学生钻研文本，在主动积极的思维和情感活动中，加深理解和体验，有所感悟和思考，受到情感熏陶，获得思想启迪，享受审美乐趣”。

六、教学策略

本次授课主要是教师通过讲解、提问、追问和启发等方式，让学生在研读文本的过程中，感悟文本，获得自身的情感体验；提供“作者其人”和“社会现实”两段资料供学生参考，理解作者的写作意图，探究作品的现实意义；通过课堂反馈和教师总结，反馈强化教学重难点。

七、媒体准备

PPT 演示文稿

八、教案

科目：语文　课题：差不多先生传　训练的技能：提问技能　主讲：史常慧

教学目标：
1. 知识与能力：品味幽默讽刺语言，理解作者的写作意图，探究作品的现实意义。
2. 过程与方法：通过讲解、提问、启发等方式，引导学生品味幽默的讽刺语言，了解作者的为人处事态度，探究课文的写作目的和作品的现实意义。
3. 情感、态度与价值观：理解作者的写作意图，探究文章的现实意义，认识敷衍塞责、马虎从事的危害。

时间	授课行为	应掌握的技能要素	学生行为	教学意图
0 分	一、问题导入 差不多先生很有影响力，看来中国不只有一个差不多先生，那么，我们看看差不多先生死后，众人持什么态度？	建立联系 设问	齐读 11—12 段，在文中找到词语。 称赞：有德性的人、圆通大师。 学习：无数无数的人都以他为榜样，人人都成了差不多先生。	与前讲建立联系，提出问题，引发学生思考。

续表

时间	授课行为	应掌握的技能要素	学生行为	教学意图
3分	二、深入探究 1. 差不多先生到底是一个什么样的人，死后值得大家都称赞他，人人都学习他呢？同学们一起来回顾一下。 教师板书差不多先生特点。	搭建支架 回忆	回顾思考回答：不认真、马马虎虎、不负责任、推卸责任、至死不悟。	回顾上节课人物性格特点。
4分 30秒 5分 30秒	2. 这样一个性格特点的差不多先生，真的值得大家去称赞学习吗？作者为什么以此作为传记的结尾呢？有什么写作意图吗？	焦点化 启发思考	生回答：不值得学习称赞。 学生深入思考，但是没有明确的思考结果。	将上述两个问题综合追问，提出本节课重难点。
06分	3. 那么，我们来看一下传记的最终结果是什么？	设问	“然而，中国从此就成为一个懒人国了。”	逐层追问 引发思考
08分	4. 人人成了懒人，设想一下中国会怎么样？	确认 设问	人人成了懒人，国家就成了懒人国，人人没追求，不进取，国家就没有创新，就不会发展，只能走向衰微和灭亡。	
11分	5. 通过以上分析，结合传记结尾，你认为作者对大家都去称赞学习差不多先生持什么态度呢？ 教师板书：讽刺　担忧	设计 讲解	对差不多先生和大家是一种批判和嘲讽，对中国的命运是一种担忧。	综合以上分析，帮助学生逐渐解决重难点。
11分 20秒	6. 人人都成了一个差不多先生，中国从此成了一个懒人国了，甚至有亡国的危险，我们读出了作者对于国人的讽刺和对国家命运的担忧。那么，我们结合下面材料，探究胡适先生为差不多先生立传的意图？ 出示PPT：作者其人。	确认 分析	形成探究意识。	总结以上所讲，提供背景资料，帮助学生解决重难点。
	梁实秋在谈到胡适的做人及处事态度时说：“……胡先生最爱写的对联是‘大胆的假设，小心的求证；认真的做事，严肃的做人。’我常惋惜，大家都注意上联，而不注意下联。这一联有如双翼，上联教人求学，下联教人做人。……”	搭建支架	学生朗读幻灯片内容学习作者严格认真的为人处事原则。	让学生了解作者。

续表

时间	授课行为	应掌握的技能要素	学生行为	教学意图
12分20秒	出示PPT：社会现实 鲁迅曾经说过："中国四万万的民众害着一种毛病。病源就是那个马马虎虎，就是那随它怎么都行的不认真态度。" 追问：作者为什么写此传记呢？ 教师板书：警示国人，革除陋习	搭建支架 肯定 焦点化	鲁迅披露当时社会弊病。 为当时国人敲一个警钟，革除差不多先生身上的陋习。	出示"社会现实"资料。 利用追问帮助学生解决重难点。
14分30秒 15分30秒 17分30秒	三、课堂反馈 1. 我们通过分析课文中的语言，了解了胡适的写作意图和作品的现实意义，你能在原文中再找一找讽刺的语言吗？ 2. 讽刺和幽默是分不开的，你能在原文中找一找幽默的语言吗？ 第三段，差不多先生的相貌和你和我都差不多，但是，他"看得不很清楚"、"听得不很分明"、"不很讲究"、"不很精明"、"不很精细"，真的是这样吗？	反馈 强化 运用 强化 理解 分析	学生跳读课文。 自主发言。 生：第2、3、8、10段。 差不多先生不是不能做好，而是他不愿意去这样做。	让学生在文本中运用所学知识，反馈知识，强化知识。 分析第三段，帮助学生认识人物的本质。
……	……	……	……	……

日期：2013年8月5日

【教学反思】

本次教学使用提问技能，问题明确具体，环环相扣，引导学生在思考中研读文本，在研读中感悟文本，培养其质疑精神；提供"作者其人"和"社会现实"两段资料供学生参考，搭建支架，帮助学生突破重难点；通过课堂反馈的练习，帮助学生强化理解所学知识。

提问互动重交流，感受诗歌意境美

——语文《乡愁》教案设计

丰台七中　鲁锦萍

科目：语文　　课题：乡愁　　训练的技能：提问教学技能　主讲：鲁锦萍

教学目标 1. 知识目标：能准确说出现代诗歌朗读的语速、节奏、感情基调等基础知识。 2. 能力目标：通过提问和自主、合作、探究的学习方式提升学生听、说、读、写能力。 3. 情感态度与价值观：体味作者所表达的乡愁，激发学生爱家爱乡爱国的意识。

续表

时间	授课行为	应掌握的技能要素	学生行为	教学意图
0分 0秒	一、创设情境，导入新课 1. 请同学回忆并说说曾经欣赏过的思乡和思念亲人的诗歌有哪些？ 2. 导入语：每个日落的黄昏，每个月圆的夜晚，都会勾起诗人对故乡的眷恋。今天，我们就一同欣赏台湾作家余光中先生笔下的《乡愁》！	激发兴趣 回忆确认 欣赏建立联系 分析	诗歌名句：但愿人长久，千里共婵娟。（苏轼《水调歌头》） 遥知兄弟登高处，遍插茱萸少一人。（王维《九月九日忆山东兄弟》） 海内存知己，天涯若比邻。（王勃《送杜少府之任蜀州》）……	通过背景音乐和导入语，激发学生兴趣。
2分 30秒	二、初读诗歌 学生齐读并说一说这首诗歌的语调、语速和感情基调？		语调：深沉 语速：舒缓 感情基调：柔美、惆怅、忧伤。	通过确认、分析诗歌语调、语速和感情基调，培养学生整体感知诗歌大意的能力。
7分 15秒	三、研读诗歌 探究：1. 这首诗采用了叙事的形式，诗歌是按什么顺序写的？叙述了什么事？	台阶提问	明确：是按时间顺序叙述了诗人从小到大的经历。	
	2. 诗的每一小节，实际上都对应着人生的某个阶段，也就是说诗歌叙述了作者亲身经历的四个阶段。请同学们说说这四个阶段有何共同特征？这样写有什么作用？	确认 分析	明确共同特征：作者以空间上的阻隔作为这四个阶段的共同特征，即：小时候的母子分离—长大后的夫妻分离—后来的母子死别—现在的游子与大陆的分离。 作用：时空的隔离与变化，推进了诗情的层层深化。	通过台阶提问，引导学生在小组中合作交流，先让学生自主学习或小组讨论以上问题，教师或点拨，或巡视，共同参与，然后请学生代表发言，培养学生分析，探究问题的能力。
	3. 作者把自己的“乡愁”寄托在哪些具体可感的意象上？你能说一说这几个具体的形象所蕴含感情的内在联系吗？	确认 分析	明确：诗人为每个阶段的乡愁找了一个具体的对应物：邮票、船票、坟墓、海峡。小时候，作者将乡愁寄托在给家人的书信里，所以将乡愁比喻为邮票；长大后，作者和家人分居两地，很难与家人相见，于是将乡愁寄托在回家的船上，所以把乡愁比喻为船票；后来，母亲去世，作者与母亲再也不能	

续表

时间	授课行为	应掌握的技能要素	学生行为	教学意图
			见面，于是作者就将乡愁比喻为坟墓；现在，由于人为的原因，海峡两岸的同胞不能团聚，作者将自己的乡愁比喻为台湾海峡，表达了他期盼祖国统一的愿望。诗歌用表示时间的词语来组构全篇，层层深入，及至最后，集中抒发了诗人思念大陆的强烈感情，构思精巧。	
	4. 有人说，这首诗语言很有特色，你认为它到底“美”在哪里？谈谈你的看法？	分析探究	这首诗语言“美”在：“乡愁是——”与“在这头……在那(里)头”这两个表示方位词语的四次反复，强化了因空间上的隔离而让诗人产生的浓郁乡愁。加之四段中“小小的”、“窄窄的”、“矮矮的”、“浅浅的”在同一位置上的重叠词运用，使乡愁浓缩于面积小、程度轻的对象之上，反衬出浓烈的思乡之情。使得全诗低回掩抑，如怨如诉。而“一枚”、“一张”、“一方”、“一湾”的数量词的运用，不仅展示了一幅幅凄美灵秀的画面，也加强了全诗的音韵之美。	
12分45秒	四、美读诗歌 请同学们美读这首诗歌，读出它回旋往复、一唱三叹的音乐美，读出它柔美哀伤、如怨如诉的意境美。	表达运用	明确：①读出节奏；②读出重音；③读出感情。重音和节奏的处理如下：第一节稍平淡，回忆的口气；第二节增加了遗憾的语气；第三节要体现出深深的失落和痛苦；第四节表现出而今的惆怅。	通过美读诗歌，提升朗读的技能，强化对诗歌内容的理解。

续表

时间	授课行为	应掌握的技能要素	学生行为	教学意图
14分15秒	五、拓展延伸 请大家结合自己对“乡愁”的理解，仿照“乡愁是……”的句式写一写你心中的乡愁。	领悟、运用、评价	教师示范：未来啊，乡愁是一条长长的桥梁；你去那头，我来这头。乡愁是故乡那湾永远流淌的小溪。 乡愁是雕刻在记忆中的古老的童话。 乡愁是远行时母亲久久的伫望。 乡愁是故乡的天空中放飞的风筝。 仿写评价标准：①仿句与被仿句的内容要协调一致。②仿句与被仿句的结构要一致，字数要相等或大致相等。③仿句和被仿句所用的修辞方法要完全相同。	先让学生自己仿写，然后小组讨论交流，师生共同评议。培养学生运用和写作的能力。
16分30秒	六、请同学们谈谈本节课的学习收获？ 总结：《乡愁》是一首游子思乡的深情恋歌，洋溢着诗人魂牵梦绕的“中国情结”。让我们再次读这一首诗，读出我们的理解，读出我们的感悟，读出我们的爱国心声！	指导反思	全体交流。	通过指导反思，培养学生监控自己学习的能力。

日期：2013年12月1日

【教学反思】

通过台阶式的提问，强化学生对诗歌的理解，在此基础上读诗歌，这样既节省了时间，又提高了朗读效率。朗读和鉴赏两个环节结合较为紧凑流畅，在初读、研读和美读环节的不断强化下，有效激发了学生朗读兴趣，提升了学生听、说、读、写能力，深切体味作者所表达的乡愁，激发学生爱家爱乡爱国的意识。

巧问引你探化学

——化学《物质的变化和性质》教学设计

西罗园学校　于歌

一、教材分析

本课处于学习化学的启蒙阶段，所以教材采用了实验活动，从生活中的一些与化学有关的事例建立有关物质变化的基本概念，通过实验、观察、记录、分析等活动帮助学生透过现象揭示化学变化的特征从而理解化学变化的概念，并了解化学学科研究问题的角度和方法，注重引导学生主动参与，积极思考，为今后的学习打下基础。

二、学情分析

学生在日常生活中虽然对化学有接触，但对于化学的学科特点并不熟悉只是感性、表面的认识。学生在小学及物理课上已经具备了一些物理学基础知识，同时化学与物理课程的相关内容同时进行，这也为化学学习提供了必要的仪器和方法，来认识物质的组成、性质及其变化规律。

三、教学目标(见教案)

四、教学重点、难点

教学重点：理解化学变化和物理变化的概念。

教学难点：物理变化和化学变化的概念与判断。

五、教学理念

《新课程标准》指出：注意从学生已有的经验出发，在熟悉的生活情景中感受化学的重要性。让学生有更多的机会主动地体验探究过程，在知识的形成、联系、应用过程中养成科学的态度，获得科学的方法。

六、教学策略

在课程学习之初，结合学生的生活经验介绍一些化学课中常用的物理学概念，如熔点、沸点、压强、密度等。

1. 通过教师的实验演示和学生的参与，让学生切实体会到科学研究的步骤与探究精神，并学会观察、分析实验现象，得出相关结论。

2. 教师在教学过程中不断提出问题，引导学生独立思考，使其能够了解并运用物理变化和化学变化的概念。

七、教具准备

仪器：试管、单孔橡皮塞、酒精灯、玻璃片、烧杯、铁架台(带铁夹)、研钵、钥匙、镊子。

药品：胆矾、氢氧化钠溶液、石灰石、稀盐酸、澄清石灰水、水。

八、教案

科目：化学　课题：物质的变化和性质　训练的技能：提问技能　主讲：于歌

<table>
<tr><td colspan="5">教学目标：
1. 知识与技能：了解物理变化和化学变化的概念与区别，能运用概念判断典型的物理变化和化学变化。
2. 过程与方法：通过对实验现象的观察和分析，学会归纳整理相关信息。能够用化学知识揭示日常生活中的一些变化和现象。
3. 情感、态度与价值观：以实验为载体，激发学生兴趣，培养学生学习的自觉性和主动性。</td></tr>
<tr><td>时间</td><td>授课行为</td><td>应掌握的技能要素</td><td>学生行为</td><td>教学意图</td></tr>
<tr><td>0分0秒</td><td>引入：日常生活中的事物无时无刻不在变化着，如图片中的铁丝弯折、钢铁生锈、灯泡通电发光、蜡烛燃烧。你能再举出几个例子吗？那么这些变化有何不同之处？希望同学们通过接下来的学习找到问题的答案。</td><td>回忆</td><td>生：冰雪融化、火柴燃烧等。</td><td>从日常生活的现象入手，激发学生兴趣。提出问题，引发学生思考。</td></tr>
</table>

续表

时间	授课行为	应掌握的技能要素	学生行为	教学意图
2分30秒	演示：实验1—1(1)、(2)；带领、指导学生描述实验现象 (1)现象：水沸腾，有大量水蒸气冒出，玻璃片上有小水滴附着。 (2)现象：蓝色块状固体研碎后成为蓝色粉末		学生讨论后回答。	让学生体会如何描述实验现象。
7分30秒	提问：实验1—1(1)、(2)有什么共同特征？	分析	生：物质的形状或状态发生了变化，没有其他物质生成。	诱导提问，引出物理变化的概念。
8分	讲解：我们把没有生成其他物质的变化叫作物理变化。	确认		
8分30秒	提问：生活中还有哪些常见的物理变化？	反馈	生：汽油挥发、衣服晾干、冰块融化等。	巩固物理变化概念的理解。
9分	演示：实验1—1(3)、(4) 学生小组讨论描述实验现象 (3)现象：两支试管都形成蓝色溶液，加入氢氧化钠溶液后立即生产蓝色沉淀。 (4)现象：加入盐酸后立即有气泡产生，石灰石逐渐变小。澄清石灰水变浑浊，摸一下试管壁感到发热。			培养学生小组合作学习能力。 学以致用，练习观察、描述实验现象的方法。
16分	提问：这两个实验有什么共同特征？	分析	都生成了之前没有的新的物质。	
16分30秒	讲解：这两个变化都有新物质生成，这种变化叫作化学变化，又叫化学反应。化学变化过程中除了生成其他物质外，就像我们刚才摸到的，还伴随着能量的变化比如放热、吸热、发光，还可能有变色、放出气体、生成沉淀等现象。	确认 理解		培养学生分析总结能力。
17分	提问：你还能举出生活中发生化学变化的例子吗？	反馈	生：苹果腐烂、菜刀生锈等。	巩固概念化学变化的概念。
17分30秒	提问：发光发热一定就是化学变化吗？那么电灯发光是物理变化还是化学变化？	理解 追问 反问	学生对物理变化或化学变化答案不统一。	引发思考，锻炼学生的辩证思维。
17分45秒	讲解：电灯虽然发光发热，但却没有其他物质生成，所以是物理变化。			
17分55秒	提问：那么我们判断一个变化是物理变化还是化学变化的根本依据是什么？	理解	生：看是否生成了其他新物质。	
18分10秒	回顾：现在你能回答我们刚开始遇到的问题了吗？铁丝弯折、钢铁生锈、灯泡通电发光、蜡烛燃烧这些变化有何不同之处？	分析 综合	生：铁丝弯折、灯泡通电没有其他物质生成，是物理变化。钢铁生锈、蜡烛燃烧生成了其他物质，是化学变化。	与课程引入相呼应，解决课程开始时设置的问题。

日期：2013年12月1日

【教学反思】

本教案教师巧问之处在17分30秒，教师提问："你还能举出生活中发生化学变化的例子吗？发光发热一定就是化学变化吗？那么电灯发光是物理变化还是化学变化?"利用一连串的追问、反问，引导学生深入思考，从中领会到知识的真谛，培养学生思维的深刻性品质。

引导思维　自主建构知识

——政治《多彩的情绪》教学设计

看丹中学　聂新忠

一、教材分析

《多彩的情绪》是北京市义务教育课程改革实验教材初中思想品德七年级上册第四单元《展现自我》第11课《情绪知多少》第1框的内容。在前一个单元《认识自我》的基础上，本单元主要帮学生在如何《塑造自我》上提高学生的认识。本课主要通过活动帮助学生感受什么是情绪，理解情绪的多样复杂性。只有了解了情绪才能进一步感受情绪对人的影响，探讨如何做情绪的主人。

二、学情分析

学生都有过情绪体验，且体验深刻，但由于情绪是一种心理活动，要让学生真正掌握情绪的含义，理解它产生于人的内心需要是否得到满足，还需要老师进一步的点拨和说明。初一的孩子思考问题还比较简单，不同的人对同一事物反应不同，情绪的复杂多样性理解起来也比较困难。

三、教学目标

1. 知识与技能：能举例说明什么是情绪，理解并说明人的情绪是复杂多样的。

2. 过程与方法：在情境体验中感受情绪及情绪的复杂性。

3. 情感态度与价值观：情绪对人的生活有影响，要学会调节情绪，培养积极乐观的生活态度。

四、教学的重、难点

教学重点：什么是情绪及情绪的复杂性，这两个问题既是本框教学重点也是本单元教学的重点。

学习难点：情绪是复杂多样的。

五、教学理念

1. 以学生生活为基础，开发和利用学生已有的生活经验，满足学生对生活的关切。

2. 建构主义认为学生对新知识的构建是建立在原有认识基础上的，因此在教学中要从学生实际出发，根据学生认知规律，开发和利用学生已有的生活经验，为学生建构新知识搭建平台。

3. 教为学服务的观点。"教师就是帮助学生自己学习"。在本节课的教学中特别关注学生的学习过程，帮学生在情境中体验，在体验中感悟，立足于让学生自己建构知识。

六、教学策略

1. 体验式教学。通过借助现场情境和组织小组比赛，体验并感悟"什么是情绪"及情绪的几种类型。通过设置同一情境的不同反应体会情绪的复杂性。

2. 围绕学生已经知道了什么，想知道什么？能知道什么和如何知道设计问题，引导学生从对情绪的初步感受上升到能说明什么是情绪，理解情绪是复杂多样的。

3. 从学生生活经验出发，通过精心设计问题、选择情境、引导感悟提升自主学习能力。

七、教案

科目：政治　课题：多彩的情绪　训练的技能：提问技能　主讲：聂新忠

教学目标：
1. 通过情境体验感受情绪并能说明什么是情绪。
2. 通过体会在同一情境中的不同感受认识并理解情绪的复杂性。
3. 通过学习初步认识到情绪对人的生活有影响，要培养积极乐观的生活态度。

时间	授课行为	应掌握的技能要素	学生行为	教学意图
	上课前，先让我们以热烈的掌声对听课教师表示欢迎。	创设情境 引起注意	鼓掌。	利用现场情境，体验情绪的产生和情绪对自己产生的影响，自然引入新课的同时引发对情绪的思考。
30秒	同学们，有这么多老师和你们一起上课，你们有什么感受？		生：兴奋、高兴、紧张等。	
1分 30秒	我也和你们有相似的感觉，那大家知道我们说的这些高兴、紧张等感受是什么吗？对，这就是我们的情绪。	促进参与 依从	生：是情绪。	
1分 50秒	可见同学们对情绪并不陌生，那对情绪同学们都知道哪些？又有哪些是我们所不知道的呢？今天就让我们一起走	激发兴趣 建立联系 形成期待		
2分 30秒	进第11课，一起来感受多彩的情绪。 板书：多彩的情绪			
4分	对于情绪，你都知道哪些呢？	建立生活和知识联系	生：高兴、伤心难过的感受等是情绪；人的情绪变化很多等。	在思考中理解情绪是外界事物引起的心理反应，它产生于人的内心需要是否得到满足。
4分 20秒	同学们说得很好，我们的高兴、伤心、难过等是情绪，也就是说情绪是一种感受。 板书：一种感受	评价 讲解		
6分 10秒	那是什么让我们产生了这些感受呢？是任何事都会引起我们的感受吗？ 从中你得出了什么结论？	追问 诱导启发	生：一句话，一件事等都能使我们产生情绪；满足自己需要，高兴，反之不高兴。	同一件事，情绪的反应是不同的。
6分 40秒	同学们说得真好。首先我们发现并不是任何事情都会使我们产生情绪，只有当事、活动、行为等跟是否满足我们的内心需要有关时才会产生情绪。	肯定评价 讲解		

续表

时间	授课行为	应掌握的技能要素	学生行为	教学意图
7分	就如同我现在如果告诉同学们隔壁的班级也有许多老师在听数学老师的课一样，一定有人不会产生任何情绪，但也有人可能会因和数学老师的关系等产生一定的情绪。	类比讲解		
8分	刚才同学们还提到人的情绪变化很多，能举例说明吗？ 的确如此，我们每天会遇到不同的事情，可能产生的情绪会不一样，那么是不是遇到相同的事情，我们产生的情绪就一样了呢？ 请举例说明	追问 分配 强化 形成认识 加深理解	生：每天会遇到不同的事情，情绪反应会不同。 生：不一定。	通过追问引发思考，得出情绪是复杂多样的。
9分10秒	为什么不同的人对同一件事，反应也可能不同呢？从中能得出哪些结论？	追问 反问 理解	生：同样有人听课，可能反应也不一样，有些人会替老师紧张或高兴，有些人因自己学得好坏而高兴或害怕等，有些人不会产生情绪，因为觉得和自己没关系。	
11分30秒	的确，因为每个人知识，感受，生活经历的不同，同一件事，大家的反应可能是不同的。 学到这，大家是否觉得情绪没那么简单了呢？不仅不同的事会让不同的人产生不同的情绪，而且由于遭遇、经历不同，对同一件事的反应也不同。情绪就像“万花筒”编织着我们多彩的生活。 板书：情绪是复杂多样的	归纳讲解 确认	生：所以与自身关切度，教育水平、生活经历等都会造成不同。	
12分10秒	通过本节课学习你对情绪的认识有哪些？ 还有什么不明白或有什么建议想和大家交流的？	理解运用 追问		
14分30秒	一些事，行为或环境等当和我们需要相关时就会产生一些高兴或难过等感受，这就是情绪，由于每个人经历、需要等不同，每个人的情绪不同，即便是同一件事也会让不同的人产生不同的情绪。情绪是复杂多样的。那么复杂的情绪可以分为基本的几类，对我们的生活会产生怎样的影响？我们又该如何去应对呢？这些问题我们下节课将继续探讨。	归纳总结 形成认识 引起注意 悬疑结束	生：情绪是一种感受； 和自己有关； 情绪是复杂多样的。	指导反思，强化情绪与我们的关系。 引发思考，为新内容学习做铺垫。

日期：2012年5月12日

【教案点评】

本教学设计关注了初一学生的生活实际和认知实际，创设问题情境，巧妙设计问题，充分发挥了学生的主体作用，学生变被动学习为主动学习。尤其是对学生已有的知识进行提问，引发了学生对知识的挖掘。在已有知识的基础上通过设问、引导、建立与新知识间的联系，体现了知识的形成过程并使教学真正实现了以学生为本。本教案对学生预想回答撰写很具体，问题设置具有层次。

循循善诱 引发共鸣

——政治《中国共产党：以人为本执政为民》教学设计

北京十中　刘丽

一、教材分析

《中国共产党：以人为本执政为民》是必修 2《政治生活》第三单元第六课“我国的政党制度”第二框的内容，本框内容主要讲述了坚持中国特色社会主义理论体系；中国共产党的执政理念是以人为本，执政为民。

二、学情分析

教学对象为高一学生，他们思维活跃，已具备一定归纳能力和分析、综合能力，能够自主地分析现实生活中的一些政治现象。但看问题往往比较偏激、片面，缺乏良好的逻辑思维习惯。

三、教学目标(见教案)

四、教学重点、难点

教学重点：中国共产党的执政理念：以人为本，执政为民。

教学难点：实现最广大人民群众的根本利益。

五、教学理念和理论依据

根据《高中思想政治课程标准》要求，思想政治教学必须贯彻党的精神，着眼于当代社会发展和高中学生成长的需要，增强思想政治教育的时代感、针对性、时效性和主动性。

六、教学策略

在中国共产党的执政理念的讲解上，要贴近学生实际，增加可信度；通过设问，将本课内容与学生的生活联系起来，激发学生学习兴趣；准备了 PPT 文件，创设情境引发学生思考。

七、媒体准备

课件

八、教案

科目：政治　课题：中国共产党：以人为本执政为民　训练的技能：提问技能　教师：刘丽

教学目标： 1. 知识与能力：运用学生身边的事例了解中国共产党的执政理念。 2. 过程与方法：运用多媒体现代技术手段展示文字材料、视频、图片等，使课堂内容更加丰富充实；运用探究式、合作法教学方法进行教学，充分挖掘学生潜力，激发学生学习兴趣，让学生真正成为学习的主体。 3. 情感态度与价值观：通过本课的学习使学生升华对党的认识，进而更加信赖和热爱中国共产党，坚定走中国特色社会主义道路的信念。

续表

时间	授课行为	应掌握的技能要素	学生行为	教学意图
0分 0秒	导入：昨天，我给同学们留了一项作业，就是让大家“做梦”，做关于我们这个地区发展的梦。	引起注意	学生阐释他们的梦想。	从学生的梦想出发，有感而发，增强可信度。
2分 30秒	不仅同学们有梦想，我们的国家也有梦想。 视频播放：《中国梦》 这充分体现了中国共产党的执政理念：以人为本 执政为民。	创设情境 促进参与 建立联系	观看视频。	由学生的梦延伸至中国梦，感受两者之间的联系。
5分 30秒	(情景一)我发现同学们的梦想和咱们所处的城南地区有很大关系。那请同学们说一说城南和北京其他地区到底有哪些差别呢？	设问 焦点化	学生根据已有的生活经验回答问题。	从学生所居住的城南地区谈起，增加可信度。
7分	城南落后的地方，恰恰是我们梦想改变的。针对城南的落后，面对城南居民的梦想，党和国家应该怎么做呢？ PPT 出示城南行动计划出台过程。 设问：1. 中国共产党在这个过程中居于什么地位？ 2. 中国共产党为什么提出要发展北京市南部地区？ 3. 为什么要对城南五区进行摸底调研？ 发展为了人民，走共同富裕道路，尊重人民主体地位。 (情景二)永定河，北京的母亲河。 播放视频：《梦想照进现实》。 设问：1. 陈万福老人为什么关注永定河问题？ 2. 陈万福老人除了关注以外还做了什么事情？ 发展依靠人民：充分地调动人民群众的积极性、主动性和创造性，善于从人民群众中汲取智慧和力量——发挥人民首创精神。	创设情境 设计 措辞 启发	阅读材料得出结论。 交流： 1. 领导地位。 2. 党和国家为了缩小北京城南和其他地区的差距，提出要发展城南，即发展为了人民，走共同富裕道路。 3. 党和国家在进行决策的时候，要问政于民、问需于民、问计于民，才能顺民意、解民忧、增民利，即发展为了人民，尊重人民主体地位。 学生观看视频。	通过城南行动计划的出台过程，学生体会到国家政策的出台过程，党所处的地位和作用，以及所出台的政策是顺从民意的，是符合人民需要的，是为了圆人民的梦想的。

续表

时间	授课行为	应掌握的技能要素	学生行为	教学意图
11分	其实，不光是陈万福老人，还有千千万万像他这样的普通百姓也在关心着城南的发展，为城南的发展贡献自己的智慧和力量。城南行动计划像一粒梦想的种子，在城南居民的心里生根、发芽。 (情景三)离卢沟桥不远处就是大家熟悉的杜家坎，这几天路过杜家坎的同学们有没有发现什么变化？这些变化是为了什么？ 第九届北京园博会，不仅仅是一次园林盛会，更为城南的发展发挥着巨大的作用，同学们想一想，北京园博会已经或者还将为我们的生活带来哪些变化呢？ 发展成果由人民共享：保障人民各项权益，促进人的全面发展。	创设情境 分析 措辞 鼓励发散 反馈	回答问题： 1. 每周，他都要蹬着自行车到河边儿溜达……体现出陈万福对于周边环境治理的积极性和主动性。 2. 陈万福开始在河堤两岸观察琢磨……他给市发改委写了一份关于《永定河绿色生态风景区》的建议。陈万福主动地贡献自己的智慧和力量。 学生交流： 1. 为首都百姓提供休闲新场所。 2. 将极大改善周边环境。 3. 将提速基础设施建设。 4. 将促进产业集聚，拉动就业。	引发学生共鸣，感受到梦想的实现需要每个人的努力。 学生感受园博园给城南带来的变化。 从更深层次认识到园博会的召开为城南人民的生活带来了变化。
……	……	……	……	……

日期：2013 年 8 月

【教案反思】

本框题的教学目标重在情感态度价值观的升华，通过对本课的设计，使文件化的语言变得平易近人，使学生不感兴趣的内容变得鲜活，变得真实。有针对性的设问能让学生的思维跟着老师的思路，最终实现预设的教学目标。但教学理论和理念展示不充分，有待加强。

问题设置具体化，体现知识形成过程

——英语《I’ve worked here for five years》教案设计

看丹中学　刘畅

科目：英语　课题：I’ve worked here for five years　**训练的技能：提问技能　主讲：刘畅**

教学目标： 1. 通过回答问题，提炼含有 for 和 since 的现在完成时的句型。 2. 通过分析句型总结含有 for 和 since 的现在完成时句型的相同点与不同点。 3. 运用含有 for 和 since 的现在完成时，口头交流个人及同伴的生活和学习经历。 4. 通过对话练习，加强同学间的相互了解，增进学生的友谊。

续表

时间	授课行为	应掌握的技能要素	学生行为	教学意图
0 分 0 秒	（出示四张照片） 同学们，你们还记得我的四个朋友吗？他们的工作都与动物有关，谁还记得他们工作的时间？ 请同学们迅速回想并回答下面的问题。	创设情境 回忆确认	学生思考，个别同学回答问题，其他同学可以纠正错误。	创设情景 回忆确认
1 分	Q1：How long has Joe worked there? Q2：How long has Sally worked as a vet? Q3：How long has Betty had her own pet shop? Q4：How long has David worked there?	纠正 指导 提炼句型	Joe has worked there for 3 years. Sally has worked as a vet since 1998. Betty has had her own pet shop for six years. David has worked there since the summer of 2004.	通过回想回答问题提炼含有 for 和 since 的句型。
3 分	（板书四个句子） 同学们很棒，对于上节课的内容同学们掌握得很好。 Please read these sentences together. Understand the form of the structure.	全体参与	齐读句子并翻译： Joe 在那工作已经三年了。 自从 1998 年 Sally 就已经成了一名兽医。 Betty 已经拥有自己的宠物店 6 年了。 自从 2004 年夏季 David 就已经工作在那了。	提高全体学生的参与度。
4 分	You did a good job. Look at these sentences and answer. Q1. What is the same point?	引导分析 提问	学生很容易发现：四个句子都是现在完成时。	
4 分 30 秒	同学们回答得非常好。 Q2. What are the different points?	确认 提问 形成对新知的期待	会有个别学生观察到 since 和 for 后的时间形式不相同。	

续表

时间	授课行为	应掌握的技能要素	学生行为	教学意图
5 分 30 秒	同学观察得很认真，那 for 和 since 后跟的时间到底有什么不同呢？ Look at the line and answer my question: This year is 2013. When did Joe start to work there?（一般过去时） 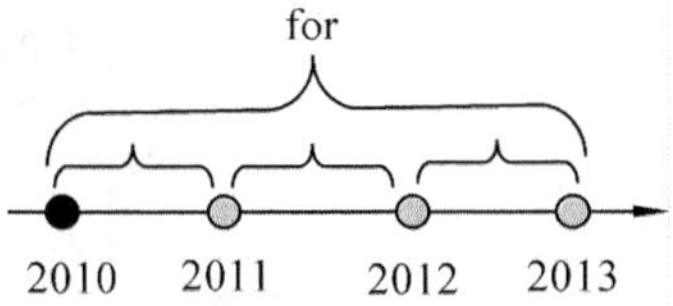 数轴表示 2010—2013 是一段时间。	讲解 说明 语调 体态	学生已经知道： Joe 在那工作已经三年了。 所以学生可以回答出： Joe started to work there in 2010.（学生注意用一般过去时回答）。	学生回答，根据教师所给的数轴体会理解出含 since 和 for 的不同点。
7 分	When did Sally start to work there? 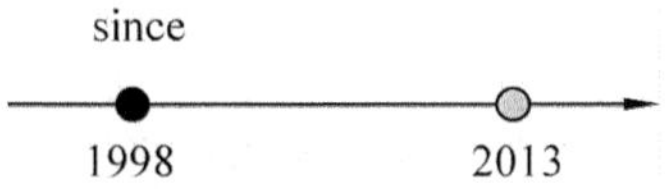 	通过数轴及层层递进的提问引导分析观察比较	学生已经知道： 自从 1998 年 Sally 就已经成了一名兽医。	
7 分 30 秒	从数轴我们可以看出，for 和 since 后的时间形式有什么不同吗？板书：for＋一段时间 since＋时间点	观察比较 概括归纳	所以学生可以回答出： Sally started to work there in 1998. 学生很容易得出：for 后＋一段时间，Since 后＋时间点。	通过观察，学生自己归纳总结。
8 分 30 秒	Read these sentences.（PPT 呈现四句关于工作时间的句子）		再一次齐读句子。	巩固句型，加深记忆。
9 分	OK, please look at 1. 4, read the first and the second sentences complete other sentences.	观察比较 分析运用	学生齐读第一句和第二句，巩固 for＋时间段，since ＋时间点后，完成三、四句。	机械操练，检查学生理解句型的情况。
10 分	Show your answers in class.	确认	做练习 1. 4 两名基础薄弱的学生分享答案。	

续表

时间	授课行为	应掌握的技能要素	学生行为	教学意图
10 分 30 秒	两位同学的答案非常准确，老师相信大多数的同学已经掌握了 for 和 since 的用法及意义 ，哪位同学再复述一下它们的用法?	巩固句型	基础薄弱生复述 for 和 since 的用法。	检查学生理解句型情况。
11 分 10 秒	(出示朋友四张照片) 如果你的朋友是一名记者，他想知道关于我朋友的工作经历，你能告诉他吗? Please do it in pairs according to the pictures and key words. Look at the model first —What does Sally do? —She is a vet. —How long has Sally been a vet? —She has been a vet since 1998.	设问 合作探究 巡视指导	根据范例自由做对话。	操练并体会句型的实际交际功能。
13 分 10 秒	哪组同学想展示下自己的成果?（找两组同学）	反馈矫正 掌握时机	两组中层次同学班内分享自己的对话。	
14 分 30 秒	All of you did a good job ， You have known something about my friends. Do you want to know something about your best friend? Please ask something about your best friend and later you will tell us about him or her(运用含有 for 和 since 的现在完成时进行追问) 例如：Where were you born ? How long have you lived there? (你可以从居住地、学习时间、爱好等几方面询问)	巡视指导 讨论形式 鼓励 强化 追问	学生相互询问生活及工作经历。 —Where were you born ? — I was born in HuBei. —Oh! How long have you lived in BeiJing? — I have lived here since 1998. — What is your favorite subject? — My favorite subject is English. — How long have you learned it? —I have learned it for 7 years.	通过课文的复现，巩固句型，强化学生的记忆。
17 分 30 秒	请同学介绍自己朋友学习和生活经历。(找 1—2 位同学)	反馈矫正	基础好的学生分享自己的对话，找另一个同学翻译他们的对话。	操练并体会句型的实际交际功能。

续表

时间	授课行为	应掌握的技能要素	学生行为	教学意图
19 分	你们的对话很精彩，同学们，下面谁总结一下这节课我们都学了哪些知识点？	总结归纳	这节课我们主要学习了带有 for 和 since 的现在完成时的用法及意义，并且通过练习 1.4 以及课文的复现巩固了两个句型的用法，最后通过实际应用检测了两个句型的学习情况。 ……	总结本节课知识点，加深对 for 和 since 用于现在完成时态中的意义的理解。
20 分	同学们掌握得都很好，不但能快速准确地完成练习 1.4，更能用含有 for 和 since 的现在完成时态描述朋友的生活学习经历。通过今天的学习，你是不是更加了解自己的同学了呢？这样进一步的了解更有助于你们相互间的交流与帮助。			将知识点与学生的生活实际联系起来，运用所学知识点介绍身边的同学。在联系过程中使得同学之间进一步了解，使德育教育落实到课堂教学中。

日期：2013 年 12 月 1 日

【教案点评】

试讲后，对教案 2 做了一些调整。添加的导入和结束环节，体现了知识的形成过程，并使知识点扩展到了学生的实际生活中。对学生预想回答撰写更加具体，加强了对难点的多层次追问，从而使问题设置更加具体化。对小组合作的要求更加具体，使合作探究更加有针对性。整体教学过程比较流畅，教学效果更加突出。

项目 5　演示教学技能

定义：教师在教学中运用操作、示范、实物、模型、板演等直观教学手段，充分调动学生视觉、听觉，形成表象及联系，指导学生进行观察、思维和练习的一类教学行为。

要素：设计、引入、操作、指引、归纳、反馈。

类型：传统媒体、现代媒体、实物的、图片的、动画的、声响的。

演示教学技能评价单

日期________　任课教师________

请您在听课后对以下各项目评价，在恰当等级下画“√”

	优	良	中	差	权重
1. 演示目的明确，紧密结合教学内容。	□	□	□	□	0.15
2. 演示有启发、引导，指导学生观察方向的程序。	□	□	□	□	0.1

3. 演示装置简单、可靠，时间紧凑。	□	□	□	□	0.1
4. 演示现象明显，直观效果好。	□	□	□	□	0.2
5. 演示程序、步骤清楚。	□	□	□	□	0.1
6. 操作规范，熟练。	□	□	□	□	0.1
7. 演示与叙述、讲解、提问、板书等恰当结合，能将感知转化为思想活动。	□	□	□	□	0.15
8. 时机恰当，教学组织严密。	□	□	□	□	0.1

指导视听，提效课堂

——音乐《冬瓜和南瓜》教学设计

槐房小学　辛洁

一、教材分析

《冬瓜和南瓜》是一首表现农村儿童生活情趣的歌曲，歌曲内容以甲甲种冬瓜和丫丫种南瓜为主线，引出了一段相互帮助、团结友爱的趣事。歌词生动有趣、幽默诙谐，深受学生喜爱。歌曲为 d 羽调式，分为两个乐段，第一乐段由四个乐句构成，具有叙事性；第二乐段由三个乐句构成，具有对劳动的描绘性和总结性。旋律是五声性的，具有湖南民歌的风味，与歌词的内容相衬，不论是城市还是农村的学生都比较容易接受。

二、学情分析

学生对农村生活有一定的了解。在识谱方面，歌曲中出现的“X X· ”和“X·X ”符点节奏、“X X X”切分节奏及“0 X”八分休止符节奏是难点。运用器乐教学来辅助识谱，可以正确掌握节奏。同学们吹奏竖笛有一定的基础，对气息的控制和运用较好。运用“生断气连”方法演唱的乐句会比较顺利，但在学唱歌曲过程中，还要在音准方面进行强化练习，做到“咬字”、“吐字”位置与音准正确。

三、教学目标(见教案)

四、教学重点、难点

教学重点：能富有表情地用自然的声音演唱《冬瓜和南瓜》。

教学难点：准确把握歌曲中出现的“X X· ”和“X·X ”符点节奏、“X X X”切分节奏及“0 X”八分休止符节奏。用歌声抒发和展现歌曲音乐形象。

五、教学理念

《音乐新课程标准》指出：表现是学习音乐的基础性内容，唱歌教学是培养学生音乐表现能力和审美能力的重要途径。

培养兴趣的方法很多，使用演示，通过声、色、形、动、静、虚、实等全方位立体教学，加大信息刺激量，通过耳听、眼看、手摸、脑思，目标指向明确、集中，可以有效地调动学生学习积极性。

六、教学策略

1. 通过创设情境激发学生的学习兴趣，让学生对歌曲《冬瓜和南瓜》产生学习期待。

2. 运用学习指导技能，让学生学会歌曲，并且能声情并茂地演唱和演奏歌曲。

3. 在老师与学生、学生与学生之间交流时，让学生掌握语言交流的要素。

七、教案

科目：音乐　课题：冬瓜和南瓜　训练的技能：演示技能　主讲：辛洁

教学目标：

1. 知识与技能：初步了解五声调式；能够准确掌握节奏X X.、X X X、0X。

2. 过程与方法：通过学习演唱歌曲《冬瓜和南瓜》，鼓励学生合作、创新，教育学生要像“甲甲”和“丫丫”那样团结互助、亲密合作。运用竖笛促进学生对歌曲的学习，从而提高学生的识谱能力和音乐表现力。

3. 情感、态度与价值观：感受民族风格的音乐，进一步培养学生乐观、大方的性格，大胆地用动作表现歌曲内容；抓住对歌词的理解，挖掘内涵，对学生进行团结互助、乐于助人、善于与他人协作的教育。

时间	授课行为	应掌握的技能要素	学生行为	教学意图
0分0秒	1. 导入 同学们，今天老师给大家介绍两位农家小朋友甲甲和丫丫，别看他们年纪小，他们已经有了自己的菜园了。要想知道他们种的是什么蔬菜，那让我们一起看看他们的谜题。	形成动机 引起注意	生：听谜题。	利用谈话法，引出歌曲的两位小主人公，激发学生学习音乐的兴趣和欲望。
	出示课件 甲甲说：“胖头胖脑，满身白毛。”(打一蔬菜)	演示	生：是冬瓜。	
	丫丫说：“扁头扁脑，凸肚凸腰。”(打一蔬菜)	建立联系 促进参与	生：是南瓜。	
02分	大家真聪明，一下就猜出来了。甲甲和丫丫为了欢迎我们还特意准备了采摘活动，不过，菜园的大门被一把不寻常的锁给锁住了，这道锁是一首歌曲的乐谱，只要我们能够准确演唱乐谱，菜园的大门就会打开。那让我们一起努力，把大门打开吧！	创设情境 形成期待		
02分30秒	2. 学习歌曲 请同学们看看乐谱，歌曲是由哪些音构成的呢？	指引观察	5、6、1、2、3、5、6这几个音构成的	通过识读乐谱，培养学生的观察能力。
02分45秒	我们除了能够用演唱的形式来表现乐谱，还可以通过什么方式来表现乐谱呢？	提供支架 探究学习 尝试实践	生：用竖笛来演奏乐谱。	让学生熟记其他表现音乐的形式。
03分	同学们，请你用竖笛试着吹奏这首乐曲，找出不容易吹奏的乐句。	示范	学生自己练习，找出吹奏的乐句。	通过演奏歌曲乐谱解决歌曲中的难点。

续表

时间	授课行为	应掌握的技能要素	学生行为	教学意图
5 分	你们认为哪几个乐句不太容易吹奏好呢？ 教师出示乐句	诱导 课件 观察理解	乐句 1： 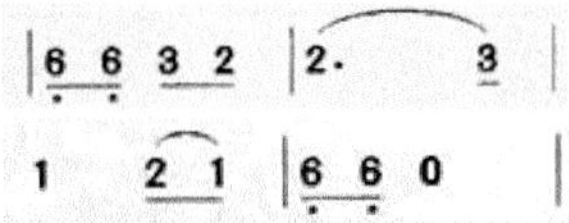 乐句 2： 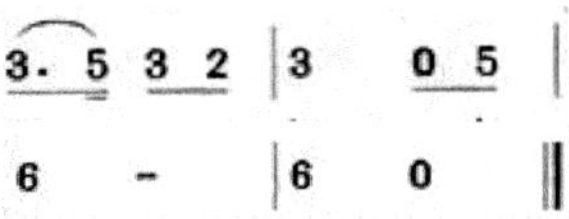	
5 分 30 秒	怎样才能吹奏好这两个乐句呢？	探究学习策略	先掌握乐谱的节奏，然后在竖笛上找到各音的位置，最后演奏，如此反复练习。	培养学生的探究能力。
7 分	下面我们就来完整的演奏这首乐谱。	强化练习	学生演奏乐谱。	培养学生的器乐演奏能力。
8 分	3. 聆听歌曲范唱 你们演奏得太棒了，你们看菜园的大门打开了，甲甲和丫丫给我们带来了丰收的果实！你们听，他们愉快地唱起了歌。(播放音乐)	声音演示 媒体变化 演示示范	学生聆听音乐。	感受音乐的变化，培养聆听音乐的习惯。
9 分	这首歌曲我们是否似曾相识？	诱导 确认	这首歌曲就是我们刚才演奏的乐谱。	
9 分 10 秒	是的，你们能听出这首歌曲的音乐情绪是什么吗？歌曲可以分为几个乐段？分别表现的是什么情景？	确认 分析 引导想象	这首歌曲的音乐情绪是活泼欢快的。歌曲可以分为两个乐段，第一乐段是在演唱甲甲和丫丫种冬瓜和南瓜的情景，第二乐段是在赞扬甲甲和丫丫在种瓜过程中互帮互助、团结友爱的精神。	通过聆听音乐，培养学生分析音乐的能力。
9 分 40 秒	你们说得非常好，这首歌曲的名字就叫《冬瓜和南瓜》，请同学们迅速地打开书找一找。	调整节奏 变化媒体		
9 分 45 秒	4. 学习歌词 你能有感情地朗读歌词吗？	强调	学生有感情地朗读歌词。	

续表

时间	授课行为	应掌握的技能要素	学生行为	教学意图
10分10秒	5. 演唱歌曲 请你轻声完整地唱歌曲。	示范 强化		通过分析歌曲，提高学生的演唱能力和音乐表现力。
11分	第一乐段是在演唱甲甲和丫丫种冬瓜和南瓜的情景，那我们应该用什么方法来演唱呢？ 教师演唱。	启发 分析 示范演示	生：用轻声，富有弹性的声音来演唱。	
11分10秒	那就请同学们用这种方法有感情地演唱第一乐段歌曲。	实践	演唱歌曲。	
11分40秒	第二乐段是在赞扬甲甲和丫丫在种瓜过程中互帮互助、团结友爱的精神，我们如何来演唱呢？	启发 分析	用连贯的声音来演唱。	
11分50秒	有感情地演唱整首歌曲。	实践应用	学生有感情地演唱歌曲。	
12分30秒	如果用竖笛来演奏歌曲，应该如何演奏呢？	分析 深入扩展	第一乐段用Tu音的演奏方法，第二乐段用Hu音的演奏方法。	分析演奏方法，提高演奏能力。
12分50秒	6. 汇报展示 同学们，甲甲和丫丫说了，欢迎大家与他们共同分享劳动的喜悦，请你们用不同的形式来表现此歌《冬瓜和南瓜》。	演示交流 提供学习实践平台	学生或演唱或演奏或有演唱也有演奏的合作表演。	培养学生的音乐表现能力和创造能力。
15分	7. 我们在甲甲和丫丫的菜园里收获了不少的果实，请你谈一谈你此次的收获。	反思监控 归纳 总结	学生谈自己的学习收获。	通过交流，培养学总结能力和表达能力。

日期：2013年12月1日

【教学反思】

本课创设了教学情境，充分地调动了学生学习的积极性，通过教师演示对学生进行指导，以竖笛辅助教学，提高了学生的音乐表现力，活跃了音乐课堂氛围，让学生在乐中学，在学中乐，提高了课堂教学实效性。

通过学习，学生对歌曲的音乐形象有了深刻了解，声情并茂地演唱，用歌声赞颂歌曲中的主人公相互帮助、热爱劳动的美德；还能够用手中的竖笛吹奏出充满田园气息的优美旋律，抒发了内心美好的情感。

演示身姿，画活小猫

——美术《小花猫在睡觉》教案设计

槐房小学　许薇

科目：美术　课题：小花猫在睡觉　训练的技能：演示技能　主讲：许薇

教学目标：观察小猫各种睡姿，了解小猫的身体结构，学会画小猫的睡姿。启发想象小猫睡着后发生了什么故事或发生了什么有趣的事。激发学生热爱小动物的情感。

时间	授课行为	应掌握的技能要素	学生行为	教学意图
1分	一、导入			将小猫睡觉的音频与图片结合，能够激发学生兴趣，感知小花猫睡觉时各种的画面，使学生对小花猫有了初步认识。
	师：今天我给大家带来了很多小朋友，你们看，它们来了！（播放小猫视频）	吸引兴趣		
	问：它们是谁？	确认	小猫。	
	师：我们的小猫已经玩累了，它要休息了。（出示一张小猫睡觉的照片）			
	师：你们看，它在做什么？	确认	在睡觉。	
2分	二、分析小花猫的结构 （展示课件）			
	1. 回忆联想（出示小花猫的图片）使学生认识观察小花猫的外形。	观察确认		通过回忆想象生活中所见情景，引导学生了解小花猫睡觉的姿势。
	师：小花猫长什么样子，身体由哪几部分组成？ （教师可描述自己身体的组成部分来引导学生）	观察思考确认	头、躯干、四肢和尾巴。	
	2. 观察分析 我们可以用什么基本形概括？	观察分析	头、身体是椭圆形，四肢和尾巴是曲线形。	
04分	三、不同睡姿及不同动态			
	1. 游戏领悟：（连一连） 请你做个游戏，帮小花猫找到相对应的关系。说说为什么这样连？	观察确认	学生连一连。	通过连线游戏，让学生领悟小猫的头与身体位置的不同，小猫的睡姿也发生变化。
	2. 你还见过猫怎样睡觉的样子？哪位同学愿意到前面来学一学？（小猫在睡觉时，它的头放在身体的什么位置？尾巴是什么样子的？）	分析比较	学生模仿小猫动态姿势。	

续表

时间	授课行为	应掌握的技能要素	学生行为	教学意图
	3. 出示各种猫睡觉的图片。教师用基本形给学生示范小花猫的各种姿势。	观察分析	学生进行拼摆。	培养学生的审美能力，调动学生的创作积极性。
	请学生用圆和椭圆看图摆一摆小花猫睡觉的姿势。	分析实践		
10 分	四、演示小花猫的结构（教师用演示法直观地表现猫的各部分基本形）	观察确认		
	1. 画头和身躯：用铅笔轻轻画圆和椭圆，定出头和身躯的方位。		学生观看。	
	2. 画四肢和尾巴：猫的四条腿在干什么？用椭圆形和曲线形添加在身躯上。猫的尾部在画面上往往和头部处于同等重要的位置，它的尾巴怎么摆动着呢？用长曲线形添画上。			通过小组交流，提高学生表达能力和鉴赏能力。
	3. 在头上添画耳朵、眼睛、不同形状的眼仁、鼻子和嘴线，最后，勾画三两根细胡须。			
	五、启发想象			
13 分 30 秒	1. 小猫睡得可真香啊！同学们看看它都睡在哪里了？之后有什么事会发生？	启发想象	学生发言。	
	2. 观看动画视频及图片。	观察欣赏	学生观看。	
	3. 请同学们闭上眼睛，想象一下你已经变成一只熟睡的小猫了，做起了甜美的梦，睡醒之后把你的梦讲给大家听听。	对比分析	学生发言。	
	4. 欣赏作品：看书第 35 页，欣赏书上小朋友画的画。	确认	学生欣赏。	
14 分 30 秒	四、布置作业			

日期：2013 年 6 月 29 日

【教学反思】

学生通过观察、合作、自主探究，能够表现出小花猫睡觉时的姿势，解决了教学难点。但对小花猫睡觉后发生哪些有趣事情的联想，教师启发得还不到位。

演示精，制作美

——《制作“诗意卡片”》教学设计

北京十二中　郝平

一、教材分析

本课教学内容主要涵盖了北京出版社初中《信息技术》第 4 册第 3 章“文字信息处理”中使用 Microsoft Word 软件进行图文混排时“插入”菜单下“文本框”及“图片”对象的插入方法及相关的修饰与设置。学生在前面的课程中已经完成了在 Word 中进行文字格式与段落格式设置的学习，文本框这一部分的内容作为围绕“插入”菜单的一系列学习的第一部分，具有承前启后的作用。

二、学情分析

本校学生具备一定的计算机操作能力和使用 Word 文字处理软件的经验，能够进行基本的文字格式与段落格式设置，了解了文本框的基本插入方法，但对使用文本框的目的比较模糊，在使用时比较死板，习惯于接受老师的任务并按照要求完成，缺乏综合运用各种修饰方法进行创意制作的经验。

三、教学目标(见教案)

四、教学重点、观点

Word 中文本框的插入与修饰。

五、教学理念

初中信息技术学科作为一门工具课，其主要目的在于培养学生的实际动手操作能力和综合运用计算机解决实际问题的能力，提倡以学生为主体进行自我探究，以任务驱动的方式引领学生学习，从而最终达到熟练掌握各种常用软件的操作方法，并能够有针对性地加以灵活运用。

教学技术的使用是提高教学效率的手段，从时间、空间诸方面展示事物各要素，拓宽了学生观察、分析事物的渠道，为提高学生观察和分析能力创造了条件。

六、教学策略

将教材后面关于在 Word 中插入图片的内容加入到了本节课的教学中，仅包括插入图片的版式、大小、位置的调整，使学生可以制作出更完整、美观的作品。

在给出学生基本操作步骤的前提下，结合教师的引导、示范，鼓励学生进行创意制作，培养学生综合运用计算机解决实际问题的能力。

引入古诗、古曲及中国画作为教学元素，创设良好的学习情境，开发学生的多元智能，使其在课堂上学习知识与技能的同时也能得到美的熏陶，获得良好的情感体验。

七、媒体准备

网络教室、多媒体中控软件。

八、教案

科目：信息技术　课题：制作“诗意卡片”　训练的技能：演示技能　主讲：郝平

教学目标：

1. 认知目标：使学生了解并掌握 Word 中文本框与图片对象的插入及修饰的基本设置方法。

2. 技能目标：使学生能够运用 Word 软件进行简单的图文混排制作。

3. 情感目标：培养学生对多媒体素材进行综合处理与合理运用的能力，使学生初步具有围绕某一个特定主题进行有目的地创作电子作品的能力。

时间	授课行为	应掌握的技能要素	学生行为	教学意图
0分0秒	1. 通过媒体展示教师制作的“诗意卡片”样例。 2. 同学传看打印并塑封好的“诗意卡片”实体作品。	引入 指导学生观察并感知 搭建支架	通过观察目标作品对本课学习任务产生兴趣。	通过对目标作品的展示激发学生的兴趣与创作欲望；播放背景音乐创设学习情境。
1分	启动 Word 程序，通过媒体向学生演示 Word 中文本框的基本特点与设置方法及使用文本框的主要目的——更方便地进行图文混排。	指引文本框的插入、调整 确认	观察并记忆。	引导学生了解 Word 除简单的段落、文字设置功能外，提供图文混排功能。初步了解“插入”菜单中的不同对象的作用。
4分	教师展示事先完成的几种不同底纹效果的文本框，并进行文本框底纹设置方法的演示： • 单色填充 • 纹理填充 • 渐变色填充 • 图片填充	指引 确认	观察并记忆。	引导学生建立对每一个插入对象进行“设置”的概念，提示学生要根据所选主题对设置进行“设计”。
7分	边演示边提问：作为“诗意卡片”背景的文本框应使用怎样的底纹设置?	创设探究情境 发现问题	观察并思考。	启发学生思考如何根据作品主题有目的地使用技术，帮助学生建立电子作品“创作”的概念。
8分	教师演示向文档中插入预先准备好的古诗图片，并改变其文字环绕方式(即版式)，然后移动到合适位置。	设计 操作 指导观察 搭建支架	观察并记忆。	帮助学生理解“图文混排”的基本实现方式，了解文字环绕方式的设置在图文混排中的重要性。
13分	教师演示插入更多文本框并依次修改其版式，将古诗题目、作者、正文等文字内容填充进去，修饰并完成作品。	操作 指引	观察并记忆。	向学生展示实现本课作品效果的主要方法，为学生以后的自我创作打下基础。

续表

时间	授课行为	应掌握的技能要素	学生行为	教学意图
16 分	教师演示内容： · 对插入对象进行版式与文字环绕方式的设置。 · 多个插入对象叠放次序的修改。 · 使用两个文本框的叠加制作立体阴影效果。 教师讲解与演示部分结束。	演示 归纳 说明	观察并思考。	

日期：2013 年 12 月 1 日

【教学反思】

本课教学以情景创设为突破口，将教材规定内容进行了重新组织，意在充分激发学生的学习兴趣，将枯燥的方法传授转变为生动的创意制作，从而充分调动学生的主观能动性，发挥其丰富的想象力与创造力。

借助古诗、古曲、古画所共同创设的优美情境，绝大多数学生在创作过程中都将注意力集中在了最终作品的效果，而不仅仅是对所学内容的展示上，能够合理运用素材与所学的各种修饰方法表达完整的创意。

本教案还要在教学理论理念方面提高认识，并且将教学策略条理化，使之具有可读性。

项目 6　变化教学技能

定义：变化技能是指教师运用变化教学媒体，变化师生互相作用的形式，以及变化对学生的刺激方式，引起学生注意和兴趣，减轻学生学习疲劳，维持正常的学习秩序的一类教学行为。

要素：语言、体态、节奏、媒体、活动。

类型：激发兴趣的、引起注意的、指引学习的、活跃气氛的、调整节奏的……

变化教学技能评价单

日期____________　　任课教师____________

请您在听课后对以下各项目评价，在恰当等级下画“√”。

	优	良	中	差	权重
1. 音量、音调变化。	□	□	□	□	0.1
2. 声音的速度、停顿、节奏适当。	□	□	□	□	0.1
3. 面部表情变化恰当、自然。	□	□	□	□	0.1
4. 用眼神与学生交流、目光接触变化适当。	□	□	□	□	0.1
5. 手势、头部动作得体。	□	□	□	□	0.1
6. 身体移动适当。	□	□	□	□	0.1
7. 能使用媒体、借助视听材料变化丰富教学。	□	□	□	□	0.1
8. 能为学生活动提供机会。	□	□	□	□	0.1
9. 沉默适当。	□	□	□	□	0.1
10. 师生相互作用活动。	□	□	□	□	0.1

活跃多变的音乐课堂

——音乐《大鹿》教学设计

槐房小学　王芳

一、教材分析

《大鹿》是人民教育出版社小学音乐二年级上册第二单元的教学内容。这是一首法国的、具有童话色彩的儿童歌曲。2/4 拍，F 大调。歌词采用拟人化的叙事手法，幽默风趣。歌曲旋律明快、跳跃，节奏简洁、紧凑。第一、二乐句旋律明快跳跃，叙述了小白兔从林中来到大鹿家的情景；第三、四乐句旋律在高音区发展，节奏相对紧凑，表现了小白兔害怕猎人追来的紧张心情和大鹿不怕风险、乐于助人的决心。

二、学情分析

二年级学生非常喜欢积极主动地参与音乐活动并在主动参与中展现他们的个性和创造才能，并且乐于听故事。他们以形象思维为主，比较喜欢直观的事物。但是他们对于二分音符、四分音符、八分音符节奏刚刚开始练习，对前八后十六分音符的节奏特点已有了初步的认识。在识谱能力上，现在刚刚开始学习认识各音符的名称，对于拍号、小节、小节线掌握得不牢固，在创造能力和表现能力上有限。

三、教学目标(见教案)

四、教学重点、教学难点

教学重点：

1. 学生能够有感情地演唱歌曲《大鹿》。
2. 背唱歌曲《大鹿》。

教学难点：歌曲中最后一个乐句。

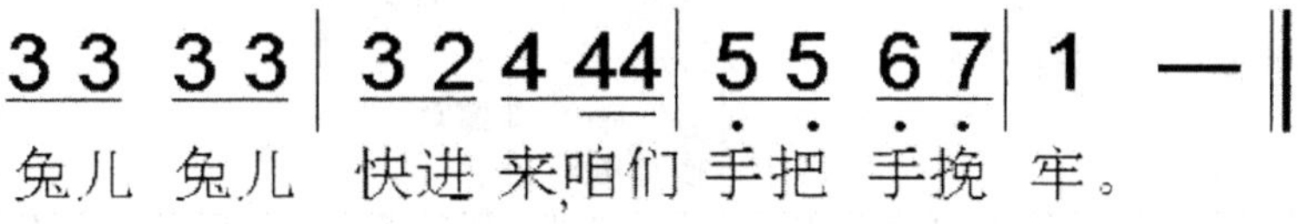

五、教学理念

以形象思维为主，本课适合进行直观教学。音乐教学的基本理念是提倡让学生在“乐中学”、在“学中乐”。

学生理解知识符号所表达的知、情、意，是一个复杂的、多层次的心理认识过程。教师要进入角色，用生动的语言、丰富的情感，选择运用不同的教学媒体，组织生动形象、有趣的教学活动，以多样、新颖的变化技巧刺激、激发学生的学习兴趣。要善于把科学性、思想性、艺术性结合起来，重视对学生的情感和学习兴趣的培养，使学生处于精神振奋、兴趣盎然的学习状态。教师要根据学生实际，开展多样化教学活动，充分调动学生的学习积极性，最大限度地挖掘学习潜力，发挥学生的主体作用，提高其学习质量。

六、教学策略

1. 通过创设情境激发学生的学习兴趣，让学生对歌曲《大鹿》产生学习期待。
2. 运用变化技能，让学生学会歌曲，并且能声情并茂地演唱歌曲。
3. 在老师与学生、学生与学生之间交流时，让学生掌握语言交流的要素。

七、教案

科目：音乐　课题：大鹿　训练的技能：变化技能　主讲：王芳

教学目标：
1. 知识与技能：学生能够背唱歌曲《大鹿》；渗透X XX节奏。
2. 过程与方法：通过表演歌曲，培养学生的音乐表现能力和创造能力。
3. 情感、态度与价值观：通过学唱歌曲，学生声情并茂地以唱歌的形式把这个故事“讲”给他人听。

时间	授课行为	应掌握的技能要素	学生行为	教学意图
0分 0秒	1. 初听歌曲 仔细听听这首歌曲，讲的是怎样一个故事呢？（听范唱）	创设情境 激发兴趣	聆听范唱。	通过聆听范唱，感受音乐情绪，培养学生的语言表达能力。
2分	2. 简短讨论 故事的主人公是谁？到底发生了什么事呢？（故事情节交流） 小兔遇到了什么危险？大鹿是怎样做的呢？	声音变化 促进参与 形成期待	故事的主人公是大鹿和小兔，大鹿在房子里看见一只小兔跑来，并且敲它的门…… 有猎人在追赶小兔，大鹿让小兔躲进了自己的房子。	
3分 30秒	3. 复听歌曲 那就让我们再来体会一下当时的情景吧！（播放音乐）			感受音乐的变化，培养学生聆听音乐的习惯。
5分 30秒	那你们觉得大鹿怎么样？	停顿节奏 动作强化 体态手势	大鹿很善良，有爱心，乐于助人。	
5分 50秒	你愿意和它成为好朋友吗？		愿意。	
6分	4. 学习歌词 既然大家这么愿意和大鹿成为好朋友，我们学会大鹿的这个故事，学会后讲给其他人听好吗？让我们先有节奏地读一读歌词吧！	媒体变化 语气语调	跟随老师一起随音乐伴奏有节奏地读歌词（教师弹伴奏）。	掌握学习歌曲的方法。
7分	5. 演唱歌曲 我们一起来唱一唱这首歌曲。提示学生两小节一换气，演唱时注意吐字、咬字，唱准音。	指导学习 活动变化	演唱歌曲《大鹿》。	掌握正确的演唱方法，唱准歌曲，提高学生演唱水平。
8分 30秒	你们知道吗，其实这首歌曲就在我们的教材上，快让我们一起打开教材16页来看一看吧！	调整节奏 神态变化	看教材。	

续表

时间	授课行为	应掌握的技能要素	学生行为	教学意图
8分 40秒	6. 歌曲处理 在这个故事中有几个小动物在对话？他们分别唱的是什么？当时他们分别是什么心情呢？你们能分角色唱一唱吗？	指导学习	故事中有两个小动物在对话，他们分别是小兔和大鹿。小兔当时心情很紧张、很害怕，因为有猎人在追它。大鹿不怕风险，决定要帮助小兔，让它躲进自己的家里。	加深学生对歌曲情绪的理解与体验，学生能够有感情地背唱歌曲《大鹿》，培养学生的音乐表现能力。
9分 40秒	你觉得应该用什么样的速度和情绪来演唱比较好呢？ 前面的旁白用什么样的速度比较好呢？	探询目光 使用例证	小兔用快速急切的，大鹿是稍快坚定的。第一乐句是悠闲的，第二乐句是稍快的。	
10分	大家说得真好，那就让我们带着这些情绪一起来唱一唱这首歌吧！ 学生有感情地演唱歌曲，教师及时给予评价。	鼓励语言 神态的 引发思考		培养学生背唱歌曲的能力。
11分	大鹿听见你们的歌声很高兴，希望你们能够背唱这首歌曲，让我们大家来试一试吧！	促进参与	学生背唱歌曲。	
11分 20秒	7. 演唱乐谱 同学们，我们的音符朋友们听到你们那动听的歌声也赶来了，他们也想唱一唱，请同学们看白板，你知道他们唱的是哪句吗？ 出示乐谱： | 3 3 3 3 | 3 2 4 44 | （教师唱旋律） 我们唱一唱乐谱吧！	激情的 媒体变化 引起注意 表达思路	演唱最后一句乐谱。	
	8. 引导全体学生根据歌词内容创编动作。	强化练习	大鹿可以用手势表现它的鹿角，小兔可以一蹦一跳的，还可以加入猎人的角色，我们还可以加入房子、花草和其他小动物……	
11分 45秒	大鹿给我们带来这么好听的故事，那你们能不能把这个音乐故事演一演呢？ 歌曲中的大鹿、小兔、都可以怎么演呢？我们还可以加入哪些角色呢？还可以加入什么呢？	鼓励创建 语音语调		在教师的引导下，鼓励学生创编动作，进行歌曲表演，培养学生的创造能力和表现能力。
12分 10秒	9. 学生讨论创编，教师给予指导。	诱发思考 活跃气氛		

续表

时间	授课行为	应掌握的技能要素	学生行为	教学意图
14 分	10. 学生给大家表演，教师给予评价。	师生相互作用变化	学生展示。	通过创编活动，培养学生的音乐创造力、表现力和想象力。
16 分	11. 同学们，大鹿看到你们把这个故事表演得这么好，心里很高兴，希望你们回去后把这个故事表演给你身边的人，让你身边的人也能喜欢这首歌曲好吗？	评价反馈 神态手势 激励语言 形成新期待	学生情绪激昂。	通过合作学习，训练学生的口语交际和与人沟通的能力。
	……	……	……	……

日期：2013 年 12 月 1 日

【教学反思】

本课创设了教学情境，充分地调动了学生学习的积极性，通过教师教态、语言和教学形式的不断变化，发挥学生的想象力和激发学生的创造力，提高了学生的音乐表现力，活跃了音乐课堂氛围，让学生在乐中学，在学中乐，提高了课堂教学实效性。

在语言和变化中培养语感

——语文《老人与海鸥》教学设计

四合庄小学　姜涛

一、教材分析

《老人与海鸥》是义务教育课程改革实验教材语文第九册第五单元的一篇课文。这一单元主要以写人的文章为主，要使学生感受人物的品质，得到情感的熏陶。

二、学情分析

五年级是学生对文章由段的教学上升为篇的教学的一个转折点，要关注学生对一篇文章整体的理解能力。学生对与人与动物和谐相处的文章并不陌生，但这篇文章却有很多独到之处，课文讲述了一个感人的故事，更是一个真实的故事，文中的老人与海鸥之间超乎寻常的深厚感情，学生如何深入理解是个难点。

三、教学目标(见教案)

四、教学重点、难点

教学重点：抓住描写老人外貌、动作和语言以及描写海鸥动作的重点语句，体会蕴含其中的深厚感情。

教学难点：揣摩作者是如何把老人与海鸥之间的感情写具体的。

五、教学理念

《语文课程标准》指出："培养学生具有独立阅读的能力，注重学生的情感体验，有较丰富的积累，形成良好的语感，使学生受到高尚的情操与趣味的熏陶。”“语文课程应考虑语言文字的特点对识字、写字、阅读、写作、口语交际和学生思维发展等方面的影响，在教学中尤其要重视培养良好的语感和整体把握的能力。”

六、教学策略

本课教学紧紧围绕课文的主要内容展开，抓住描写老人外貌、动作和语言以及描写海鸥动作的重点语句，体会蕴含其中的深厚感情。

用“叙述具体不空洞”的思维策略帮助学生揣摩一句话是如何写具体的，以及一篇文章是如何写具体的。

七、教案

科目：语文　课题：老人与海鸥　训练的技能：变化技能　主讲：姜涛

教学目标：
1. 知识与技能：理解课文内容，有感情地朗读课文。
2. 过程与方法：能够抓住课文的重点段落和语句，批注理解感受老人与海鸥之间深厚的感情。
3. 情感、态度与价值观：感受到动物是有灵性的，是人类亲密的朋友，我们对它们所付出的每一份感情，都能得到它们的回报。

时间	授课行为	应掌握的技能要素	学生行为	教学意图
0分0秒 4分	课文哪个部分向我们介绍了老人爱海鸥的内容？ 1. 学习第一部分 (1)自由读课文的第一部分，从哪些地方你能体会到老人爱海鸥，画出相关的语句，进行批注。 (2)集体交流：抓住重要段落，进行理解。 “老人把饼干丁很小心放在湖边的围栏上，退开一步，撮起嘴向鸥群呼唤。立刻便有一群海鸥应声而来，几下就把饼干丁扫得干干净净。老人顺着栏杆边走边放，海鸥依他的节奏起起落落，排成一片翻飞的白色，飞成一篇有声有色的乐谱。”(出示课件) 这段话是对老人哪个方面的描写？你有什么感受？(板书) “扫”字，换成“吃”好吗？ 为什么？能读读吗？	肯定 语言 活动 指引学习 媒体变化 引起注意 眼神 曲调 扬声 探寻	第一部分。 独立思考并批注。 全班交流。 这段话运用叙述具体不空洞的思维策略把老人喂海鸥的动作什么样，海鸥的表现，作者的感受叙述得很具体。 我的感受是老人很爱这群海鸥。 不好，“扫”字把鸥群吃食的样子描绘得生动传神。	借助思维策略走入文本整体把握文章结构。 利用语言和活动指引学生学习。 抓住重点语句分析理解。 借助媒体引起注意运用教学语启迪、揭示、阐释感悟老人爱海鸥。 用眼神探询的同时给学生信心。用曲调结合扬声准确表达问题。 用语调的变化调整节奏。

续表

时间	授课行为	应掌握的技能要素	学生行为	教学意图
7分	“有声有色”什么样？ 老人与海鸥之间的亲情在作者的笔墨里被渲染得如此有声有色，美丽和谐。这多像一幅灵动的画，一首动听的歌呀！我们一起来读读吧。 “他背已经驼了，穿一身褪色的过时布衣……” （出示课件） 这段话是对老人哪方面的描写，你能感受到什么？ （板书） 这样生活节俭的老人还每天坚持来喂海鸥，说明什么？ 作者用最简单的语言表达最丰富的情感，能读读吗？	启迪 鼓励 引起注意 媒体变化 语调探询 启迪 揭示	海鸥有节奏翻飞着雪白翅膀的场面犹如一幅白色的画，一首动听的歌。 外貌描写。我感受到这段话运用了“叙述具体不空洞的策略”。我觉得“褪色”一词用得特别好，说明老人很节俭从，外貌的描写中就能感受到。 这样节俭的老人天天来喂海鸥，说明老人很爱这群海鸥。 生读。	激发学生朗读的兴趣。 通过语调的变化引起注意感悟老人外貌描写的作用。
9分	“海鸥最重情义，心细着呢……”（出示课件） 这是对老人哪方面的描写，可以感受到什么？（板书） 省略号省略了什么？老人的话为什么没有说完？	引起注意 语调探询	语言描写。对海鸥的赞美、牵挂，对海鸥的喜爱。 生读	借助教师语言和媒体激发学生学习的兴趣感悟语言描写的作用和老人的情感。
10分	课文的第一部分写老人爱海鸥是通过对老人的什么来叙述具体的？课文的第一部分也用到了？ 老人爱海鸥他视海鸥为自己的儿女，因此海鸥与老人结下了深厚的情谊，当把老人的遗像带到翠湖边，意想不到的事情发生了。上节课我们班的同学提出疑问意想不到的事是什么，为什么会意想不到？	体态语言 归纳概括 节奏激发兴趣 语调探询	动作、外貌、语言。 叙述具体不空洞的思维策略。 学生交流。	用体态和语言调整节奏归纳概括。 借助思维策略走进文本感悟写法。
12分	2. 学习第二部分 (1)带着这个问题默读课文第二部分，想一想意想不到的事是什么，为什么会意想不到？用曲线在书上画一画有关的句子，并在空白地方写出自己的体会和感受。 小组内进行交流。	语言 指引学习 活动变化	默读课文自学批注。 小组合作学习。 教师巡视点拨。 小组发言。 其他同学补充。	利用语言询问鼓励大家踊跃参加讨论评价。

续表

时间	授课行为	应掌握的技能要素	学生行为	教学意图
15分	全班交流。 “海鸥们急速扇动翅膀，轮流飞到老人遗像上方，像是前来瞻仰遗容的亲属。” （出示课件）	媒体 引起注意		
	为什么作者意想不到？ 你有什么感受？ “瞻仰”说明什么？ 能读读吗？	语调探询 启迪	把海鸥写成亲属，说明海鸥有灵性，和人一样有感情，它们舍不得离开老人。海鸥们对老人的敬仰、尊敬及把老人当作亲人。	在反馈互动中利用强化完成对词义的理解运用控制语速表达清楚问题。
	“过了一会儿，海鸥纷纷落地……” （出示课件） 能读读吗？ “海鸥们像炸了营的……”	媒体激发兴趣	我感受到海鸥们舍不得离开老人，它们对老人是那样难舍难分。	
	（出示课件） 为何用“扑”而不用“飞”？	比较 语言激发兴趣	海鸥对老人的不舍、悲痛，对老人的一片深情。	
	能读读吗？ 想象海鸥大声鸣叫似乎在说些什么？		请您不要走，我们离不开您！	抓住语汇深入理解。
	能读读吗？	语速	您不要丢下我们，我们不能没有您！	
19分	虽然您离开了我们，但我们多想对您说一句，请您再多陪我们一会儿让我们再多看您一眼！带着这种感情我们一起再来读读这段话。配乐引读。	节奏 活跃气氛 变化活动	您是我们的亲人，我们舍不得离开您！	
20分	千言万语都难以表达老人与海鸥所带给我们的震撼。 这不仅仅是个感人的故事，更是一个真实的故事。	语调 语速 激发兴趣	看课件，体会故事的真实与感人。	语调语速的变化调整节奏激发情感。
	在2005年年底时，很多知道这个故事的人们被海鸥老人的行为所感动，在很短的时间里捐款数万元，在云南昆明的翠湖公园，在老人生前喂海鸥的地方，为这位可敬的老人塑了一尊像，好让他天天都能看到牵挂的鸥群。 （出示课件）	语调 语速 媒体变化		通过语言、语调、语速的变化揭示、启迪情感升华。
	……	……	……	……

日期：2013年7月1日

【教学反思】

本节课借助思维策略走进文本，利用教师的教学语言技能和变化技能，引导学生抓住文本中重点语句分析感悟，有感情地朗读，训练学生的语言理解能力，使学生在教学中的重点环节学会分析语言并运用语言的方法，形成语文学习的能力，培养良好的语感。教师通过语言、语速、语汇、语调和体态、节奏的变化，引起学生注意、激发学生情感和学习的兴趣，教学效果显著。

运用变化，以朗读促进教学

——语文《梅花魂》教案设计

丰台二小　王玉军

科目：语文　课题：梅花魂　训练的技能：变化技能　主讲：王玉军

时间	授课行为	应掌握的技能要素	学生行为	教学意图
教学目标： 1. 了解与梅花有关的三件事，体会华侨老人眷恋祖国的思想感情。 2. 了解文中其他两件事的写作目的。 3. 理解“梅花魂”的含义。				
0分	同学们，还记得冬天那不畏严寒、傲霜斗雪的梅花吗？朵朵冷艳，缕缕幽芳，总会勾起莺儿对漂泊他乡、葬身异国的外祖父的无限思念。望着梅花，你想到了课文中的哪些内容？	激发兴趣 建立联系	共五件事，与梅花有关的三件：分外珍惜墨梅图、赠墨梅图、赠梅花手绢。 另外两件：吟诗落泪、因不能回国而哭。	激发兴趣。
	快速浏览课文，回忆一下，课文写了哪几件事呢？哪几件事是围绕梅花写的？	引入 指导学习	这梅花，是我们中国最有名的花。旁的花，大抵是春暖才开花。她却不一样，愈是寒冷，愈是风欺雪压，花开得愈精神、愈秀气。她是最有品格、有灵魂、有骨气的！几千年来，我们中华民族出了许多有气节的人物，他们不管历尽多少磨难，受到怎样的欺凌，从来都是顶天立地，不肯低头折节。他们就像这梅花一样。一个中国人，无论在怎样的境遇里，总要有梅花的秉性才好！	形成阅读期待。
3分	外祖父为什么如此喜爱梅花呢？	变化媒体		清除阅读障碍。 初读熟悉课文内容。

续表

时间	授课行为	应掌握的技能要素	学生行为	教学意图
3分30秒	默读这段话，思考：讲了几层意思？你明白了什么？画批出来。		两层意思：梅花和有气节的中国人。	培养学生的归纳概括能力。
	轻声读读这句话，把其中描写梅花特点的语句画下来，体会：在外公心中，梅花具有怎样的特点？能用自己的话来概括梅花的特点吗？批注出来。	鼓励	愈是寒冷，愈是风欺雪压，花开得愈精神、愈秀气。 不畏严寒，坚贞不屈。	细读课文。 找到本段表达的两层意思，找到梅花和有气节的中国人的特点，以学生自由读的形式来体会人物品质。
	边读边想象那不畏严寒、坚贞不屈、傲然怒放的梅花，用朗读来表达出你此刻的感情吧！		自由读。 个别读。 女生读。	
8分30秒	师：本段还讲了哪些内容呢？ 有气节的中国人有怎样的特点？ 低头折节什么意思？ 低头屈服，指的是受到困难与欺凌时，不向外族人低头屈服。（民族间的）	朗读感悟	有气节的中国人。 他们不管历尽多少磨难，受到怎样的欺凌，从来都是顶天立地，不肯低头折节。 是指不屈服。	把概括的词语转化为具体的句子，在读中感悟，培养语感。
	你知道中国历史上有哪些有气节的人吗？为什么说他们有气节？ 老师这里为大家准备了一些资料： 苏武、文天祥、赵一曼、杨靖宇、梅兰芳，他们有什么共同点？	理解提问 拓展提高	岳飞、小英雄雨来。	拓展延伸，开阔思维。 培养情感信息表达能力。
	请同学们心中想着这些有气节的人物，再来读这一部分。	媒体变化	自由读、个别读、男生读。	朗读中体会有气节的中国人的品质。
12分30秒	用书中的语言填空： 她却不一样， 愈是（ ），愈是（ ），花开得愈（ ）、愈（ ）。 他们不管 历尽（ ），受到（ ），从来都是（ ），（ ）。 “有气节的中国人”与“梅花”一样，什么一样？	课件演示 朗读感悟	填空。 品格一样。	培养对比能力，提升概括总结能力。

续表

时间	授课行为	应掌握的技能要素	学生行为	教学意图
	让我们带着对梅花的赞美，带着对有气节的中国人的敬佩，再次感受外祖父说的这番话吧！	指导朗读 语气 语调 节奏	自由读，个别读，集体读。	以读促学，读中感悟。
	外公为什么要把这分外珍惜的东西送给莺儿呢？	重音 停延 质疑归纳		概括总结。
17 分	出示：一个中国人，无论在怎样的境遇里，总要有梅花的秉性才好！	媒体变换		
19 分	小结：不仅是莺儿，我们每一个中国人都应该有这种气节。梅花魂也就是我们的中国魂。	语言强化	希望莺儿把他对祖国的思念与眷恋带回国，希望莺儿做一个有气节的中国人。	理解深刻含义，提升情感和价值认识。

日期：2014 年 4 月 28 日

【教案点评】

通过变化技能丰富教学手段，学生能理解本文写的五件事以及它们之间的联系，特别是与梅花有关的三件事是本文的重点。学生对题目“梅花魂”能有较明确的理解，理解外祖父喜爱梅花是他眷恋祖国的表现。学生通过充分地朗读，感悟外祖父的品质，并了解了历史上有气节的中国人的故事，从而提升了爱国情感。

巧用变化技巧，营造高效课堂

——英语《Uncle Jack's farm》教学设计

芳城园小学　杨静

一、教材分析

本课时为 Unit11 第二课时词汇教学，主要学习天气现象的词汇。在本单元第一课时的故事中学生已经初步学会融入了四种天气词汇的表达及表述天气的句型，因而本课时将第一课时故事教学中的天气词汇提炼出来重点学习并且适当补充。

二、学情分析

虽然之前没有对天气的知识进行系统性学习，但是在第一课时故事学习及前三年知识的积累对此类单词已有了一定的了解。天气词汇与学生生活息息相关因而很容易激发学生学习兴趣。用 It is going to … 表示将来的句型对学生来说有一定的难度。

三、教学目标(见教案)

四、教学重点、难点

教学重点：通过词汇学习，学生学习六种天气词汇的正确拼读。

教学难点：(1)学生能够明确区分六种天气词汇的读音及含义；(2)能够在恰当的语境中运用 It is going to be… 的句型巩固天气词汇。

五、教学理念

兴趣是英语学习的动力，活动是提高小学英语运用能力的主要途径。教师要提高学生的学习兴趣，就必须精心设计教学活动，并使活动情境化游戏化，恰当地使用变化技能，恰恰能够激发和培养学生的兴趣。

六、教学策略

1. 让学生在不同语句中使用句型，本节课采取任务教学法，教师给小组设置简单任务。

2. 使学生对英语课堂感兴趣，教师通过各种多媒体和资料的转换，在英语的语境中帮助学生学习理解运用新知，使学生在学习过程中感受学习的快乐。

七、教学媒体

PPT 录影机、单词卡片

八、教案

科目：英语　课题： Uncle Jack's farm(2)　**训练的技能：变化技能　主讲：杨静**

教学目标： 1. 知识与能力 (1)知道 rainy　sunny　cloudy　windy　fine　snowy 的正确拼读及朗读。 (2)知道 What's the weather like? It is going to be snowy. 在不同语境中的使用。 2. 过程与方法 (1)能够通过生动的图片，小游戏及各种多媒体和资料的转换保持学习的兴趣，提高学习效率。 (2)能够通过听说读等多种合作学习的形式，灵活的运用语言知识。 3. 情感、态度与价值观 感受英语学习过程中的快乐。				
时间	授课行为	应掌握的技能要素	学生行为	教学意图
20 秒	What is the weather like? 手指着外面的填空。 Is it rainy in our story? What is the weather like in our story?	探询 暗示 回忆 探询	It is rainy. 根据实际天气回答。 回忆课文中的天气情况。 Yes, it is. It is sunny. It is rainy. It is cloudy.	设计台阶提问，引发学生思考。

续表

时间	授课行为	应掌握的技能要素	学生行为	教学意图
1分 20秒	Which group can show us the the story? Come on! 教师自己先举手并且环顾班里同学。	探寻 鼓励 环顾 目光交流	小组合作表演故事。	通过小组形式表演故事。 激发学生朗读兴趣。
2分 2分 20秒	对故事提问： What's the weather like in the story? It's going to ______ in the morning. It will be ______ in the afternoon. Let's listen to the weather report.		学生小组讨论将答案填在学习单上，代表说出答案。	通过小组讨论形式，降低提问难度。 设置学习单。 写单词，在课堂上呈现读写的训练。
2分 40秒	Now you are the reporter 老师做打开录音的动作。 Who can read the weather report? So, it's going to be rainy in the morning. It's going to be fine in the afternoon.	变化方式 象形手势	学生听录音，学生跟读录音，学生读出天气预报内容。 当学生看到老师放录音的手势，学生读出天气预报内容。	通过正确的发音核实答案。 学生当预报员在角色扮演中巩固新词。
4分	Look, it is fine in the afternoon. They are riding horses. Ann is very happy. What are they talking? I am Ann. You are uncle Jack. What is the weather like tomorrow? 处理 sunny 老师做遮阳光的动作。	直观观看 合作方式 探询 象形手势	It is going to rain in the morning. It is going to be fine in the afternoon. 分角色朗读在朗读中练习新知。 A: Are we going to ride horses again? B: Yes, we are. It is going to be sunny tomorrow.	老师做打开录音的动作激发学生兴趣。 回归课文挖掘新词。 学习 sunny。
5分 10秒	In Ann's town, it is going to be sunny tomorrow. How about our town? What is the weather like? Look it is a sun in the story. Today is sunny. 播放录音。 在 sunny, fine, rainy 的基础上引出 cloudy, snowy, windy 三个单词。	联系 猜测 多媒体 描述 观看 跟读	It is going to be sunny 学生猜测自己城市明天的天气。 Maybe it is going to be ________. 学生理解跟读。	预测天气，学习新词。 激发学习兴趣。 根据读片录音读单词。

续表

时间	授课行为	应掌握的技能要素	学生行为	教学意图
6分	u ou owi 发现每个词的语音规律带读 u u u A A A sunny Ou ou ________ 小 i 小 i ________ Ow ow ________	活动变化 语音语调	老师说出单词中的字母组合，学生自己总结语音规律。	根据语音读单词。
7分 10秒	地雷游戏。 老师读大家跟读。 设置地雷。 Please read after me. Rainy. （速度越来越快）	活动变化 语速加快	Rainy cloudy Sunny 看图跟读。 老师指定炸弹词汇学生。 答错的同学，其他同学向他投地雷。	通过地雷游戏考查学生注意力，激发学生兴趣。
8分 20秒	口型游戏。 教师说：It is going to be snowy. 但是 snowy 不发音。	声音变化	学生根据口型读出 snowy。	根据口型读单词，激发兴趣。
10分 10秒	拿出一张单词卡。 What is the weather like tomorrow? 板书重点句型。 在学生回答的过程中揪音。 将单词卡贴在黑板上。	单词卡片 方式变化	学生根据单词卡片看字母学习单词 sunny，cloudy，rainy，snowy。	根据单词卡片学习。
12分	每组一张图片 What's the weather like tomorrow? It is going to be ______.	天气图片	学生小组内句子接龙。	在合作中运用句型和词汇。
13分	We can see a sun here. It is sunny. 老师在单词卡片旁边画画。	画画	学生画出各种天气简笔画。	画图片。 让学生在绘画的过程中巩固单词。
15分	在黑板上画一种天气图片用手遮住，大家猜 What is the weather like tomorrow? 学生两人小组。	板书 游戏	It is going to be rainy. It is going to be sunny. 学生一边画图一边提问 What is the weather like today? 另一名同学猜测 It is going to be ______.	根据游戏情景在快乐的环境中巩固句型。

日期：2013年8月17日

【教案反思】

1. 情景变化贯穿课堂。师生以天气讨论导入课堂，然后自然过渡到回顾单元故事中的天气。在故事情境中学习课文中出现的天气词汇。在猜测北京明天天气的过程中，扩展学习更多的词汇。在小游戏中，学生动笔动脑并且说句子，巩固所学新词。

2. 巧用变化活动，营造高效课堂。我从故事情景中导入词汇，然后通过看图学单词、发现语音规律学单词、看字母学单词、听声音学单词、看口型学单词及做游戏学单词等多种变化的方式学习。学生兴趣高昂，注意力高度集中，快速掌握了各种天气词汇，课堂教学效率高。

情境变化多，学习热情高

——英语《Unit 11 Green berries》教学设计

太平桥二小　刘仕虹

一、教材分析

本套教材由北京师范大学出版社出版，共 12 册。本单元是三年级下册第 11 单元，课题为《Green berries》。本课时是本单元的第二课时。本课时主要教学内容为词汇教学。书上第 52 页一共呈现了 18 个单词，在这些单词中，有 7 个单词学生已经掌握，它们是：eye，nose，ear，mouth，hand，hair，stomach；11 个单词为本节课新授单词，它们是：face，shoulder，head，arm，leg，foot，knee，tongue，chest，finger，toe。

二、学情分析

本课授课对象是我校三年级学生，通过之前一二年级英语学习和本课第一课时的英语学习，他们已掌握了本节课中这些单词：eye，nose，ear，mouth，hand，hair，stomach 在拼读单词的能力上，学生已掌握部分字母在单词中的发音规则和部分字母组合的发音规则。

三、教学目标(见教案)

四、教学重点、难点

教学重点：正确朗读所学新单词，理解词意。

教学难点：单词 head，shoulder 的发音。

五、理论依据

1.《英语课程标准》中要求学生要根据音、义、形来学习词汇并了解简单的单词拼读规律。在本课教学中，通过迁移、自然拼读、拆分音节等方法，能够培养学生自主拼读单词的能力。

2.《英语课程标准》中强调学生在学习的过程中能体会到英语学习的乐趣。在本课教学中，利用多媒体课件为辅助教学手段，可以引领学生融入创设的情境，引起学生注意和兴趣。

六、教学策略

1. 通过变化教学媒体，集中学生学习词汇注意力。通过变化师生互相作用的形式，在词汇与语音之间建立联系，使学生自主拼读单词。

2. 通过小组合作学习环节，培养学生积极与他人合作，共同完成学习任务的能力。

七、教案

科目：英语　课题：Green berries　**训练技能：变化技能　主讲：刘仕虹**

教学目标： 1. 知识与技能：能听、说、认、读身体部位单词 face，shoulder，head，arm，leg，foot，knee，tongue，chest，finger，toe。 2. 过程与方法： (1)通过续编故事，创设情境，引入新知，激发学生的求知欲。 (2)通过迁移、自然拼读、拆分音节等方法，培养学生自主拼读单词的能力。 3. 情感、态度与价值观：通过英语课堂活动，激发和保持学生英语学习兴趣。				
时间	授课行为	应掌握的技能要素	学生行为	教学意图
0分	一、强化导入 Boys and girls, do you remember our story? Can you answer these questions? 呈现问题 What's Ken doing? What's the matter with Ken? Who can help Ken? Is Ken better? 二、拓展故事，创设情境 Boys and girls, Ken is better now, let's listen what are they talking? 播放录制的 Mocky 和 Ken 的对话录音，创设 Ken 恢复健康后与 Mocky 去游乐园闯关的情境。 let's play with them, OK? 三、情境中学习新单词 拼图乐园：PPT 呈现 Peter 身体部位错乱的图。 Look, it's a puzzle game. Who's he? (1)教师示范拼读单词 What's this? 教师播放单词原音。 教师手持自制单词卡片，指导学生拼读单词。 What's this letter? 强调字母 a 的发音 letter c pronounce[s]	引起注意 建立联系 创设情境 创设情境 指引学习 词汇 语音 语调	He is eating. His stomach hurts. Uncle Booky. Yes, he is. 认真听录音。 OK! He is Peter. 脸/face 学生自己跟读。 [a] 发音[s]尝试读出单词 face	复习旧知，让学生快速进入故事情景。 通过对故事的创编，引入新知识，激发学生的好奇心和求知欲。 从单词的“音”入手让学生初步感知单词发音。 让学生掌握拼读单词的方法。

续表

时间	授课行为	应掌握的技能要素	学生行为	教学意图
	(2)学生自主拼读单词 What's this? 教师用激光笔指 PPT 图。 教师播放单词原音。 教师用自制可活动单词卡片，提示学生字母组合 ea 的发音，引导学生自主拼读。 head，head，it's head.	词汇 语音 语调	头/head。 跟读。 自主拼读 h-ea-d. 认读单词，跟读句子。	提高学生自主拼读单词的能力。 强化单词发音。
	(3)巧记单词 tongue What's that? 教师播放单词原音，让学生尝试拼读。 教师出示单词卡片，边读边做出烫着舌头的动作，取 tongue 与“烫”音相似。	面部表情	做出烫着舌头的动作。	通过肢体动作，加深学生对单词的记忆。
	(4)及时巩固，兴趣浓 Boys and girls, What are they? Remember them quickly and then tell me what's missing? PPT 呈现 Peter 拼图	激发兴趣	边做动作，边说出单词。	保持学习兴趣，巩固所学。
5 分	(5)拆分音节，读准确 What's this? 教师播放单词原音，让学生感受单词发音。 利用自制可活动单词卡片，提示学生该单词音节的划分，字母组合 sh，ou 的发音，引导学生自主拼读。 在黑板简笔画 Peter 身上贴上 shoulder 的单词卡片。 巩固发音 shoulder，shoulder，they are shoulders.	指引学习 词汇 语音 语调	看图说出身体部位单词。 学生快速找出消失的图片，举手说出单词。 肩膀/shoulder。 拼读 sh-oul-der。 认读单词。	根据单词中字母组合的发音，结合音节的划分，引导学生进行拼读。
	(6)温故知新，重观察 How to read this word? 呈现单词 nest 把活动字母卡片 n 拆掉，呈现单词 chest 引导学生拼读。	指引学习 词汇 语音 语调	做动作并跟读。 nest ch-est	引导学生观察、比较形近单词发音的相同点和不同点。
10 分	(7)拼读单词，多练习 用语音教学法引导学生拼读单词 arm(s)，finger(s) Ken has two (knees) 教师活动自制单词卡片，提示学生字母组合 ee 的发音，告诉学生这个单词中字母 k 不发音。引导学生自主拼读。	词汇 语音 语调	认读单词 arm，finger。 自主拼读 n-ee。 认读单词 leg，foot，toe OK! 听指令，做动作。 Touch your (finger), please.	根据单词中字母组合的发音，引导学生进行拼读。

续表

时间	授课行为	应掌握的技能要素	学生行为	教学意图
	用语音教学法引导学生拼读单词 leg(s), foot(feet) toe(s)。	指引实践活动强化		
	Boys and girls, I say, you do. OK? Touch your chest, please. Touch your arm, please. Who want to say?		生听录音，指读书上相应单词。 Read the words in groups.	回归课本，从单词的形和义两方面巩固所学。
	4. 巩固强化 请学生四人组内指读 Words to Learn 中的内容。	走动	学生小组反馈读 Words to Learn。	发挥学习小组的作用，小组内认读单词，培养小组互助合作意识。
15 分	教师巡视指导。 Time is up! Which group wants to be our teacher?	指引实践活动强化	Good-bye, Paige!	
20 分	Boys and girls, you are great! Mocky and Ken can move to the next game. Let's play with them next time. Time is up! Good-bye, children!	提出任务形成期待		

日期：2013 年 6 月 11 日

【教案点评】

本节课，教师续写第一课时的故事，将主人公 Ken 和 Mocky 放在游乐场游戏闯关这一大情境中，并使接下来的课堂教学活动情境化。教师制定的教学目标明确，具有针对性，在引导学生掌握部分字母及字母组合的发音规则的基础上，重点培养学生自主拼读能力，学会观察、比较形近单词发音的相同点和不同点，区分相同字母组合的不同发音，提高了学生拼读单词的能力。

集多重变化　铸积极情感

——思想品德《自信给我神奇力量》教学设计

北京十二中　赵红霞

一、教材分析

《自信给我神奇力量》选自北京市义务教育课程改革实验教材《思想品德》(第二册)(七年级下学期)第四单元第 13 课第二目的教学内容，具体内容是围绕着正确认识自信及其如何增强自信心展开的。本微格教学设计围绕如何正确认识自信加以展开。

二、学情分析

初中学生对自信有初步了解，但是认识不全面、客观。在日常的学习生活中，有的学生缺乏自信，自卑心理较重，凡事看低自己；而有的学生却过分自信，过高估计自己，对自己没有一个正确的认识。自卑和自负都不是真正的自信，这不仅影响了学生克服困难去取得学习上的优良成绩，而且也造成了一定的人际困扰，影响了学生健康快乐地成长。学生正确全面认识自信，区别自信、自卑、自负，找到自卑、自负的原因，理解自信与成功的关系并增强自信心去面对学习生活中的挫折与困难尤显重要。

三、教学目标(见教案)

四、教学重点、难点

教学重点：能够说出产生自卑、自负的原因及表现。

教学难点：理解自信与成功的关系。

五、教学理念和理论依据

1. 建构主义情境认知观。教学要为学生创设理想的学习情境，激发学生的推理、分析、鉴别等高级的思维活动，同时给学生提供丰富的信息资源、处理信息的工具以及适当地帮助和支持，促进他们主动建构知识。

2. 根据思想品德新课标要求，教学过程注重学生体验、参与、探究、感悟，通过学生参与游戏活动、案例分析、小组讨论等形式的互动，学生在体验、感悟、分析、归纳中逐渐发现自信与成功的关系，理解真正的自信是什么，促使学生主动做自信的中学生。

六、教学策略

1. 组织学生拍手游戏，学生在体验活动中感悟自信、自卑、自负，体会自信的力量。

2. 精选能触动学生心灵、引起震撼的视频材料，采用情境教学法。

3. 了解学生已有知识经验，采用小组讨论的互动方式，学生在组内探讨全班交流深入分析自卑、自负的原因，明确什么是真正的自信。

4. 在学生认识到自信与成功关系基础上，通过“夸夸自己”的活动，让学生依照句式“我很棒，是因为__________”大声说出自己的优点或长处，明确要做到自信，心理上的自信和有实力证明自己现在有某种能力是必要的。

七、媒体准备

多媒体课件、彩色32开纸。

八、教案

科目：思想品德　课题：自信给我神奇力量　　训练的技能：变化技能　主讲：赵红霞

教学目标：
1. 知识目标：
(1)依据体验活动和小组讨论能够辨别自卑、自信、自负，并能说出什么是真正的自信。
(2)分析典型案例材料阐明自信是成功的基石。
2. 能力目标：
(1)通过拍手的游戏活动，提高客观全面的自我认识和进行自我评价的能力。
(2)在案例分析、小组讨论中初步学会理论联系实际，提高解决问题的探究能力和辩证思维能力。
3. 情感目标：
认识到自信对人的积极作用，悦纳自己，养成自信的生活态度，做一个自信的人。

时间	授课行为	应掌握的技能要素	学生行为	教学意图
20秒	同学们好，今天有和我们一起学习的各位老师，我们鼓掌欢迎！	组织管理	起立，师生相互问好。	师生做好上课准备。

续表

时间	授课行为	应掌握的技能要素	学生行为	教学意图
30秒	掌声表达出大家的热情，但我有个疑问：谁能告诉老师10秒钟你能双手鼓掌多少次吗？(探询的声音、举起双手)并板书写出学生预估结果。	声音变化 手势变化 引起注意	猜测并说出结果：10、25、50、55、60、100等。	在学生鼓掌后顺势设疑，激发学生探究兴趣。
1分	那么，实际情况会是这样吗？现在，像我一样，举起你的手，计时10秒，开始！	游戏情境 动手操作	实际拍手10秒钟并自己计数。	用学生自己的双手去经历，用心灵感悟知识的形成过程，探讨出现猜测和实际不一样原因。
1分 15秒	采访部分学生并板书计数结果，那么为什么实际和猜测的不一样，出现了什么问题？	对比刺激 设问 形成学习期待	汇报实际结果。 思考回答。	
2分 50秒	出示简单示意图：自信不足与过分自信都不是我们希望的结果，猜测相对准确的同学观察细致，大胆假设，相信自己的能力，祝贺这些同学！其实我们也能向他们一样猜测准确，只要我们拥有自信！	搭建支架 讲解 声音变化 情感激励	体验感悟。 理解认同。	通过示意图一目了然，明确自卑、自信与自负关系感悟拥有自信的神奇。
3分 10秒	板书本节课的课题：自信给我神奇力量	创设视听情境	观看视频材料，思考回答问题。	
3分 20秒	播放视频资料：《感动中国》片段“刘翔110米栏取得世界冠军” 组织学生观看视频材料提问： 1. 你觉得刘翔有自信吗？	信息传递通道变化 引起注意		发挥视频材料的视觉和听觉功能，激发学生有意地注意，并感受到自信是一种神奇力量。
6分 50秒	2. 自信心来自于哪里？ 总结：刘翔的自信心源于对自己的肯定和接纳，要敢于肯定自己，一个人的成败，关键在于心中有没有自信，是否相信自己有能力去战胜困难。	诱导启发 声音变化 确认	感悟、认同。	
7分 05秒	过渡：通过前面的游戏和刘翔的事例，你能归纳总结出自信与成功的关系吗？ 以信任的目光专心倾听学生发言，不发表评论，不断追问学生。	搭建支架 问题引导 目光变化 师生相互作用的变化	思考回答 在学生个体回答的基础上不断追问，学生不断辩驳。	利用诱导提问搭建支架，在追问、辩驳中培养学生辩证思维能力，理解自信与成功的关系。
10分	总结：自信有助于我们走向成功，自信会调动起人的自身潜能而取得成功，自信是成功的基石。成功的经历，更加唤起我们的自信，使我们有信心迎接挑战。	讲解 形成建构		

续表

时间	授课行为	应掌握的技能要素	学生行为	教学意图
10 分 10 秒	组织学生 4 人小组讨论：生活中，有些人不明白这个道理，缺少自信或过分自信导致不成功的例子很多，也产生其他一些不良后果，请各小组讨论并推举发言人，举例说明从内因上看造成不成功的主要原因是什么？ 1. 历史上：____________。 2. 体育上：____________。 3. 日常学习生活中：____________。 4. 学校生活中：____________。 ……	创设合作情境 指导交流 教学组织形式变化 位置变化	小组合作学习，组内探讨，全班交流。发言人举例说明原因，回答其他组或教师的提问。	小组合作探讨造成不成功的内在主要原因是自卑或自负，通过合作探究，学生再次感受到自卑和自负会导致不成功，从反面证明拥有自信的重要性。
13 分 50 秒	总结：产生不成功的内在主要原因一是自卑、一是自负。自卑是夸大自己的缺点，自负是夸大自己的优点。二者不能使我们正确认识自己。	讲解 形成建构	倾听总结，感悟、认同。	结合前面示意图落实基本知识点，引导学生要全面客观地认识自己。
14 分	分发 A4 彩纸，组织 2 人一组交流：回忆学习生活实际，说一说造成自卑、自负原因是什么？ 及时鼓励学生的发言，肯定学生的发言。	创设学习生活情境 教学组织形式变化 媒体变化 位置变化	学生反思平时学习生活，分析造成自卑、自负原因并书写在 A4 彩纸上，全班交流。	引导学生反思学习生活实际，提高学生的分析、归纳和概括问题能力。
17 分 15 秒	总结： 1. 自卑原因：对自己不满意，认为自己处处不如别人，遇到挫折后把原因归结到自己处境不好等。 2. 自负原因：以自我为中心，瞧不起别人，夸大自己的长处，缺乏自知之明等。	讲解 形成建构	倾听总结，感悟、认同。	引导学生学会运用归纳法进行知识总结。
17 分 45 秒	过渡：通过前面知识的学习，你能告诉大家什么是真正的自信吗？ 用期待的目光注视学生，鼓励学生尝试回答。	问题引导 表情变化 动作强化	思考、交流。	创设问题情境，激发学习兴趣，自行分析归纳真正的自信是什么。
18 分 45 秒	总结：真正的自信是建立在对自己能力正确评估和对未来形势的充分把握之上的，是对自己全面客观地认识和评价。	讲解 形成建构	倾听总结，理解、认同。	
18 分 55 秒	过渡：生活中，大家都想做一个自信的人，真正做到自信，需要什么来支撑呢？ 激励性语言，探询式语气。	创设情境 形成期待 声音变化	猜测、判断、交流。	联系学生生活和心理特点，提出深思问题和游戏活动，引导学生切实认识做到真正

续表

时间	授课行为	应掌握的技能要素	学生行为	教学意图
19分5秒	总结：首先需要有观念上的自信，即心里充满自信，同时还要有实力上的自信，即有实力证明自己现在有某种能力。	讲解 形成建构	倾听总结，体验、认同。	的自信，既要有观念上的自信又要有实力上的自信。坚定做自信的中学生。
19分	组织活动： 肯定自我："夸夸自己" "我很棒，是因为——"	运用 指导交流 声音变化	学生大声说出优点，其他学生鼓掌鼓励。	
19分40秒	重复学生优点，鼓励继续发扬。 组织学生小结：通过本课学习有什么收获、体会？	语言强化 形成期待 反馈矫正 总结反思	学生谈收获、体会，畅所欲言。	引导学生学会总结所学，培养多角度思考问题。
20分10秒	本课小结：美国作家爱默生说：自信是成功的第一秘诀。成功属于那些有自信的人。我们要相信自己、战胜自卑、远离自负，以积极的心态面对学习生活，扬起自信的风帆，驶向成功的彼岸。	强化激励	倾听小结，感悟、认同。	强化激励，再次明确自信与成功的关系。

日期：2013年5月20日

【教案点评】

根据教学内容、整体教学目标要求和学生身心发展特点的需要，本课使用变化技能进行微格课堂教学实践，运用各种具体的变化方式，课堂气氛活跃，学生积极参与课堂教学，注意力集中，师生关系和谐，教学效果显著。

1. 在课堂导入环节，主要运用声音变化、手势变化、创设体验情境、对比刺激等方式，由学生司空见惯的欢迎听课老师的鼓掌环节入手，巧妙设疑，引发学生探究兴趣。

2. 围绕2004年奥运会刘翔获得百米跨栏冠军的事例精心设计问题，学生在解决问题的过程中突破难点，提高辩证思维能力。

3. 创设视听情境，利用多媒体播放视频材料，学生感悟学习，培养了学生的辩证思维能力。创设合作情境，利用2人小组交流并将结果书写在A4彩纸上，由学生自主探讨得出结论。"夸夸自己"大声说出优点的活动，使得学生明确不仅心理上要有自信，而且实力上也要有自信，学生述说自己优点时，教师自然亲切的教态，如：温和的微笑、真诚的目光、及时地点拨鼓励等会使学生更加充满自信，从而使学生坚定要做自信的人。

气氛活跃，声情并茂

——音乐《剪羊毛》教学设计

丰台七中　王俊苹

一、教材分析

《剪羊毛》是人教版八年级下册第五单元“环球之旅(四)——大洋洲风采”中的第1课时，属于歌唱教学必唱歌曲。它是一首澳大利亚民歌，歌曲反映了牧场工人紧张的劳动场面和火热的劳动热情。歌曲为二段体结构，其旋律优美欢快，尤其是附点节奏的运用，更赋予歌曲活泼跳跃之感。

二、学情分析

八年级学生的生理、心理日趋成熟，参与的意识和交往的愿望增强，获得知识和信息的途径增多，在学习上思维品质，心理策略已经具有一定的初步经验。但是在课堂上还是需要老师从思维的方法、策略等方面对学生进行多方位地引导，从而提高其思维品质及能力。

三、教学目标(见教案)

四、教学重点、难点

教学重点：用有弹性的声音表现歌曲，体会歌曲所表现出的劳动中的快乐情绪。

教学难点：歌曲二声部旋律音准，节奏的准确把握。

五、教学理念

1. 本课在“采取多样的音乐活动，使学生提高读谱、演唱、音乐表现及音乐审美等能力”的教学理念指导下，尝试通过信息技术与音乐教学的整合，以音乐为情感交流的纽带，来组织教学资源，设计教学活动。

2. 依据《课标》中提倡“以生为本”的教育理念，课堂上带领学生自主体验、领悟、探寻，最终达到学生艺术能力、审美能力和审美情感的逐步形成和提高的目的。

六、教学策略

1. 在整个教学过程中，教师采用对比、实践、探究等方法引导学生提高音准、节奏、识谱能力。

2. 通过信息技术与音乐教学的整合，一步步地深入了解歌曲所表达的欢快的劳动情绪。

3. 通过课堂上提问环节的精心设计，引导学生从多种角度看事物，拓展思维空间，指导学生掌握思维方法和策略，从而提高其思维能力。

七、教学媒体

多媒体课件 、钢琴

八、板书设计(略)

九、教案

科目：音乐　课题：剪羊毛　训练的技能：变化技能　主讲：王俊苹

教学目标：

1. 知识与技能

巩固附点八分音符节奏，认识跳音及重音记号，并能够较准确地演唱歌曲二声部合唱部分。

2. 过程与方法

(1)识读乐谱过程中培养音高、音准、识谱视唱能力。

(2)在聆听、体验与实践中能够用有弹性的声音演唱歌曲。

3. 情感、态度与价值观

感受歌曲《剪羊毛》所表达的劳动的愉快情绪，懂得幸福要靠劳动来创造。

时间	授课行为	应掌握的技能要素	学生行为	教学意图
0分	一、识谱练习 1. 请看屏幕，这是什么？(屏幕显示：音阶 d r m f s l t d)	确认	学生回答：预备状态，注意力集中。学生回答——音阶。	思维器官训练，将注意力指向歌唱技能训练，使学生形成对歌唱期待。
	2. 对，这是音阶的竖写字母谱。我们首先看着字母谱，跟着钢琴演唱一遍音阶的上行和下行。唱之前，请问同学们：如何把每个音唱得更准确？ 对，轻声演唱音节中的每一个音，并且注意演唱时气息要有控制，音要唱得饱满。 4/4 1- 2-|3- 4-|5- 6-|7- i-| i- 7-|6- 5-|4- 3-|2- 1-‖ 教师弹琴，学生演唱音阶。	依从 指导程序 确认	学生思考后回答，并按要求唱音阶的上行和下行。	思维品质训练，由依从技能，培养学生唱准基本音的音高技能。
1分	3. 下面请看老师做的科尔文手势，想一想它们分别代表的是哪几个？并唱出各音的唱名来。 2/4 5 5.4 | 3 1 | 35 35 | i 0 | 5 5.4 | 3 1 | 35 35 | 3 0 | 33 32 | 11 35 | i i.7 | 6 - | 2.i 76 | 54 32 | 1 0 | (此乐谱不显示在屏幕上)	监控思维回忆	看老师手势唱音名。	激发认知需要，解决歌曲音准难点，唱好《剪羊毛》的第二声部各音。
2分30秒	4. 听琴声猜记音符 同学们唱得很认真，接下来请看屏幕。老师弹奏这段旋律，请你认真聆听，猜猜这几个问号都代表那几个音符？ 1=C 2/4 2 2.i | 7 2 | i0 30 | ? 0 | 6 6.7 | i 76 | 50 i0 | ? 0 | 33 32 | 11 ?? | i i.7 | 6 - | 2.i 76 | ?? ?? | 1 i.7 | i 0 | (老师弹奏旋律三遍)	组织指引建立联系	学生听记音符，并回答听记结果。	整体聆听细描摩。锻炼学生听音记谱能力的同时进入歌曲谱例的学习。

续表

时间	授课行为	应掌握的技能要素	学生行为	教学意图
4分	5. 识谱练习 同学们听得很认真，下面我们一起来唱一唱这段旋律。要求轻声演唱，并记下旋律。提示八分附点节奏及八分休止符节奏的准确。	依从	按要求在唱中记忆旋律。	典型特征细体会，通过回忆和确认，解决八分附点节奏及八分休止符节奏为新歌曲的顺利学习做铺垫。
	(1)唱谱：我们一起把乐谱唱一遍。	确认	按要求唱乐谱。	
	请问：第1小结的第二拍是什么节奏？对，是八分附点节奏。我们要把附点节奏唱出来。（圈出旋律的所有附点八分音符，提示注意，并带学生演唱一遍。）	点拨启发 诱导意识	学生回答：八分附点节奏符。	
	再问：第3小节是几分休止符？对，是八分休止符．那么我们要把它唱成什么效果？对，我们要把它前面的音符唱得短促而有弹性，才能有八分休止符的效果。	确认 点拨启发 促使思考	学生思考并回答：是八分休止符。	疏导思维，形成探究态势，帮助学生掌握歌曲旋律节奏特点。
	(2)再唱歌谱，要求记忆歌谱。	强化		
6分 30秒 7分 50秒	二、学唱歌词 这段旋律就是我们今天要学习的一首歌曲澳大利亚民歌《剪羊毛》(板书)			
	同学们看到题目，对于“剪羊毛”主题的内容，所运用的力度、速度、情绪以及所要表现的内容有哪些设想？	形成假设 发散思考	学生思考、讨论自己如何运用音乐要素来表现“剪羊毛”主题的内容。（学生可能会回答：力度强或弱；速度快，稍快；节奏密集等等）	通过联想、想象，优化思维培养音乐创造力。
9分	1. 教师范唱提问：同学们各抒己见，都有自己独特的见解，这很好。下面，由老师演唱这首澳大利亚民歌《剪羊毛》，请同学们来感受：歌曲表现了怎样的内容？歌曲的情绪是怎样的？速度是怎样的？		听师范唱，初步感受歌曲表达的情感。	直觉洞察。教师范唱，学生对歌曲形象有整体认识并初步感受歌曲情绪。
10分	2. 是的，同学们回答得很到位，歌曲反映了牧场工人紧张的劳动场面和火热的劳动热情。情绪欢快、愉悦。 谁能介绍有关于澳大利亚及歌曲《剪羊毛》相关知识？澳大利亚以盛产羊毛而著称于世……（观看有关于澳大利亚风土人情及工人剪羊毛图片）	设问 讲解确认 综合	师生共同讨论关于澳大利亚的问题，学生可能会回答：首都是堪培拉，最大城市是悉尼，代表动物有袋鼠等等。	联想、想象，优化思维和发散思维。让学生了解澳大利亚及歌曲创作背景，创设劳动意境。

续表

时间	授课行为	应掌握的技能要素	学生行为	教学意图
12分30秒	下面我们开始学唱歌词： (1)你认为我们该如何把歌词唱清楚？ (2)朗读歌词：请大家跟老师一起朗读第一句歌词。 “洁白的羊毛像丝绵。” (咬字吐字清晰，及气息有控制)	形成假设 疏导思维 指导策略 指导方法	思考回答：互动交流后。学生在老师的带领下朗读歌词。	敏锐观察细体验，掌握歌唱方法。
13分40秒	(3)唱歌词：我们用这种声音来演唱歌曲。 (4)请问这两个符号各是什么记号？ >▼	归纳并演绎 引导确认	演唱歌词。	
15分30秒	带领学生正确唱出重音与跳音处。要求：重音要唱得强一些，跳音要有弹性。 (5)再次演唱高声部。	巩固强化 指导观察	学生思考回答：重音记号与跳音记号。	典型特征细体会，掌握重音、跳音演唱方法。
16分40秒	(6)加入低声部旋律。请同学们观察：两个声部的相同与不同处。		反练唱歌曲。	典型特征细体会，运用思维程序进行分析、类比，培养学生分析音乐能力。
17分20秒	师语：对，低声部晚两拍进入；第三、四乐句旋律相同…… (7)反复练习两个声部，唱熟练。 3. 请同学练习表演	巩固强化	仔细观察找异同。 学生反复练唱歌曲两个声部。 表演交流。	动口实践找规律，协同合作唱合唱。 提供交流平台，培养创造能力，达到巩固学习的目的。
19分30秒	4. 评价环节。同学们演唱得很好，谁来对这几组同学的演唱做个评价？	提供合作平台 交流评价	生生互评。	交流与评价，优化思维。
20分40秒	三、情感拓展 欣赏一位歌唱家演唱《剪羊毛》的盛况。请回答演唱者是谁？	引导确认		
21分50秒	教师：是我国著名的歌唱家宋祖英，这是她在悉尼歌剧院演出时的盛况。从现场观众的热烈反应我们可以看出这首歌在澳大利亚影响力是很大的……	演绎讲解	观看视频，回答问题。	视觉与听觉的结合，开拓视野，将思维引入深处。 运用思维程序进行情感拓展。
23分	四、课堂小结 1. 请学生谈谈对本节课学习的收获：		总结收获，知识、技能及情感方面有什么收获？跟琴再次演唱歌曲。	
24分	2. 教师：最后，让我们再次唱起歌曲《剪羊毛》来结束这节课。	回忆确认 启迪思维 监控		
25分	在歌声中结束。	课堂实践 指导反思	形成新的期待。	开展思维监控能力。交流自己的情感、态度体验。

日期：2013年6月30日

【教学评价】

本节课运用多媒体课件，创设情景，诱发情趣，以提高学生识谱视唱能力为目标，引导学生掌握歌曲音准节奏，唱好二声部合唱旋律。

在整个教学过程中，教师采用对比、探究等方法引导学生在充分理解歌曲情绪的基础上投入情感，以情带声、声情并茂地演唱歌曲，突出了“审美过程”，达到了新课标提倡的提高音乐审美能力的教学要求。

项目 7　强化教学技能

定义：强化技能是教师主要依据“操作条件反射”的心理学原理，对学生的反应采用各种肯定或奖励的方式，使教学材料的刺激与希望的学生反应之间，建立稳固联系，帮助学生形成正确的行为，促进学生思维发展的一类教学行为。

要素：语言、动作、标志、接近、活动。

类型：正强化、负强化、延时的、即时的、定向的、集体的、个人的……

强化教学技能评价单

日期＿＿＿＿＿＿　　任课教师＿＿＿＿＿＿

请您在听课后对以下各项目评价，在恰当等级下画“√”

	优	良	中	差	权重
1. 强化引起了学生注意。	□	□	□	□	0.1
2. 强化及时、准确、促进了学生积极参与活动。	□	□	□	□	0.2
3. 采用多种强化类型，灵活。	□	□	□	□	0.1
4. 强化使用自然恰当。	□	□	□	□	0.1
5. 强化客观、真实，学生乐于接受。	□	□	□	□	0.2
6. 在教学的关键处运用强化。	□	□	□	□	0.1
7. 在教学过程中强化有连续性，顺畅、合理。	□	□	□	□	0.1
8. 教师运用强化热情、真诚。	□	□	□	□	0.1

强化促思维，探究悟新知

——数学《分数化成小数的规律》教学设计

右安门一小　牛凤敏

一、教材分析

本课教材综合性强，它涉及多个小的知识点：有 2、3、5 倍数的特点、分解质因数、最简分数、分数小数互化等。教材信息一方面是使学生知道什么样的分数能够化成有限小数，并能根据规律正确判断；另一方面是培养学生观察、比较、归纳、概括的能力及探究意识。学生掌握了分数化小数的规律，可以为学习分数、小数混合运算和合理、灵活地选择简便算法打下扎实的基础。

二、学情分析

课前调研了解学生目前的学习困难是：为什么分母只含有质因数 2 和 5 的数能化成有限小数，为什么分数必须是最简分数。学生的探究学习面不宽，部分学生不积极参与课堂上的活动，缺乏顿悟的学习习惯。

三、教学目标(见教案)

四、教学重点、难点

教学重点：使学生掌握分数能化成有限小数的规律。

教学难点：分数能化成有限小数规律的探究过程。

五、教学理念

强化是塑造行为和保持行为强度不可缺少的关键。强化是课堂教学重要变量之一，它可改变学生的认知行为和情意行为。通过不同的强化类型或方式帮助学生形成一系列的正确行为，促使学生思维发展和各种学习能力的提高。

《课标》明确要求：探索规律就是探求给定事物中隐含的规律或变化趋势。探求是对陌生事物和新鲜事物的探索，并试图找寻到答案的行为。因此数学学习更要关注学生的学习过程，并强化学生的正确学习行为。

六、教学策略

1. 运用强化手段通过语言、活动等方式，调动学生积极思维，增强动机，防止和减少非教学因素的刺激所产生的干扰，促使学生将注意力集中到教学活动上。

2. 强化运用“大胆假设细检验”的思维策略，引导学生探究分数化成小数的规律，能根据规律正确判断一个分数能否化成有限小数。

七、教案

科目：数学　课题：分数化成有限小数的规律　训练的技能：强化技能　主讲：牛凤敏

教学目标：
1. 知识目标：知道分数化成小数的规律，并能根据规律正确判断一个分数能否化成有限小数。
2. 能力目标：通过让学生观察、猜想、验证、推理与交流等活动培养学生探究能力。
3. 情感目标：认识到数学的严谨性以及数学结论的确定性。

时间	授课行为	应掌握的技能要素	学生行为	教学意图
0分	一、创设情境 1. 我们已经学过分数化成小数的方法，今天我们就来个小比赛，请你把下面的分数化成小数，看哪个同学算的最快？ $\frac{1}{10}$　$\frac{3}{100}$　$\frac{7}{1000}$ $\frac{1}{5}$　$\frac{3}{4}$　$\frac{7}{40}$ $\frac{1}{15}$　$\frac{3}{11}$　$\frac{7}{30}$	引起注意 激起好奇 语调 表情	回答：愿意。 学生快速做题。	运用语言强化激发学习的积极性。 给学生提供几组有特点素材，为后面更多的学生探究出规律搭建支架。 搭建思维支架为新知识的策略运用做铺垫。
2分40秒	2. 追问：请你们仔细观察细揣摩，在计算的过程中你们发现了什么？ 评价：说得好！	诱导意识 探询 语言强化	回答：有些分数能化成有限小数，有些不能化成有限小数。	语言肯定，促进学生思维意识。

续表

时间	授课行为	应掌握的技能要素	学生行为	教学意图
4分10秒	对刚才你们提出的观点，你有什么疑问吗？	诱导质疑	答：哪些分数能化成有限小数？哪些分数不能化成有限小数呢？	训练学生提问，启迪思维意识。
	教师点头：你认为这节课我们应当研究什么？	动作强化 探究假设	答：分数化成有限小数的规律。	点头示意鼓励学生深入思考。
	3. 教师对学生的探索问题给予肯定：同学们提出了一个非常有研究价值的问题，这节课我们就来解决这个问题，同时揭题板书：分数化成小数的规律。	语言 活动 强化认识 形成期待	读题：分数化成有限小数的规律。	肯定语言面向全体，引导探究兴趣。
	4. 你准备用哪个学习策略来学习？诀窍是什么？	确认 强调	自我提问自引导，大胆假设细检验。	建立学习方法的联系。
	二、深入探究，发现规律 1. 诱导假设：请思考，分数能否化成有限小数和分数的什么有关呢？ 板书：分子、分母	诱导提问 引导假设	有的学生会认为与分子有关，有的学生会认为与分母有关，可能有的学生会说跟分子分母都有关系。（整个分数有关——有可能学生提不出来）。	运用诱导启迪策略，引导学生大胆假设，培养想象力和创造力。
	2. 尝试探究 大家提出了假设，下面要进行细检验，请同学们小组合作：用黑板上的这些分数，或自己举例，来共同探究验证你们的假设。（课件出示要求，老师参与小组讨论）。	活动强化 组织讨论	学生四人一组，共同合作，逐一验证假设。	在活动强化中激励学生运用仔细检验假设策略合作探究，构建知识体系。
6分10秒	3. 汇报交流，教师适时引导并板书。哪个小组说说你们的发现？ 强化语言： 不错！ 大胆说！ 还有吗？ 语言准确！ 叙述有条理！ 补充得好！	诱导提问 语言强化 随机强化 个别强化	回答1：第一列，分子都是1。分子相同，分母不同，有的能化成有限小数，有的不能。第二列，分子都是3，有的能化成有限小数，有的不能。第三列，分子都是7，有的能化成有限小数。说明：一个分数能不能化成有限小数与分数的分子无关，与分母有关。 回答2：换分子：把其中的一个分数1/5的分子换成2、3、4…… 还是能化	运用分析比较策略，学习新知，培养学生有序思考问题的能力。

续表

时间	授课行为	应掌握的技能要素	学生行为	教学意图
			成有限小数。把 3/11 的分子换成 1、2、4、5……还是不能化成有限小数。 说明：一个分数能不能化成有限小数与分子无关。	
9 分 30 秒	小结：刚才同学们通过检验，一个分数能不能化成有限小数与分子无关，与分母有关。向学生竖大拇指：你们真善于研究！	语言神态 手势动作	认同 期待。	简洁归纳，赞美语言动作使学生获得满足感，为深入研究新的问题做铺垫。
11 分 30 秒	4. 深层探究，发现规律 (1)追问：请同学们再认真观察这些分数的分母，大胆猜想，你认为分母具有什么特征，分数就一定能化成有限小数？ (2)针对学生说的每一种情况，追问：你是怎么想的？你们都是这样想的吗？ 小结：通过交流，有的同学说，分数能否化成有限小数跟分母是不是质因数有关，是吗？ (3)请两人上台前把黑板上的分数的分母分解质因数，下面的人同桌互相口头分解质因数，交流。 (4)对比发现 对比两组的质因数，你发现了什么？把你的发现和小组的同学交流交流。(及时表扬鼓励)	追问 引导观察 启发 反问 语言 动作 探询语言 动作 指导合作 交流 观察 启发	学生可能说是奇数、偶数、质数、合数、2 和 5 的倍数、质因数等，师及时引导学生讨论。 仔细听思维过程。 思考。 学生板书 10＝2×5；100＝2×2×5×5；1000＝2×2×2×5×5×5；4＝2×2；40＝2×2×2×5；15＝3×5；30＝2×3×5 分母只含有质因数 2 和 5 的，能化成有限小数。分母含有 2 和 5 以外的质因数，不能化成有限小数。	通过猜想设疑，启迪学生思考想象，培养学生积极探究的思维品质。 用延时语言引导学生对知识的深刻理解，培养思维的深刻性。 引导学生进一步探究新知。 引导认真观察，运用及时强化引导学生比较分析，得出规律。
15 分	教师与学生总结思维程序：通过假设初步验证，我们总结出分数化小数的规律，你们真棒！但这个规律是不是可行，还需要怎样？ 三、验证规律，完善结论 1. 下面请你先自己任意写一个分数，用刚才所说的方法判断，你写的这个分数能否化成一个有限小数？接着，把你写的分数给你同桌的同学看一看，让他也判断一下，然后你们交流。	语言强化 概括 指导程序 指导实践	验证这个规律。 学生交流，运用程序解题。	适时表扬肯定，让学生认识到数学知识的严谨性。 学生出题验证规律，调动学生积极地参与热情，同时让学生体会数学研究的严谨性。

续表

时间	授课行为	应掌握的技能要素	学生行为	教学意图
16 分 30 秒	一下是怎么判断的，最后可以用计算器验证一下你们的结论是否正确？ 2. 出示：学生的例子“ 3/12，这个数有争议了，有的说能化成有限小数，有的说不能？你怎么想？”	反馈、追问、强化	生 1：把 12 分解质因数含含有 3，不能花有限小数。 生 2：3/12 如果先约分，分母是 4，就能化成有限小数，得数是 0.25。	进行反馈、追问、概括。运用台阶提问结合定向强化帮助学生掌握方法。
	问：通过这道题，你得到什么经验？	引导概括	必须是最简分数才能说只要分母含有 2 和 5 以外的质因数，就肯定不能成化成有限小数。	
	想一想，刚才得到的规律，我们还应该怎样补充，使得做法更完善？	定向强化深入	加上最简分数。	
18 分	出示课件：一个最简分数，如果分母只含有质因数 2 和 5 的，能化成有限小数。如果分母含有 2 和 5 以外的质因数，不能化成有限小数。 请同学们读一遍。	演示		
	引导提问：为什么一个最简分数，分母只含有质因数 2 和 5，就一定能化成有限小数呢？举例说明。 总结程序方法：	分析	大声朗读 这些分数的分母都能化成分母是 10.100.1000. 的分数。	通过反问，引导学生逐步完善规律形成建构体系。
	今天我们通过假设—验证假设—得出规律—验证规律—完善规律这一实践过程，总结出分数化小数的规律，很有方法，祝贺你们！让我们为自己鼓鼓掌吧。	概括 语言动作 自我强化	热烈鼓掌。	运用集体强化、自我强化，鼓励学生学习劲头。
	四、巩固提高，反思延伸 1. 把下面能化成有限小数的数化成小数。	活动强化巩固	发散。	活动强化新知。
20 分	3/7、5/16、9/18、7 /8、3 / 22、13/25 着重讨论 9/18 分母有质因数 3，为什么还能化成有限小数呢？（它不是最简分数）			

续表

时间	授课行为	应掌握的技能要素	学生行为	教学意图
	2. 你在学习中的收获是什么？还有什么问题？教师要对学生的每个回答结果都给予肯定。	指导反思	学生围绕知识点，学习策略、学习情感自由发言。	回忆学习策略，指导反思，强化学习效果。

日期：2013年12月1日

【教案点评】

教师运用语言、动作、活动等给学生适时而有效强化，创造了师生和谐的课堂学习氛围。

教师对学生的激励产生感染力，学生带着积极的情感去学习，学习轻松、愉快、主动，且学生思维、记忆等认知功能活跃。

教师在引导学生“提出猜想、验证猜想、得到结论”这一探究过程中，经历几次举例、验证，学生在独立思考、合作交流中不断地发现、探索、完善，最终得到了正确的规律认识，掌握了方法。

鼓励激情，展开想象，体会情感

——语文《珍珠泉》教学设计

樊家村小学　高珊

一、教材分析

《珍珠泉》一课是北京版小学语文第七册教材第5单元的第三篇精读课文。这一单元主要以写景的文章为主，通过学习使学生感受到作者爱家乡的情感。教材对珍珠泉水及水泡的特点描写得很细致，表达出了珍珠泉的美丽、有趣以及作者爱家乡的情感。

二、学情分析

学生对泉水的认知甚少，因此课前要收集资料，了解有关泉水的一些知识，对学生学习本课，有积极的作用。这篇课文中有直接抒情，学生能够根据重点段落、重点词句，体会到作者对珍珠泉的喜爱，但是作者对家乡的热爱，学生很难领悟到。

三、教学目标(见教案)

四、教学重点、难点

抓重点词句，展开想象，了解珍珠泉的样子，感受作者对珍珠泉以及对家乡的赞美和喜爱之情。

五、教学理念

给学生充足的时间自主学习，鼓励学生选择适合自己的学习方式，把选择权交给学生，使学生在自主、合作、探究的学习过程中训练口语交际能力。

利用思维策略培养学生独立分析课文、理解课文的能力。强化是一个心理学概念："使有机体在学习过程中增强某种反映重复可能性的力量称为强化"。强化是塑造行为和保持行为强度不可缺少的关键。

六、教学实施策略

抓住重点词句进行想象的思维策略可以帮助学生揣摩整篇文章所表达的思想感情，思维策略的诀窍是抓住重点词句细体会、深思考。

让学生以小组为单位进行合作探究式学习，体现同学合作探究精神，达到从整体上把握课文内容的目的。

采用"感情朗读悟文意"的思维策略，实现从读中感悟的目的。

七、教学媒体

多媒体辅助教学。

八、教案

科目：语文　课题：《珍珠泉》　训练的技能：强化技能　主讲：高珊

教学目标： 1. 抓重点词句，展开想象，了解珍珠泉的样子。 2. 有感情地朗读课文，背诵 2、3 自然段。 3. 感受作者对珍珠泉、对家乡的赞美和喜爱之情。				
时间	授课行为	应掌握的技能要素	学生行为	教学意图
0 分	一、课题引入 今天我们一起去珍珠泉走一走，看一看。(板书：19. 珍珠泉) 1. 谁来读一读第一自然段，把我们带到珍珠泉边？ 2. 表扬(生读完第一段后，顺势说)嗯，从这段我们就知道了珍珠泉的位置。 3. 这篇文章除了写珍珠泉的位置，还围绕珍珠泉写了哪些内容？ (板书：位置　泉水　水泡　猜想) 4. 同学们，在你们初读课文之后，珍珠泉给你留下了怎样的印象呢？ 5. 珍珠泉真是太美了，作者也觉得它美，于是作者写下了这样的语句：这就是美丽的珍珠泉，这就是我们村的珍珠泉。	激发兴趣 鼓励 诱导 确认 视觉强化 确认 集体强化 语言的	齐读课题。 读第一自然段。 泉水、水泡、猜想。 学生 1：我觉得珍珠泉的水很美。 学生 2：我觉得珍珠泉的水泡五颜六色的非常迷人。 齐读课题。	引入课文，使学生形成学习期待。 强化情感，进入阅读。

续表

时间	授课行为	应掌握的技能要素	学生行为	教学意图
3分	二、走进珍珠泉，感受美 1. 刚刚同学们都说珍珠泉的水很美，水泡很美丽，从文中的哪些语句能让我们感受到珍珠泉的美丽、吸引人呢？ 【出示：自学提示】 请同学们默读课文，用直线画出相关语句，想象画面，并有感情地读一读。 2. 文章第2段写了泉水，我们先从第二段学起好吗？ (1)(生读完后)听完朗读后，你们脑中出现了什么画面吗？ (2)(说完清，再返回去说绿)同学们，你们感受得真好，那泉清的除了能看见潭底的青褐色的石头、沙粒和已经发黑的树叶，想一想，这么清的水面上，我们又能看见什么呢？ (3)难怪作者说，水是那样绿，绿得…… (说完后还可让学生再发挥想象) 3. 你们再想象一下，在水面上除了能看见绿树、绿草的倒影，还能看见什么？ 4. 除了刚刚大家读的这些语句，其他语句在写什么呢？ (1)谁来读一读，告诉我们周围的景色是什么样子的？ (2)读得真好！同学们，你们头脑中再想象一下画面，让我们再体会一下珍珠泉水的美，有感情地朗读一下第2自然段吧！ (3)听了你们的朗读，我的脑海里好像出现了那又绿又深又清的珍珠泉水了，我不禁要说：这就是美丽的珍珠泉，这就是我们村的珍珠泉！	延时强化 焦点化 标志强化 诱导 引导想象 语言鼓励 确认 强化建构 诱导 行为强化 即时强化 强化语言 激发情感	画相关语句。 交流汇报：画绿、深、清的语句。 自由发言。 想象，自由发言。 学生：绿树、绿草的倒影。 读书。 想象并回答问题。 朗读。	让学生借助“自学提示”走进文本，培养学生的自学能力。 语言鼓励，让学生能根据课文内容大胆想象。 利用“想象”，让学生深刻感受泉水的美。 进入重点段落，让学生在读中感悟。

续表

时间	授课行为	应掌握的技能要素	学生行为	教学意图
	5. 刚才我们从珍珠泉那绿、深、清的水中感受到珍珠泉的美，除了水，同学们还说珍珠泉的水泡很美丽，水泡哪里吸引你了？请同学们快速读读课文第三自然段，选择自己喜欢的一句好好读读。 （板书：水泡。出示第三段内容）	行为强化	想象并有感情地朗读课文。	
	6.（生读完第三自然段后）你喜欢哪一句？或者说哪一句话让你感受最深？ （全班交流，出示重点词句）	分析	同桌讨论，之后全班汇报。	体会标点符号的作用，感受水泡颜色多。
	(1)嗯，这几个词你们抓得真好，那放到句子中你们能读好吗？	集体强化		
	(2)珍珠泉的水泡五光十色，有红的、黄的、绿的、紫的，除了这些还有吗？你是从哪里知道的？ (3)师：你们理解得真好，你能把你的感受通过朗读表现出来吗？ (4)老师读这句话时，觉得很奇怪，为什么说太阳筛下一束束金光，而不说射下呢？ (5)你们说得真棒，我想你们一定也能把它读好。	肯定强化 确认	学生1：射下……密密的树叶遮挡着，阳光不能直射到。 学生2：太阳光透过……所以用筛下一束束金光。	抓住重点词语，联系有关情境，体会作者用词的准确。
	(6)咱们再看一下这句话，“水面和潭底，……紫的光……多像一串一串彩色的珍珠啊！”听老师读完这句话，你还有什么新的发现吗？这句话用了什么修辞方法？	集体强化 语言的	交流。 比喻。	
	(7)把什么比成什么了？ (8)为什么要这样写？ (9)那你能用老师给你的句式，把这句话说完整吗？ 出示：这句话运用了（　　）的修辞方法，把（　　）比作（　　），这样写就突出了水泡（　　　　）。 （层次：出示句式，隐藏句式，同桌说，指名汇报）	确认 追问 运用 标志强化	把水泡比喻成彩色的珍珠。 突出水泡颜色多，数量多，水泡美。 学生填空。	给学生一个支架，让学生体会运用比喻的修辞方法对全文所起的作用。

续表

时间	授课行为	应掌握的技能要素	学生行为	教学意图
	(10)这句写出了水泡从潭底升到水面的经过，写得非常有趣，我也很喜欢。下面请同学们闭上眼睛听老师读读这句话，从老师的朗读中你仿佛看到了什么？	变化声音	同桌交流，个人汇报。 学生3：我喜欢“开始，水泡很小，摇晃着越升越高，越来越大，最后在水面绽开了，在‘扑哧’一笑中消失了！”	
	(11)水泡摇晃着不断往上升，真有趣，谁能演一演？(先让生表演，之后师生一起表演)	动作强化	倾听，想象 学生1：我仿佛…… 生2：我仿佛 …… 表演：用两只手表示水泡，用身体扭动表示水泡摇晃的样子。	借助想象、表演的形式，激发学生的学习兴趣，从中让学生体会出作者把水泡当作人来写，更加突出了对水泡的喜爱。
	(12)珍珠泉的水泡摇摇晃晃地从潭底冒到水面上，可真有趣。有时阳光照到水面上，水泡还会射出五颜六色的光，美极了！所以，当我看到这样的水泡时便忍不住要说：	语言激励		
	出示：“这就是美丽的珍珠泉，这就是我们村的珍珠泉。”	标志强化 情感升华		
	三、回归整体，升华感情			
15分	1. 是的，珍珠泉确实很美！因为它有绿、清、深的水，还有那彩色珍珠般的水泡。	强化 肯定	齐读。	升华情感。
	下面，请一位同学来给大家有感情地朗读2、3自然段，其他同学在听的时候，想想自己内心有什么感受！	确认		
	2. 嗯，从你们的发言中，我感受到了你们对珍珠泉的喜爱了，那作者是不是也如此的喜爱这珍珠泉呢？从哪儿看出来的？	个别强化	有感情地朗读，之后自由发言。	培养学生抓重点句的能力。
	3. 看，读得多好啊，这里就直接抒发了作者对珍珠泉的喜爱之情！ (板书：直接抒情)	个别强化 语言激励		向学生渗透“直接抒情”的写作手法。
	4. 珍珠泉还引发了作者的猜想呢，那作者猜想什么了？谁来读一读？从作者的猜想中，你能体会到什么？	互动激趣	是，读相关语句。 朗读、想象，体会情感。 生：珍珠泉给作者的童年带来了很多快乐。	让学生抓重点段、句进行合理的想象，体会作者表达的情感。
	5. 说得多好啊，那你还从哪些语句中感受到了作者对珍珠泉的喜爱呢？ (板书：喜爱)	情感强化 引发共鸣	生：第六段，本来滴下来的是水，可作者说是珍珠，表达了作者对珍珠泉的喜爱。	引导敢于提出疑问，培养创造性。

续表

时间	授课行为	应掌握的技能要素	学生行为	教学意图
20 分	6. 学完这篇课文，大家还有什么不理解的地方吗？ 7. 请同学们带着作者对珍珠泉的喜爱之情，再读读这篇课文吧！	 集体强化 引发共鸣	质疑、自由发言。 齐读。	升华情感。

日期：2013 年 8 月 15 日

【教案点评】

运用强化技能进行教学使整节课学生学习的热情高涨，学习气氛融洽。课堂上学生活动的时间多了，上课效果事半功倍！

在学习水泡的形、动时，教师采用了评读的方式，让学生在相互的朗读之中感受教学重点。这样既可以锻炼学生的朗读能力，又可以让学生说出自己对课文的理解。借助学生的表演，学生感受到水泡的形成过程的有趣学习热情高涨。

激发真情实感，走进童话角色

——语文《小壁虎借尾巴》教案设计

芳城园小学　何月

科目：语文　　课题：小壁虎借尾巴　　训练的技能：强化技能　　主讲：何月

教学目标

1. 认知目标：知道动物们的尾巴各有各的用处；有感情地朗读课文。
2. 能力目标：能够走进故事进入角色，感受和揣摩人物心理。
3. 情感、态度与价值观：创设情景让孩子走进童话当中，渲染情绪，激励学习状态，增强学生情商与情感能力。

时间	授课行为	应掌握的技能要素	学生行为	教学意图
0 分 20 秒	同学们已经找到了小壁虎都向谁借了尾巴，也找到了借的结果，那请你再说说为什么大家没有借尾巴给小壁虎。 请你看着屏幕上的提示，用完整的话来说一说大家为什么没有借尾巴给小壁虎。 小鱼用尾巴（　　） 老牛伯伯用尾巴（　　） 燕子阿姨用尾巴（　　）	重复强调 暗示强化 条理强化	学生回忆课文，并进行简单叙述。 学生借助提示整理思路，并尝试将所想进行完整地表达：因为小鱼用尾巴拨水，所以不能借尾巴给小壁虎；因为老牛……，所以……	以大纲提示的方式帮助学生回忆课文内容，并培养学生清楚有序地将内容表达出来。 通过假设引导学生感悟体会人物心情。

续表

时间	授课行为	应掌握的技能要素	学生行为	教学意图
1分 1分45秒 2分15秒 3分 5分 7分30秒	如果你是小壁虎，你的心情会是怎样的？每一次伤心的程度都一样吗？有没有变化？ 那我们再来看看小壁虎每一次和大家借尾巴所说的话。 “小鱼姐姐，您的尾巴借给我行吗？ 老牛波波，您的尾巴借给我行吗？ 燕子阿姨，您的尾巴借给我行吗？” （老师指导朗诵，读出一次比一次更加难过。） 谁能来读一读，小壁虎这三次都是怎样借尾巴的？ 很多同学都举手了，请你们同桌之间互相读一读，感受一下。 我们一起来读一读这三句话。 是啊，小壁虎借了一次两次都没有借到，每次都失望和难过，最后一次还是没有借到，它的心情…… 最后还没有借到尾巴的小壁虎伤心、失落地回家找妈妈了…… 但妈妈看到伤心的小壁虎，却是怎么说的？ 妈妈叫小壁虎傻孩子，小壁虎真的傻吗？ 小壁虎不是真的傻，妈妈怎么却称它傻孩子呢？ 对，小壁虎借了半天，伤心难过了半天，它都不知道自己的尾巴已经…… 那我们看看，小壁虎的这一天 （课件展示每一幅图） ①图：在断掉的时候 ②图：和小鱼借尾巴 ③图：和老牛借尾巴 ④图：和燕子借尾巴 ⑤图：回家找妈妈	引导假设 诱导 示范 语调 语速 动作强化 注意倾听 形成期待 组织 活动强化 强调 语言 启发 引导 神态 语气 诱导 引导 强调 启迪 演示 指引	学生进行猜想：很伤心、很难过。 学生试着进入角色，体会情感：会越来越伤心，一次比一次难过。 学生倾听观察，体会每次语气的变化。 尝试读出感情。 学生受到启发，同桌互相尝试。 全班读。 学生进行猜想和体会：太难受了、很难过。 学生情绪随引导慢慢进入到角色身上。 学生随着引导，脑海中展现故事情节：傻孩子，你转过身看看。不是。 学生思考：因为它都不知道自己尾巴长出来了。 学生学习情感受到激发，完全进入到故事中：已经长出来了！ 学生观看故事并轻声描述： 没了，断掉了； 长出了，长出了小尖； 长出来了一小节！ 已经快长好了！ 长好了！	一层一层深入体会，揣摩情感。 以示范的形式能够激励学生尝试。 使用语调、语速等技能让学生体会每一次的不同。 学生练习有感情地朗诵、表演。 由几名同学强化感觉后所有同学进行朗读体会，最后进行全班强化。 强化学生情感并引导联想，使学生走进故事，产生角色情绪。 通过一个称呼来诱导学生思考，妈妈为什么这么说？通过这个问题做引，让学生回顾前景。 通过提示来帮助学生加强代入感，提升揣摩能力。 通过图片引入直观地让学生回顾小壁虎一天的历程，并引导学生再次进入角色心理历程，感受小壁虎一天变化，调动情绪以最真实的感觉体会到最后长出尾巴的兴奋，并自发地喊出：“尾巴长出来了！”体会那种高兴和激动。

续表

时间	授课行为	应掌握的技能要素	学生行为	教学意图
9分	（回放借尾巴的三句话） 孩子们，我们刚刚体会了小壁虎借尾巴，一次一次借不到的失落、伤心、难过，而回到家后，我们转过身却发现…… 小壁虎的心情这时变成了什么样？ 它高兴地喊出来！谁来做长出尾巴的小壁虎，来试试喊出这句话。 我们一起试试。	动作 神态 强调 活动强化 神态 体态语言 倾听	尾巴长出来了!! 学生情绪被调动起来： 特别高兴。 太高兴了。 惊喜。 “我长出一条新尾巴啦!” 同学尝试。	
13分	此时的小壁虎心情真是—— 随着小壁虎心情的转变，我们的故事也有了一个美好的结局。 虽然借了几次都借不到尾巴，最后竟然发现…… 那我们回到……，还记得为什么小壁虎没有借到尾巴？	语调强化 延时强化 反馈	全班体会感情读。 高兴极了！ 自己长出了一条尾巴！	在情感最激烈的时候进行强化。
14分	大家的尾巴都有自己的用处，你猜猜，小壁虎的尾巴有什么用。 那么：小壁虎的尾巴用来（　　　）	呼应 强调 语调	因为… 学生进行推理：在遇到危险的时候，弄断它逃走。 学生进行总结：保护自己	结束学生的情绪，回归通过课文所学到的新知识，总结出小壁虎的尾巴，可以用来保护自己。

日期：2013年8月13日

【教学反思】

本课教师只作为辅助者来帮助学生走进故事中去，将课堂完全还给他们自己去体会与思考。在教学中，教师以语气示范、引导想象等方式为学生创建情景渲染气氛，帮助他们更好地进入角色，感同身受地理解小壁虎的情感变化过程，学生不仅激发强化了学习兴趣，并能沉浸在角色的情绪中，对课文做到真正理解，培养了学生感受和分析角色的能力。

强化认知，快乐体验

——音乐《苗家儿童庆丰收》教案设计

东铁营一小　刘京涛

科目：音乐　课题：苗家儿童庆丰收　训练的技能：强化技能　主讲：刘京涛

教学目标：
1. 认知目标：掌握附点节奏。
2. 技能目标：通过模仿对比、表演等方法，学会附点节奏。
3. 情感目标：乐于音乐表演，积极参与并体验音乐。

时间	授课行为	应掌握的技能要素	学生行为	教学意图
0分	1. 我们国家是个拥有56个民族的大家庭，今天老师带大家去苗寨看看，看看他们在做什么呢？ 2. 出示图片 提问：你能用下面的节奏告诉老师，他们在做什么吗？	引起注意 语言强化 问题设计	认真听讲，知道本节课的内容，精神集中。 读节奏：xx x 吹芦笙。 xx x 敲铜鼓。	引起期待，集中注意准备上课。 回顾节奏，复习已知。
30秒	3. 评价：非常准确 提问：苗族的小朋友在吹笙打鼓的干吗呢？ PPT出示节奏： xx　xx　xx　x 苗家 儿童 庆丰 收	动作强化	认真听讲，观察节奏谱读节奏。 观察对比，认识新节奏。 xx　xx　xx　x 苗家 儿童 庆丰 收	带入新节奏。 通过合作学习编排动作进行小组合做练习。
1分30秒	4. 评价：你们读得很不错。 【找】问题：下面老师再来写出一条节奏，你能对比一下，有不同吗？	焦点化 形成连接	x· x　xx　xx　x 苗家　儿童 庆丰 收	
2分	5.【学】教学语言：我们今天见到的小尾巴，叫作附点，它的作用是延长前面音符的一半。	清晰流畅 标志强化	认真观察，学习附点。	培养学生的创造性。
2分30秒	6. 教学引导语言：那现在我们把可爱的小附点音符加入刚才的节奏里面吧。	接近强化 进行强调	跟老师读： x· x　xx　xx　x 苗家　儿童 庆丰 收	
3分30秒	7. 教学语言：看来你们都会了，那现在我们加大难度，你能先读节奏，后按节奏拍一拍吗？发挥你的想象，都能怎么拍节奏呢？用你的办法试试吧。	停顿节奏 活动强化	分小组用不同方式读、拍（可依学生自由拍椅子、腿、跺脚等）。	
5分30秒	8.【唱】教师语言：两个组的同学都非常准确，现在我们就把这么有趣的节奏，放到歌曲中感受一下吧！	合理分配 活动强化	聆听歌曲。	用音乐奖励的形式，激发学生学习的积极性。

续表

时间	授课行为	应掌握的技能要素	学生行为	教学意图
06 分	9. 你们想唱一唱，和苗家小朋友一起感受一下丰收的欢乐气氛吗？	活动强化	跟示范演唱。	通过表演展示，培养学生评价能力和文明礼貌的习惯。
08 分	10. 歌曲中有我们刚刚学过的节奏，还留给我们欢乐地拍手时间呢，我们一起试试吧。	动作强化	加入拍手，跟琴演唱。	
10 分	11. 教师语言：让我们玩个接龙游戏，你们唱前两句，我唱后两句，好吗？	合理分配 活动强化	完整体会演唱前两个乐句。	培养学生监控学习能力。
11 分 30 秒	12.【演】你们唱得真不错！这么快乐的歌曲，让我们随着音乐动起来吧，加上你喜欢的动作吧。 13. 总结：欢乐的歌曲学完了，我们的课也要结束了，谁能说说，今天我们学了什么呢？	体态变化 动作强化 反馈探询	跟着示范唱唱跳跳。 思考回答，反思。	通过表演，小组之间互相学习经验，找出自己的不足。在总结中评价自己，同时也评价了他人。

日期：2013 年 12 月 1 日

【教学反思】

本节课通过强化技能，让学生在不同的变化中，饶有兴致地得到了技能训练，最终对此种节奏类型掌握了，效果较好。但课程中也存在不足之处，在学生由读到拍手的过渡中，教师的指导不太到位。

强化技能巧运用，学生健康过夏天

——品德与生活《健康过夏天》教学设计

西罗园六小　马曦

一、教材分析

《健康过夏天》是首师大版《品德与生活》一年级下册第四单元《愉快的夏天》主题四的第一课时。本单元是有关季节与生活关系的最后一个学习主题，引导学生走进大自然，感受夏天和其他季节不同的特点，要求学生掌握保护自己健康和安全的生活常识，为他们过一个愉快的夏天奠定良好的基础。

二、学情分析

经过一个学期的学习，学生已经对季节与生活的影响有了比较深刻的认识，对季节的变化特征有了基本的了解，并且有了比较深刻的体验。

学生很喜欢夏天，因为夏天可以吃冰棍、喝冷饮，但是在吃冷饮的过程中不注意控制数量，有 62%的孩子每天都会吃 3 根以上的冰棍，82%的学生在户外活动后会选择冷饮降温。

三、教学目标(见教案)

四、教学重点、难点

教学重点：了解一些过夏天的健康饮食的方法和常识，初步学会在夏天照顾自己。

教学难点：培养学生过夏天的良好的生活习惯，提升学生的自护能力。

五、教学理念和理论依据

《品德与生活课程标准》基本特征中的“生活性”指出：“本课程视儿童的生活为宝贵的课程资源。课程学习本身是儿童生活的组成部分，是儿童在教师指导下真实体验生活、主动参与生活、创造生活的过程。”

强化技能是教师主要依据“操作条件反射”的心理学原理，对学生的反应采用各种肯定或奖励的方式，使教学材料的刺激与希望的学生反应之间，建立稳固联系，帮助学生形成正确的行为，促进学生思维发展的一类教学行为。

本课教学内容“健康过夏天”主要通过了解学生的生活实际，在课堂上设计各种教学活动，强化学生对夏天自我保护的意识。

六、教学策略

1. 通过学生的体验活动，使学生初步知道健康过夏天的常识，指导、强化学生如何健康过夏天，初步学会照顾自己。

2. 通过学生喜欢的卡通形象将夏天的特点进行强化，提出怎样健康过夏天的问题。把以往学过的关于夏天的知识进行回顾，加深印象，强化学生对夏天特点的认识，为后面的活动奠定基础。

3. 引导学生通过具体事例进行讨论，通过对问题的讨论，强化学生对如何健康过夏天的认识。

七、教案

科目：品德与生活　课题：健康过夏天　训练的技能：强化技能　主讲：马曦

<table>
<tr><td colspan="5">教学目标：
1. 知识与技能
(1)了解一些健康过夏天的常识，掌握一些健康饮食的方法。
(2)在夏天注意自己的饮食安全，初步学会照顾自己。
2. 过程与方法
通过小故事、医生建议和各种活动，培养学生过好夏天的良好生活习惯。
3. 情感、态度与价值观
(1)让学生喜欢过夏天，热爱夏天。
(2)以愉快、健康的心情面对夏天的一些烦恼。</td></tr>
<tr><td>时间</td><td>授课行为</td><td>应掌握的技能要素</td><td>学生行为</td><td>教学意图</td></tr>
<tr><td>0分</td><td>一、听一听，想一想——怎样健康过夏天
导入语：同学们，今天我们班来了一位小客人，你们想不想看看它是谁啊？</td><td>引起兴趣
标志强化</td><td>倾听、猜想。</td><td>引起学生好奇，进入状态！</td></tr>
</table>

续表

时间	授课行为	应掌握的技能要素	学生行为	教学意图
10 秒	1. 出示情景对话 胖胖熊：同学们，你们好！我叫胖胖熊。看，今天我穿戴这么整齐，正准备外出游玩。啊，夏天到，夏天到，火辣辣的太阳当头照。放假了，终于可以好好玩一玩了。知道我要去哪儿吗？哈哈，我要去玩几天！我最喜欢夏天了，在夏天里我可以尽情地吃冰棍、喝冷饮了。真棒！可是我应该去哪儿才好呢？	初步认识 定向强化 媒体强化	听对话、观看图片。 小组活动：讨论夏天能够躲避高温的地方。	创设夏天的情景，用学生喜欢的卡通人物激发学生兴趣，提出教学主题，引发学生对夏天问题的关注与思考。
2 分 3 分	2. 小组讨论： 谈话：咱们同学分成小组商量商量，看我们在夏天有哪些地方能够帮助我们躲避夏天的高温，帮帮胖胖熊吧。 引导：胖胖熊听了你们的建议，决定去郊外走一走。让我们跟它一起去玩一玩吧。 二、说一说、选一选——夏天饮食要健康	群体沟通 小组强化	生：大山里面，山里面有好多的树，夏天肯定很凉快。 生：离水近的地方。 生：海边，每年夏天我爸爸妈妈都带我去海边，可凉快了！	用小组讨论的方式让学生初步学会合作学习，能够在小组里发表自己的意见，同时了解同伴对夏天避暑地点的选择。
3 分 10 秒 4 分 4 分 30 秒 8 分	1. 怎样吃冰棍——你来定 胖胖熊：明明？你怎么了？怎么几天不见变成这样了？出什么事了？ 谈话：在炎热的夏天里，冰棍是我们大家都很喜欢的食品。你们爱吃吗？这么多呀！明明也和我们大家一样喜欢吃冰棍，而且吃起来没够…… 提问：谁知道明明为什么住进了医院？ 出示明明的图片 谈话：这是咱们班同学一天吃冰棍的情况统计表。那我们一天吃几根冰棍才能又舒服又不会像明明一样生病呢？	标志强化 定向强化 语言强化 集体强化	观察、倾听、思考。 思考明明为什么会住进医院。 生：因为明明冰棍吃得太多了！ …… 全班讨论。 生 1：我爸妈说了，夏天只让我一天吃一根冰棍。 生 2：我每天吃 3 根冰棍，没有像明明那样。 生 3：我觉得热了就可以吃冰棍，为什么不能多吃呢？	提出学生在夏天最经常遇到的吃冰棍的问题，引用医生的建议在课堂上帮助学生解决夏天怎样吃冰棍才能健康度夏的问题。 通过明明的事例引发学生对吃冰棍问题的思考。
10 分	谈话：看来同学之间产生了分歧。那我们来听听医生是怎样对明明说的吧。 媒体播放：医生建议 提问：刚才听了医生的话，你想给明明提出什么建议？	语言强化 即时强化	小组讨论 生 1：明明，你还是少吃点冰棍吧，就算是夏天炎热，也不能吃太多。要不然就该肚子疼了。 生 2：医生阿姨说的跟妈妈说的一样。明明还是应该听妈妈和医生的话。	利用医生的话强化学生在夏天吃冰棍要有限度，才能保证身体健康。

续表

时间	授课行为	应掌握的技能要素	学生行为	教学意图
	胖胖熊：嗯，看来，冰棍可以吃，但是要少吃。那在炎热的夏季，明明除了冰棍之外应该多吃哪些东西呢？你帮明明来选一选吧。	语言强化 标志强化		
12 分 30 秒	2. 食品小超市——你来选 评价追问：你们选得真好，可是你们知道为什么我们要多吃水果和蔬菜吗？	活动强化	学生分小组挑选适合夏天的食物。	让学生以小组为单位商量、挑选适合夏天吃的食物，发现夏天“吃”出健康的秘密。
13 分	小结：水果和蔬菜能在夏天给我们提供很多的维生素和水分，维持我们身体的平衡状态，保证我们身体健康。 调查：夏天你们家里经常吃的蔬菜水果有哪些？说一说。		生 1：西瓜、桃子 生 2：黄瓜、西红柿 生 3：苦瓜、葡萄 ……	
13 分 20 秒	谈话：刚才有同学说到了苦瓜——那你们爱吃吗？为什么？	定向强化		
15 分	追问：还有谁也不爱吃苦瓜？举手，老师和你们一样小时候也不爱吃苦瓜，但是夏天天气炎热，很容易上火，适量的吃一些苦瓜不仅能清热去火解疲乏，而且它还有提神醒脑，增加食欲的功效。这么好的东西，怎样能让它变得美味呢？老师今天给你们做出了两道美味的苦瓜食品。你们一起来尝一尝吧！	活动强化 集体强化	生 1：苦瓜味道太苦了，一点都不好吃。 生 2：苦瓜我爱吃，妈妈说夏天吃苦瓜不会上火。 品尝苦瓜制作的食品。	让学生品尝苦瓜制作的食品，改变原来对苦瓜不好的印象，引导学生健康过夏天。
15 分 40 秒	3. 饮料的秘密——你知道 提问：同学们，现在我们市场上有各种各样的饮料，平时你们都爱喝哪一种？	语言强化 接近强化	生 1：我爱喝冰红茶 生 2：我爱喝可乐 生 3：我喜欢喝鲜橙多 ……	
16 分	引导观察：今天你们喝的是什么？举起来让大家看一看。		举起自己今天带来的水让大家看看。	提出你们喜欢喝饮料，但是家长为什么给我们喝的是白开水？这个问题能让孩子们了解到夏天怎样才能喝出健康。
16 分 30 秒 18 分 30 秒	咦？这件事情真奇怪，你们都那么爱喝饮料，怎么带的大多数是白开水呢？为什么啊？谈话：在饮料王国里也出现了这样的一个问题。他们正在评选谁是饮料之王。听，他们正在争论呢。	语言强化	发现同伴大多带的是白开水。 生 1：我爸爸妈妈不让我喝饮料，说饮料对牙齿不好。 生 2：我爸爸妈妈说白开水对我们身体好。	

续表

时间	授课行为	应掌握的技能要素	学生行为	教学意图
20分	媒体播放：饮料之王的故事 小结：在炎热的夏天除了饮料之王——白开水是我们的好朋友，我们还可以喝一些自己冲泡的淡绿茶消暑解渴。和它们一起做朋友，在炎热的夏天你们就一定能够喝出健康。 三、试一试，做一做——我能健康过夏天 1. 强化：通过这节课的学习，你知道了哪些让我们健康过夏天的小方法？跟你组内的同伴说一说。 2. 延伸：同学们刚才说的这些方法都非常好，能帮助我们健康过夏天。有些小方法可以回家告诉爸爸妈妈，让我们全家一起健康过夏天。 3. 总结：今天，我们帮助胖胖熊解决了它的困难，还知道了一些健康过夏天的好方法。我们在夏天里不但要吃出健康、喝出健康，更要做一个健康快乐的小学生。让我们过一个健康、快乐的夏天，享受夏天给我们带来的乐趣。	媒体强化 集体强化 小组强化 延时强化	组内说一说今天学会的能让我们健康过夏天的方法。	将本节课学到的有关健康过夏天的知识试着用到自己的生活中，能够使自己健康过夏天。 引导学生在生活中能够主动解决夏天中的一些烦恼，激发学生喜欢夏天的情感。

日期：2013年8月8日

【教学反思】

本节课提出学生生活中遇到的吃冰棍、吃苦瓜等实际问题，指导学生健康过夏天。在教学活动中，教师还要注意在师生互动中及时、随时强化。

项目8 板书教学技能

定义：教师利用黑板或投影板上的文字符号、线条和图像的方式，向学生呈现教学内容、认知过程，使知识概括化、系统化，帮助学生正确理解，增强记忆，提高教学效率的一类教学行为。

要素：直观形象、书写绘画、结构布局、时机掌握。

类型：关系式、总分式、线索式、表格式、图像式、综合式。

板书教学技能评价单

日期＿＿＿＿＿＿　任课教师＿＿＿＿＿＿

请您在听课后对以下各项目评价，在恰当等级下画"√"

	优	良	中	差	权重
1. 是否与教学内容紧密联系，形式变化多样。	□	□	□	□	0.2
2. 板书简洁、有条理。	□	□	□	□	0.15
3. 文字书写规范整洁。	□	□	□	□	0.1
4. 板书、版画比例合适、美观、适宜观看。	□	□	□	□	0.1
5. 板书重点突出，富有概括力。	□	□	□	□	0.15
6. 板书，版画时机适当，速度适宜。	□	□	□	□	0.1
7. 版画简、快、准，能激发学生兴趣和思考。	□	□	□	□	0.1
8. 重点、关键醒目，加强理解、强化记忆。	□	□	□	□	0.1

标出狐狸老虎，板书版画现思路

——语文《狐假虎威》教案设计

六里桥小学　陈冬梅

科目：语文　课题：狐假虎威　训练的技能：板书技能　主讲：陈冬梅

教学目标：
1. 了解故事内容，掌握重点词义，理解"假"的含义。
2. 通过表情朗读理解文意。
3. 知道"狐假虎威"讲的道理。

时间	授课行为	应掌握的技能要素	学生行为	教学意图
0分	上课，同学们好！ 现在继续学习课文？ 板书：狐假虎威 （排列：取中上位置） 我们先熟悉课文，大家齐读。 看到课题你有什么想法？ 提示：这个"假"字是什么意思？ 有的同学根据查字典，找到了它的准确意思，说明有学习方法。 …… 狐狸骗了老虎三次，第一次怎样骗的？板书：骗 谁来读一读。	 时机 结构布局 依从 启发提问 画点 表扬鼓励 …… 时机、位置分配	 引起注意。 自由发言。 不知道；借；假装…… 知道"假"字的含义。 …… 集中注意，观察思考。 读书。	 用醒目标题吸引学生注意。 引导假设。 用画点标示重点词，帮助理解词义。 …… 话出手写，引起共鸣。

续表

时间	授课行为	应掌握的技能要素	学生行为	教学意图
	评价“扯着嗓子喊”的朗读效果。	评价	交流朗读体会。	通过交流，理解狐狸的鬼主意。
	……	……	……	……
	老虎为什么受骗了？板书：假	布局位置	交流：狐狸借老虎的威风把百兽吓跑了。	板书突出对词义的理解。
	怎样理解“狐假虎威”这个故事？ 择机板书：老虎	时机	狐狸狡猾，老虎愚蠢； 狐狸聪明，老虎被骗； 百兽不怕狐狸……	
	择机画箭头。	直观形象	吸引思考。	帮助思考理解。
	……	……	……	……

板书：

狐假虎威

狐狸（狡猾）　　老虎（愚蠢）

↓　　　　↓

骗 ——→ 被骗

虚张声势　　虎威被借

【教案反思】

板书对理解课文思路一目了然，教师通过讨论交流，择机板书版画，掌握恰当时机、吸引学生注意和帮助思考，理解文意的教学效果显著。

直观形象，一目了然

——生物《种子的结构》教案设计

卢沟桥中学　王丽霞

科目：生物　课题：种子的结构　训练的技能：板书技能　主讲：王丽霞

时间	授课行为	应掌握的技能要素	学生行为	教学意图
教学目标： （略，见说课教学设计）				
0 分	同学们好！现在上课！ 北京冬小麦播种刚刚结束，我们发现，农民一般是先整地施肥（有机肥）再播种，那么，种子萌发是否需要这些肥料的营养呢？（出示图片）	组织管理 创设情境 设问	集中注意力。 观察施肥播种冬小麦的图片。	组织学生做好上课准备。 出示农民播种冬小麦图引起学生兴趣。

续表

时间	授课行为	应掌握的技能要素	学生行为	教学意图
	这是兴趣小组的同学针对这个问题设计完成的实验。结果是有肥和无肥的两组实验中萌发情况基本一致，这个结果说明种子萌发时所需的营养来自于种子内部。	搭建支架 讲解	小组成员汇报。 观看实验结果。	通过汇报交流成果，帮助学生向新课知识过渡。
	种子的结构是怎样的？ 一粒种子为什么能发育成一个植物体？	设问	回答问题：来自于种子内部。	引起思考：种子萌发时所需营养来自于哪儿呢？为后续学习铺垫。
	这节课我们就共同探讨种子的结构。 板书：种子的结构 你打算怎样研究种子？	引入新课 启发思考 形成学习期待 位置（中间）	形成探究意识。	通过设问进入课题。
5分	板书：一、大豆种子的结构 1. 外部观察——种皮、种孔	引导假设 位置（靠左）	交流观察。	引导探究学习。
	(1)学生仔细观察大豆种子的外形、颜色。出示观察要求。 步骤：	组织观察	学生仔细观察大豆种子的外形、颜色。	通过出示大豆种子的外部形态图片，帮助学生对各部分进行准确认识。
	观察种孔时，只要轻轻挤一挤，就可以从种孔中流出少量水，以证实种孔的存在。	指导操作	观察种脐。 推测功能。	通过操作观察，准确识别种子的外部结构。
	用解剖刀从种子外侧轻划一刀，用手轻轻将种皮撕去，撕取过程中有什么感觉？	提示	操作：轻轻挤一挤种子，观察水流出的部位，思考种孔的功能。	
	2. 内部观察——胚的结构 指导：	指导观察	完成学案1。	通过学案强化记忆。
	将两片子叶轻轻打开，并与大豆幼苗比较观察，指出胚根、胚芽、胚轴和子叶位置。 使用放大镜要注意规范操作。 大豆幼苗是不是由种子整体发育而来？	诱导	观察后回答。 将两片子叶轻轻打开，与幼苗比较观察，指出胚根、胚芽、胚轴和子叶位置。使用放大镜要注意规范。	出示观察指导。 出示内部结构图片，对各部分结构进行准确认识。
	3. 总结大豆种子的基本结构 出示——大豆的结构图片 版画：种皮、胚 总结，掌握其各部分结构与功能。	板书 版画 位置靠左	知道：幼苗中存在的结构是两片“豆瓣”，其他结构（根、茎、叶）在种子中相应的结构是什么。	出示种子结构，总结图示明确主要结构。
	大豆种子有哪两部分构成？ 将来发育成植物体幼苗的结构是什么？	确认 分析	观察：教师手绘图。	
	大家认识了大豆种子的结构，下面我们来认识另一类种子的结构。	组织活动	操作。 完成学案2、3。 思考回答。	通过操作形成认识。

续表

时间	授课行为	应掌握的技能要素	学生行为	教学意图
10 分	板书：二、玉米籽粒的结构 1. 实验观察 外部观察 先要求学生仔细观察种子的外形、颜色等特征。同时还要说明玉米种子只是习惯上的名称。	时机 板书 靠右上	撕取外皮，知道外皮的特点和功能。	先要求学生仔细观察种子的外形、颜色等特征步骤。
21 分	内部观察胚的结构、胚乳。在观察玉米籽粒时，要强调是纵切面，指导学生将玉米籽粒沿胚的纵轴方向切开，然后向切面上滴加碘液进行观察。 和大豆的胚形态一样吗？ (变蓝的部分成分?)用放大镜仔细观察没有变蓝的位置结构，分析玉米籽粒中胚的位置。并指导学生认识种子各部分的结构和作用 为了更全面地进行了解，先选一粒吸涨后的玉米种子，去掉外皮，用解剖针将种子一侧中央胚(白色船形结构)剥离，用放大镜仔细观察，玉米籽粒中胚的整体结构，并且为后面的活动(制作人工种子)做准备。使用放大镜要注意规范操作。 总结：引导对比，总结出双子叶植物种子与单子叶植物种子结构异同点，提出双子叶植物、单子叶植物的名称和概念。比较种子结构时，配合板书、版画；双箭头种皮；双箭头胚；斜箭头胚乳。 特别强调胚的结构是包括子叶而不包括胚乳的。 检验学生学习效果：提供人工种子的基础知识。根据所给材料设计自己喜欢的人工种子，并进行交流。 课外趣味实验：施有机肥对促进种子萌发作用设计。	提出要求 指导观察 矫正 剥离完整的胚 诱导启发 演示 操作演示 指导观察 反馈矫正 讲解指引 板书版画 位置靠右 板书 版画 引导观察 位置、时机	变蓝的部分成分是哪一部分？说明有什么成分？ 没有变蓝的部分是？ 完成纵切，切面染色实验完成学案二。 观察胚的 4 部分结构。 完成剥离。 观察。 观察：教师手绘图。 完成学案：大豆种子和玉米籽粒的比较表。 观察。 箭头与文字配合的图示，理解结构。	观察了解果皮和种皮的特点与功能。 出示图片。 出示观察要求。 出示纵切位置指引观察。 通过演示了解染色变化。 通过观察，与大豆的胚形态进行比较，明确二者的区别。 通过比较，明确两类种子的区别。明确双子叶植物、单子叶植物的名称和概念。
23 分	结束：引导反思。 讲解并板书。 仔细观察认真比较。	指导 操作实践 评价	分小组完成人工种子制作。分小组交流。 总结反思目标。 上升到学习策略认识。	模拟人工种子活动，通过活动应用，分享快乐，对种子的基本结构能够理解。 提高反馈能力，形成新的期待。

日期：2011 年 6 月 9 日

板书：

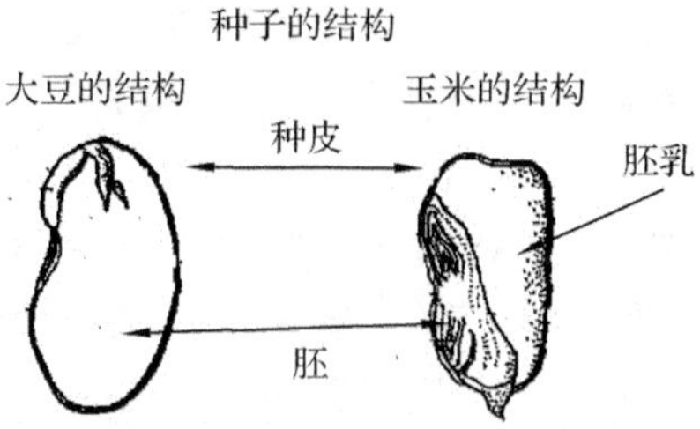

图示：种子的结构板书设计

【教学反思】

1. 本课围绕组织教学技能的要求进行设计板书，要素和教学意图明确。

2. 紧密围绕生物新的教学理念实施授课，教学环节组织精细。通过实验观察，结合板书，学生能够辨认大豆种子和玉米籽粒的结构并准确描述其特征，说明两者之间的异同，能够阐明胚是种子的最主要结构。

3. 结束通过板书指导学生运用思维策略学习，对学生提高学习能力大有益处。

项目 9　结束教学技能

定义：结束技能是教师完成一项教学任务时，通过重复强调、概括总结、指导学生实践活动等方式，对所学的知识和技能进行及时的系统化、巩固和应用，使新知识稳固地纳入学生的认识结构中的一类教学行为。

要素：提出任务、概括要点、总结方法、练习实践、深化拓展、反思监控。

类型：归纳总结型、实践活动型、研讨评价型、反思监控型。

结束教学技能评价单

日期＿＿＿＿＿＿　　任课教师＿＿＿＿＿＿

请您在听课后对以下各项目评价，在恰当等级下画“√”

	优	良	中	差	权重
1. 结束阶段有明确目的。	□	□	□	□	0.1
2. 与所学的知识联系恰当。	□	□	□	□	0.3
3. 结束后学生有完整感。	□	□	□	□	0.25
4. 激发了学生进一步学习的兴趣。	□	□	□	□	0.25
5. 结束时间安排紧凑。	□	□	□	□	0.1

提供平台　促思维发展

——数学《鸡兔同笼问题》教学设计

王佐学校　徐立心

一、教材分析

《鸡兔同笼》是北京市义务教育课程改革实验教材第八册第三单元《实际问题》中的

内容。“鸡兔同笼”问题是我国民间广为流传的数学趣题，最早出现在《孙子算经》中。本教材向学生提供了现实、有趣、富有挑战的学习素材。

二、学情分析

学生在四年级初步学习简单的“鸡兔同笼”问题，学生已初步掌握了“细审词句明题意”、“数量关系图中现”等思维策略，并能运用这些策略审题，利用画图列表等方法尝试解决问题，但从来没有学习过“大胆假设细检验”这个思维策略。一些学生在课外书中已经学习了相关的内容。本班学生思维活跃，敢想敢尝试，语言表达较清楚，有一定的小组合作经验和合作能力。

三、教学目标（见教案）

四、教学重点、难点

教学重点：使学生理解并掌握“大胆假设细检验”这个思维策略，通过画图法、列表法等多种方法来解答“鸡兔同笼”及其类似的数学问题。

教学难点：使学生理解并掌握“大胆假设细检验”这个思维策略。

五、教学理念

学生在现实情境中体验和理解数学。《新课程标准》中指出：“要创设与学生生活环境、知识背景密切相关的，又是学生感兴趣的学习情境，让学生在观察、操作、猜测、交流、反思等活动中逐步体会数学知识的产生、形成与发展的过程，获得积极的情感体验。”

结束技能是教师完成一项教学任务时，通过重复强调、概括总结、组织实践活动等方式，对所学的知识和技能进行及时地系统化、巩固和运用，使新知识稳固的纳入学生的认知结构中及诱发学生继续学习积极性的一类教学行为。结束技能不仅只应用于一节课的结尾，课堂上任何相对独立的教学阶段都需要应用结束技能。

六、教学策略

1. 创设开放的问题情境和宽松的学习氛围，给学生充分思考、交流的时空，引导学生自主进行探究活动。

2. 运用思维策略自己尝试解决“鸡兔同笼”问题，在交流中学习“大胆假设细检验”思维策略、总结诀窍，掌握这个新策略。

七、教案

科目：数学　课题：鸡兔同笼　训练的技能：结束技能　主讲：徐立心

教学目标： 1. 知识与技能：使学生初步认识“鸡兔同笼”的数学趣题，了解与此有关的数学史，感受我国传统的数学文化；使学生自主探究解决问题的方法，理解并掌握用图解法和列表法这两种基本方法来解答“鸡兔同笼”的问题，并能选择适当方法解决一些与“鸡兔同笼”相似的数学问题。 2. 过程与方法：在学生探究方法的过程中，使学生理解掌握“大胆假设细检验”，形成有序思考的意识，体验数学的思想方法。 3. 情感、态度与价值观：通过数学文化的熏陶感染，培养学生的民族自信心和研究问题的科学素养。

续表

时间	授课行为	应掌握的技能要素	学生行为	教学意图
0 分	上课！	引起注意	集中精神上课。	引起学生的兴趣，感受我国古代数学文化的博大精深。
	……	……	……	……
	小结：对，刚才我们仍然是根据 8 个头这个信息进行假设，只不过这次是把所有假设的情况按顺序列举出来，然后根据腿数计算检验。这也是运用了“大胆假设细检验”这个思维策略。	启发		
	三、拓展 1. 今天，我们学习了鸡兔同笼问题，你觉得鸡兔同笼问题必须是鸡和兔在一个笼子里吗？	提出任务	不是。	通过练习检查学生学习效果。
	那我们就用你刚才学习的策略方法解决一道鸡兔同笼问题，看看你们掌握了方法没有？ 出示：龟和鹤共 6 只，龟的腿和鹤的腿共有 18 条，龟和鹤各有几只？ 简单交流结果。	总结方法	学生独立解决。 生 1：鸭子和小狗。 生 2：三轮车和汽车。 生 3：三角形和正方形。	通过联系生活实际，丰富鸡兔同笼问题的内涵。
	2. 还有哪些问题也属于鸡兔同笼问题？ 3. 出示：有 38 个同学去游乐园划船，共租了 8 条船，每条船都坐满了。大船乘 6 人，小船乘 4 人。大小船各租了几条？	深化拓展	学生读一读，感受鸡兔同笼题目的特点。	通过拓展培养学生发散思维能力。
18 分	三轮车和自行车共 7 辆，一共有 17 个轮子。三轮车、自行车各有几辆？ 四、这节课你有什么收获吗？	练习实践	知识：我知道什么是鸡兔同笼问题，鸡兔同笼问题可以用画图和列表的方法解决。	培养学生思维策略监控能力。
19 分	五、总结 这节课我们学习了用列表和画示意图的方法解决了鸡兔同笼问题。在这过程中，我们又学习了一个新的思维策略“大胆假设细检验”，诀窍是：①不要乱猜测 ②要寻找可能的规律 ③根据其他信息计算检验。	指导反思 概括总结	策略：我学习了大胆假设细检验。这个策略的诀窍就是…… 态度：这节课我觉得很有意思……	通过总结概括，深化对思维策略的认识。

【教学反思】

本课能够按照结束技能的要素设计教学，培养学生反思学习的能力效果显著。

自谈收获　引导反思

——数学《两位数加两位数进位加法》教案设计

右安门一小　于海清

科目：数学　课题：两位数加两位数进位加法　训练的技能：结束技能　主讲：于海清

教学目标：
1. 知识与技能：通过小组合作与交流，让学生体会到两位数加两位数(进位)加法的计算方法的多样化，培养学生的创新意识、合作交流的能力以及学生的口语表达能力。
2. 方法与过程：能够通过自己提出问题、解决问题这一过程，充分体验成功解决问题的喜悦。
3. 情感、态度与价值观：认识到数学源于生活，增强学生对学习数学的信心和兴趣。

时间	授课行为	应掌握的技能要素	学生行为	教学意图
0 分 ……	播放课件。 ……	创设情境 ……	生观看。 ……	组织管理。 ……
16 分 30 秒	三、实践应用，巩固新知 1. 师：春天来了，我们一起到大森林里看看吧！大森林里有很多小动物欢迎我们。看，小松鼠不仅来欢迎我们，还给我们带来了小松果呢！你们能算一算一共有多少个小松果？有困难的同学可以先圈一圈，再算一算，会做的同学做完后可以圈一圈，检查对不对。	引起注意 促进参与 诱导意识	（课件出示：大森林） 预设生：13＋38＝？自己动笔算一算。	通过创设情境引起注意，调动学生学习积极性，活跃课堂气氛。进入巩固。 通过诱导思维意识让学生充分地观察、发现、比较、归纳，进一步帮助学生把竖式中的小1与十个松果沟通联系。
17 分 30 秒	师：老师发现你们都圈出了一个十，能不能说说你们圈的一个十在竖式中哪儿能找到呀？	诱导启迪 确认 强化指导	学生观察比较。	
18 分	2. 请你们当小医生：我们帮助了小松鼠，啄木鸟也遇到了问题，它在给大树捉虫子，我们快来帮它找找看哪棵大树生病了？	观察确认 引导 追问 分析	学生观察课件演示后，同桌交流。	运用群体沟通与个人沟通相结合，确认，强化算法。
19 分	四、梳理知识，回顾总结 1. 小朋友们，今天你有什么收获？ 2. 师：今天你们的表现让老师觉得特别骄傲，你们通过自己的努力解决了 19＋23＝？孩子们，老师希望你们在今后的学习中积极动脑学会学习。愿你们乘着知识的小船，在数学的海洋里自由航行。	指导反思 反馈强化 演示 指导应用 指导总结	畅谈、交流、谈收获、总结方法……	交流，通过反思，落实教学目标。 真诚、信任使师生情感升华，帮助学生树立学习信心，形成学习兴趣。
20 分	3. 老师出题练习。	运用 深化拓展	操作实践。	运用自我提问的策略延续学习兴趣。

日期：2013 年 12 月 1 日

【教案反思】

教师利用信任、鼓励追问等手段启发诱导学生发散思维，鼓励学生用不同的方法，建立学习方法间的联系，使学生主动学习数学。运用比较归纳的思维策略，沟通比较口算与摆小棒、摆小棒与竖式的方法之间的联系，进一步明确算理。

教师在教学中引导学生动手操作、自主探究和合作交流。运用监控思维，引导学生及时恰当地进行小结，在强化个位满十进一算理的同时，初步培养了学生的归纳、概括能力。

反馈监控，有效识字

——语文《工加力字组成功》教学设计

太平桥二小　田琳

教学策略

1. 通过精心设计争小奖章的环节，激发学生的学习兴趣，引导学生积极识字；通过把生字放在不同的语境之中，使学生真正认识生字，初步感受生字的含义。

2. 运用学习指导技能，结束反馈技能，创设有趣的识字情境，实现有效教学。

科目：语文　课题：工加力字组成功　第二课时　训练的技能：结束技能　主讲：田琳

教学目标：

1. 认知能力

(1)在第一课时的基础上，继续学习本课5个生字“反”、“足”、“永”、“泳”、“游”。

(2)知道形声字的特点。

2. 方法与过程

结合具体的语言环境了解生字、词语的意思，建立形、义联系。

(1)能够举出形声字的例子，明确形声字形旁表义，声旁表音。

(2)写好“反”、“足”、“永”、“泳”、“游”这5个字。

3. 情感、态度与价值观

了解形声字的特点，培养学生识字的兴趣和运用多种方法识字的能力。

教学环节	授课行为	应掌握的技能要素	学生行为	教学意图
0分 ……	上课！ ……	创设情境 ……	集中注意。 ……	进入课题。 ……
10分	三、第三关——善于思考奖 1. 这几个形声字多有趣呀！两部分组合各有分工——出示：谁表音来谁表义，请你留心多注意。这样的字肯定不止这4个吧……下面，进入“善于思考”关，看谁是个“善于思考”的孩子。 (自己先想想，再与同伴商量商量。)	联想 探询	举出形声字的例子，试着填空。	运用儿歌中的模式，丰富内容，补充更多的形声字。

续表

教学环节	授课行为	应掌握的技能要素	学生行为	教学意图
	先出示： (　)加(　)组成(　)， 再出示： (　　　　　　　　)。 (师帮忙补充。)	演示	学过的青字族的字，如：三点水加青就是清，小河弯弯水清清。清是个形声字，三点水表义，青表音。	
	师追问：谁表音来谁表义？ (真棒！真是“善于思考”的小标兵！) 谁再试试？	追问 强化鼓励		
	2. 小结：同学们真是棒极了！课文中只说到了 4 个形声字，我们不仅学会了，还能自己补充课文了，简直成了小作家。	言辞激励	具有自信和自豪感	通过小结，自然进入到结束环节。
10 分	四、小游戏——火眼金睛 1. 师：同学们这么棒，奖励你们做个小游戏，怎么样？ 游戏的名字叫——火眼金睛挑毛病。	对比深入	找到错字，改正，记住新字。 通过对比，巩固对新字的认知。	激励学生进入到新的学习阶段。
	(1) 工加又文就是攻。 (哪错了？那反怎么写呀?) (2)是球场上猛进攻。 (这个又哪错了？总是记不住，你们告诉告诉我!)	提示联想	说出两个字的不同。	通过纠错的方式，学习新字，同时新旧进行对比，达到学习新字的目的。
	(3)江河湖海能油泳。 (怎么又错了？教教我!)强化：怎样记住这个“游”字？	总结方法		
	2. 小结：真是火眼金睛的孙悟空，什么都逃不过你们的眼睛，以后再有这样的问题老师一定还请教你们!	反馈强化	找到策略。	通过找方法提高记忆能力。
	3. 过渡：小老师们这么棒，快帮这几个字找找朋友吧! (学生组词，教师适时追问：能用你组的词说一句话吗?)	练习实践	调动已有认知，为新字组词或说一句话。	在词语环境中巩固所学新字。
12 分 30 秒	4. 老师这里也有一些词语，我们一起读读。 师出示词语：	语境强化	读词，加强记忆。	通过拓展练习使新知识稳固地纳入学生的认识结构中。
	反正、反方、反面、相反 满足、足够、 永远、永久、 泳衣、泳池、蛙泳、 游乐园、西游记。	深化拓展		

续表

教学环节	授课行为	应掌握的技能要素	学生行为	教学意图
15 分	请总结你的学习收获？ 教师小结。	指导反思 形成新的期待	总结方法，结合目标谈收获，提升继续学习劲头。	培养反思学习能力。 通过随机小结提升学习内驱力。

日期：2013 年 7 月 3 日

【教学反思】

本教案以培养学生识字兴趣为出发点，根据孩子的识写能力，让学生在闯关活动中和在具体的语言环境中识字，获得知识，务实且有效。

结束过程层次清晰，孩子的主动性得以激发。教师为学生提供反思支架，帮助学生建构体系。在建构模仿、指导实践的过程中，使学生明确了形声字的含义，并进行了适当拓展，效果扎实有效。

项目 10　组织教学技能

定义：组织教学技能是指教师通过变换学习的方式，组织学生积极、主动参与学习活动的一类教学行为。

要素：稳定情绪，言辞激励，安排活动，反馈调整。

类型：学习纪律，组织讨论，指导实践，反馈评价、布置作业。

组织教学技能评价单

日期__________　　任课教师__________

请您在听课后对以下各项目评价，再恰当等级下画“√”

	优	良	中	差	权重
1. 课堂教学组织是否严密、科学、合理、有序？	□	□	□	□	0.1
2. 教师组织教学手段是否多样？	□	□	□	□	0.1
3. 课堂学习氛围是否和谐、融洽？	□	□	□	□	0.25
4. 组织的效果怎样？	□	□	□	□	0.25
5. 反馈是否及时、恰当？	□	□	□	□	0.3

精心组织，将数学与生活的融合

——数学《千克与克的认识》教学设计

成寿寺小学　都杰

一、教材分析

《千克与克的认识》是北京市义务教育课程改革实验教材第 4 册的知识。关于物体的质量问题与生活实际密不可分，学生在买菜、购物中也有所接触。因此，学习这部分知识对学生今后的生活有十分重要的意义。

二、学情分析

二年级的学生正处于活泼好动的年龄，对新鲜事物比较感兴趣，直观、形象思维比较强，对于接近自己生活的知识易于接受，经过亲自经历、亲身感受的事物感悟得比较深入。

三、教学目标(见教案)

四、教学重点、难点

在操作活动中，建立1千克和1克的质量观念，并能够区分。

五、教学理念

《课标》中指出："教学活动是师生积极参与、交往互动、共同发展的过程。有效的教学活动是学生学与教师教的统一，学生是学习的主体，教师是学习的组织者、引导者与合作者。"

任何一堂课都是由组织教学开始的，而且贯穿于课堂教学的始终。组织教学技能是保证课堂正常有秩序教学的一个基本条件。组织教学是教师通过变换学习的方式，组织学生积极、主动参与学习活动，实施高效教学的途径。

六、教学策略

通过操作活动让学生的手、脑都动起来，积极参与到知识的学习过程中，亲自经历知识的探究过程。

七、教案

科目：数学　课题：千克与克的认识　训练的技能：组织教学学习指导技能　主讲：都杰

教学目标：
1. 知识与技能：
(1)初步认识质量单位"千克"与"克"。
(2)初步认识各种秤的名称。
2. 过程与方法：
(1)在实际操作活动中，建立1千克和1克质量的观念。
(2)在测量活动中，初步了解用秤称物体质量的方法。
3. 情感、态度与价值观：对身边的数学信息有好奇心，能参与数学活动。

教学环节	授课行为	应掌握的技能要素	学生行为	教学意图
0分	一、情境导入　激发兴趣 同学们，看看今天我们的教室里有什么不同？	引起注意	有好多东西，像一个自由市场。	从学生熟悉的生活情境导入，激发学生的学习兴趣。
30秒	二、体验购物　感受质量 1. 体验购物 今天老师就请你们到摊位前自己去买东西，首先请各组派一名代表利用自己已有的经验到老师这	形成期待 安排步骤 促进参与	老师扮演小贩，其他同学自由购物。教师指导学生用秤称物品，并介绍秤的名称，并说出重量。	在教师的指导下学生经历购物的过程。

续表

教学环节	授课行为	应掌握的技能要素	学生行为	教学意图
	里尝试买一些物品，然后注意听我这个售货员报的重量。			
3分30秒	2. 反馈交流 ①观察购买包装好的物品，包装上有没有体现重量的标志，说给同学听一听。	反馈矫正 观察 指导发言	1包火腿肠500克、一根火腿肠45克、1包薯片250克、1包饼干500克、一根奇酪果仁夹心巧克力棒14克、1个“宫颐府”面包1千克……	学生初步感知以克为计量单位的物品的重量。
4分30秒	②购买的散装物品的重量是多少？分别用哪种秤称的？	反馈矫正 建立联系 交际指导	生1：我买了1斤苹果，用(台秤)称的。 生2：1千克土豆，用(电子秤)称的。 生3：我买了3个橙子重1斤3两，用(台秤)称的。	学生体会散装物品的购买时会产生不同的质量。初步感受以千克为单位的物品的重量。
5分30秒	③刚才买物品时，秤是怎么显示的，售货员怎么跟你说的重量的。	记忆指导 指导口语交际	生1：我看台秤的指针指向0到1正中间，售货员告诉我是一斤。 生2：我买苹果时，电子秤上的显示是1000，售货员告诉我是1千克。 生3：我买橙子时台秤上指针指向1与2之间，过去3个小格，售货员告诉我是1斤3两。	通过交际强化认识。
7分	三、深入感悟　促进参与 1. 认识生活中的各种秤 ①认识常用的台秤、电子秤 师：刚才我们秤苹果和橙子的是台秤，秤土豆的是电子秤。 ②同学们，你们还知道哪些秤的名称？(课件出示)	讲解 促进参与	盘秤、天平、弹簧秤、磅秤、健康秤。	学生在实际的称量中认识生活中经常使用的几种秤，为学生提供生活经验的积累。
8分30秒	2. 认识千克 ①出示台秤 看看台秤上有一个字母kg，它就是我们今天要认识的质量单位“千克”。 板书：千克　kg 表盘中的数字是从1到20，表示从1千克到20千克。	讲解 确认		

续表

教学环节	授课行为	应掌握的技能要素	学生行为	教学意图
	②出示1千克土豆(每组准备一份) 请同学们称一称，再掂一掂，数一数1千克土豆共有几个。	指导实践合作 指导口语交际	生1：1千克的土豆有点重。 生2：1千克土豆有6个。	学生亲身感受1千克的重量。
	③想一想，什么样的物品的质量可以用“千克”作单位。举个例子。	形成构建	比如人或动物的体重、比较多的水果。	体会千克在生活中的应用。
13分30秒	3. 认识克 ①用手掂一掂刚才同学们买的火腿肠，与刚才掂土豆相比感觉怎样？	提供支架 建立联系	比刚才轻多了。	学生在掂较轻物品的过程中体会克与千克的区别，进一步理解克这个质量单位。
	②观察火腿肠的包装上，体现质量的标志，上面写着什么？	促进参与	生1：45g。	
	③谁知道g表示什么？ 板书：克　g	记忆指导	生2：g表示克。	给学生充分的空间让学生对克有进一步的认识。
	④什么样的物品质量可以用“克”作单位？举个例子	提问 形成构建	比较小的，比较轻的东西的质量可以用“克”作单位。比如：橡皮、铅笔、一个鸡蛋。	
18分30秒	⑤在老师帮你们准备的物品中找一找，哪个物品的质量大约是1克。	猜测 提供支架 指导实践	生1：一枚2分的硬币的质量大约是1克。 生2：一粒花生米的质量大约是1克。	通过体验，让学生进一步认识1克的重量。
	⑥1克的物品的质量给你什么感觉？	提问 建立联系	生3：1克的物品拿在手里感觉很轻，就像没拿着东西一样。	
20分	四、总结全课　课后延伸 同学们通过今天这节课的学习，你有哪些收获？跟大家分享一下吧。	强化确认 反思监控		对本节课知识的回顾中加深理解。
	通过学习，请大家调查身边熟悉的物品或人的质量，下节课我们来交流一下。	实践		把知识延伸到生活中，为课堂知识的学习做一定量的补充。

日期：2013年5月9日

【教案反思】

教师参与到活动中对学生可以起到一定的指导作用。在设计本次教学时，我采用教师扮演商贩的形式，各小组派代表购买商品，使得活动的组织变得有趣味，并且通过教师参与促进了师生的交流，教师在活动中适时对学生进行点拨，促进了下一个环节的实施，为学生对千克与克的理解奠定了基础。

指导到位，整齐划一

——体育《武术》教学设计

东铁营一小　孙靓

一、教材分析

本节课选自人民教育出版社《体育与健康》五年级实践部分中武术的手法、步法、套路组合内容。武术项目具有较强的技术性和健身性，其中武术套路组合动作较难掌握。教师在教材的基础上进行了创编，通过指导学生进行反思监控学习，把武术动作有机地组合起来，形成武术套路动作，提高武术技能。

二、学情分析

学生在教学中已经学习过武术动作，掌握了武术手型、步型的一些基本动作，但从动作规范性，身体协调性、柔韧性上有待提高。武术课堂经常采用小组合作的形式来培养与增强学生之间的团结合作意识，但还需要进一步提高学生的合作能力。个别学生对自己要求不是很严格，在纪律上需要提醒，也需要通过小组合作的形式加以管理和约束。学生对武术课非常喜爱，但对传承武术精神方面还有待提高。

三、教学目标(见教案)

四、教学重点、难点

教学重点：规范武术手法、步法、套路组合动作，学会基本动作的组合与串连。

教学难点：主动参与体育活动，培养武术精神。

五、教学理论

1. 建构主义十分关注以原有的经验、心理结构和信念为基础来建构知识，强调学习的主动性、社会性和情境性，提出了以学生为中心，强调学习资源利用的多元性，在整个教学过程中由教师起组织者、帮助者、指导者、促进者的作用。

2. 狭义的组织教学的主要任务是维持正常的学习秩序，使学生做好上课的心理准备。随着教学研究的深入，教师对于组织教学的理解已经不仅仅是维持学习纪律了。教师还要从有效的教学管理等多种角度来认识和提升自己的组织教学能力。

3.《体育与健康课程标准》指出："课程始终以促进学生的身心发展为中心，在发挥教师主导作用的同时，重视学生在学习过程中的自主学习、合作学习，提高学生探究学习的能力。"

六、教学策略阐述

1. 教师为学生提供教学支架，搭建学习实践平台，指导学生在反思监控中学习。

2. 在合作中反思，形成意义建构，发展学生的创造性思维。

3. 教师及时发现学生合作中出现的难题，进行讲解、示范，指导学生达成教学目标。

七、教案

科目：体育　课题：武术　训练的技能：组织与学习指导　主讲：孙靓

教学目标：
1. 认知目标：熟练掌握武术基本动作，学会将武术动作进行串联的方法。
2. 技能目标：运用武术基本动作，创编形成武术套路，提高合作能力。
3. 情感目标：(1)积极参与体育活动，养成自觉锻炼的好习惯。
(2)在合作中互相学习、团结协作，培养武术精神。

时间	授课行为	应掌握的技能要素	学生行为	教学意图
0分	一、开始部分 师生问好：今天我们继续学习武术套路组合的练习，先进行队列练习，看看谁今天表现得特别精神，谁的动作最到位。	营造学习氛围 语言激励 形成期待	听到铃声迅速站队。 精神饱满，口令响亮。	创设武术学习情境，集中注意准备上课。
1分	队列练习：原地转法，注意听教师口令。	稳定情绪 言辞激励	注意力集中，听口令迅速。做动作，动作干净利落，及时到位，班级整齐划一。	进行课堂常规训练，稳定学生情绪。
2分30秒	二、准备活动 在我们进行武术动作的练习之前，由教师带领大家做基本准备活动。 基本手型、腿法操的练习。 教师提出要求，学生认真练习。	安排活动 鼓励强化	在教师带领下进行练习。	准备活动为武术动作练习做好铺垫。
4分30秒	三、基本部分 1. 复习少年拳第一套。 同学们看大屏幕上都有哪些动作，名称是什么？在我们练习的时候大家要把每一个动作的名称说出来，加深印象。	回忆 提供支架 动作强化	学生集体练习，做完一个动作，说出动作的名称。	巩固练习已学过的武术动作，为创编搭架“动作支架”。
5分30秒	2. 分组练习创编武术小套路。 我们已经复习了少年拳一套，那么我们这节课就来想想怎样把这些动作中的几个动作串联起来，组成小的套路。 教师出示每个小组要完成的任务，讲清创编规则。 要求：组内先讨论创编武术的动作，然后一位同学练习其他同学指导。 看看哪个组动作到位，精气神到位。动作要整齐，要有力度，配合得还要默契。	情境支架 指引实践 形成建构 安排步骤 活动要求 讨论方式 口语交际 指引实践 言辞激励 反思监控	小组活动：组长把组员带到指定位置开始进行练习，组员也可以扮演组长的角色进行指导练习。	通过合作学习编排、组合动作，探究学习策略，形成意义建构，同时培养学生的创造性。

续表

时间	授课行为	应掌握的技能要素	学生行为	教学意图
	最后请各个小组给我们大家总结，介绍好的学习方法。你们说好不好。	言辞激励 安排活动	生：好。（情绪激动） 分组练习。	
6分 50秒	3. 表演展示 师：看到大家练习的特别好，我们来展示各组创编的武术动作吧！ 那么我要讲表演规程及要求。你们可要仔细地听好。	组织步骤 观察指导	仔细听教师的要求，并认真观察出示的流程。	运用诱导类型，提供学习实践平台，将学生从动作练习引向展示风采新的教学阶段。
7分 50秒	表演规程 (1)要有入场式，行礼。 (2)由组长介绍本组进行武术动作表演的名称、参加表演人员以及创编动作表演的人员。 (3)行礼、退场。 (4)评出优胜组、最佳表演组、配合默契组。 (5)由小组总结经验发表获奖感言。 表演评比要求： (1)动作到位，要有力度，小组做动作要整齐。 (2)武术动作中要体现精气神。 (3)小组配合要默契。 巡视并加以指导。	实践操作 探究策略 指引实践 反馈调整 活动实践 总结方法 概括要点	小组练习： 有的组先是复习每个动作，然后纠正动作，动作连贯后，再讨论怎样进行串联（两个学生做其他同学想办法）。 有的组是先讨论怎样串联动作，然后再纠正每个动作，甚至追求完美达到最理想的状态。 生：按照教师的安排进行练习，发现问题直接找教师帮忙。	教师提供实践平台，学生在练习中探究学习策略，教师指导学生进行反馈调整。
12分	刚才老师看到各组练习非常到位，准备好了吗？展示你们的风采吧！	总结强化 评价激励 指导反思	小组表演展示创编的武术小组合，有解说介绍，其他人展示。 学生认真观看同学表演，给表演的同学加油、鼓劲。	学生在表演中反馈调整，互相学习，及时反思，培养学生的监控学习能力。
14分	我们通过小组合作学习，把武术动作练习的非常到位，你喜欢哪个组的展示，谈谈你的看法。 我能看出来大家很喜欢上武术课。但是，我们不仅仅要学习武术的动作，还要注意武术中的精气神，更要学习习武之人那种不屈不挠、努力奋进的精神，从中领悟到一些道理。 这节课就上到这儿，同学们再见。	深化拓展	积极举手发言。 聆听教师的总结。	肯定学生反思监控学习的成果，激发学生热爱武术的情感。

日期：2010年12月17日

【教学反思】

教师在教的过程中为学生搭建了两个学习支架：其一，引导学生悟出武术套路行进的路线；其二，出示创编武术动作的具体步骤和要求。在学生创编的时候，教师深入组内指导、讲解、示范，解决了学生编排中遇到的难题。

教学组织细致　课堂灵活丰富

——英语《Don't walk Ⅱ》教案设计

东罗园小学　薛玉钏

科目：英语　课题：Don't walk Ⅱ　**训练的技能：组织教学技能　主讲：薛玉钏**

教学目标：
1. 知识与技能：复习第一课时的故事内容。
2. 过程与方法：能够认读书中的全部语言，能够说出劝阻他人的表达法。
3. 情感、态度与价值观：不做违反规定的事情，发现他人做得不对的时候，能劝阻其他人。

教学环节	授课行为	应掌握的技能要素	学生行为	教学意图
0分	Good morning, boys and girls. Look, there are our friends Mocky, Ken and Ann. They walk and The traffic light is red. What do you want to say to Mocky?	引入语 启迪语 建立联系	Good morning, teacher. Don't walk, Mocky.	简单导入，回到课文内容。
0分30秒	Let's look what happened in the story. Please open your book, page 2 and 3. Let's read.	引入语 促进参与	学生大声朗读课文。	复习回忆课文内容。
02分	Mocky doesn't know. Now please tell Mocky don't do, OK? 教师展示课文当中的图片，板书所要学习内容。	揭示语 引起注意	Don't walk. Don't litter. ……	板书复习，为后边的学习分类。
04分	Look now this is a map. We are here. We will go there. Let's begin. Here is a traffic light, it is red, we? A paper, we say? We can't do this, we say? 板书 litter, walk	指引学习 引导假设 回忆确认	Don't walk. Don't litter. Don't walk. Don't litter.	故事中学习过，在短语的学习中先处理。
05分	Read after me. Who can read?	强调 反馈		强化认读。

续表

教学环节	授课行为	应掌握的技能要素	学生行为	教学意图
07 分	Look，a car is on the grass. We can't stop the car here. We should say no parking. Please read after me. Three times. 教师板书 parking	创设情境 集体语言强化	学生回答不出来 学生跟读。 自己读。	学习新的表达方式，不要停车。
09 分	We walk，now，look，do you know what's this?（不要照相） We say? No camera. Read after me. Three times. Who can read it? 教师板书在 parking 后面。 在这张地图上依次学习 no smoking，don't touch，no swimming. 教师板书	创设情境 指引学习 反馈	No camera. 学生跟读，重复。	教师分组板书，动词和名词，给学生区分。
15 分	Now let's read these words after the video，each phrases twice.（手势表示两遍）	集体强化 组织安排	学生跟着光盘重复读短语，两遍。	初次学习之后，跟读光盘，强化认读。
18 分	Please open your book page 4. Pair work time. One points，the other reads. If you can't read，the other teach. 教师选取一名学做示范。 教师巡查提供帮助。	安排步骤 反馈 个人语言强化	学生互相指着书开始读，不会的举手问老师。 学生观看示范	优秀生带动学困生，强化认读。
20 分	Teacher claps hands to show time's up. Let's read together. Each phrase twice. OK，let's begin. Don't walk，one two.	反馈 集体强化	学生开始大声朗读短语。	加强认读训练，强化学习效果。
21 分	Here are some cards. I show，you read. Let's begin. 教师出示卡片。	反馈矫正	学生看卡片书说单词，兴趣浓厚。	激发学生的学习兴趣。
22 分	Game time.（光盘游戏速识图标）	媒体活动 激发兴趣	学生注意力非常集中，课堂气氛非常好。	通过游戏，建立学生的自信心。
25 分	Matching. Take out the paper and there are signs and pictures，please stop them，matching，like this. 教师在白板上示范此道题目的做题方法。	练习实践 反馈	学生自己完成连线。	书面的练习，检查学生的学习效果。

续表

教学环节	授课行为	应掌握的技能要素	学生行为	教学意图
26 分 30 秒	Check the answer. Teacher invites a student to show the answer.	反馈	被教师选取的学生上前完成连线。	核对答案，检验反馈效果。
27 分 30 秒	Now let's have a rest. Let's sing a song. Students listen. Students read after the teacher. Students read after the video and act.	媒体活动 指引实践	学生按照教师的要求听说跟唱，来练习。	轻松一刻，激发兴趣，活跃气氛。
31 分 30 秒	Show time. Who wants to sing here? Put up your hand? 学生前边表演。	媒体活动 练习实践	学生举手参加表演。	给学生展示的机会
35 分	Let's design the sign. Take out the pink paper. There are pictures, and do you know what we can't do? There are some hints. Now group work. Talk and write down. 图片提示为图书馆和学校课间活动、草地、动物园、展览馆等，教师的屏幕上给学生一些提示词语。教师巡查给予帮助。	指引实践 提供支架	学生开始小组讨论，可以在图片上写一些什么样的劝阻语言。	发散思维，没有唯一标准答案，合情合理即可。
38 分	Share your fruit. Invite some group to show their results. （投影展示）	指引学习 反馈	小组学生请代表上前完成劝阻语言的展示。	成果展示，锻炼自信和勇气。

日期：2013 年 8 月 1 日

【教学反思】

课堂教学环节设计紧密，能够从学生的兴趣出发，设计游戏、歌曲和课外拓展的教学环节，激发了学生的学习兴趣，提高了学习效率。学生能将所学的知识用于实践。教学环节的过渡还需要自然一些。在短语认读环节还要关注一下学困生的学习需求。最后的禁止语设计活动、学生的展示环节，可以通过白板的拖拽进行实践，不仅节省时间，而且更加清晰。课堂上教师对学生的活动还要及时地进行评价。

活动多彩　和谐快乐

——体育《争当快乐的小投手》教案设计

成寿寺小学　纪智慧

科目：体育　课题：争当快乐的小投手　训练的技能：口语交际与组织技能　主讲：纪智慧

教学目标：
1. 进一步巩固正面投掷的动作方法。
2. 发展上肢力量，提高身体协调性。
3. 进行常规教育，加强组织纪律性。

教学环节	授课行为	应掌握的技能要素	学生行为	教学意图
0分	1. 师生问好。 2. 站姿要求。 要求：尊重老师，立正站好。	组织倾听	与老师问好。	规范课堂常规
1分	3. 回答老师问题： (1)投掷分为哪两种？ (2)掷准分为哪两种手型？ 要求：回答问题声音要洪亮，表达内容要完整。	学会观察 指导说话	学生回答： 投掷分为掷准和掷远。 掷准分为上手掷准和下手掷准两种手型。	导入本课主要内容，吸引学生兴趣。
3分	4. 生活中有很多投掷的例子，下面我们分成四个组，第一组哆啦A梦队，第二组是美羊羊队，第三组是奥特曼队，第四组是铠甲勇士队，分别选出各组队长。分组讨论并回答问题。 请各组组长派代表来回答问题。同意或不同意，提出不同意见或加以补充。 要求：积极回答问题，勇敢、声音洪亮。	指导说话 组织分组 合作学习 小组讨论 争辩讨论 当众交流	各组组长负责，一起讨论回答老师问题。 组长推荐：我们哆啦A梦队派出××来回答问题。 ××说：我代表我们队来回答问题…… 老师：对。(鼓掌) 该生：谢谢老师。	指导学生合作学习，教学生用完整的表达方式回答问题。
6分	5. 今天我们继续来学习——掷准。一起读“投掷歌”： 投掷动作很重要， 肩上屈肘要记牢， 手腕鞭打不能少， 看谁投得快又好。 要求：动作准确，熟记口诀。	组织活动 指导说话 指导体态	边跟读，边模仿。	让学生牢记投掷动作，并能够合理运用。

续表

教学环节	授课行为	应掌握的技能要素	学生行为	教学意图
8分	6.“争当快乐的小投手”掷准练习。我们一起去稻田里帮助农民伯伯除“四害”。 (1)提问：“四害”都是什么？ (2)提问：哪些害虫是在稻田里爬的，哪些害虫是在稻田上面飞的？ 要求：边说口诀边做动作，瞄得准打得正。	指导说话 组织练习 当众交流	学生回答：“四害”包括老鼠、蟑螂、苍蝇、蚊子。 学生回答：“四害”当中老鼠和蟑螂是在地上爬的，苍蝇和蚊子是在天上飞的。	让学生了解简单的生活常识。
10分	(3)练习消灭地上爬的害虫。 分成四组成梯形站好，在绿垫子上粘好爬行的害虫，让大家开始练习。 要求：肩上屈肘，动作连贯、协调。 教师示范练习。注意出手角度是向下的。	组织变换队形、活动 一起说出投掷动作	学生相互指导，相互鼓励、加油，相互学习。	相互帮助 相互纠正 激发兴趣 提高练习积极性
13分	(4)练习消灭天上飞的害虫。 分成四组成梯形站好，把会飞的害虫粘在标志靶上，让大家开始练习。 要求：肩上屈肘，动作连贯、协调。 学生展示练习。注意出手角度是向上的。	组织学生分组进行练习		激发兴趣 提高练习积极性
15分	大家都投得非常好，都很棒。 那这节课你学会了什么？知道了什么？ 大家说得都非常好，我们给自己鼓鼓掌。 今天大家学得高兴吗？ 那我们一起唱《幸福拍手歌》，好不好？ 放音乐《幸福拍手歌》。 下课，师生再见！ 要求：回答问题声音洪亮，充分放松。	指导说话 组织学生一起探讨 当众交流	学生回答： 我们掌握了投掷的动作。 我知道了“四害”都是些什么。 我知道同学之间要相互鼓励，要有礼貌，得到人家的帮助要说“谢谢”。	学会总结 学会反思 大家一起高兴地唱《幸福拍手歌》进行放松。

日期：2013年4月13日

【教案解读】

本次课我首先对教具进行了调整。小组不再使用头饰，而是选出队长，将“哆啦A梦”、“美羊羊”、“奥特曼”、“铠甲勇士”设计成胸牌，由组长戴在胸前。这样既不会影响学生练习，又可以激发学生兴趣。

其次我修改了组织形式，选用梯形站队的形式进行练习。这样的队形可以让老师看清每一个学生的表现，而且学生之间也好作比较，更关键的是教师的示范，每一个学生都可以清楚看到。

我还将分组答题的环节进行了更新设计，如：每组的具体位置和答题的板凳都提前做好充分准备。

最后是对练习内容做了调整，比如，稻田里的四大害虫，有地上爬的还有天上飞的。所以我把练习内容设计得更加合理了。

针对第一次作课我将教案做出了大的调整，感觉第二次上课更加流畅了。对于低年级的孩子来说，语言的沟通交流是需要时间慢慢积累的，但是通过简单的口语交际，也能使学生变得更加懂礼貌，更加大胆，更加有自信心了。

学会质疑，学会欣赏

——语文《故都的秋》教学设计

北京十中　刘英丽

一、教材分析

本篇散文编排在人教版高中语文必修二第一单元。这是一个散文单元，教学要点是“阅读这一类写景抒情的散文，要展开想象的翅膀，力求身临其境，感受作者心灵的搏动，体会作品所描述的美景，由此而进入一种审美境界。对文中精彩的语句，不妨做一些圈点批注，写下你的心得；对那些美妙的段落，要反复朗读，熟读成诵，逐步增强对散文的鉴赏能力”。

本篇散文写于1934年，当时白话文还不成熟，这篇又是作者写的“急就章”，以现在的眼光来看，里面有些句子不符合现在的语法习惯，需要以此为契机，训练学生的语感。还有一些含义深远的句子，也需要引导学生品味。

二、学情分析

大部分学生的语文基础较好。他们对散文是不陌生的，高一时学过朱自清的《荷塘月色》等散文，感受过散文的语言美、意境美，进行过初步的鉴赏。但是文章中的趣味与中学生的情感经验还有很大的距离，需要教师加以引导。

三、教学目标(见教案)

四、教学重点、难点

教学重点：学会欣赏，体会作者笔下故都的“秋味”。

教学难点：对故都“秋味”的体会。

五、教学理念和理论依据

根据《高中语文课程标准》的要求，提高学生观察、感受、分析、判断能力的同时，重点关注学生思考问题的深度和广度，使学生增强探究意识和兴趣。积极倡导自主、合作、探究的学习方式，教师应努力提高组织教学和引导学生学习的质量。

六、教学策略

让学生在认真阅读文本的基础上提出自己的问题，经过老师的整合分类，再在课堂上引导学生展开思考，借助这些问题引导学生理解文本。

开展思维教学，通过分析重点语句，鼓励发散，反馈强化，启迪学生思维，形成良好的思维习惯。

科目：语文　课题：《故都的秋》中的"秋味"　训练的技能：组织和思维训练技能　主讲：刘英丽

教学目标：
1. 学会质疑，养成认真读书的习惯。
2. 学会欣赏，体会作者笔下故都的"秋味"。

教学环节	授课行为	应掌握的技能要素	学生行为	教学意图
0分0秒	在课前的学情调查中，大家针对《故都的秋》这篇文章，提出了许多问题。老师将这些问题进行了梳理，发现许多问题都非常有价值。有的问题显示出同学独到的见解，发现了文章表达不够严密规范的地方；有的问题是因为我们对文章不够理解，但也是文意理解较为关键的地方。这节课咱们就在课前预习的基础上进一步学习《故都的秋》这篇文章。	组织管理 创设情境	集中注意力。 倾听、思考。	组织上课。 以学生提出的问题引起学生的兴趣。
01分15秒	环节一：学会质疑 首先我要表扬提出这些问题的同学们，他们发现了文章的纰漏，表现出良好的思维品质。 1. 第一段："我的不远千里，要从杭州赶上青岛，更要从青岛赶上北平来的理由，也不过想饱尝一尝这'秋'，这故都的秋味。"有同学问：在这句话中"饱尝一尝"是什么意思。这位同学读书非常仔细，感觉这句话不是很通顺，其他同学谁能给他解释一下呢？	表扬学生	思考，认真阅读这几个句子，重新审视其是否符合语法规范。 回答问题：饱尝或者尝一尝。尝一尝：吃一点试试；饱尝：足足的，充分。饱尝秋味，就是要充分地享受故都的秋味。(从事理的角度分析)	通过回答问题，帮助学生形成认真阅读文本的意识。
05分30秒	2. 第二段中作者说（在江南）："秋的味，秋的色，秋的意境与姿态，总是看不饱，尝不透，赏玩不到十足。" 虽然文章中有些句子以现在的眼光来看还存在一些语法问题，有		这句话存在语序上的问题，请大家来调整一下：秋的色，秋的味，秋的意境与姿态，总是看不饱，尝不透，赏玩不到十足。(从文理的角度分析)	

续表

教学环节	授课行为	应掌握的技能要素	学生行为	教学意图
	些句子不是那么通俗易懂，但这丝毫不影响这篇散文的魅力。下面我们就来欣赏这篇充满秋味的《故都的秋》。			
07 分	环节二：学会欣赏 (一)体会遣词之准 有同学提问：这篇文章为什么叫“故都的秋”？ 我想他的疑惑应该是在看了整篇文章之后，感觉作者在开头和结尾处都拿南国之秋和北国之秋对比而产生的。为什么不叫“北国之秋”？为什么不叫“北平的秋”？	设问 分组探究	明确：“北国”指我国的北部，与“南国”相对，仅表明了某一地理方位；“北平”是城市的名字；而“故都”是过去的都城，是对城市的定位，称为“故都”，给人以历史悠久、富有文化内涵的感觉，更带有一种文化底蕴和历史沧桑感，也包含有深切的眷恋之情。	调动学生的知识积累和人生阅历来品味语言。
09 分 15 秒	(二)体会选材之妙 1. 从对都市闲人的描写中品味“秋味”。	启发思考 指导搜索	由故都特有的都市闲人来谈故都的秋风秋雨，在平平仄仄的音韵中体现出一种沧桑感和悲凉感。这时候，大自然季节、景物(“秋”)的“味儿”，人的主观心绪的“味儿”，以及这“说话”的腔调的“味儿”，已经融为一体了。	感受作者的独特的审美情趣。
11 分	2. 从破院的牵牛花中品味“秋味”。	诱导	破院，残破的意象渲染出了秋的悲凉，同时也显示出故都丰厚的历史，给人以沧桑感。牵牛花，再普通不过的野花，到处都能开，属于秋天的花。蓝色或白色，点染出秋的萧瑟。名胜古迹仅是历史留下的外在印痕和象征，渗透骨髓的传统神韵存在于百姓的日常生活中，这真正的“秋味”只有“北京人”才懂得玩味，才有表现的价值。	调动学生的知识积累和人生阅历来品味语言。

续表

教学环节	授课行为	应掌握的技能要素	学生行为	教学意图
14分	3. 从落蕊中品味“秋味”。	启发联想	这没有声音、没有气味的落蕊，扫街的一阵扫后，地面上只留下了扫帚的丝纹，花开的时候就是清寂的，飘落到地上，没有声音，没有气味，再被打扫干净，落蕊就这样从这个世界消失了，正像一个普通的生命的消失。从听觉、嗅觉、触觉的角度写出了故都之秋的清静、落寞、悲凉。	感受作者强烈的生命意识。
21分15秒	4. 从秋蝉声中品味“秋味”。	诱导分析 启发联想 鼓励发散	蝉自古以来就被赋予了丰富的寓意。 ①生命的短暂。初唐诗人陈子昂《感遇诗三十六首其十三》：“玄蝉号白露，兹岁已蹉跎。群物从大化，孤英将奈何。”该诗表面写蝉在白露到来时，必死无疑又无可奈何的伤悲之情，实质上是以蝉喻指自我生年不满百的悲剧情怀，凄冷的人生风雨，字里行间无疑渗透着作者怜惜生命的主观感受。 ②渲染秋的苍凉。［唐］许棠《蝉》：“报秋凉渐至，斯夜思偏清。默守疑相答，微摇似欲行。”“默守”、“欲行”语义双关，不但写蝉，而且写人。诗人的离愁别恨寄寓于蝉身上，而蝉的孤单悲凉却是诗人的化身。 故都处处的蝉鸣，渲染出秋的苍凉。	调动学生的知识积累，感受作者的生命意识。

续表

教学环节	授课行为	应掌握的技能要素	学生行为	教学意图
25分	通过对作者精心选择的秋景的品读，我们欣赏到了故都浓郁的秋味，也体会到了作者对故都的秋深深的眷恋之情。 由此我们也知道了，一篇文章的选材总是紧紧围绕文章中心，为表现文章主旨服务的。那我们在思考作者何以要选择这些素材时，也应结合文章的中心内容去思考并理解。 ……	反馈发散 反馈矫正 引导反思	总结反思。 ……	……

日期：2013年8月5日

板书设计：

故都的秋　　郁达夫

学会质疑{从事理的角度；从文理的角度}

学会欣赏{欣赏遣词之准；欣赏选材之妙}

【教学反思】

本节课从学生提出的问题入手，在课堂上主要解决学生在阅读中存在的疑惑，充分调动了学生学习的积极性。教师在带领学生解答疑惑的同时，让学生体会了作者寓于文中的深沉细腻的情感，使学生通过调动自身的知识积累和人生阅历，来体会作者笔下的“秋味”。

本课教学环节由质疑到欣赏，组织教学步骤清晰。

组织探究学习，环节紧扣精细

——生物《种子的结构》教学设计

卢沟桥中学　王丽霞

一、教材分析

《种子的结构》位于北京版生物第三册第十一章第一节，属于生物教学课标第四个一级主题“生物圈中的绿色植物”，第一个二级主题“绿色开花植物的一生”，具体内容标准是“描述种子萌发的条件和过程”。

《种子的结构》在教学内容中有着重要的地位：它既是上一章绿色开花植物完成双受精作用形成果实和种子知识的延续，也是后面学生探究“种子萌发所需要的外界条件”的实验前提。

二、学情分析

经过花卉种植等生活经历，学生已经具备了有关种子萌发的外部条件的知识；学生知道在小麦种子中有淀粉、蛋白质等有机营养物质；了解了从开花到结果和种子形成的过程，但是学生缺少对种子内部结构的具体认识。

三、教学目标(见教案)

四、教学重点、难点

教学重点：能够准确识别种子中胚的各部分结构。

教学难点：

(1)学生能够准确地找到和说出胚在种子中的位置。

(2)胚自身的各部分结构的名称。

五、教学理念

根据《基础教育课程改革纲要》的要求，要改变课程过于注重知识传授的倾向，强调学生形成积极主动的学习态度。《新课程标准》倡导"探究性学习"、"合作学习"，可以促进学习方式的改革，因此，要通过合作学习，积极引导学生参与科学探究过程，从而在这个过程中形成能力。

六、教学策略

1. 导入突出新颖性，引起学生注意，积极思维，呈现最佳的探究学习状态。

2. 精选实验材料，通过观察比较，提高学生的观察能力。在观察玉米籽粒结构中，通过组织学生合作学习，突破教学难点。

3. 通过教学反馈，开展制作人工种子活动，形成知识建构。同时引导学生反思学习，达成三维目标。

七、教案

科目：生物　课题：种子的结构　训练的技能：组织教学技能　主讲：王丽霞

教学目标： 1. 知识目标：(1)辨认大豆和玉米籽粒的结构并准确描述其特征，说明二者之间的异同，阐明胚是种子的最主要结构。(2)能说出胚的各部分结构与植物体的联系。 2. 能力目标：(1)通过解剖种子的实验，提高实验操作技能。(2)学会简单的观察方法。 3. 情感、态度与价值观：通过观察种子的结构，养成实事求是的科学态度和严谨的科学精神，能关注农业生产的有关事物。				
时间	授课行为	应掌握的技能要素	学生行为	教学意图
0分 0秒	同学们好！现在上课！ 北京冬小麦的播种刚刚结束，我们发现，农民一般是先整地施肥(有机肥)再播种，那么，种子萌发是否需要这些肥料的营养呢？	组织管理 创设情境 设问	集中注意力。 观察施肥播种冬小麦的图片。	组织学生做好上课准备。 出示农民播种冬小麦的图片。 引起学生兴趣。

续表

时间	授课行为	应掌握的技能要素	学生行为	教学意图
	这是兴趣小组的同学针对这个问题设计完成的实验。结果是有肥和无肥的两组实验中萌发情况基本一致，这个结果说明种子萌发时所需的营养来自于种子内部。	搭建支架 讲解	小组成员汇报。 观看实验结果回答问题：来自于种子内部。	通过汇报交流成果，帮助学生向新课知识过渡。 引起思考：种子萌发时所需营养来自于哪儿呢？为后续学习做铺垫。
	种子的结构是怎样的？ 一粒种子为什么能发育成一个植物体？ 这节课我们就共同探讨种子的结构。 板书标题：种子的结构	设问 引入新课 启发思考 形成学习期待	形成探究意识。	通过设问进入课题。
05 分	你打算怎样研究种子？ ……	引导假设	交流。 结构、观察……	引导探究学习。
	板书： 一、大豆种子的结构 1. 外部观察——种皮、种孔 (1)学生仔细观察大豆种子的外形、颜色。出示观察要求。 步骤：	组织观察	学生仔细观察大豆种子的外形、颜色。	通过出示大豆种子的外部形态图片，帮助学生对各部分进行准确认识。
	观察种孔时，只要轻轻挤一挤，就可以从种孔中流出少量水，以证实种孔的存在。	指导操作	观察种脐。 推测功能。	通过操作观察准确识别种子的外部结构。
	用解剖刀从种子外侧轻划一刀，用手轻轻将种皮撕去，撕的过程中有什么感觉？	提示	操作：轻轻挤一挤种子，观察水流出的部位，思考种孔的功能。完成学案 1。	通过学案强化记忆。
	2. 内部观察——胚的结构 指导： 将两片子叶轻轻打开，并与大豆幼苗比较观察，指出胚根、胚芽、胚轴和子叶的位置。使用放大镜要注意规范操作。大豆幼苗是不是由种子整体发育而来的？	指导性组织教学，指导观察 诱导	观察后回答。 将两片子叶轻轻打开，与幼苗比较观察，指出胚根、胚芽、胚轴和子叶的位置。使用放大镜要注意规范。 知道：在幼苗中还存在的结构是这两片“豆瓣”，其他结构(根、茎、叶)在种子中相应的结构是什么。	出示观察指导。 出示内部结构图片对各部分结构进行准确认识。 出示种子结构，总结图示，明确主要结构。

续表

时间	授课行为	应掌握的技能要素	学生行为	教学意图
10 分	3. 总结大豆种子的基本结构 出示大豆的结构图片。 通过总结，掌握其各部分结构与功能。 大豆种子由哪两部分构成？ 将来可以发育成植物体幼苗的结构是什么？	演示 指导交流 确认 分析	操作。 完成学案 2、3。 思考回答。	通过操作形成认识。
	大家认识了大豆种子的结构，下面我们来认识另一类种子的结构。板书： 二、玉米籽粒的结构 1. 实验观察 外部观察：先要求学生仔细观察种子的外形、颜色等特征。同时还要说明玉米种子只是习惯上的名称。	组织活动 提出要求 指导观察 矫正 剥离完整的胚	撕去外皮，知道外皮的特点和功能。	先要求学生仔细观察种子的外形、颜色等特征。 观察了解果皮和种皮的特点与功能。
	内部观察：胚的结构、胚乳。在观察玉米籽粒时，要强调是纵切面，指导学生将玉米籽粒沿胚的纵轴方向切开，然后向切面上滴加碘液进行观察。 它和大豆的胚的形态一样吗？(变蓝的部分的成分?)用放大镜仔细观察没有变蓝的位置的结构。分析玉米籽粒中胚的位置，并指导学生认识种子各部分的结构和作用。	诱导启发	变蓝的部分是哪一部分？说明有什么成分？没有变蓝的部分是什么？ 完成纵切，切面染色实验 完成学案 1。	出示图片。 出示观察要求。
	为了更全面地进行了解，可以先选一粒吸涨后的玉米种子，去掉外皮，用解剖针将种子一侧中央胚(白色船形结构)剥离，用放大镜仔细观察玉米籽粒中胚的整体结构，并且为后面的活动(制作人工种子)做准备。使用放大镜要注意规范操作。	操作演示 反馈矫正	观察胚的 4 部分结构。 完成剥离。 观察。	出示纵切位置指引观察。 通过演示了解染色变化。
	总结：引导学生进行对比，总结出双子叶植物种子与单子叶植物种子结构的异同点，进而提出双子叶植物、单子叶植物的名称和概念。比较种子结构时，应该特别	讲解 组织指引	完成学案：大豆种子和玉米籽粒的比较表。	与大豆的胚的形态进行比较，明确二者的区别。

续表

时间	授课行为	应掌握的技能要素	学生行为	教学意图
23 分	强调胚的结构是包括子叶而不包括胚乳的。 学生学习效果的检验 比比哪一组的人工种子能萌发? 提供人工种子的基础知识。根据所给材料设计自己喜欢的人工种子，并进行交流。 课外趣味小实验：施有机肥对促进种子萌发的作用实验设计。 结束：引导反思	指导 操作实践 评价	分小组完成人工种子制作 分小组交流 总结反思目标	通过比较，明确两类种子的区别，进而提出双子叶植物、单子叶植物的名称和概念。 通过活动应用，分享快乐；通过模拟人工种子活动，能够了解种子的基本结构。 提高反馈能力。

日期：2011 年 6 月 9 日

【教学反思】

1. 本课围绕组织教学技能的要求进行设计，组织环节清晰，步骤紧凑。要素和教学意图明确，具有内在逻辑性。

2. 紧密围绕生物新的教学理念实施授课，教学环节组织精细。

3. 通过实验观察，学生能够辨认大豆种子和玉米籽粒的结构并准确描述其特征，说明两者之间的异同，能够阐明胚是种子的最主要结构。教师实行以学生为主体的探究学习，体现了高效教学的理念。

4. 问题：课堂中如何有效地组织小组活动，是教师在今后有待探讨的问题。

项目 11　学习指导技能

定义：学习指导技能是指教师凭借学习材料在与学生互动的活动中，运用多种教学手段，帮助学生掌握知识和方法，形成能力并获得积极学习的情感体验，实现有效学习的一类教学行为。

要素：创设情境、提供支架、形成建构、指引实践、反思监控。

类型：合作指导、探究指导、策略指导、记忆指导、方法指导、交际指导、阅读指导、操作指导、实验指导、思维指导、反思指导。

学习指导技能评价单

日期__________　　任课教师 __________

请您在听课后对以下各项目进行评价，在恰当的等级下画“√”。

	优	良	中	差	权重
1. 能创设良好的学习情境吗？	□	□	□	□	0.1
2. 指导手段是否多样？	□	□	□	□	0.15
3. 注重方法、策略的指导吗？	□	□	□	□	0.25
4. 能够提供开展实践的平台吗？	□	□	□	□	0.25
5. 能够指导反思学习吗？	□	□	□	□	0.15
6. 教师角色定位适当吗？	□	□	□	□	0.1

换个角度看事物，观察中感悟变化

——数学《确定位置》教学设计

王佐学校　鲍立鑫

一、教材分析

《确定位置》是北京市义务教育课程改革实验教材第2册第五单元的知识。它是在学生已经掌握了前后、上下、左右位置与顺序的基础上来学习的，是为第二学段(4～6年级)学习在平面内用数对表示物体位置打基础的。

二、学生实际

这部分内容学生在一年级时已有了一些初步的感知，在生活中也经常运用有关确定物体位置的知识，所以，他们已积累了相关的感性经验。不过这些经验在学生脑海中有的比较清晰，有的比较模糊。学生掌握了“多种角度看事物”的思维策略，不仅能掌握确定物体位置的方法，并且通过学生多角度的描述，使学生对物体的位置掌握得更扎实。

三、教学目标(见教案)

四、教学重点、难点

教学重点：能根据不同的标准用行和列来描述物体的位置。

教学难点：

(1)根据不同情境确定行与列的标准表述物体的位置，感受物体位置的相对性。

(2)学会从多种角度看事物。

五、教学理念和理论依据

如果学习者从学习对象变成了学习主体，教育民主化才是可能的；教师的职责已经愈来愈少地传递知识，而是愈来愈多地激励思考，他将成为一位顾问，一位交换意见的参加者，一位帮助发现矛盾论点，而不是拿出现成真理的人；权威式教育必须让位于以独立性、互相负责和交换意见为标志的师生关系。

教师对学生学习的指导，要依据现代教学理论对学生学习过程中的心理结构、心理特点和心理规律加以分析研究，给学习以科学性指导，优化学生的学习心理，从而提高学习的有效性。要达到有效的学习指导，教师要有恰当的角色定位。这是有效指导学生学习的关键。

《数学课程标准》关于“空间与图形”部分特别强调了内容的现实背景，强调关注学生的生活经验和活动经验。数学教学应该给学生提供从事数学活动的机会，使学生在主动探索、合作交流的过程中真正理解和掌握数学知识和技能、数学思想和方法。

六、教学策略

运用“多种角度看事物”这一思维策略，根据不同的情境确定行与列的标准表述物体的位置，感受物体位置的相对性。

七、媒体准备

课件、磁力扣、自制电影票。

八、教案

科目：数学　课题：确定位置　训练的技能：学习指导技能　主讲：鲍立鑫

教学目标：
1. 知识目标：知道在具体情境中用“第几行第几个”、“第几列第几个”等行与列的信息来描述物体的相对位置。
2. 能力目标：能够通过观察与交流物体位置关系，使学生体验到从不同角度描述物体的位置可能不同，学会多种角度看事物。
3. 情感、态度与价值观：使学生感受到数学与生活的联系，从多种角度思考问题，解决问题，并获得良好的情感体验。

教学环节	授课行为	应掌握的技能要素	学生行为	教学意图
0 分	一、创设情境，导入新课 1. 出示图片 过几天咱们要开一次家长会，如果我们不在班里，你的爸爸或妈妈来到班里怎么能找到你的座位呢？想一想，你要怎么向他们介绍你的位置？	引起注意 激起好奇	注意。 学生观察图思考。 预设 1：有学生会说在谁的后面、谁的前面。 预设 2：我坐在第一组的第二个。	利用学生身边熟悉的座位引出本节内容，渗透数学与生活之间的联系，从而激发学生学习数学的兴趣。
0 分 40 秒	如果学生说我在谁的后面，追问：你的家长认识××吗？还是用第几组、第几个来介绍自己的位置，比较清楚。今天我们就来学习确定位置。（板书）	分析 形成期待	预设 3：我坐在第三组的最后一个。	
	二、探究新知，感受策略 1. 出示图片	建立联系	集中注意力。 自由发言。	将学生的注意力引向学习目标。
1 分 30 秒	老师还带来了很多动物朋友。你能介绍一下它们的位置吗？ 怎么才能让它们不乱了呢？	质疑	预设：学生沉默。 预设：太乱了。 预设：给它们排排队。	引导学生结合自身经验解决问题，主动探索。
2 分	2. 出示排好队的图片 3. 认识列 刚才我们介绍座位时，像这样竖着排列的叫组，其实在生活中还有一种常用的叫法，你知道是什么吗？	迁移	学生观察图。 学生认真倾听。 预设 1：学生不知道。 预设 2：竖着还可以叫列。	学生已有对组的认识，很自然地迁移出“列”的新知识。

续表

教学环节	授课行为	应掌握的技能要素	学生行为	教学意图
	对，像这样竖着排列的就叫列(组)。你听清楚列是怎么排列的了吗？能用手比画比画吗？ 请一名学生在黑板上用圆片摆一摆。 板书：列(组)	概括 综合 演示	学生：听清楚了。 用手比画竖着叫列(组)。 学生观察。	用肢体语言来强化对“列”的理解。为下面学习“行”做好铺垫，也能很容易与“行”区分开。
3分40秒	看同学们学习得这么认真，一个动物朋友着急了，想让你们猜猜它是谁？大家好！我在第2列、第4个，想一想，我是谁？说说你是怎么猜出来的？	激发兴趣 质疑 解释	预设1：我猜是小蜜蜂。我从左往右找到第2列，再从上往下数到第4个，就是小蜜蜂。 预设2：我猜是小螃蟹。我从右往左找到第2列，再从下往上数到第4个，就是小螃蟹。	使学生得到的结果产生冲突，激发学生的探究欲望。
	如果学生回答不出，教师引导：你是从哪边开始数列的？	启发探询		
	他们两个找的方法都很对，但是找到的动物朋友怎么不一样呢？到底谁猜得对呢？	质疑 探询	预设：一个是从左往右数的，一个是从右往左数的，所以他们最后找到的不一样。	遇到困难，产生质疑，引导孩子去自主探索。
5分30秒	看来我们在介绍位置时，如果不先确定好标准，大家找到的可能就不一样。所以，确定观察的标准很重要。	强化概括		引导学生在讨论中认识到如果确定位置的标准不同，结果也会不同，感受到确定观察标准的重要性。
5分40秒	如果小牛在第1列、第1个。你能介绍一下小猫的位置吗？ 追问：你是怎么找到的？	探询 理解	预设：小猫在第2列，第2个。因为小狮子在第1列、第1个。我就知道了是从左往右数列，从上往下数个的。	引导学生在实践中感悟。
	如果小狮子在第1列、第1个。你能来介绍一下小猫的位置吗？	探询	预设：小猫在第4列，第2个。因为小狮子在第1列、第1个。我就知道了是从右往左数列，从上往下数个的。	引导学生根据具体问题，从不同角度观察，体会位置的相对性。训练学生的思维品质。

续表

教学环节	授课行为	应掌握的技能要素	学生行为	教学意图
8分10秒	他们都是在说小猫的位置，说的都对，怎么两个人又说的不一样？快，大家讨论一下。	指导合作讨论	预设1：一个是从小牛开始数的，一个是从小狮子开始数的，所以不同。 预设2：他们是从不同的位置去观察的。	通过引入探究形成新的策略认识。
10分	4. 你们观察得真仔细，如果从不同角度去观察，得到的结果就可能不同。这节课我们就来学习一个新的思维策略。 出示思维策略： “多种角度看事物”。 思维诀窍： 1. 可以从不同角度去观察。 2. 按顺序正确描述。(板书)	概括 学策略	学生读策略。	尝试引导学生用“多种角度看事物”的思维策略，训练学生思维的灵活性。
	想想我们刚学完的“多种角度看事物”的思维策略，说可以从不同角度去观察，我们可以竖着用第几列、第几个，说小猫的位置。想想，还可以怎么去介绍小猫的位置？	用策略 质疑	学生观察。 思考 预设：学生回答不出。	通过质疑，逐渐引导学生打开思路，体会还可横着，按×行×个去描述物体位置。
	如果学生回答不出，教师则引导：小动物们的队伍排得多整齐呀，竖着一列一列的很整齐。你们看横着一行一行的排得整齐吗？你能横着介绍小猫的位置吗？	启发探询	预设：学生尝试用策略可能会想到可以横着观察。	
12分	5. 认识行 能用手比画比画行是怎么排列的吗？板书：行(排)	演示确认	学生用手比画	用肢体语言来强化对“行”的理解。
	你能说说如果谁是第1行、第1个，来介绍一下小猫的位置在第几行、第几个吗？	强化运用	预设：如果小牛是第1行、第1个，小猫就在第2行、第2个。 预设：如果小狮子是第1行、第1个，小猫就在第2行、第4个。	
	这次，你们都是横着用第几行、第几个来介绍小猫的位置的，为什么说的都不一样？	强化引导分析	预设：学生回答不出来 预设：因为他们是从不同的位置去观察的。	强化对思维策略的认知。
	从不同角度去观察一个物体的位置，可能会得到不同的结果。	概括		

续表

教学环节	授课行为	应掌握的技能要素	学生行为	教学意图
15分	三、回归生活，应用知识 小游戏“看电影，找座位”， 学生根据手中电影票上的第几排、第几号，找到自己的座位。	强化	学生活动找座位。	通过找座位的游戏，调动学生的积极性。
	请学生介绍自己是怎么找到座位的。	指导方法 概括	学生介绍自己的感受或经验。	培养学生正确描述的能力，并积累自身经验。
19分	四、交流感受，总结收获 这节课要结束了，你有什么收获？能谈谈吗？	指导反思	学生从知识方面总结。 学生从思维策略方面总结。 学生从感受方面总结。	总结策略的学习给自己带来的帮助。 深化认识。

日期：2013年8月15日

【教学点评】

本节课设计的教学特色：

1. 结合生活实际，巧妙导入

借助学生熟悉的生活经历导入。通过介绍自己的座位，感受数学与日常生活的密切联系。

2. 创设有趣的活动，让学生在玩中应用知识

如“看电影，找座位”的活动，把教材改变为更贴近学生现实的情境，激发学生兴趣，同时更好地引导学生将现实问题抽象成数学问题并进行解释与应用。使学生在轻松、愉快的氛围中掌握知识和技能，学会从数学的角度思考问题，解决问题，并获得良好的情感体验。

组织探求练思维，统计课中悟新知

——数学《探索正字统计法》教学设计

大红门二小　王学兵

一、教材分析

《统计》是数学课程改革下的一个新内容，属于统计与概率领域中数据统计活动初步范畴，它重视让学生经历数据收集、整理、描述的过程，使学生在这个过程中学习一些简单的统计知识，了解统计的方法，认识统计的意义和作用。本课主要学习数据的收集和整理的方法，突出用画“正”字做记录方法的优越性。

二、学情分析

学生已经初步掌握了数据的收集和整理的方法，初步认识了象形图，会用实物图表示具体数量。这部分知识的学习与一年级学习的统计相距较长时间，学生们对统计的知识已经比较生疏了；学生有一定的统计意识，能充分表达自己的想法；他们在统计过程中的语言表达不太完整，表述的方式各种各样，但能够说出选择哪种项目的人

数多就选择哪种活动；他们能说出站队、数数、记录等多种统计方式，但是没有接触过画正字的记录方法。

三、教学目标(见教案)

四、教学重点、难点

教学重点：进一步体验数据的收集、整理、描述、分析的过程，能根据需要选择合适的记录方法。

教学难点：在比较过程中认识到画正字做记录方法的优越性。

五、教学理念和理论依据

1.《数学课程标准》指出要让学生感受生活中处处有数学，用数学知识解决生活中的实际问题。

2. 新课标倡导"培养学生搜集和处理信息的能力、获取新知识的能力、分析和解决问题的能力"。

3. 新课标倡导"探究性学习"，强调学生形成积极主动的学习态度。"探究性学习"是指学生在教师的指导下，通过自主合作探究，通过体验、实践，主动发现问题，解决问题，获取知识，形成能力的学习活动。探究性学习注重知识的形成过程，注重学生的体验实践。

4. 通过观察比较、独立思考、建立联系等方式，积极引导学生参与到统计的过程当中，进而在这个过程中获得知识的增长与能力的提高。

六、教学策略实施

1. 通过精心选择具有现实背景的统计情境，设计相应的问题，引导学生积极思考、探究，感受统计的必要性。

2. 组织全体学生全面参与统计的全过程。

3. 通过分层次观察、比较、探究正字统计法与其他数学符号记录之间的关系，认识到正字统计法的优越性。

七、媒体准备

PPT、统计表格、便笺、吹塑板。

八、教案

科目：数学　课题：探索正字统计法　训练的技能：学习指导技能　主讲：王学兵

教学目标： 1. 认知目标：通过创设情境，使学生明确统计的必要性，初步了解、体验数据的收集、整理过程，能够选择恰当的方法记录数据。 2. 方法与过程：培养学生的实践能力和解决问题的能力，体会统计在实际生活中的作用，激发学生的学习兴趣及求知欲，积极主动参与教学活动。 3. 情感、态度与价值观：通过统计活动学习统计的方法，培养学生的统计意识，培养观察、思考、归纳和动手操作的能力。

续表

教学环节	授课行为	应掌握的技能要素	学生行为	教学意图
0 分 0 秒	一、情境导入，引出新知 师：学校想组织一次实践活动，活动的内容是看童话剧。有这样4个有趣的童话剧可以供我们学校的单主任选择，那我就先向你们介绍这几个剧本。	创设情境 (探究指导)	孩子认真倾听、思考这4个童话剧的内容。	通过创设情境这项技能渗透数学与生活之间的联系。
	(小红帽、白雪公主、喜羊羊和灰太狼、美女与野兽) 这4个剧本大家肯定都喜欢，但因为时间的原因，我们学校只能选择观看其中的一个童话剧，先说说你最想看哪个童话剧呢？	确定内容 (开放式) 猜想	同学们充分表达自己的真实想法。	通过开放式的问题和不同的想法使学生寻找解决矛盾的方法。
01 分 40 秒	你们各有各的想法，可是我们只能选择一个话剧，我们的单主任该怎么办呢？	指导假设 (策略指导)	统计一下选择哪个童话剧的人数最多，我们班就选择哪个童话剧。	培养学生能从统计的角度思考问题，能想到去收集数据和分析数据。
02 分 10 秒	二、数据的收集和整理 1. 统计数据 师：那好，我们现在就开始，可是怎样进行统计呢？	形成期待 (开放式)	学生回答分类站队、报数、起立、记下来、举手。	通过开放式问题使学生意识到统计方法是不确定的，与量子力学思维方式相关联。
03 分	同学们说了许多种方法，为了保证数据的准确性，我们采取记录投票的方式，好吗？	指导技法 (集体的)		
	每人手中有一张便笺纸，每个同学只能选择一个你最喜欢的童话剧，不能多选，也不能不选。		在便笺纸上写下一个自己最喜欢的童话剧的名字。	
	(1)将你所选择的童话剧的名字写在便笺纸上。 (2)将便笺纸放进小盒子中。我们把所有的选票都集中在一起就是收集数据的过程。(板书：收集数据)	搜索 指导程序 (方法训练)	根据老师提供的步骤进行操作。 组长收齐本组所有的票，放进小盒子里。	通过指导程序技能训练注重让每一个孩子参与操作。
04 分 50 秒	(3)唱票。找一名同学唱票。(大家用你喜欢的方式进行记录，老师也同时进行记录)	合作学习 鼓励发散 (求异性)	一名同学进行唱票，其他同学进行记录。记录的方式可以不同，但对比后会发现正字统计法清晰、易数。	通过求异性思维训练体会到记录方法是不确定的，与量子力学思维方式相关联，让孩子用数学语言进行记录。

续表

教学环节	授课行为	应掌握的技能要素	学生行为	教学意图
06 分	(4)分类。我们把数据进行了分类，这个过程就是整理数据。(板书：整理数据)	分类 指导技法(集体的)	一个同学唱票，另一个同学将大家的投票分类进行放置。	
07 分 10 秒	(5)核对。同学们有许多种记录的方式，我选择了几种，首先我们先来一起数一数，看看每一种童话剧有多少人报名。 先看一看每一种记得对不对。 看来我们班同学每一种记录得都很准确，可是万一有人选了两次，有人没选怎么办？问问大家可以怎样算？	反馈验证(肯定)	加起来等于全班总人数(让学生去感悟)。 学生动手算一算。 让学生明白做什么都要去验证。	通过反馈技能思维训练培养学生用数据说话的态度，首先要保证数据的真实，渗透给学生科学严谨的治学态度。
08 分	(6)说清每个符号表示的含义。不急着提出正字统计法，先分析，比如一个对勾代表什么？一个三角代表什么？	确认 形成建构(方法训练)	学生回答、感悟。 一个对勾代表一个人，一个三角代表一个人。	通过形成建构技能的训练让孩子自己去发现每种数学的意义，渗透一一对应的数学思想。
09 分 30 秒	(7)对比这几种记录的方式： 同学们用了不同的方法进行了记录，都是可以的，无论你怎样记录，每种符号的每一笔都表示一个人。 (如果学生有用正字法的就用孩子的，学生没有就用老师的。) 刚才记录的是我们一个班选择童话剧的情况，如果是统计我们一个年级两个班的选择情况，也用这两种方式，你们觉得哪一种方法更合适？	点拨启发(定向的) 条理(归纳对比) 比较(策略指导)	对比呈现展示交流。 学生对比这几种记法： A：任意的符号，随意的排列。 B：任意的符号，有序的排列，五个为一排。 C：用正字统计法。 (逐层进行两次对比) 用正字统计比较合适。	通过点拨启发训练让孩子在对比、交流、思考中发现用画“正”字的方法做记录更好些，它比较简洁，最容易数出数据的多少。 每种统计方法都有自身的存在价值，要依据具体的情境进行选择。那么让孩子感受什么时候选择正字统计法更合适，以及正字统计法的优势就是一件水到渠成的事情了。
10 分	2. 学习正字统计法 其实这么好的方法不是老师想出来的，是很早以前的古人想出来的。 (1)出示正字记录法： 一 丅 下 𤴓 正	延伸(数学文化渗透)	学生认真倾听、观看、思考这段数学文化。	通过建立联系技能的训练，进而渗透数学文化，使学生更深刻地感受正字统计法。

续表

教学环节	授课行为	应掌握的技能要素	学生行为	教学意图
	清朝，上海人把戏院称为“茶园”，那里是人们日常生活中重要的娱乐场所。每天戏院里要迎来很多观众。可是那时候还没有门票制，戏院就安排“案目”，也就是现在所说的服务员，在戏院门口招待看戏的客人，来一个人就写一笔，满五位入座，就写出一个“正”字。 你发现什么了？	启发诱导（定向式）	正字的每一笔就是一个人。	通过监控学习技能训练引导学生进行思考。
11分20秒 12分	（写一写正字，书空，有的孩子正字的笔顺不对。） 接着老师提问，一个正字代表几人？两个正字呢？你怎么算得这么快？	条理（文体中心式）	一个正字代表5人，两个正字代表10人。 使用乘法口诀。	通过条理技能训练培养学生进行总结，发现正字法的优势。
13分	(2)再出示国外的记录方法：骑缝号。比较他们的相同点：都是五个为一组进行记录。  看来画正字的确是个好方法，又省地方，又好记，最重要的是好数。每个正字正好5笔，你可以5个5个地数，也可以用5的乘法口诀算，简便极了！当然无论你用什么方法记录，结果都是不会改变的。（让学生去发现，教师进行总结。）	探查（类比讲解） 总结方法（归纳总结型）	正字的每一笔就是一个人 学生可能会说：“好数数。”可以5个5个地数，也可以用5的乘法口诀算。 自己对比骑缝号和正字统计法。 体会到记录的结果是不变的，记录的方法是多样的，要根据情境恰当选择。	通过探查类比讲解技能的训练培养学生在比较中进而发现的能力。 在活动中使学生逐步体会数学知识的产生。
15分20秒	(3)分析数据。 接下来我们要一起来分析数据：（板书：分析数据） 这次，统计完之后，我们能不能一眼看出选择哪个童话剧的人数最多呢？	（思维指导）	不能	

续表

教学环节	授课行为	应掌握的技能要素	学生行为	教学意图
	我们班应该建议学校演出哪个童话剧？为什么？ (与前面的问题相呼应，这样就更圆满了，问题得到了解决)。 我们班确实选择()的人数最多，咱们和学校说就表演这个话剧吧！ 你们觉得合理吗？	指导实践(思维指导) 启发联想(深刻性)	因为我们班选择()的人最多，根据实际情况进行填写。 不合理，因为这只是我们一个班的意见，其他班的想法我们不知道，要看看全校想看什么童话剧的班级最多。	通过指导实践和启发联想技能的训练让孩子体会到统计结果是不确定的，与量子力学思维方式相关联。
16分30秒	三、综合练习 1. 绘制统计表 我们班选择(　)的人数最多，那我们就一起在学校发的这张单子上填上，其实别的班也像我们这样统计出了结果，下面我们看一看。 这次你们能帮助学校统计一下选择哪个童话剧的班级最多吗？ 温馨小贴士： (1)注意使用正字法进行记录； (2)老师一边读一边进行记录，学生自己画正字进行统计。	发散延伸 指导程序(方法训练)	观察。 能！ 自己在表格中进行记录。	培养孩子多角度分析数据的能力：鼓励学生能够从统计表中获取尽可能有用的信息。 通过方法技能训练培养学生多角度分析数据、获取更多的有用信息的能力。
18分30秒	2. 决策 这次单主任能做出选择了吗？ 单主任为什么选择看这个童话剧？	得到结果	能！ 因为全校看(　)的人数最多(根据实际情况进行填写)。	通过指导实践技能训练培养学生决策的能力。
19分	四、分析运用统计图 请大家仔细观察这个统计表，你发现了什么数学信息？能提出什么问题？ 你还能提出什么问题吗？ 学生提问—找学生回答—判断(2个) 五、总结 今天这节课你有哪些收获？	引导探究 监控学习(开放式)	一共调查了多少个班级？ 选择哪个童话剧的班级最多？ 选择哪个童话剧的班级最少？ 正字统计法、骑缝号、不同的数学符号、分析统计结果……	通过情境技能的训练培养学生发现问题、解决问题的能力。 通过监控学习技能的训练培养学生学会表达、进行总结的能力。

续表

教学环节	授课行为	应掌握的技能要素	学生行为	教学意图
	回去后分工合作，统计小朋友爱看什么动画片，喜欢什么体育运动，喜欢看什么书，喜欢听什么故事，喜欢什么课，喜欢吃什么蔬菜，感兴趣的同学可以选择一两个项目。	深化拓展（实践活动型）	课下进行调查、统计。	通过深化拓展对所学的知识进行及时的系统化、巩固和应用。
		归纳总结		使新知识稳固地纳入学生已有的认知结构。
	在我们的生活中有很多地方会用到统计，比如统计人口、统计彩票获奖情况、统计天气质量，只要我们勤于观察、善于思考，你就会发现统计就在我们身边！	形成新期待		激发学生的求知欲，使学生在课下能利用本节课的方法继续探究新问题，培养探究意识。

日期：2012 年 12 月

【教案点评】

1. 新视角——关注教材生活化与数学文化的联系

利用学校组织实践活动这个真实的统计情境激发学生的兴趣，进而使学生感受到统计的必要性；拉近所学内容与学生认知间的距离。通过讲解正字统计法的历史故事，使学生感悟数学文化的魅力所在。

2. 新思考——教学新起点，找准着力点

本节课非常注重学生调研，在学生学习的难点上下功夫，在认识正字统计法的优越性上下功夫，通过分层次观察、比较、探究正字统计法与其他数学符号记录之间的联系，体会正字统计法所蕴含的一一对应的数学思想。

3. 新方式——渗透学习方法，发展学生思维

在教学过程中为学生留下了探究的时间和空间，如：学生自己思考统计的方法、记录的方法等，充分发挥了学生学习的主动性。

尝试中学习，比较中提升

——数学《万以内数的进位加法(笔算)》教案设计

石榴庄小学　耿艳

科目：数学　课题：万以内数的进位加法(笔算)　训练的技能：学习指导　主讲：耿艳

教学目标： 1. 认知目标：学生在原有知识的基础上，运用迁移来掌握万以内数进位加法的计算方法，并能用竖式计算。 2. 方法与过程： (1)使学生体会估算在日常生活中的应用，增强估算意识。 (2)在用加法解决生活实际问题的同时，鼓励学生独立思考，积极合作，并培养思维的灵活性。 3. 情感、态度与价值观：养成认真计算、自觉检查的好习惯。				
时间	授课行为	应掌握的技能要素	学生行为	教学意图
0分	一、复习导入，回忆旧知 我们先来做道竖式题(出示) 45＋26 先回忆写竖式计算时应注意什么；自己做；找人上来做；说说你是怎么算的。	创设和谐学习环境 组织教学	预设生： (1)回忆旧知。 (2)写竖式并说算法。	引导学生回忆百以内进位加法的计算法则；帮助学生调出原有的认知基础，为学习新知做好铺垫；同时也为学生在新旧知识之间的对比上埋下伏笔。
01分30秒	二、情境导入，引入新知 大家看这是谁？(出示)你从中知道了哪些信息？	演示 确认 诱导	预设生：故事书有786本；连环画有193本；科技书有388本。	将新知识的学习建立在学生原有的生活经验和知识背景上，利用帮山羊老师的形式，使学生进一步感受到生活与实际应用的紧密联系，从而激发了学生参与学习的欲望和兴趣。
02分	三、运用迁移，自主探究 (一)运用知识迁移，学习十位满10，向百位进1 1. 根据我们知道的数学信息，你能提出一个关于加法的数学问题吗？出示： (1)故事书和连环画一共有多少本？ (2)故事书和科技书一共有多少本？	认同 目标设定 诱导 启发	预设生： (1)故事书和连环画一共有多少本？ (2)故事书和科技书一共有多少本？ (3)科技书和连环画一共有多少本？ (4)故事书、科技书和连环画一共有多少本？	引导学生质疑，为学习新知提供了丰富的学习素材，通过解决自己提出的问题也大大地激发了学生的学习兴趣，提高了学习的主动性。

续表

时间	授课行为	应掌握的技能要素	学生行为	教学意图
	(3)科技书和连环画一共有多少本？ (4)故事书、科技书和连环画一共有多少本？ 这节课我们就先来研究前3个问题。			
02分30秒	2. 大家想想要求“故事书和连环画有一共有多少本”应该怎么想？	真诚信任 归纳 引导	生思考。	
03分	3. 谁来列式？		预设生：786＋193	教学中大胆放手，引导学生通过估算等多种方法进行准确计算的方式理解算理、掌握算法。
03分30秒	4. 786＋193到底等于多少呢？我们先来估计一下大约有多少本。 现在用自己喜欢的方法来算算(你也可以用学具来算)；同桌互说；想想还有别的方法吗？谁来当小老师跟大家说说你是怎么算的？	启发 引导 启发 激趣	生估算。	
	方法： (1)计数器。(跟老师再拨拨，举起右手。) (2)拆分法。 (3)竖式。	尊重 接纳 组织指导 启发	预设生： (1)计数器。 (2)拆分法。 (3)竖式。	鼓励学生算法多样化，引导学生对多种算法进行比较，并从中选优，既为学生提供了展示自我的机会，使思维更加灵活，又进一步感受到竖式的方便与重要。新知与旧知的比较，使学生很快得出本课的重点之一：十位相加满10，向百位进1。(注：百以内的进位加与万以内一次进位的比较。第一次比较。)
06分30秒	5. 刚才大家说了这么多方法，你们比较一下觉得哪种方法最好，最方便？	类比讲解	预设生：说笔算过程。	
07分30秒	6. 我们来一块看看，谁再来说说怎么算？(找人说；同桌互说。) 教师追问：“1”表示什么？应跟谁相加？ 我们来看看这道题跟刚才那道题比，你发现了什么？ 引出注意：十位相加满10，向百位进1。 自己再读读。	尊重 组织指导 依从 反馈强化	生回答。 预设生：“1”表示1个百。应跟百位上的数相加。 预设生： 45＋26　　786＋193 我发现了个位相加满10向十位进1；十位相加满10，向百位进1。 生读。	
	(二)放手让学生在探索中学习连续进位			
10分	1. 我们再来看看“故事书和科技书一共有多少本”怎么列式？	启发	生：786＋388	

续表

时间	授课行为	应掌握的技能要素	学生行为	教学意图
10分30秒	2. 先估算一下大约有多少本。 3. 现在我们就来实际算一下，你们觉得用哪种方法算更好？（目的：突出竖式） 4. 自己算；找人算。（黑板上） 预设：(1)在计算中学生忘了百位满10还要向千位进一。 (2)忘了加进位1。 (3)能正确进行计算。	引导 尊重接纳 启发 引导 诱导启发 真诚信任	 生估算。 生竖式算。 预设生回答：竖式计算。	教学时采取让学生先尝试计算之后进行展示，在展示中发现问题，再通过讨论、自主合作的形式明辨算理，最终掌握计算方法，概括出哪一位上的数满10，就向它的前一位进1的计算法则。（注：万以内的两次进位加与万以内一次进位的比较。第二次比较。）
13分	比较这三种算法，说说哪种算法对？为什么？ 这道题跟刚才那道题比，你发现了什么？ 引出：本次学习的是连续进位。（突出重点）	比较 诱导提问	预设生回答： 388＋193　　786＋193 我发现了个位相加满10向十位进1；十位相加满10，向百位进1。	
14分30秒	5. 做错的同学马上改正过来，再说给同桌听听；谁来当小老师讲给大家听？	尊重、信任、理解 反馈强化	预设生改，互说。	
15分30秒	6. 都会了吗？你们自己做做这道题。（巩固：连续进位）找人上来做。 出示：科技书和连环画一共有多少本？ 新旧知识，整体比较。	诱导提问 启发想象 比较 强化	生做竖式。 预设生：388＋193 预设生： 45＋26　　786＋193 388＋193　786＋388	组织管理 群体沟通：调动学生积极性 巩固连续进位 在一次次的比较中，学生对于“满十进一”这条法则理解越来越深，在后面概括法则也是水到渠成的。
16分30秒	引出：哪一位上的数相加满10，都要向它的前一位进1。 这节课，我们研究的是什么加法，谁来告诉大家？（板书：万以内数的进位加法）		我知道了只要相加满10就要向前一位进1。	
17分	四、情境练习，巩固新知 我们今天就运用所学的知识，去数学城堡探险，来寻找能量饼干。闯过一关就能得一块能量饼干，只要集齐2块饼干，就能找到打开数学知识大门的金钥匙，大家想挑战吗？那我们就一起来闯关吧！ 1. 竖式 282＋814　872＋136 769＋335	 激发兴趣 鼓励强化	学生感兴趣，觉得有意思。 生做竖式。	帮助学生巩固算法，继续明辨算理。

续表

时间	授课行为	应掌握的技能要素	学生行为	教学意图
19 分	2. 想想方框里能填几？ 　　□□ +□□□□ 2 0 0 8	指导应用确认	生独立思考，同桌互说。	小组讨论，教师巡视指导，培养学生合作学习的兴趣，拓展思维。
20 分	这节课你有什么收获？	指导反思	交流交际，谈收获。	

日期：2013 年 12 月 1 日

【教学反思】

本节课的教学设计以自主探究、合作交流学习为主线，分层次组织教学，引导学生在已有知识和经验的基础上，主动建构新知识结构。同时使学生感受计算与生活的联系，增强学生的应用意识。

1. 学生提问题体现了数学从生活中来，为学生学习新知提供了充分的学习素材。

2. 发挥了学生的主动性。如：(1)用自己喜欢的方法算；(2)各种方法的展示；(3)正确与错误的对比，展示学生的例子。

3. 对比中提升。课堂中充分重视知识间的比较：横向、纵向、新旧知识间的比较，进一步找到联系，从而掌握新知。

操作中感悟　指导中提升

——数学《认识长方体》教学设计

长安新城小学　纪智武

一、教材分析

《认识长方体》是北京版教材第十册第一单元《长方体和正方体》中的第一节内容。教材首先呈现了一些长方体形状的生活用品或建筑物，让学生观察他们的形状，从中抽取出长方体的图形，让学生感受到生活中的长方体，为进一步研究长方体的特征做准备。教材展示了长方体的面、棱、顶点，通过例题研究长方体的特征。安排了观察纸盒的活动。让学生经历实验探究过程，引导学生发现规律。

二、学情分析

学生第一学段初步认识了一些简单的立体图形，能够识别出平面图形和立体图形。通过以往空间与图形的学习，已初步养成了动手操作的意识；对长方体的特征有了一定的了解。课前对学生进行了调研，发现学生能够准确无误地说出长方体面、棱的特征，但在应用特征解决问题时，对于长方体特征的认识并不深刻，他们很难将长方体各要素建立起关联，空间观念无法得到进一步的发展。

三、教学目标(见教案)

四、教学重点、难点

教学重点：掌握长方体的特征，认识长方体的长、宽、高。

教学难点：将长方体各要素建立起关联。

五、教学理念

《数学课程标准》指出，学生是数学学习的主人，教师要帮助他们在自主探索和合作交流的过程中，理解和掌握基本的数学技能、数学思想和方法，获得数学活动经验。

六、教学策略

采用“引导发现法”组织教学，辅之以演示活动，激发学生主动探究，自主建构，运用学习指导的几个要素严密设计，培养学生用数学方法探究问题。

七、教案

科目：数学　课题：认识长方体　训练的技能：学习指导技能　主讲：纪智武

教学目标：
1. 认知目标：在观察和动手操作中，掌握长方体的特征，认识长方体的长、宽、高。
2. 能力目标：在探索长方体特征的过程中，发展学生的空间观念，积累探索问题的方法和经验。
3. 情感、态度与价值观：激发学生对数学的探究兴趣，培养学生用数学的眼光思考问题，享受成功的喜悦。

时间	授课行为	应掌握的技能要素	学生行为	教学意图
0分0秒	说一说你心目中的长方体有什么特征？	引起注意 指导观察	学生第一次描述长方体的特征。	此题具有开放性，了解学生对长方体各要素认识的原有认知。
01分	出示长方体盒子。 独立探究，看看你对长方体的特征有哪些新的发现？	引起注意 探询提问	学生通过观察、测量、比较等手段独立探索特征，之后第二次描述长方体的特征。	能够发现长方体面的形状、大小、数量。
04分	给学生提供方格纸、剪刀、胶条，让学生自己思考需要几个什么样的长方形，能拼成一个长方体。没有拼成功的在操作中调整，在失败或成功的操作活动之后，再次独立设计拼长方体需要的长方形。	探询提问 探究指导 思维指导	学生经历拼长方体的过程后，第三次描述长方体的特征。	能够发现长方体有3组相对的面，并能够找到相邻两个面的匹配关系，初步感知棱与棱之间的匹配关系。
13分	提供4种不同长度的小棒各8根、橡皮泥小球，思考需要几根几种长度的小棒能搭成长方体框架，没有搭成功的在操作中调整，在失败或成功的操作活动之后，再次独立设计搭长方体框架需要的小棒。	探究指导 实验指导	学生经历搭长方体框架的过程后，第四次描述长方体的特征。	进一步唤醒探究欲望。 能够发现长方体有12条棱。找到3组(2组)不同长度的棱之间的匹配关系。
18分	通过这节课的学习，你能说说自己有什么新的收获吗？	反思指导		开展思维监控能力。

日期：2013年3月

【教学反思】

能精心设计符合学生思维路径的数学活动，让学生经历自主观察长方体实物或模型、制作长方体纸盒和框架等活动，引导学生经过“经历、内化、概括”的学习过程，能进一步观察图形构成要素与图形之间的关系，最终做到能够将其形成活动经验并进行迁移。

巧妙引导　感悟文本

——语文《小白兔和小灰兔》教学设计

人民村小学　李喜凤

教学策略

1. 以小组为单位进行读中感悟，引导学生在小组讨论中，准确把握课文的内容，达到整体上把握课文内容的目的。

2. 引导学生在读中思考、想象，激发学生读的兴趣，不断积累语言，感悟文本。

3. 开展多元评价。通过评价促进学生在原有基础上阅读和理解能力的提高，同时又激励老师更加努力地钻研教材。

科目：语文　课题：小白兔和小灰兔　训练的技能：学习指导（朗读）　主讲：李喜凤

教学目标：
1. 认知目标：复习已学字词，了解课文内容，理解结尾处小白兔说的话的含义。
2. 技能目标：朗读课文，分角色表演。
3. 情感目标：知道劳动的意义——只有自己种，才有吃不完的菜，激发学生热爱劳动的情感。

时间	授课行为	应掌握的技能要素	学生行为	教学意图
0分 0秒	上节课，我们学习了《小白兔和小灰兔》，认识了很多字词朋友，快来帮小兔把这些词语读准确吧！（浇水、上肥、拔草、捉虫、推车、翻土、奇怪、谢谢您） 小白兔和小灰兔它们的表现有哪些不同呢？这节课，我们继续来学习《小白兔和小灰兔》。	引起注意 建立联系	齐读词语。	复习词语，清除阅读障碍。
0分 30秒	请同学们读课文，找到小白兔和小灰兔在做法上的不同之处。	激发认知需要	自由读课文，边读边想。 小白兔　小灰兔 要菜籽　要白菜 干活　不干活 送白菜　又要白菜	熟悉课文内容，培养学生的概括能力。
01分	小白兔和小灰兔要的东西不一样，它们回家后是怎样做的呢？	理解提问 组织讨论	读课文，找出小白兔和小灰兔做法的不同之处。	培养独立思考能力、归纳概括能力。

续表

时间	授课行为	应掌握的技能要素	学生行为	教学意图
03分30秒	课文中哪个自然段写小白兔回家就干活？ 快读读第三自然段，看小白兔是怎么做的？ 想象：小白兔在种菜的过程中会遇到哪些困难呢？	设疑 教态：歪头思索状	自由读课文，在课文中找答案。 展开想象： 小白兔拔草、捉虫时累得腰都疼了。 天气不好的时候，小白兔要忍受风吹日晒……	培养概括能力 培养联想想象能力
06分	小白兔种菜又热又累，多辛苦啊！当它遇到这些困难，又是怎么想的？怎样克服的呢？	确认 诱导想象	小白兔会想：我只要能坚持下去，白菜就会长大了。 自己种的菜最好吃了，还可以给山羊爷爷送去…… 学生有感情地朗读。 评价	培养联想想象能力 培养情感信息表达能力。 培养学生对课文的感受、理解、欣赏和评价的能力。
8分	当它看到自己种的白菜都长大了，心情怎么样？带着高兴的心情再读读这一自然段。 指名读、评读。		学生用自己的话说一说。	培养分析归纳能力。
10分	小白兔在种菜的时候，小灰兔在干什么？快读读第四自然段。 小白兔和小灰兔在做法上有什么不同呢？	表情：高兴 指导朗读 语气 语调 节奏	小白兔种菜；小灰兔不干活，饿了就吃老山羊送的白菜。 “奇怪”的语气。	培养情感信息表达能力。
12分30秒	他们的做法不同，结果也不一样呀！小灰兔在路上见到小白兔很奇怪。它奇怪什么呢？快读读小灰兔的话。（它是怎样问的呢？示范。） “奇怪”是什么意思？	分析 归纳 眼神 声调	是我自己种的，只有自己种，才有吃不完的菜。 学生展开想象，续编故事。	发散思维提升情感和价值认识。 培养语言实践活动能力。
13分	小白兔们，现在你们能回答小灰兔的问题了吗？ 小灰兔听了小白兔的话，他会怎么想，怎么做呢？	深入运用 提问	学生填空。 反思：总结收获。	培养创造能力 开展思维监控能力

续表

时间	授课行为	应掌握的技能要素	学生行为	教学意图
14 分	这次，小灰兔真的意识到只有……才有……。	联想 想象	实践活动	扩展延伸
15 分	小灰兔，请你说说学习收获？	语言强化 诱导 指导反思		

【教学反思】

本节课导入环节扎扎实实，从上一课时所学习的词语引入，一方面通过复习达到巩固词语的目的，同时也启发学生把词语和课文建立起联系，为后面回顾课文内容的环节做好了准备。此外，本节课的教学重视读中感悟，采用了指读、同桌对读、男女生对读、师生对读、范读、分角色朗读、表演读等多种朗读形式，引导学生有层次、有梯度地与文本对话。在朗读的过程中，教师利用准确的提问引发学生思考、想象，学生积累语言，感悟文本的学习效果显著。

探究中获得体验　自悟中总结方法

——语文《描写春天》教学设计

王佐学校　杨璐培

一、理论依据

《语文课程标准》积极倡导学生自主、合作、探究的学习方式，注重听、说、读、写的相互联系，乐于运用阅读和生活中学到的词语，对写作有兴趣。

二、教学策略

通过小组合作学习、口语交际使学生在自主探究的环境下，引导和帮助学生有效地感受如何能将文章写具体，通过自读自悟总结方法诀窍。

三、教案

科目：语文　课题：描写春天　训练的技能：学习指导　主讲：杨璐培

教学目标：
1. 学会“语言优美巧修饰”的思维策略及相应诀窍。
2. 能够获得一定的方法，知道写景色的作文可以运用四字词语、“……像……”将文章写得更生动。
3. 产生习作的兴趣。

时间	授课行为	应掌握的技能要素	学生行为	教学意图
0 分 0 秒	同学们，上次课我们学习了一条能够把景色描写具体的思维策略，谁还记得并愿意说给大家听听？	诱导提问 引起回忆	学生回忆“叙述具体不空洞”的思维策略。 学生回答“叙述具体不空洞”。	帮助学生回忆已经学过的思维策略，为新的策略学习做好铺垫。

续表

时间	授课行为	应掌握的技能要素	学生行为	教学意图
0分15秒	写什么内容就具体了？你能把诀窍说一说吗？	追问	学生回答："风景、动物、植物、人物都写写。"	
0分30秒	你回答得又正确又有条理，而且声音洪亮，老师希望这节课大家都能像他这样回答问题，可以吗？	激励强化（延时）	学生齐回答："可以！"	树立榜样，激发学生的学习兴趣，促进全员参与。
01分	好，同学们，是不是一篇写景色的文章只要写得具体了，丰富了，就是一篇好文章呢？就会让人觉得很美呢？	诱导提问 分析 形成期待	学生回答："是"或者"不是"。	通过提问引发学生思考，吸引学生注意，激发学生学习兴趣，形成期待。
01分30秒	回答"不是"的要追问："你觉得除了写具体还要做到什么才称得上好文章，才会让人觉得美呢？"	讨论回答		
02分30秒	今天老师就给大家带来了一篇描写夏季景色的小文章，我们从中找找问题的答案，大家准备好了吗？	建立联系	学生回答"准备好了"并集中精力，予以关注。	
02分45秒	出示例文。（例文见附一） 大家读一读。	演示指引	学生读例文	重在学生对文章的整体感知，培养学生整体感知的能力。
07分	提问：你觉得这篇小文好吗？美吗？说说你的感受。	诱导提问 评价	预设回答： 1. 我觉得写的内容很丰富、很具体。 2. 我觉得彩虹公园的景色很美。 3. 读了文章后，我都想去彩虹公园看看了。 学生交流，能够发现文章内容很丰富，句子很优美。	通过学生自读自悟，培养学生分析评价文章的能力，通过口语交际训练培养学生敢于表达自我观点、当众发言的能力。
09分	同学们你们看看这篇文章，读一读，说一说与前篇比较你更喜欢哪篇文章？为什么？（例文见附二）	思维指导 引起回忆 建立联系	学生预设回答："更喜欢前一篇文章。"	重视学生体验过程，培养学生自主探索、提炼总结的能力。进行评价能力的培养。
11分	这篇文章所写的内容和前一篇一样，但是同学们觉得它并不美，所以写景的文章我们不仅要把它写具体还要把它写得优美。	类比讲解 理解	依从。	通过小组合作学习，培养学生倾听、交流、发表自己意见的能力。

续表

时间	授课行为	应掌握的技能要素	学生行为	教学意图
11分30秒	小组合作，画一画、读一读你觉得优美的句子，说一说你觉这些句子好在哪里？	探究指导 合作学习 提供交流平台 监控学习	自读自悟 小组合作学习、小组交流。	通过类比讲解，引发学生思考，引出“语言优美巧修饰”思维策略的学习必要性，使学生产生学习期待。
15分	小组汇报，老师板书。	传统媒体 概括要点 依从	学生汇报，主要是运用了四字词语、比喻句(……像……)、拟人句(当作人来写)。	通过指导学生进行探究学习，在自读自悟中启迪策略，并通过口语交际、小组交流，开展合作学习。
15分30秒	本来普通的句子，经过作者巧妙的修饰就变得那么优美，我们就给这条思维策略起个名字叫作“语言优美巧修饰”。	诱导意识 启迪策略	学生回忆、联系、总结、记忆。	培养学生思维的深刻性，通过给思维策略起名字，训练学生语言总结、归纳、提炼的能力。
16分	怎么样修饰句子就“巧”了呢？诀窍是什么呢？其实你们都说了，就是…… (运用四字词语比喻、拟人句)	总结 确认概括	学生回答诀窍就是多运用四字词语、比喻句、拟人句。	通过诱导意识，指导学生掌握思维方法和策略，提高思维能力。根据学生的汇报，总结思维策略的诀窍。
16分30秒	你们总结得真好，你们会运用这个思维策略了吗？谁愿意运用这条思维策略修饰修饰“迎春花开了”这句话？ (学生回答后追问运用了哪些思维策略及诀窍?)	强化 诱导提问 练习实践 追问	预设回答： 1. 金灿灿的迎春花开了。 2. 迎春花在万物苏醒的春天开了。 3. 金灿灿的迎春花开了，好像许多小喇叭。	指导学生实践，对所学知识和技能进行及时的系统化、巩固和应用，使新知识稳固地纳入学生的认知结构。
18分	同学们，这节课我们学到了如何把写景作文写优美的思维策略和诀窍，谁能说一说它们分别是什么？	引起回忆 形成认识 总结方法	学生回忆策略及诀窍 预设回答：把写景作文写优美的思维策略是语言优美巧修饰，诀窍是多运用四字词语、比喻句和拟人句。	通过重复强调、概括总结对本课学习进行总结归纳，使学生更有效地掌握提高自己习作水平的方法技能。
18分30秒	同学们记得真清楚，在这节课上你还在什么时候用到了什么思维策略？你能说说吗？	激励强化 监控思维 知识检索	预设回答： 倾听别人发言时运用了倾听发言要分析的思维策略；补充回答时运用了补充说明有根据的思维策略。	通过思维监控，帮助学生反思课堂行为，形成能力，并获得积极学习的情感体验。

续表

时间	授课行为	应掌握的技能要素	学生行为	教学意图
19分	下节课，我们试着运用“语言优美巧修饰”这条思维策略和诀窍修改我们的作文，我看有的同学都开始跃跃欲试了，对不对？ 下课。	形成期待	为后续学习做心理准备。	引导学生进入新的学习阶段。

日期：2013年12月1日

【教学设计自评】

本课力求体现老师引导与学生自主探究获得知识体验的过程。从课程的初始，就以探询性的问题引发学生的思考：是否叙述具体了文章就美了？引发学生思考并形成学习期待，再通过思维引导，让学生在探究活动中，参与比较、分析、提炼、总结等过程，在自读自悟中、在交流讨论中获得知识，并及时通过各个环节的反复强调、概括总结、指导学生实践活动等方式，对所学知识和技能及时地进行巩固和应用。在课程的最后，通过学生的自我监控，引导学生进行反思，使学生获得自主学习的情感体验。学生通过探究学习、合作学习既掌握了写景作文的写作方法，也对习作产生了浓厚的兴趣。

【附】

短文一：

在阳光明媚的一天，我来到彩虹公园里，欣赏这夏日美景。

清晨，微风习习，近处小湖里的青蛙们都在快活地唱歌，蜻蜓在空中翩翩起舞，犹如那美丽的姑娘轻巧的身子，还有那一群可爱的小鹿，它们正在一起玩游戏呢！远处那连绵起伏的山，倒像骆驼的“脂肪袋”，这葱葱郁郁的树林里，树枝随风摆动，那声音像是一首大自然的交响曲。荷叶挺立在小湖上，好似一顶顶大伞。我最喜欢的就是这个清亮见底的小湖了，水面平静如镜，水里那些可爱的小鲤鱼，在快乐地游着。还有嫩绿的水草，在水里摇摆着，像在舞蹈。我还喜欢头顶上洁白的云，它们时而变成龙，时而变成花儿，时而变成梯田……各式各样，美丽极了！

我爱这夏天的公园，我更爱公园里美丽的景色。

短文二：

一天，我来到彩虹公园里，欣赏美景。

清晨，小湖里的青蛙们都在呱呱叫，蜻蜓在空中飞，还有一群小鹿，它们正在一起玩游戏呢！远处有山，在树林里，树枝摇来摇去，发出声音。荷叶在小湖上。我最喜欢的就是这个小湖了，水面很平，水里的小鲤鱼在游着。还有水草，在水里摇摆着。我还喜欢头顶上的云，它们总是变来变去，美丽极了！

我爱这夏天的公园，我更爱公园里的景色。

点亮学习智慧，互动增长技能

——数学《反比例函数》教学设计

西罗园学校　郝建军

一、教材分析

《反比例函数》选自北京市义务教育课程改革实验教材《数学》第 17 册第 20 章第 6 节。本节课之前的教材中已经介绍了一次函数、二次函数等内容，学生对函数已经有了初步的认识。在此基础上讨论反比例函数可以进一步领悟函数的概念，体会函数所蕴含的“变化和对应”思想，对后续学习产生积极影响。

二、学情分析

我所教的学生，从知识上看，已对函数、一次函数、二次函数的概念、图像性质及应用有所掌握。从年龄特点与认知结构上看，九年级学生正处在身体发育和大脑发育的高峰时期，好奇心和求知欲望较强，愿意与他人交流合作。同时他们正处在由形象思维向抽象思维的过渡时期，有一定的推理和分析能力，但由于本节课比较抽象，学生理解起来比较困难。

三、教学目标(见教案)

四、教学重点、难点

教学重点：建立与领悟反比例函数的概念。

教学难点：理解反比例函数的概念。

五、教学理念和理论依据

2011 年版《数学课程标准》中提到数学教学活动是师生积极参与、交往互动、共同发展的过程。数学教学活动，特别是课堂教学应激发学生兴趣，调动学生积极性，引发学生的数学思考；要注重培养学生良好的数学学习习惯，使学生掌握恰当的数学学习方法。

六、教学策略

通过对具体情境的分析，概况出反比例函数的概念；通过例题和举例，丰富对反比例函数的认识，理解其意义；有针对性地对学生进行数学思想方法的渗透，培养学生的思维能力。

七、媒体准备

PPT

八、教案

科目：数学　课题：反比例函数　训练的技能：学习指导技能　主讲：郝建军

教学目标：

1. 知识与能力：理解反比例函数的概念。能根据不同的条件确定反比例函数的解析式 $y=\frac{k}{x}$（k 为常数，$k\neq0$）。

2. 过程与方法：初步学会在具体的情境中从数学的角度发现问题和提出问题，并综合运用数学知识和方法等解决简单的实际问题。经历反比例函数的建模过程，培养学生的建模能力、抽象思维能力。体会类比、建模、转化、方程等思想。

3. 情感、态度与价值观：体会数学来源于生活实际，激发学生学习数学的热情和兴趣，增进学习数学的信心。

时间	授课行为	应掌握的技能要素	学生行为	教学意图
0分0秒	一、创设情境，引入新课 在前面的学习中，我们知道函数是刻画两个变量之间的一种数学模型，而且在前面的学习中我们也学习了一些函数，在生活中函数的关系处处可见，我们遇到这样的问题："据中国中央电视台2012年9月14日报道，北京时间14日早晨6时许，由中国海监50、15、26、27船和中国海监51、66船组成的2个维权巡航编队，抵达我钓鱼岛周边海域，对钓鱼岛及其附属岛屿附近海域进行维权巡航执法。"	创设情境	学生阅读材料。	从生活中的热点问题入手，激发学生探究新知的欲望，引起学生的关注。
01分30秒	(1)已知两个维权巡航编队从福州出发前往钓鱼岛，航行全程所需时间 t(h)是平均速度 v(km/h)的函数，列出时间 t 与平均速度 v 之间的关系式。 (2)"中国海监15"由中船重工701所上海分部设计，船舶总长88.0米，满载排水量1740吨，续航能力6000海里，最大航速每小时18海里。已知航行距离 s (n mile)是航行时间 t(h)的函数，列出航行距离 s 与航行时间 t 之间的函数关系式。	阅读指导	回答5个问题： (1) $t=\frac{385}{v}$ (2) $s=18t$	同时培养了学生阅读和提取信息的能力、建立模型的思想。

续表

时间	授课行为	应掌握的技能要素	学生行为	教学意图
	(3)我国要在钓鱼岛海域建立一个圆形的渔船作业区域，列出圆形作业区域面积 s 与作业半径 r 之间的函数关系。		(3)$s=\pi r^2$	
	(4)若渔船的作业区域为一个矩形，当一个矩形的面积是 200km^2 时，其一边长 a(km)是宽 b(km)的函数，列出 a 与 b 的函数关系式。		(4)$a=\frac{200}{b}$	
04 分 30 秒	(5)为了给巡航的海监船进行物资补给，中国海监总队决定利用直升机向海监船进行补给，已知需补给的货物为 10 吨，直升机每次运输货物 x 吨，运输次数为 y 次，y 是 x 的函数，请你写出 y 与 x 的函数关系式。 观察上述的 5 个关系式，回答下列问题：		(5)$y=\frac{10}{x}$	
	问题 1：上述的函数关系式中，哪些是我们以前学过的？ 问题 2：它们是怎么定义的？	提供支架	生答：正比例函数和二次函数。 生答：正比例函数：形如 $y=kx$(k 是常数，$k\neq0$)的函数叫作正比例函数。k 叫作比例系数。 二次函数：形如 $y=ax^2+bx+c$(a、b、c 是常数，$a\neq0$)的函数叫作二次函数。	运用提问，搭建支架，理解定义。
	问题 3：其余的函数是同一种函数关系吗？它们的解析式有什么共同特点？和前面学习的函数有什么不同？可以用怎样形式的解析式来概括它们呢？ 布置讨论。	合作指导 指导探索 思维指导 指导交际 小组交流 当众发言	学生先独立思考，然后进行小组讨论、交流，并请代表汇报小组讨论的结果，师生共同修改、补充、完善，达成共识，这些函数右端的表达式都是分式，不同于以往所学的函数。	通过对所列三个函数关系式共性的分析，抽象出反比例函数的概念，使其经历抽象概念的形成过程，进而加深对概念的理解。
10 分	二、建构反比例函数的概念 一般地，我们把形如 $y=\frac{k}{x}$(k 是常数，$k\neq0$)的函数叫作反比例函数。其中，k 叫作反比例系数。	形成建构 记忆指导	学生先独立思考，然后进行小组讨论、交流，并请代表汇报小组讨论的结果，师生共同修改、补充、完善，达成共识。	

续表

时间	授课行为	应掌握的技能要素	学生行为	教学意图
12分	三、深化概念 问题1：反比例函数中的比例系数 k 和自变量 x 的取值范围是什么？	反思监控 合作指导 交际指导 注意倾听 尊重接纳	总结：在反比例函数的定义中，有两点要提醒大家注意： (1) $k\neq0$； (2) $x\neq0$，$y\neq0$。 （三个不为零）	通过本环节的问题，对反比例函数的概念有更深层次的理解，从而达到深化概念的目的。
	问题2：反比例函数可以进行怎样的等价转化？ 问题3：你能把反比例函数和正比例函数进行一下对比吗？ （在学生讨论过程中，教师巡视，并参与到学生的讨论中，引导学生的思考角度。）	小组交流 当众发言 探究指导 思维指导 方法指导 反馈调整 监控学习	变形：$xy=k$，$y=kx^{-1}$ 从形式上看，正比例函数是关于自变量的整式，反比例函数是关于自变量的分式； 从内涵上看，正比例函数是两个变量的商是一个非零常数，反比例函数是两个变量的积是一个非零常数； 从自变量和函数的取值上看，正比例函数自变量和函数的取值均可为0，而反比例函数自变量和函数的取值均不可为0。	
19分30秒	四、应用知识，提高能力 例1. 判断下列函数哪些是反比例函数？哪些不是？为什么？并指出反比例函数的比例系数。 (1) $y=3x-1$　(2) $y=\frac{1}{x}$ (3) $y=\frac{2}{3}x$　(4) $y=\frac{1}{3x}$ (5) $y=-\frac{1}{x}$　(6) $y=4x^{-1}$ (7) $y=3(x-1)^2+1$ (8) $xy=-\frac{1}{4}$ (9) $y=\frac{2s}{x}$（s 是常数，$s\neq0$）	指引实践 交际指导 验证答案 矫正措施	学生先独立完成，再由学生进行板演，教师做适当的补充说明。	通过这组辨析练习，使学生从反比例函数解析式的基本特征上理解反比例函数的概念。
20分30秒	例2. 函数 $y=x^{m-7}$ 是正比例函数，则 $m=$______； 函数 $y=3x^{m-7}$ 是反比例函数，则 $m=$______。	方法指导 对比		

续表

时间	授课行为	应掌握的技能要素	学生行为	教学意图
21 分	函数 $y=(k+2)x^{k^2+2k-1}$ 是反比例函数，求 k 的值和函数解析式。 例 3. 已知 y 与 x 成反比例，当 $x=2$ 时，$y=6$； (1)写出 y 与 x 的函数解析式。 (2)当 $x=4$ 时，y 的值是多少？			通过选取不同的例题，从不同的角度，使学生深入理解反比例函数的概念。
23 分 20 秒	例 4. 压强的大小是由单位面积所受到的压力决定的，那么，当物体受到的垂直压力为 100N 时，压强是受力面积的函数，试判断它是哪一类函数。	分析交流		通过归纳总结，培养学生自我整理的学习习惯，强化学生对知识的理解和记忆，并锻炼学生归纳概括的能力。
25 分	五、归纳总结，提升认识 1. 你学会了哪些数学知识？ 2. 在解决问题的过程中用到了哪些数学思想方法？ 3. 你还有什么困惑吗？ 结合学生的发言，我给出评价和指导。	反思监控 反思指导	学生在自由讨论、发言补充的过程中，回顾了本节课的学习内容和重点。	
30 分	六、布置作业，巩固知识 必做题： 书 75 页练习第 1、2 题。(加深巩固基础知识) 选做题： 请你举出我们身边反比例函数的生活实例。	反馈矫正		关注学生的个体差异，体现“使不同的学生得到不同的发展”这一宗旨。

日期：2013 年 8 月 13 日

【教学反思】

本节课从生活中的热点问题入手激发学生的学习兴趣，有效地调动了学生学习的积极性，通过问题组的形式引发学生的思考，在师生合作交流中掌握了本节课的内容和相应的学习方法。

1. 营造了民主、宽松的教学氛围，建立了平等、和谐的师生关系，学生在轻松的心态下有效地利用时间，从而实现高效地学习。

2. 情境设置有特色，切合现在时事热点问题，能够激发学生学习兴趣，能让学生产生共鸣。

3. 采用问题组的形式，提出一系列的问题，环环相扣，引发学生的思考。

4. 学生积极参与教学全过程，亲历知识的发生、发展、形成过程，提高了学习探索能力和应用数学意识。

方式多变，学会思考

——数学《一元一次方程的应用》教案设计

西罗园学校　冯汝静

科目：数学　课题：一元一次方程的应用　训练的技能：学习指导技能　主讲：冯汝静

教学目标： 1. 知识技能：理解打折问题中，进价、售价、标价、利润、利润率等数量间的数量关系。 2. 过程方法：在用方程表示等量关系解决问题的过程中渗透建模思想、化归思想和应用意识，培养学生分析问题、解决问题的能力。进一步体验运用方程解决实际问题的过程，能够列一元一次方程解决打折问题。 3. 情感、态度与价值观：体会数学来源于生活、应用于生活的事实，激发学生学数学、用数学的兴趣。				
时间	授课行为	应掌握的技能要素	学生行为	教学意图
0分 0秒	一、复习回顾　引出新课 同学们，这个星期我们一直在研究一元一次方程的应用，请大家思考一下列方程解应用题的一般步骤是什么？ 好，下面我们继续一元一次方程应用中打折销售问题的研究！	问题情境 焦点化	回答：……	通过回忆引出新课。
01分	二、创设情境　学习新知 请大家带着两个问题观看视频： (1)我们同学卖的这套衣服标价是多少？ (2)进价是多少？	依从 创设情境 提供支架	学生观看视频，从中获取问题的答案。	创设情境激发学习兴趣，进行问题阅读和思维指导。
02分 20秒 03分 20秒	看完了视频，请大家回答老师刚才提出的两个问题。 好，在我们共同确认衣服的进价和标价后，我们共同来研究子柔在视频中思考的问题： 这套衣服标价100元，进价是40元。 (1)子柔6折出售，实际售价为________元；获利________元，利润率为________； 思考1：我们是如何计算出衣服的实际售价、利润和利润率的？ 在学生回答过程中共同归纳打折问题中的数量关系，教师板书并投影：	形成期待 形成建构	学生从看完的视频中找出问题的答案。 学生阅读问题，思考回答，共同归纳打折问题中的数量关系并填写在学案上。	对学生进行思维与方法指导，明确利润、利润率、售价、进价之间的数量关系。

续表

时间	授课行为	应掌握的技能要素	学生行为	教学意图
	实际售价＝标价× $\frac{折数}{10}$ 利润＝实际售价－进价 利润率＝ $\frac{利润}{进价}$ ×100％	演示	观察思考。	
07分20秒	(2)如果这套衣服想获利30％(即利润率为30％)，则这套衣服的利润是________元； 思考2：当我们知道进价和利润率时如何求利润？ 在学生回答过程中共同归纳打折问题中的数量关系，板书并投影： 利润＝进价×利润率	形成建构 指引实践	学生阅读问题，思考回答并填写在学案上。	对学生进行操作、方法和反思指导，得到利润的又一数量关系。
09分20秒	思考3：打折销售问题中涉及4个数量关系，关于利润的数量关系式有两个，那么使用时如何选择？	指引实践 反思监控	学生思考回答。	对学生进行策略、操作和反思指导，帮助学生灵活选择数量关系。
10分20秒	思考4：打折销售问题中共涉及哪些量？			
11分20秒	三、合作探究　应用新知 出示问题。 例：子柔把一套童装按进价提高100％标价，然后再按8折(标价的80％)出售，这样她卖出一套童装就可盈利30元。这套童装的进价是多少元？ 教师问题引导分析： (1)请画出题目中的关键词句； (2)分析清已知量和未知量，设出未知数； (3)在学案的相应位置填写留白； (4)先独立思考，然后小组讨论，寻找相等关系并结合4个打折问题中的数量关系列方程。 教师在学生独立思考和小组讨论过程中巡视指导。	提供支架 形成期待 分析 形成建构 指引实践 指导讨论	学生默读问题，画出关键词句并回答。 明确已知量和未知量，设出未知数。 学生独立思考后与小组讨论，填写留白 进价________； 标价________； 折数________； 实际售价________； 利润________； 相等关系________； 列方程________。	利用问题对学生进行思维、方法和探究指导，引导学生解决打折问题，渗透建模思想和应用意识，培养学生分析问题、解决问题的能力。

续表

时间	授课行为	应掌握的技能要素	学生行为	教学意图
16分20秒	小组讨论反馈，教师帮助补充完善，示范例题解题过程。(反馈中特别要求学生明确列方程依据的相等关系) 解：设这套童装的进价为 x 元，根据题意，有： $(1+100\%)x\times80\%-x=30$ 解这个方程，得 $x=50$ 答：这套童装的进价是50元。	确认 反思监控	小组代表展示自己小组的讨论结果，并讲解填写的方法，其他同学补充完善。最后和教师一起在学案上完成例题的完整解答过程。	对学生进行操作指导，规范学生解题步骤。
22分20秒	思考5：通过例题的研究，想一想利用一元一次方程解决实际问题的主要思路是什么？	反思监控 确认	学生思考回答。	对学生进行反思指导。
24分	变式1：子柔把一套童装按进价提高100%标价，然后再按8折(标价的80%)出售，利润率为60%，这时这套童装的进价是多少元？	形成建构 反思监控 强化	学生独立思考，在学案上填写留白，并列出方程，最后订对答案。	通过变式1巩固思考方法与策略。
27分30秒	四、课堂小结　升华知识 1. 通过学习，你学会了什么知识？ 2. 在解决问题的过程中，你掌握了哪些数学思想和方法？ 3. 通过学习你有什么收获和体会？你还有什么疑惑？	形成建构 反思监控 强化	学生思考回答。 打折销售问题中的数量关系及分析、解决问题的方法。 实际问题可以转化为数学问题来解决，用到了化归思想、模型思想。	对学生进行思维、反思指导，总结本节课的知识和数学思想方法。
29分30秒	结束语： 今天我们利用一元一次方程解决了一些打折销售问题，体会了其中蕴含的思想方法。下节课我们将继续利用数学知识解决生活中的实际问题。	强化 深入 总结	学生畅所欲言。 形成新的期待。	进行反思指导，强化模型思想、化归思想和应用意识。

日期：2013年7月18日

【教学反思】

教师利用学生自编、自演的视频，激发学生的兴趣。利用问题引导学生思考，学会解决实际问题的思想方法。

在变式1中，学生独立画出关键句和词语，分析出已知量和未知量，设出未知数 x，填写留白，列出方程，在不断的经历中体验分析问题、解决问题的方法，并学会分析打折问题。

教师给学生足够的独立思考、小组讨论、展示自己思维的时间和空间，学生在课堂学习活动中积累分析、解决问题的经验，体会过程中所蕴含的数学思想方法，积累了应用数学知识解决实际问题的能力和意识。

指导实践操作，提高学习兴趣

——通用技术《生活和生产中的流程》教学设计

丰台一中　周璟

一、教材分析

本节内容是《技术与设计 2》的第二单元《生活和生产中的流程》的第一节课，是本单元的基础知识，其中对时序、环节、流程概念的理解，是为后面学习流程设计、流程优化做好铺垫。

二、学情分析

大部分学生对流程都会有一些模糊的概念，但缺乏流程设计的意识及对生活的影响，对时序和环节概念的认识还不深入。学生不能自觉地从流程的角度来看待和分析生活和生产中的问题。用学生感兴趣的制作流程，才能调动学生学习的积极性；创造一个宽松、愉快的学习氛围，才能发挥学生主动学习的精神。

三、教学目标(见教案)

四、教学重点、难点

教学重点：了解流程、时序、环节的含义和流程的表达。

教学难点：对时序、环节的理解。

五、教学理念和理论依据

紧密联系学生的生活实际，努力反映先进技术和先进文化。学生的技术学习过程应是主动建构、不断拓展能力的过程，也是富有生机、充满探究、生动活泼的活动过程。在这个过程中，学生是学习的主体，教师是学习活动的引导者、帮助者，更是学生的亲密朋友。在课程的实施过程中，应当从学生的实际出发，精心设计和组织学生的学习活动。

六、教学策略

本课以丝网花的制作过程做演示，引出流程的模糊概念，让学生对流程有初步的认识。

教师讲解、引导，学生自主思考、操作、演示、讨论，师生互动，学生在观看制作的演示过程中学习既轻松，又愉快。

紧紧抓住时序这个核心来分析制作的整个过程，让学生对时序和环节有更好的理解。

七、媒体准备

电脑、实物投影仪、实物模型、PPT

八、教案

科目：通用技术　课题：生活和生产中的流程　训练的技能：学习指导(操作)　主讲：周璟

教学目标：
1. 了解流程的含义及其对生活和生产的意义。
2. 通过对丝网花制作过程的演示分析，让学生对时序、环节更容易理解。
3. 掌握流程的表达。

时间	授课行为	应掌握的技能要素	学生行为	教学意图
0分0秒 0分17秒 0分45秒	导入。 同学们好！上课前给同学们出个脑筋急转弯题：(播放春晚小品)把大象放进冰箱里总共分几步？ 很显然，做任何一件事情都要经历一个过程。这个过程就是我们今天要认识的流程。 板书：生活和生产中的流程	创设情境 提高兴趣 建立联系 引入新课 形成学习期待	集中注意力，思想活跃，兴致很高。 积极回答问题。共分三步，第一步：把冰箱门打开，第二步：把大象装进冰箱，第三步：关上冰箱门。 在笑声中回答问题，形成探究意识。	组织教学。播放小品，从学生熟悉的笑话入手，激起学生学习的兴趣。学生通过对问题的回答，帮助学生向本节课的知识过渡，向学生引入流程的概念，为新课的学习做铺垫。
01分20秒	下面我们通过丝网花的制作过程来了解和认识流程。(调查学生初中劳技课是否学习过丝网花的制作)	引起注意	学生配合教师调查，有一部分学生学过丝网花。	通过调查找到合适的载体引起学生学习的兴趣。
02分	现在请学过的同学来介绍一下它的制作过程。(对照PPT) 认识制作流程。	组织观察 引导	对照PPT请学生讲解丝网花的制作过程。其他学生观察。	通过观看PPT，让学生通过视觉的感受了解丝网花的制作流程，明了步骤。
05分 5分30秒	丝网花的制作过程是怎样的呢？总结起来就是： 绕圈—网丝—组合—造型(板书) 这个制作过程是按什么顺序来进行的呢？ (按制作的时间顺序来进行的) 时序：就是按照一定的时间顺序进行的。 现在请一位同学利用所给的材料组合一朵有花蕊的梅花。 其他同学注意观察他的操作过程，思考如何安排合理、正确的操作顺序。 学生操作演示，其他同学注意观察。(在学生操作的过程中由于制作时序不正确不能组合成功，这时	演示设计 明了步骤 明确目的 操作示范 指导学生观察记录 反馈矫正 分析交流	通过观察明确丝网花的制作顺序(时序)。 请一个学生在正投影仪下动手操作：组合一朵有花蕊的梅花。其他同学注意观察思考。 由于操作时序不对，请其他同学帮助其完成组合。	通过在正投影仪下观察操作演示，能引起全体学生的关注，学生能较好地思考和比较操作时序对于流程的重要性。

续表

时间	授课行为	应掌握的技能要素	学生行为	教学意图
	及时引导其他同学帮助他，完成最后的组合。）			
15 分	通过观察，讨论回答：为什么第一位同学组合没成功？	指导分析	通过观察组合操作，分析讨论时序在流程中的重要性。	
17 分	教师总结： 很明显，在组合时采用不合理的时序，就不能做出合格的成品。我们看到在丝网花的制作过程中，要想做出合格的产品，它的操作时序是不能被打乱的。	引导反思	在教师的引导下，学生思考讨论回答问题。进一步理解流程中的时序。	在教师的指导下，让学生分析交流，更进一步地理解时序，了解流程。
18 分	现在我们想想在我们的生活中还有哪些时序是不能颠倒的？哪些时序是可以颠倒的？（有可以同时进行的时序吗？）	归纳总结		
20 分	结束。			

日期：2013 年 5 月 7 日

【教学反思】

我引用初中劳技项目丝网花的制作过程来指导学生实践操作，让学生更深刻地理解流程中的时序。学生们特别感兴趣，课堂气氛活跃。

这堂课能够体现新课程的理念，在教学中是用教材，而不是教教材。

指导转角色　学习明睿智

——思想品德《善于维护消费者权益》教学设计

卢沟桥中学　王红英

一、教材分析

《维护消费者权益》属于思想品德课程标准第二板块“我与他人和集体”中第三部分“权利与义务”内容，具体课标要求“知道法律保护消费者的合法权益，学会运用法律维护自己作为消费者的权益”。

本课既是对上一课“法律保护我成长”知识的拓展和延伸，又从培养法律思想，树立维权观念方面为下一课教学做铺垫。分别从维权的要求、经营者要守法守德、消费者要文明消费三个方面介绍了如何维护消费者的合法权益，对提高学生法律意识，增长法律素养，健康成长具有重要意义。

二、学情分析

学生消费对象少，范围窄，行为单一，消费体验、消费知识及经验的积累较缺乏。

其合法权益容易受到侵害，造成安全隐患。因此要帮助学生逐步树立维权意识，掌握维权的正确方法与途径，增强维权能力。

三、教学目标（见教案）

四、教学重点、难点

教学重点：掌握依法维护消费者合法权益的有效途径和正确方法。

教学难点：培养依法维权的意识和树立诚信的观念。

五、教学理念

建构主义学习理论认为，学习是学习者的已有经验与其主动选择的信息相互作用、主动构建信息的过程，学生是学习信息加工的主体，是意义建构的主动者，教师是意义建构的帮助者、促进者。

根据《基础教育课程改革纲要》注重培养学生学习的独立性和自主性的要求，《思想品德课程标准》强调转变学习方式，引导学生学会学习，鼓励学生通过调查、讨论、访谈、课题研究等方式，主动探索问题，在合作分享中扩展经验，在自主探究和独立思考中增强道德学习能力。

六、教学策略

采用“创设问题情境—探讨问题解决—设计解决方案”教学模式，结合“一例到底”的方法，围绕“蛆虫门”事件，进行维护消费者权益问题的定向探究。

搭建小组合作学习平台，提升分析和解决问题以及交流与合作的能力。

回归生活，引导学生分析、解决实际生活中遇到的消费问题，提高自我保护能力。

科目：思想品德　课题：善于维护消费者权益　训练的技能：学习指导技能　主讲：王红英

教学目标：
1. 知识目标
(1)搜集资料了解有关消费者权益保护方面的知识，知道我国法律保护消费者的合法权益。
(2)依据事实说明依法维权的重要性。
(3)设计维权方案，阐释方案合理性，掌握维权的正确方法和有效途径。
2. 能力目标
(1)通过对资料的理解整合，信息调动运用、理解建构，提高论证和探究问题的能力。
(2)通过探讨维权途径提高依法维权能力，增强自我保护意识和能力。
3. 情感、态度与价值观
(1)逐步培养成熟的维权观，有理有节，树立法制观念。
(2)逐步树立诚信观念，做负责任的公民。

时间	授课行为	应掌握的技能要素	学生行为	教学意图
0分 0秒	课前铺垫，营造氛围。 播放3·15晚会的主题歌。 环节一：创设情境，导入新课	创设视听情境 引起注意 建立联系	欣赏音乐。 调整心态。	提供必要的信息引起学生的注意，使学生进入学习的准备状态。

续表

时间	授课行为	应掌握的技能要素	学生行为	教学意图
03 分	播放 3・15 晚会线索征集宣传片片头。 过渡：3・15 晚会自开播以来，揭穿了无数骗局、陷阱和黑幕，维护了社会公平公正，改变了无数人的命运和人生，已经成为中国消费大众维权的一个节日、一面旗帜。为保护消费者发出强烈的呼声。它提醒我们，作为消费者，要善于维护自己的合法权益。 板书：维护消费者权益	创设事实情境 形成期待 促进参与 板书	主持新闻播报：“关注社会动态 把握时代脉搏”。简单介绍将要举行的消协晚会主题，揭露的主要问题，可借助的维权渠道或方式。 思考领悟。	制造氛围，启发学生对现实生活和题材的思考、认知需求，唤起学习兴趣，调动课堂参与的积极性，进入课题。
04 分	环节二：合作探究，讲授新课 活动一：“自由论坛—话说维权” 展示调查问卷“消费面面观”结果：学生在维权方面存在的普遍误区。如“购买的东西不值钱，自认倒霉”；“觉得麻烦，浪费时间、精力”；“觉得自己小，没有力量，不敢找卖主”；“怕卖主不承认，不退赔，去了也没用”…… 过渡：为了打消大家的顾虑，解决困惑，更好地维护消费者的合法权益，让我们一同踏上长沙市一位普通人的维权之路，看看她的维权经历会带给我们怎样的启迪和帮助。	创设思辨情境 提供支架 发现问题	整合问卷信息。 统计、分析数据。 反思现状原因。	将学生的注意力引向思考目标，启动探究问题的意识，强化学生感受性和参与的体验。 激发学生求知欲望和问题意识，唤起学习动机。
07 分	活动二：“出谋划策——依法维权” 事件回放：麦当劳“蛆虫门”事件，面对消费纠纷，陈女士应该如何维权？ 搭建小组合作平台，开展探讨依法维权途径的学习。参照学案中对小组活动的具体要求和对解决问题策略有效性的注意事项，为案例中的陈女士设计、提供一份合理有效的维权方案，并简要说明设计的依据。	解决问题 呈现案例 揭示问题 创设探究情境 提供支架 指导合作 协助探究	了解案例。 阅读分析。 思考探究。 确立目标，细致分工。 独立探索，协作学习。 阅读素材，提炼信息。 结合经验，分析判断。 汇总整合，寻求解决。 达成共识，展示汇报。	明确活动目的和任务，增强主动学习意向，促使学生进入探究问题的准备状态。 疏导思维，启发思路，帮助学生选择学习策略，指导学生遵循正确思路寻求解决途径，突出重点，发展探索能力，培养学习主动性、创造性，形成合作交流品质。

续表

时间	授课行为	应掌握的技能要素	学生行为	教学意图
12 分	过渡：小组设计的方案理论上都有一定的合理性，但实际操作如何呢？让我们结合案例的后续发展完成检验。 总结：侵害事实的不同，维权的途径自然不同，根据权益受侵害的不同状况，选择合适的途径维护自己的合法权益，大家设计的解决方案——维权途径方式各有利弊，没有最好，只有更合适！增强维权意识，敢于、善于维权。	评价结果验证方案 形成建构	实践操作。 评析优劣。 补充建议。 归纳概括。 理解认同。	
22 分	(板书)维权五种途径 过渡：今年的 3·15 晚会目标仍将对准大企业，“大企业更能代表行业的一个标杆，应该承担更大的社会责任”。 问题：如果你是未来企业的生产者和经营者，你会怎么做？	创设事实情境 提供支架问题引导	体验感悟。 反思交流。	创设问题情境，启发思维。
	(板书)树立诚信意识 培养法制观念 总结：企业要追求经济利益，但一定要生财有道，不论是生产者、经营者还是消费者都应该树立法制观念，增强诚信意识，依法维权，依法经营。营造良好的消费环境需要全社会的共同努力。	评价总结形成建构	判断归纳。	明辨、强化价值观教育，提升道德判断、法律践行的能力，突破难点，达成情感、态度、价值观目标生成度。
25 分	过渡：这节课的学习即将结束，请大家用今天习得的知识答疑解惑：碰到合法权益被侵害的现象，我们将如何维权呢？	创设问题情境		促进学生对知识理解、意义建构。
	环节三：实践演练，与我分享 以调查问卷“中学生在维权认识和行为方面的误区”为背景材料分析，纠正部分学生认为“不值得”的思想，明白维权的途径是多样的，有益于依法维权的方式、方法都值得肯定。	提供支架 联系生活点拨践行 反思矫正	甄别判断。 自我反省。 自我教育。	提供道德实践情境，指导学生学以致用，使教学成为学生感悟社会、体验生活的平台，增强实际维权能力，建立正确的思想导向，培养依法维权意识。

续表

时间	授课行为	应掌握的技能要素	学生行为	教学意图
30 分	过渡：通过这节课的学习，你最大的收获是什么？ 环节四：课堂小结，知识系统 总结："雾里看花，越看越花"；练就慧眼，依法维权。无论你是消费黑幕的知情者，了解"潜规则"背后的秘密，还是经历了令人气愤无奈的消费陷阱、骗局，请及时拨打 12315，或以邮件发送至 12315@cntv.com 等其他方式进行投诉或线索举报，"共铸诚信，有你有我"。安全的消费环境期待、需要你的全力参与，合理消费，健康消费，放心消费。	总结反馈 反思监控 指导激励	谈收获。 说感想。 明事理。	引导学生提高反省认知水平，升华学生积极情感，养成独立思考和灵感多发的习惯。
33 分	环节五：课后作业，知识拓展 网上购物"几人欢喜几人忧，有谁对网购负责"？ 关于网购，你有哪些困惑烦恼？遭遇网购陷阱，如何挽回损失，有效解决？谈谈你的建议，尝试在父母的帮助下实施，并拿起手中的笔记录你的解决过程，将维权过程形成案例。	提供支架 指引实践 强化践行 发散延伸	迁移知识。 体验生活。 独立思考。 探求解决。	强化学生认知理解，提升学习能力，增强自我保护的意识和能力。

日期：2013 年 12 月 1 日

七、教学反思

在研讨问题、突出教学重点阶段中，采用"一例到底"的探讨模式，深入挖掘案例，提高案例的价值。指引学生在独立思考、协作探讨维权过程中，形成意义建构，发展多方面能力。改变以往教学中采用一点一例，甚至一点多例的处理方式，避免因材料过多导致学生被淹没在材料中，无法形成对一节课知识结构的清晰认识。

在突破教学难点过程中，抓住课堂的每个机会生成教育，由点到线成面不断渗透扩展思想的深化、道德的发展，借助三点——消费者、经营者(生产者)、国家(政府)；贯穿两线——法律规范、诚信要求；统一一面——和谐社会的需要，实现情感发展，态度转变和正确价值观的确立，达成情感、态度、价值目标的教育。引导学生明白营造良好的消费环境需要全社会的共同努力，任何一方都应该依法行使权力，履行相应义务，共筑诚信，共建和谐社会。

指导阅读练思维，扎实建构学语言

——英语《It's the tallest animal in the world》教学设计

卢沟桥中学　刘凤林

一、教材分析

本单元内容是围绕话题展开教学。第41课是谈论野生动物，第42课是谈论与动物有关的职业，本节课通过阅读五篇介绍野生动物的文章，了解图示的五种野生动物的特征，并通过阅读这些动物的介绍，学习单音节形容词及表达动物特征的用法及意义。通过本课的学习，也复习了前两课所学内容，第44课将学习多音节形容词最高级，本课作为最高级的起始课，同时也是第11单元承上启下之课。

二、学情分析

通过前两课的学习，学生对与动物相关话题的词汇已经有了一定程度的积累，有了一定的词汇和句型的储备。

学生在以往的阅读过程中掌握了简单的阅读策略，大部分学生具备概括段落大意，寻找关键词，获取特定信息的能力。

三、教学目标(见教案)

四、教学重点、难点

教学重点：学生能够通过阅读获取五种野生动物特征的信息，总结语言规律，培养阅读策略。

教学难点：学生能够使用本课语言知识，初步运用最高级，口头介绍所学野生动物的特征。

五、理论依据

1. 思维训练。思维训练指遵循思维规律，采用相应的方法、内容、手段，按一定的程序训练，使受训者获得准确获取知识和解决问题的能力的一种教育过程。思维训练是智力开发的组成部分，是智慧开发的基本方式之一。思维学习不仅获取知识与技能，而且也学会思维方法的学习活动，引导学生构建合理的认识结构，培养学生良好的思维品质。

2. 合作交流。同侪互教，学生们在教师的组织和引导下一起讨论和交流，通过不同观点的交锋，补充、修正。通过这样的协作学习，学习者群体的思维与智慧就可以被整个群体所共享。

六、教学策略

1. 在阅读理解题时采用小组合作完成的方法，引导学生合作和独立阅读理解体验到正确的步骤与方法。

2. 在反馈阅读理解时以小组形式呈现阅读理解的思维过程，归纳方法，训练学生思维的有序性、深刻性，训练学生思维的逻辑性、深刻性。

七、教学媒体

充分利用课件辅助教学，帮助学生理解阅读理解中的思维过程。

八、教案

科目：英语　课题：It's the tallest animal in the world　训练的技能：学习指导　主讲：刘凤林

教学目标 1. 知识与技能：获取三种野生动物特征的信息。掌握单音节形容词最高级的结构：the ＋形容词est＋范围的表达方式，并尝试用最高级对野生动物的特征进行控制性的简单口头描述。 2. 过程与方法：通过图片释义、根据上下文猜测词义等方式掌握本课的课标词汇。 3. 情感、态度与价值观：培养合作和竞争意识，增强热爱动物、保护动物的情感。				
时间	授课行为	应掌握的技能要素	学生行为	教学意图
0 分 0 秒	T：Good morning，students! We're talking about wild animals today. What kind of wild animals? What can you talk about them? 课件：呈现多种野生动物： a. 播放大象声音； b. 展示长颈鹿的图片； c. 展示猎豹图片。 提问：What do you call them in Chinese?	引起注意 创设情境 联想 推理 观察	whale，giraffe，elephant 根据声音、图片推测、判断是哪种动物；学生说出中文名称，学习英文名称。	引起注意，激活学生原有的知识背景，激发学生的参与热情。
03 分	Q1：What do you know about these animals? Q2：Where do they live? How big is it? Q3：Do you want to know more about these wild animals? OK，let's read the texts.	启发提问 确认	说出该动物的中文名称。 学生阅读。	通过中英释义的方式，降低学生学习生词的难度。
	Task：Complete the texts with the given numbers. 1. Can you read the numbers in English? 2. Listen and complete the blanks.	依从 描述 布置任务	学生独立完成，然后小组讨论，最后全班核对答案。	指导学生语言输入的建构。
	Step 1：Fast Reading Task：Reading through the text quickly，and then match the three pictures with the facts. 1. The fastest land animal. 2. The tallest animal in the world. 3. The heaviest animal on earth.	形成建构 搭建支架 指导阅读	程序建构。	通过搭建支架，为学生理解材料做铺垫。

续表

时间	授课行为	应掌握的技能要素	学生行为	教学意图
08 分	Step 2：Jigsaw Reading 1. 将学生分组，每组同学负责阅读一段文章。	指导合作	读数字。	
	2. 快速阅读自己的段落，并完成 Worksheet 上相应段落的阅读任务。	指导阅读	将图片与文中动物的信息进行连线。	通过扫读找到匹配信息，把握文章主要内容。
	3. 同组学生组内交换意见。 4. 请几个同学分段向全班同学汇报答案。 Step 3：Intensive Reading PPT 展示答案，检测学生对细节信息理解的情况，并有针对性地提出问题，帮助学生理解段落。 Para 1： a. 填写阅读表格练习。	指导交流		
	Color：yellow-brown with black spot Where：in Africa Speed：70 miles per hour	鼓励交流	学生独立阅读。	学生通过小组合作的学习方式，进一步获取文章的细节信息，培养合作意识。
	b. 根据图片，让学生理解 yellow-brown 和 spot 的含义。 Para 2：判断正误，并更正错误选项。 1. Giraffes live in India，north of the Sahara desert. (F) 2. They eat leaves from trees. (T)	指导建构	合作学习。	
	3. The giraffe is the shortest animal in the world. (F) 4. Giraffes are 15 feet tall. (F)	反馈矫正		
	Para 3： a. 阅读回答问题。	指导建构		
	1. How many kinds of elephants are there? What are they? There are two kinds. The Indian elephant and the African elephant.	演示	填写表格。 学习生词。	通过填写阅读表格，培养学生联想能力。以图片的方式学习生词，实现语言和文字双重编码。
	2. Is the African elephant the heaviest land animal on earth or not?	实践活动		

续表

时间	授课行为	应掌握的技能要素	学生行为	教学意图
	The African elephant is the heaviest land animal on earth. b. 构词法：India-Indian，Africa-African	指导建构		
14 分	Step 4：朗读练习 总结本课重点句型。 the+形容词 est+范围	指导表达 巩固练习	细节阅读	运用启发思维的方式，引导学生理解动物的特征。
18 分	通过刚才的学习，请你谈谈最大的收获是什么？ 本节重点： 1. 通过学习，掌握词汇、句型，及介绍野生动物的方法。 2. 最高级的结构。 你对于本节课的学习还存在哪些困惑？	指导反思	回答问题： 1. 通过学习，获取了哪些方面的信息？ 2. 学习到了什么语言现象？	明确本节课的重点内容，形成知识体系。

日期：2013 年 12 月 1 日

【教学反思】

通过本节课的学习，学生能够在语境和实践中学习词汇，反复练习，掌握了本课课标词汇。绝大部分学生能够在理解文段大意的基础上，通过独立思考和讨论，提炼句型，观察、探讨并总结出语言规律。掌握介绍野生动物的方法，初步体会并简单运用“the+形容词 est+范围”表示在某种范围最……的用法。

大部分学生能在设定的真实语境中体验语言，通过完成一系列由简至难的任务，逐步感受如何运用所学的语言知识。

项目 12　指导探究教学技能

教师指导学生通过问题、猜想、验证、结论等系列活动，开展探索性学习，掌握知识、技能和策略，实现认知建构的一类教学行为。

要素：创设情境、发现问题、搜索解题、验证答案、发散延伸、反思监控。

类型：尝试学习、网络学习、合作学习、自读自悟、社会调查、探究活动、知识检索……

指导探究学习技能评价单

日期__________　　任课教师__________

请您在听课后对以下各项目进行评价，在恰当的等级下画“√”。

	优	良	中	差	权重
1. 教学氛围是否和谐、民主？	□	□	□	□	0.2
2. 指导方式是否生动活泼多样，适合学生？	□	□	□	□	0.1
3. 教学形式多样，利于实行探究学习？	□	□	□	□	0.15
4. 是否指导猜想、实验、讨论等探究学习方式？	□	□	□	□	0.2
5. 学生是否掌握了求知的方法、技能？	□	□	□	□	0.2
6. 学生是否主动探究知识？	□	□	□	□	0.15

趣味探究　感悟数学魅力

——数学《认识 11—20 各数》教学设计

人民村小学　王红

一、教材分析

本单元主要使学生掌握 20 以内各数的大小以及它们的读法和写法。这部分的学习内容在整个数的学习体系中具有相当重要的地位，它既是 10 以内数的认识的延续，又是 100 以内乃至更大的数认识的基础；同时也为学习 20 以内的加、减法做好准备。本节课的学习，要求学生在实践操作的过程中，认识 20 以内各数，并理解 10 个一是 1 个十，掌握 1 个十和几个一表示十几。

二、学情分析

学生在学习本节课之前，已经学习了 1—10 各数的大小以及它们的读法和写法。大部分学生在实际生活中已经能正确地数数、读数和写数，但是学生还没有建立计数单位“十”的概念，对 20 以内数的组成等知识还比较陌生。学生具有初步的独立操作能力与合作能力，部分学生能够利用“知识迁移”解决生活中的数学问题，能够体验数学与生活的密切联系。

三、教学目标(见教案)

四、教学重点、难点

教学重点：使学生在实践操作的过程中，理解 10 个一是 1 个十，掌握 1 个十和几个一表示十几。

教学难点：初步建立计数单位“十”的概念，理解数的组成。

五、教学理念

《数学课程标准》明确指出：“数学教学要紧密联系学生实际生活，从学生已有知识出发，创设生动有趣的情境，激发学生对数学的兴趣以及学好数学的愿望。”

新课程倡导建立“主动参与，乐于探索，交流与合作”的学习方式。在教学中，教师应当激发学生的积极性，向学生提供充分从事数学活动的机会，让学生在教师的帮助下，在自主探索和合作交流的过程中真正理解和掌握基本的数学知识与技能、数学思想和方法。

六、教学策略

1. 通过创设“大拇指奖章”情境，使学生产生学习新知识的需求。

2. 通过学生操作、探究，理解数的组成。

3. 通过练习，将知识运用于生活实际，感受数学的魅力。

七、教学媒体

多媒体辅助教学

八、教案

科目：数学 课题：11—20 各数的认识 训练的技能：学习指导(探究) 主讲：王红

教学目标： 1. 知识与技能：认识 11—20 各数并能正确地读数。知道 20 以内数的顺序，直观理解 11—20 各数的意义。 2. 过程与方法：通过摆小棒、拨珠等探究活动，直观认识“十”，初步认识“10 个一是 1 个十”、“2 个十是 20”。 3. 情感、态度与价值观：通过数在生活中的运用，体会数产生的需要以及与生活的紧密联系。通过实践活动，培养学生的数感及乐于探索知识的情感。				
时间	授课行为	应掌握的技能要素	学生行为	教学意图
0 分 0 秒	一、创设情境 1. 同学们在这个学期取得了许多“大拇指奖章”，数一数你得了几个？ 2. 10 个“大拇指奖章”可以换一个笑脸(教师课件呈现)，这回再数数，你得到了多少个“大拇指奖章”？	引起注意 创设情境 发现问题	A 同学：9 个大拇指奖章。 B 同学：数到 14 个，引出有了 10 个大拇指奖章可以换一个笑脸。 C 同学：18 个奖章。学生在数的过程中自觉运用将 10 个奖章换成一个笑脸，再接着数到 18。 D 同学和 E 同学都是 13 个笑脸。不同的呈现方式让学生体会把 10 个奖章换成 1 个笑脸数数更方便。	通过学生感兴趣的内容，激发学生的学习兴趣，营造积极、活跃、民主的学习氛围，利于孩子们投入到学习活动中。初步感受“10 个一可以用 1 个十来表示”。
2 分 35 秒	3. 介绍数学文化 在很久以前，我们的祖先在劳动和生活中计数时就想出了像这样的方法。他们用石子来计数，数一个物体，就在地上放一块小石子，这样下去，小石子越来越多，怎么办呢？他们也想出了个办法。有了 10 块小石子，再把它们换成一块大一点的石子，表示已经有了 10 个。这种方法高明吧！ 二、动手操作，探索新知，学习数的组成 1. 尝试摆 11 根小棒	诱导意识	学生认真倾听、感受、思考。	拓展数学知识，并继续感受“10 个一可以用 1 个十来表示”。
3 分 20 秒	让学生数出 11 根小棒，思考怎样摆可以像刚才那样让别人一眼看出是 11 根。	点拨启发	学生动手操作；同桌互相看一看。	引导学生把“大拇指”和“小石子”的经验迁移到摆小棒活动上来。

续表

时间	授课行为	应掌握的技能要素	学生行为	教学意图
	全班交流不同的摆法。直观感受将10根小棒堆在一起看得最直接。 介绍：把10根堆起来和把10个奖章换成1个笑脸、把10个小石子换成1个大石头一样，都是想直接告诉别人这有10个，不用数了。其实我们还可以把10根小棒用橡皮筋捆起来，和1根放在一起，一眼就看出是11根。我们也动手捆一捆。 2. 学生数出10根小棒。尝试捆一捆，鼓励同桌互相帮忙。 在1捆的右边放1根。	指导技法	交流。	
7分	三、动手操作，理解十几根就用一捆加几根，加深对“10个一是1个十”的理解 让学生拿12根小棒摆放，比比谁快。(1捆加2根) 再摆14根小棒。(1捆加4根) 师：现在不要你们摆了，你们指挥我来摆，15、16、18。 学生充分感知十几根就用一捆加几根。	指导交际 指导技法	学生操作。	通过操作，感受数的组成，理解概念。
10分	四、动手操作，推导出“2个十是20”，巩固“10个一是1个十”的认识 请小朋友们摆19根小棒。(生操作) 再拿出一根添上去，多少根了?(20根) 交流又有了10根，把10根捆起来。 思考：20有几捆，2捆是几个十?2个十就是20。 五、你说数，我拨珠(计数器拨数)	搜索解题	学生操作。 学生操作。	通过操作，感受“2个十是20”。

续表

时间	授课行为	应掌握的技能要素	学生行为	教学意图
12 分 20 秒	学习互助组进行计数器拨数练习：你说数，我拨珠。 六、感受数在生活中的应用，体会数学的应用价值 1. 观察、读一读直尺上的数，感受数的顺序。		学生交流。	练习，巩固数的组成。
	2. 创设帮助小动物们找家的情境，进行数的顺序、数感的训练。	指导合作	学生小组活动。	
	小兔子：1 个十，5 个一(15) 小猴子：比 16 多 1(17) 山羊：2 个十(20) 熊猫：比 20 少 1(19) 小猫：1 个十，8 个一(18) (设置一个多余房间)14 个一。 3. 填数序。 4. 展示生活中的 11—20 各数。	搜索解题 验证答案	学生读数。 学生思考作答。	应用新知识，解决问题。
14 分 50 秒	七、总结延伸 小朋友们，下课之后、走在路上、回到家里，你也找一找，在哪里也会有这些数？明天来和小朋友们说一说，好吗？	发散延伸		引导学生发现生活中的数学，让学生将数学知识应用于生活。

日期：2013 年 8 月 7 日

【教案点评】

本节课教学设计，主要是引导一年级学生通过有趣味性的探究活动，学习数学知识，在提高学生合作、探究意识的同时，使他们感受到数学与生活的密切联系。教师从大拇指奖章引入新课，创设了学生感兴趣的情境。教学过程中，切实贯彻了“做数学”的思想，给学生提供了充分的数学活动时间，引导学生动手操作，设计了数大拇指奖章、数小棒、拨珠等充满趣味的活动，让学生亲身体验探究，亲历知识的形成过程。如：在学习数数时，老师让学生数到 10 根小棒后，每一位学生用橡皮筋捆成一捆，使学生体验到一捆就是 10 根，一捆也就是一个十，形成一个“十”的概念，然后，接着摆和数 11—20 各数，以此突破本节课的难点，使学生在教师的引导下更加主动地学习。

在研究中学习，与生活实际联系

——数学《包装中的学问》教学设计

东铁营二小　邢冬梅

一、教材分析

本课教学内容是学生在认识了长方形，学了求长方形的面积，掌握了长方体特征及表面积计算等相关知识基础上的综合应用，探究几个相同长方体组合成新长方体的多种方案以及使其表面积最小的最优策略。

二、学情分析

学生已经学习了长方体和正方体的认识、表面积和体积的计算，为本课的探究做好了知识的储备。通过前四年半的学习也积累了一定的动手操作经验，掌握了一些自主探究、合作交流的方法。通过访谈，我发现：学生很难快捷地找到最省包装纸的策略。

三、教学目标(见教案)

四、教学重点、难点

教学重点：探索多种包装方案，并找到包装纸表面积最小的最佳策略。

教学难点：灵活、快捷地找出最节省包装纸的策略。

五、教学理念和理论依据

2011 年版《数学课程标准》指出：教学活动是师生积极参与、交往互动、共同发展的过程。学生学习应当是一个生动活泼的、主动的和富有个性的过程。认真听讲、积极思考、动手实践、自主探索、合作交流等，都是学习数学的重要方式。学生应当有足够的时间和空间经历观察、实践、猜测、计算、推理、验证等活动过程。

六、教学策略

通过让学生观察、猜想、动手实践来验证的教学方式，研究生活中的数学，并体验学习中的快乐。

七、媒体准备

幻灯片

八、教案

科目：数学　课题：包装中的学问　训练的技能：学习指导(探究)　主讲：邢冬梅

教学目标：
1. 探索多个相同香皂盒的包装方案，并找到包装纸表面积最小的最佳策略。
2. 经历观察、猜想、验证的过程，体验解决问题的方法，提高解决问题的能力。
3. 增强与他人合作的意识。感受数学与生活的联系，渗透节约的意识，提高学习数学的兴趣。

时间分秒	授课行为	应掌握的技能要素	学生行为	教学意图	视听教材
0 分	你们知道这是哪里吗？	引入 观察	通过观察后回答：超市。	激发学生的学习兴趣。	课件 图片

续表

时间分秒	授课行为	应掌握的技能要素	学生行为	教学意图	视听教材
20 秒	对，这是超市。 今天超市要对这些香皂进行促销，为了吸引更多的顾客，促销员(出示人物图片)想把它们进行重新包装，使其看起来更加精美。	创设情境激发学习兴趣		导入新知。	
30 秒	把两个香皂盒包装在一起需要多少包装纸？ 利用手中的学具，把两个香皂盒进行拼摆，看看有几种包装方案。 方案 1： 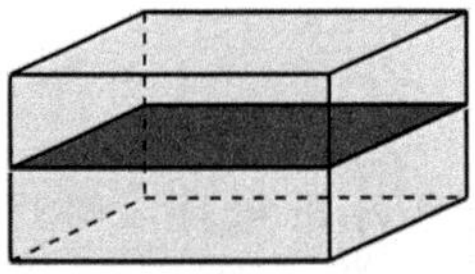 方案 2： 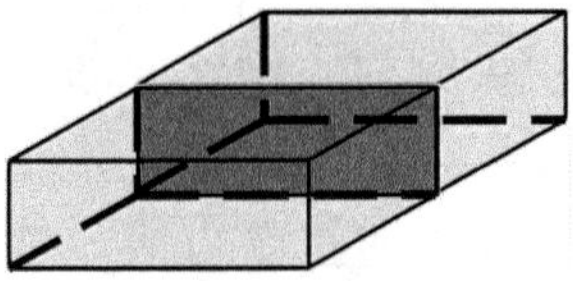 方案 3： 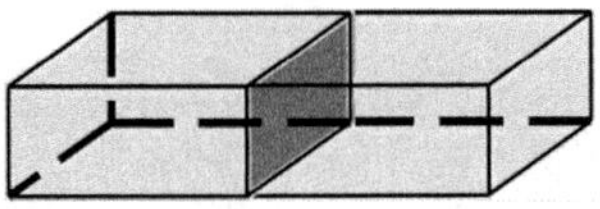	启发诱导 小组合作。 讨论交流。	观察思考。 小组交流。 动手拼摆。 思考。 展示并回答：有 3 种方案。	有序思考，为后面做铺垫。	学具。 幻灯片出示 3 种方案。
3 分 20 秒	哪种方案最省纸？ 通过动画让学生看每种方案分别重叠了怎样的面。	猜想 观察	仔细观察并回答：方案 1 重叠了两个大面；方案 2 重叠了两个中面；方案 3 重叠了两个小面。 观察后回答：方案 1 最省纸。 观察发现重叠的面积越大，包装纸的面积越小。	培养学生善于观察、思考的能力。	幻灯片动画演示。

续表

时间分秒	授课行为	应掌握的技能要素	学生行为	教学意图	视听教材
3分50秒	看来，重叠的面积越大，包装纸的面积越小，是不是这样呢？下面我们来算一算这三种方案所需的包装纸。	验证猜想	计算，展示学生的计算方法，并验证结论。	用计算的方法来验证刚才的猜想。	板书。 投影。
5分10秒	通过我们刚才的验证，证明了当包装盒的表面积不变的情况下，重叠的面积越大，包装纸的面积越小。这就是我们今天所学的包装中的学问。	思考	通过验证得知规律。	找到解题策略。	板书。
5分30秒	如果我们要把四个香皂盒进行包装，怎么包装最省纸呢？	引发学生思考	根据上面得出的规律进行思考。	思考四个盒子包装怎么省纸。	
	请每个小组利用手中的学具来拼一拼，摆一摆。	小组合作动手实践、操作	4人一组进行拼摆，讨论，并得出组内最省纸的方案。	训练学生动手和小组合作学习的能力。	学具。
9分10秒	谁愿意来说一说你们认为怎样拼摆更省纸？ 方案1： 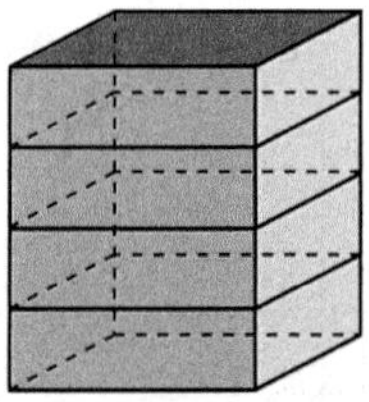 方案2： 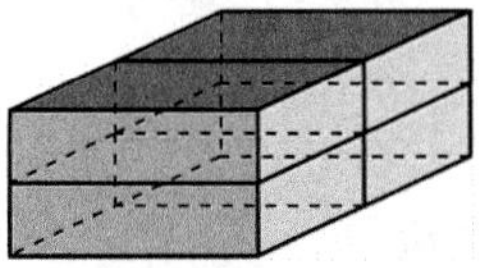	小组汇报	说不同的方案。 学生补充方案2大家对这两种方案有争议。	训练学生表达能力。	幻灯片出示学生摆出的这两种方案。
10分	接下来我们来一次辩论： 请方案1和方案2的同学分别说一下你们的理由。 同学们，你们认为这两种方案到底哪种方案最省纸？赞同方案1的同学请举手，赞同方案2的同学请举手。 到底怎么比较这两种方案哪个最省纸？还有其他方法吗？	反馈 辩论	学生之间辩论。 回答：计算表面积。	在辩论中突破难点，让学生知道如何灵活地找到最省纸的方案。	

续表

时间 分秒	授课行为	应掌握的 技能要素	学生行为	教学意图	视听教材
			回答：计算重叠的面积。		
	如果不计算能不能比较出哪种方案最省纸？	引导思考	回答：我用4个中面和2个大面比较。	通过追问让学生更加深入地思考。	幻灯片出示重叠的面积。
	这位同学在拿什么比呢？	搜索	回答：相当于2个中面和1个大面比。	通过追问引导学生一步步地思考。	
	为什么变成了1个大面和2个中面比？			通过追问让所有学生都明白。	
	那你们说哪种方案更节省包装纸？	验证结论	方案2更省纸。		
12分40秒	我们为方案2的同学送上热烈的掌声，同时也要感谢方案1的同学，正是因为他们提出了不同的想法，才让我们在争辩中得出了结论。	强化	为方案1的同学送上掌声。		
13分	在我们的生活中，除了要考虑到节约，还需要考虑到哪些因素呢？我们一起来欣赏欣赏PPT图：美观、方便、保护、创意。	欣赏	用智慧的眼光欣赏生活中的包装。	通过欣赏图片，感受数学与生活的紧密联系。	幻灯片以动画的形式出示图片。
14分	通过这些图片，你们发现了什么？				
	生活中的包装是一个大学问。(PPT：包装时要考虑到节约、美观、携带、安全……包装中的学问还有很多，希望你们用智慧的眼睛去发现。)	发散			
14分20秒	通过这节课的学习，你们有什么收获？	指导反思	总结本节课所学到的知识。	巩固本节课所学的知识，培养监控能力。	
	同学们，包装因内容而存在，内容因包装更精彩，如果把6块香皂进行包装，你将如何设计包装方法达到节约、美观、携带方便呢？请大家回家实验一下，把方案记录下来，我们进行一次优秀包装设计师比赛。				

日期：2013年8月10日

【教案点评】

本教案注重了探究学习活动的设计。

引导发现　一探究竟

——数学《比例尺》教学设计

太平桥二小　丁婵

一、教材分析

“比例尺”是京版教材六年级下册第二单元《比和比例》中的内容。教材通过例1的教学，以比例尺的意义为核心，将其与学生已有的比、分数以及倍的知识密切联系起来，既有利于学生理解比例尺的含义，掌握求平面图的比例尺的方法，也能为此后学习根据比例尺求图上距离或实际距离做好铺垫。这部分内容有较强的实际应用价值，可以为学生架起一道数学学习和现实生活之间的桥梁，使他们充分感受到数学的现实意义，从而进一步激发学习兴趣，并为后续学习打下良好的基础。

二、学情分析

学生是在对比例的意义有了一定的建构基础，掌握了比例的基本性质的背景下进行探究学习的。同时，六年级学生已经积累了一定的数学活动经验，具备了一定的探究、合作、交流的能力。在教师的引导下，可以自主学习，获得知识。

三、教学目标(见教案)

四、教学重点、难点

教学重点：正确理解比例尺的意义。

教学难点：通过自主探究，多角度理解比例尺的意义。

五、教学理念

探究是学习者的主动建构过程。学习心理学认为，在建构主义学习模式下，学习被视为一个动态过程，学习过程是通过学习与外部环境相互作用，实现同化和顺应，来逐步构建有关外部世界知识的内部图式，从而使自身的认知结构得以转换和发展。

认知心理学的理论强调：学习过程是一个主动地接受信息和创造性的思维过程。本节课的设计就是以建构主义为理论依据，学习者要想对所学知识的意义建构，即达到对该知识反映的性质、规律以及该事物与其他事物之间联系的深刻理解，最好的办法是让学习者到现实世界的真实环境中去感受、去体验。

六、教学策略

1. 创设与学生生活密切联系的问题情境，激发学习兴趣。
2. 指导学生动手实践，自主探究，体验知识的形成过程，培养自主学习的能力。
3. 鼓励学生合作交流，引导学生在交流中注意倾听同伴的声音，解读同伴的见解。
4. 引导学生学会反思，逐步形成学习方法，提高解决问题的能力。

七、媒体准备

教学PPT、实物投影、路线图图纸。

八、教案

科目：数学　课题：比例尺　训练的技能：指导探究和结束　主讲：丁婵

教学目标：

1. 知识与技能：通过自己设计路线图，理解比例尺的意义，掌握求比例尺的方法。
2. 过程与方法：让学生在“画路线图——标比例尺”的活动中，感受知识的形成过程，在探究过程中理解比例尺的意义。
3. 情感、态度与价值观：结合问题情境，通过制作线路图，使学生体验到数学与生活的密切联系。学生在自主学习、合作交流中，逐步形成分析问题、解决问题的能力和创新的意识，培养学生用数学眼光观察生活的习惯。

时间	授课行为	应掌握的技能要素	学生行为	教学意图
0 分	一、创设情境　提出问题 1. 本学期，学校少先队大队开展了“我是小小志愿辅导员”的活动。同学们都积极踊跃地参加，尽职尽责。后续活动地点设在了莲花池公园，可是有些一年级的小同学没有去过，你们有办法帮帮他们吗？	创设情境 建立联系 探究问题	让家长带小同学去，这样很安全。	从学生的经验出发，创设情境，提出真实性问题，激发学生运用所学知识解决实际问题的兴趣和愿望。
	为了让他们尽快到达目的地，你们还有更好的方法吗？	假设	画出路线示意图，按照图上指示去走，很方便。	
	这样就更好了，你们愿意帮他们制作一幅简易的路线图吗？	形成期待	愿意！	
30 秒	2. 出示：画线路图的要求。 （从学校出发向北，直线距离 1000 米就到达莲花池公园。）	指引实践	学生读题。	
45 秒	3. 你打算用多长的线段把这段路程在纸上表示出来呢？快试试。	解题 操作指引		
1 分	二、自主探究　动手操作 1. 学生画图，教师巡视。 2. 展示学生的作品。		学生设计路线。 投影展示学生作品。	由表面感知过渡到动手探究，激发学生的学习热情，培养学生自主学习的能力。
4 分	三、汇报交流　初步感知 1. 谁来说说，你是怎么画的？	分析	生 1：我用 2 厘米的线段表示 1000 米的路程。 生 2：我用 5 厘米的线段表示 1000 米的路程。 生 3：我用 4 厘米的线段表示 1000 米的路程。	

续表

时间	授课行为	应掌握的技能要素	学生行为	教学意图
5分	2. 你们在画图时，都是怎么把1000米路程的长度表示到纸上的？	确认	把实际的路程缩小了。	
5分10秒	3. 请这几位同学具体说说你们都缩小了多少倍？	验证答案	生1：我把1000米缩小了50000倍，变成2厘米。 生2：我把1000米缩小了20000倍，变成5厘米。 生3：我把1000米缩小了25000倍，变成4厘米。	运用分析比较归纳的策略让学生自主探究。
6分	4. 通过同学们的操作，我们发现图上线段和实际路程是有倍数关系的，说明他们在比较，可以用比的形式来表示。谁来具体说说怎么比？ 板书：	搜索解题	生1： 2厘米∶1000米 =2∶100000000 =1∶50000。 生2： 5厘米∶1000米 =5∶100000=1∶20000。 生3： 4厘米∶1000米 =4∶100000=1∶25000。	培养学生根据观察，发现归纳，思考分析的能力。
8分	5. 你能说说1∶50000的含义吗？	解释	生1：图上距离是1份，实际距离是这样的50000份。 生2：图上距离是1厘米，实际距离是50000厘米。 生3：实际距离是图上距离的50000倍。	学生根据已有的知识基础，在交流中获取知识，为后续学习做铺垫。同时也培养了学生思维和语言表述能力。
9分	四、继续探究　揭示意义 1. 学校还需要购买活动中奖励用的金牌巧克力，想去趟永辉超市，它在学校南边，直线距离2000米的位置，你能继续在图上把这段路程表示出来吗？ 2. 学生画图，教师巡视。	创设情境 引发探究		
11分	3. 汇报交流。 图上距离与实际距离有什么关系？	搜索解题	学生设计图纸。 学生交流： 生1：图上所画线段是把实际距离2000米分别缩小了多少倍。 生2：图上距离与实际距离是有倍数关系的，可以写成比的形式。	

续表

时间	授课行为	应掌握的技能要素	学生行为	教学意图
12 分	4. 有的同学是这样画的：在她的图上，学校到莲花池公园和到永辉超市的线段长度是一样的，你们有什么发现吗？ （出示画图示例）	引导发现	与实际路程远近情况不相符。	通过自己操作探究，使学生在对比中明确在同一幅图中，应该按照同一个标准构图，初步建立比例尺的概念。
	总结：的确，只有按照同一个比例标准画图，才是合理、准确的构图。	验证答案	与实际情况进行对比，得出结论：同一幅图里线段缩小的倍数是一样的。	
13 分 30 秒	5. 回顾探究过程：都是将谁和谁进行比较？写成了什么形式？	反思监控	图上距离和实际距离进行比较；比的形式。	
	总结：这样就得到了画图的标准，图上距离与实际距离相比的关系，就是我们今天探究学习的知识，叫作“比例尺”。 板书： 图上距离∶实际距离＝比例尺	形成知识建构		经过探究过程，比例尺的概念已经逐步形成。由此，意义的揭示水到渠成，使学生感受到了知识的产生建构过程，理解了比例尺的意义，体验了数学思想。培养了学生的理解能力和初步运用知识的能力。
15 分	6. 巩固概念 比例尺是谁和谁比？ 比的前项是什么？比的后项是什么？	强调确认	图上距离与实际距离的比。	
	比例尺是一把尺子吗？	反问	不是，比例尺是一个比。	
	像这样 1∶50000、1∶20000 就是比例尺，你能用定义说说它们的含义吗？	验证答案 反馈强化	学生小组内交流。	
17 分	7. 计算比例尺。 根据比例尺的定义，计算出你这幅图的比例尺，标注在图中，这样线路图就完整了。	发散延伸 指引实践	学生计算比例尺。	训练学生自我探究、发散延伸的能力。
	小组内交流：你是怎样计算比例尺的？	指导交际	小组合作，探究如何计算比例尺。	
	谁来汇报你们的讨论结果？		交流总结： 计算时，要先统一单位；一般化简为前项为 1 的最简比；比例尺不带单位。	引导学生反思学习过程，锻炼了归纳总结能力。不仅使学生体会到了数学的内在价值，更使每名学生拥有成功的学习体验，并进一步激发了他们的探究热情。

续表

时间	授课行为	应掌握的技能要素	学生行为	教学意图
19分	五、总结收获　激发兴趣 1. 谈谈你本节课的收获。 2. 关于比例尺，你还想了解什么相关知识？	反思监控 形成期待	学生回忆总结，自由发言。	

日期：2013年4月23日

【教案点评】

本教案主要有以下特点：

1. 在生活情境中建构数学模型，形成数学概念。让学生根据实际的距离，试着画示意图，感受比例尺在生活中的应用。在汇报交流中，让学生根据自己的作品充分总结出比例尺的概念。这贯穿始终的情境，使学生切实体会到了数学的应用价值，获得了新知识的丰富意义，同时也完善了原有的认知结构。

2. 在探索中加深对知识的理解，培养探究能力。只有通过自己在探索活动中获得的知识，才能真正被掌握和灵活运用。在教学中，教师引领学生自主解决了一系列问题，层层递进，拓宽学生的视野，深化对比例尺的认识。一节课下来，学生不仅各方面能力得到了锻炼，还深深体会到数学知识在实际应用中并不是孤立的，实现认识上的二次飞跃。

提高探究能力　学数学用数学

——数学《购物中的数学》教学设计

南苑一小　孙莹

一、教材分析

《购物中的数学》是一节数学实践活动课，是在理解百分数、打折含义的基础上，把学习有关折扣方面的应用题与商家促销商品大酬宾活动联系起来，以“购物中的数学”为课题的综合应用内容。课程标准对本单元的教学要求是让学生通过准确计算，多角度地思考问题，在不同情况下选择合适的解决问题的策略，为进一步加深学生对“数学与生活实际紧密联系”数学理念的理解起到承上启下的铺垫作用。

二、学情分析

《购物中的数学》虽然是百分数应用题的一个拓展延伸，但综合性较强，学生学习起来难度很大。在进行问卷调查后，我们发现，学生头脑中的打折问题只局限于买一送一，对于生活中有关打折的优惠措施了解不够，这就需要教师创设生动的问题情境，让学生通过分析、比较，理解折扣的深刻意义，进行合情推理，根据实际情况选择最佳的方案和策略，解决生活中的实际问题。

三、教学目标（见教案）

四、教学重点、难点

教学重点：在了解生活中有关打折优惠措施的基础上，利用百分数的知识，根据不同的实际情况，通过分析、比较，选择最佳的方案和策略。

教学难点：(1)多种方案的计算。(2)合情推理。

五、教学理念

《数学课程标准》明确指出："数学教学要紧密联系学生实际生活，从学生已有知识出发，创设生动有趣的情境，激发学生对数学的兴趣以及学好数学的愿望。"

新课程倡导建立"主动参与，乐于探索，交流与合作"的学习方式。在教学中，教师应当激发学生的积极性，向学生提供充分从事数学活动的机会，让学生在教师的帮助下，在自主探索和合作交流的过程中真正理解和掌握基本的数学知识与技能、数学思想和方法，体验用多种方法解决问题的过程，培养学生解决问题的能力。

六、教学策略

1. 通过创设情境，使学生产生学习新知识的需求。

2. 通过小组合作学习、分析比较，培养学生运用所学知识解决实际问题的能力、合情思考的能力。

3. 激发学生对数学的兴趣，使学生能够辩证、全面地思考和对待实际生活中的问题，用数学知识解决实际问题，将知识运用于生活实际，感受数学的魅力。

七、教学媒体

多媒体辅助教学

八、教案

科目：数学　课题：购物中的数学　训练的技能：指导探究技能　主讲：孙莹

教学目标： 1. 知识与技能：在了解生活中有关打折优惠措施的基础上，能利用百分数的知识，根据实际情况选择最佳的方案和策略，解决实际问题，深入理解折扣的意义。 2. 过程与方法：通过小组合作学习、分析比较，培养学生运用所学知识解决实际问题的能力、合情思考的能力。 3. 情感、态度与价值观：激发学生对数学的兴趣，使学生能够辩证、全面地思考和对待实际生活中的问题，用数学知识解决实际问题。				
时间	授课行为	应掌握的技能要素	学生行为	教学意图
0分 0分 30秒	一、创设情境 1. 谈话导入 2. 为学生创设到快餐厅看菜单的情境，引导学生从合算的角度选择套餐。出示图片。 A套餐 原价：12.5元　现价：10.00元	引起注意 创设情境 发现问题		通过学生感兴趣的内容，激发学生的学习兴趣，营造积极、活跃、民主的学习氛围

续表

时间	授课行为	应掌握的技能要素	学生行为	教学意图
	B套餐 原价：11.8元　现价：10.00元 C套餐 原价：10.80元　现价：10.00元			利于学生投入到学习活动中。
2分35秒	(1)如果你去吃快餐，你选哪一种最合算？为什么？ (2)A套餐相当于打几折？ (3)B套餐也打8折，应付多少元？	点拨启发 指导交际	知识检索 A同学：选A，因为折扣最大。 B同学：选C，因为菜色好看，品种丰富。 C同学：选B，因为喜欢吃这款套餐。 学生认真倾听、感受、思考。	巩固复习折扣、百分数计算，搜索已有的解决问题的方法。
			学生动手计算；同桌互相看一看；交流。	分析比较，初用打折技能。
5分	二、动手操作，探索新知 实际生活中的打折多种多样，要反复计算、比较，才能够选择出最好的购买方法。	诱导意识		
5分30秒	1. 再创情境 现在许多餐厅可以自己带饮料消费，餐厅的饮料可挺贵，要想合算我们不妨去超市逛一逛，买一些饮料再去吃饭。 2. 了解超市的优惠政策 甲商场　买大送小 乙商场　一律九折 丙商场　满30元一律八折 师：请你举例说一说你是怎么理解这些优惠措施的？	再创情境 发现问题 指导交际 探究	生：买大送小就是买一瓶大的送一瓶小的，前提是必须买大瓶的饮料。 打九折就是买100元钱的饮料现在只要付90元钱。 满30元打八折就是买饮料的总价必须达到30元才能打八折，不到30元不打折。	通过交流感知生活中的数学，购物时要深入理解优惠政策。
10分	3. 据情购物 谁能做老师的购物小参谋，根据不同的实际情况，计算价格并判断去哪家超市更合算。 出示饮料图片 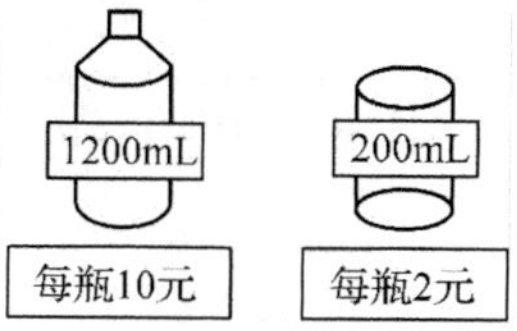	创设情境 演示	学生交流。	知道买不同数量的商品，不同的促销手段会有不同的结果，通过计算比较，得出正确的结论，让学生应用数学知识解决实际问题。

续表

时间	授课行为	应掌握的技能要素	学生行为	教学意图
13分	(1)如果我很渴，想先买1小听饮料尝尝，谁能帮我算一算到哪家商场买合算？为什么？ (2)如果我知道这种饮料很好喝，想买1小听喝，再买1大瓶回家喝呢？需要多少钱？ (3)如果这种饮料太好喝了，我想给家人和朋友也买点儿，买3大瓶和3小听饮料呢？你需要算几次才能有答案？	发现问题 提示 搜索解题 指导技法 验证答案	生1：选择乙商场买合算，因为去甲必须买大才能送小，去丙不满30元，仍需按原价购买，所以到乙合算。 生2：到甲商场购买合算。 学生计算 到甲商场 10×3=30元。 到乙商场 10×3+2×3=36 36×0.9=32.4元。 到丙商场 10×3+2×3=36 36×0.8=28.8元。	
16分	小结：通过上面的学习讨论，你有什么学习体会？	反馈强化		
18分	三、合作学习，合情思考，解决实际问题 A人民商场 满100元减30元 B银座商厦 购物满100元打9折，满200元打7折 C百货大楼　全场7折	发散延伸	学生小组活动。 (学生在小组里积极发言，提出自己的见解，并进行辩论。) 人民商场 210－60＝150(元)。 银座商厦 210×0.7＝147(元)。 百货大楼 210×0.7＝147(元)。	通过合情思考，解决实际问题。引导学生发现生活中的数学，把数学学活用活。
22分	看广告，李阿姨想买一件210元的羊毛衫，应该到哪家商店去买呢？请你们小组合作完成。 出示李阿姨家到三个商场的示意图。	发散延伸 合作学习 演示	从家到购买地点的远近，也是考虑的因素。当价钱差不多时，节约时间，节约购买成本，是决定怎样购买的关键。	
	总结：通过学习，你有什么收获？	反思监控	学会了怎样根据实际需要，经过比较选择最适合的选择方案。	通过反思监控，培养学生的反思总结能力。

日期：2013年8月5日

【教学反思】

1. 主线突出，体现了探究教学的模式

在教师的引导下，学生经历了走进生活、发现问题、生成问题、深入探究、解决问题、反馈练习、深化问题、拓展延伸、升华问题的过程。充分体现了探究教学的思路，通过小组合作学习、分析比较，培养学生运用所学知识解决实际问题的能力，使学生逐步掌握发现问题、解决问题的策略。

2. 合情思考，灵活应用数学解决问题

让学生在探究过程中，逐步学会合情思考，如，从图上距离看，李阿姨从家到商场的距离最近，虽然百货大楼的价格便宜，但购买地点的远近，也应该是考虑的因素。当价钱差不多时，节约时间，节约购买成本，也是决定怎样购买的关键。这样不仅使学生愉快地学习了知识，还培养了他们自主学习的意识和创新能力。

探究有效解决问题　营造快乐数学课堂

——数学《用正比例解决实际问题》教学设计

樊家村小学　赵巍

科目：数学 课题：用正比例解决实际问题　训练的技能：指导探究　主讲：赵巍

教学目标： 1. 使学生能正确判断实际问题中涉及的量成什么比例关系，能利用正比例正确解答实际问题。 2. 引导学生利用已学知识，自主探索，培养学生解决问题的能力。 3. 感受比例知识在现实生活中的广泛应用，体会数学与生活的联系，渗透环保教育。				
时间	授课行为	应掌握的技能要素	学生行为	教学意图
0分	在学习新知识之前，有几个问题要考考大家啦！判断下面每题中的两种量是否成比例，如果是，成什么比例？并说明理由。 1. 单价一定，总价和数量 2. 路程一定，速度和时间 3. 速度一定，路程和时间 4. 每吨水的价钱一定，水费和用水的吨数 5. 全校学生做操，每行站的人数和站的行数 像这样成比例的数量关系，我们生活中还有很多，既然存在如此多的比例，我们能否用比例来解决生活中的问题呢？本节课我们就一起来研究如何用比例解决实际问题。（板书课题）	进入情境 复习巩固 注意倾听 确认 引起注意	1. 成正比例。 2. 成反比例。 3. 成正比例。 4. 成正比例。 5. 成反比例。	由旧知识引入，让学生巩固正、反比例的知识点，熟悉正、反比例的关系式，为新授知识支起“点路灯”。

续表

时间	授课行为	应掌握的技能要素	学生行为	教学意图
3分 30秒	大家都知道，世界上每种生物都离不开水，没有水我们的生命甚至整个地球都将灭亡。可是，以前人们没有节水意识，无节制地用水，使得水资源日益减少，现在全世界都在大力提倡节约用水，保护水资源，希望同学们都能养成节约用水的好习惯。 瞧，阿姨们也在谈论水的问题了。(课件出示教学例1)	演示 创设情境		引入正题
	贺阿姨：我们家上个月用了10吨水，水费是28元。 刘阿姨：我们家用了12吨水。	激发兴趣	从幻灯片图片提取有用信息	思想教育
5分 20秒	1. 出示图片，请学生读题。 从她们的谈话中，不仅能知道她们很节约用水，而且我们还能发现里面也有数学问题，你们发现了吗？	促进参与 引起探究	刘阿姨家上个月的水费是多少钱？	联系生活实际顺利引入例题，激发学生学习的欲望。
	2. 学生自由说，根据你的理解能不能提出一个有价值的数学问题？	假设		
	3. 分析题目，要想求出刘阿姨家的水费，还要知道什么条件？ 每吨水的价钱怎么求？根据哪句话来求？口头列综合算式。	点拨启发 探索解题 指导程序	每吨水的价钱 28÷10=2.8(元) 2.8×12=33.6(元)	
7分 40秒	4. 除了用这种方法，我们还能有别的方法解决吗？ 可以用比例解吗？要是用比例怎么解呢？ 请看老师给你们带来的几个思考题，完成后你们的想法可能就更加正确完整了。	设疑 引导发散 分析	用比例能解	这是学生以前学过的归一问题。这样做，让学生经历旧知的梳理过程，更能使学生明确新旧解题思路的异同，从而达到整合学习的效果。
	5. 思考和讨论下面的问题： (1)题中哪个量是一定的？哪两种量是变化的？相关联的量成什么比例关系？ (2)题中总价与对应吨数值各是多少？ (3)根据你判断的比例关系，你能列出一个含有未知数的比例式吗？ 根据汇报概括：因为水价一定，所以水费和用水的吨数成正比例。也就是说，两家的水费和用水的吨数的比值是相等的。	建立联系 尝试解题 形成建构	水费单价一定 用水量和水费是相关联的量 这两种量成正比例关系 $\frac{水_1}{用水_1}$=水费单价(一定)	这一环节是本节课的关键所在。先让学生独立思考，解决问题，由表象的学习引入到新授中，让学生清楚用比例知识解决问题的步骤；再让学生经历小组讨论环节，让学生从能做升华到会讲，达到知识整合的目的。

续表

时间	授课行为	应掌握的技能要素	学生行为	教学意图
15 分 15 秒	6. 学生汇报，尝试用比例解决，列出算式。 解：设刘阿姨家上个月的水费是 x 元。 $10x=28\times12$ $x=\frac{28\times12}{10}$ $x=33.6$ 答：刘阿姨家上个月的水费是 33.6 元。 这个答案是正确的吗？你会用什么方法进行检验？	指引实践操作解题 验证答案	解：设刘阿姨家上个月的水费是 x 元。 将答案代入到比例式中或跟算式方法比较结果来进行检验。	“检验”有利于培养学生良好的学习习惯，同时提高解决问题的正确率。
18 分	7. 同学们不仅用我们过去的方法解决了刘阿姨的问题，还发现用比例的方法也能解决刘阿姨的问题，同学们真能干！接下来，请你们解决一下王阿姨的问题吧！修改题目：王阿姨上个月的水费是 22.4 元，她家上个月用多少吨水？ 讨论比较两题的异同点，两道题目中什么变了，什么没变？根据什么列式？	反馈强化 发散延伸 尝试解决 辨析	学生独立解答，指名板演，校对。 解：设王阿姨家上个月用水 x 吨。 $x=\frac{22.4\times10}{28}$ $x=8$ 验算：略 答：王阿姨家上个月用水 8 吨。 条件和问题变了，水费和用水吨数的正比例关系没变。	自主学习，把学习的空间、主动权交给学生，让学生体验到跳一跳摘到桃子之后的快感。让学生真正成为学习的主体，当学生遇到问题时教师要及时地指导。 通过讨论，可以让学生更加灵活地理解和解答这样的应用题。
	8. 归纳方法 根据例 1 的解题过程，你认为用比例解决问题的过程应该怎样想，怎样解答。 通过刚才同学们认真的观察、积极的思考，我们已经知道如何用正比例来解决问题了，请你们再仔细想想，在我们用正比例解决问题的时候，我们要注意什么？有什么小诀窍？你们先小组内说说，等会儿把你们好的想法或值得注意的地方介绍给大家！	指导讨论 反思监控 表达思路	可以归纳为哪几个步骤？ 1. 设要求的问题为 x； 2. 判断题目中哪个量是一定的？另外两种量成什么关系？ 3. 列比例式； 4. 解比例，验算，作答。 自由发言	归纳解题策略，有助于提高学生解决问题的能力，同时还可以锻炼学生的胆量和有序组织语言的能力，更重要的是让学生有了获得新知识的成就感。
20 分 20 秒	9. 巩固练习 只列式不计算： (1)一个小组 3 天加工零件 189 个，照这样计算，9 天可加工零件 x 个。 (2)小明买了 4 支圆珠笔用了 6 元。小刚想买 3 支同样的圆珠笔，要用 x 元。	加深印象 反馈	$189:3=x:9$ $x:3=6:4$	

续表

时间	授课行为	应掌握的技能要素	学生行为	教学意图
	用正比例解决问题： (1)小兰的身高 1.5 米，她的影长是 2.4 米。如果同一时间、同一地点测得一棵树的影长是 4 米，这棵树有多高？ (2)小红计划每天跳绳 600 下，2 分钟跳了 240 下，照这样计算，还要跳多少分钟才能完成计划？ 判断题： 一根木料，锯了 3 段需要 9 分钟，照这样计算，如果锯 6 段，需要多少分钟？(用比例解) 解：设需要 x 分钟。 $9:3=x:6$	尝试解决 练习实践	$2.4:1.5=4:x$ $240:2=600:x$ 错。因为锯成 3 段切了 2 刀，锯成 6 段需要切 5 刀，所以： $9:2=x:5$	通过及时练习巩固，加深学生对具体情境中成正比例的量作出判断和解释，能有条理地解释问题解决的思考过程。
35 分	10. 小结 通过本节课的学习，你有什么新的收获？	拓展 自由发言		回顾一节课的学习，体验和感受收获。

日期：2013 年 8 月 12 日

【教案点评】

用正比例解决实际问题是小学阶段应该掌握的重点内容。这节课通过新旧知识之间的联系和以旧促新的教学理念来设计教学，学生在学习的过程中，通过学生自主参与，探究、发现、归纳出用正比例关系解决实际问题的思路和计算方法，进一步提高学生分析解答应用题的能力，轻松愉快地完成学习任务。同时，通过变式训练和拓展训练，让学生更好地掌握解决正比例应用题的方法，为后面的学习打下坚实的基础。

巧用思维策略，与文本亲密接触

——语文《在炮兵阵地上》教学设计

王佐学校　陈雪琴

一、教学理念

《语文课程标准》中特别倡导积极自主、合作、探究的学习方式，认为学生是学习和发展的主体，语文课程必须充分激发学生的主动意识和进取精神，倡导自主、合作、探究的学习方式。

思维策略就是以思维科学、心理学等为依据的一种自我调控的思考方法。加涅首次提出智慧技能在本质上是应用习得的概念和规则办事的能力，他的智慧层次论认为：所谓程序性知识或智慧技能，其核心成分是概念和规则的运用，策略是一种特殊的智慧技能和认知技能，概念和规则的运用也是认知策略的核心。学习策略高明的学生，学习水平就高。

二、教学实施策略

利用思维策略培养学生独立分析课文、理解课文的能力 。

在讨论中，通过朗读、寻找、画批重点词句、归纳等一系列活动准确把握课文的内容。

采用“表情朗读悟文意”的思维策略，激发学生读的兴趣，积累语言，从读中感悟。

三、教案

科目：语文　课题：在炮兵阵地上　训练的技能：指导探究　主讲：陈雪琴

教学目标： 1. 知识与技能：通过对文章的分析，知道彭总对工作高度负责，做事雷厉风行，一抓到底。 2. 过程与方法：运用学过的“叙述具体不空洞”“自我提问自引导”“表情朗读悟文意”“联想想象细揣摩”思维策略分析理解课文内容。能够抓住描写彭总语言、神态的语句批注，体会彭总对工作高度负责、实事求是的精神。 3. 情感、态度与价值观：认识到彭总这个人物的特点，并对他产生敬佩之情。				
时间	授课行为	应掌握的技能要素	学生行为	教学意图
0分	一、回忆导入 ……	……	……	……
2分	二、整体把握、理清思路、确定学法 1. 看到这个课题，你能利用“细审词句明题意”的思维策略分析一下这个课题吗？	诱导探究	题目是《在炮兵阵地上》，那么这件事是发生在炮兵阵地上的一件事，并且有彭总这个主要人物，所以我想用“线索分明条理清”的策略抓住人物的语言、神态，进行学习。	通过“细审词句明题意”的思维策略去认识文章的线索，从整体入手把握文意。
4分	2. 快速浏览一下课文，你想用哪些思维策略来深入学习这篇课文呢？ (对学生的学法进行引导性评价，确定适合这篇文章的具体学习方法。) 小结：总结归纳方法……	形成假设 确认 形成期待	学生可能回答： 1. 可以选择“叙述具体不空洞”的方法进行学习，因为文章要写具体一定要做到“叙述具体不空洞”。 2. 这篇课文适合有语气地读书，所以可以选择“表情朗读悟文意”的方法进行学习。	进入课文想策略，培养学生自主学习确定学法的能力，形成学习期待。
8分	三、借助策略，体味文本 (一)理解课文用策略 1. 学习第一层次：“发火”，体会彭总对工作高度负责的精神，初步领悟写法。 (1)直奔重点：哪个词让你感受到彭总发的火很大？(出示“电闪雷鸣”。) (2)提问：那看到这个词，你有什么问题吗？	探索学习 引导分析 质疑	自主建构 “电闪雷鸣” 学生质疑：我想到了“自我提问自引导”的思维策略，我提出的问题是彭总为什么发这么大的火？	借助“自我提问自引导”的思维策略，走进文本。培养学生质疑能力。

续表

时间	授课行为	应掌握的技能要素	学生行为	教学意图
	(出示：学习提示) 1. 默读，画出彭总“电闪雷鸣般发作”的原因是什么？ 2. 抓住重点词句，也可以结合查找的资料，谈谈自己的理解。 3. 我们从文章的哪个自然段知道了彭总发火的原因？	演示 确认	在第二自然段找到的。 交流汇报：	让学生在自主探究的学习方式中把握文章的情感线索。体会人物特点。
	集体交流：抓住重点词句进行理解。能说一说你找到的彭总发火的原因吗？ (出示：彭总向他提出了不少问题，开始，他还能对答如流，后来问到国外的最新常规火炮的性能怎样，海面前方有哪些国家的定期航线，他就回答不出来了。彭总的脸色有些不好看了。) 其他同学还有补充吗？ (出示：他又看到弹药库竟修在阵地前沿，结构也不符合要求，就再也忍不住了。)	指导合作 探询 演示	学生1：作者在描写彭总发火时，运用了“叙述具体不空洞”的思维策略，身为前哨阵地指挥员的团长不了解对方情况，一旦打起仗来，就会被动挨打，给国家和人民造成巨大的损失，所以彭总脸色不好看了。 学生2：我同意××的意见，说到这里我也想到了一条思维策略，就是“联想想象细揣摩”。我联想到了我搜集到的资料，就是当时蒋介石退到台湾以后，老想逮着机会就攻打我们。我在电视上看到他们还派了很多特务在我们大陆呢。就忍不住发火了。	利用“联想想象细揣摩”的思维策略进行具体分析，加深对人物特点的认识。
	(出示当时背景的地形图)结合资料介绍当时的国家安全情况。 面对如此严重的国际形势，东海前哨的炮兵阵地担负着保卫祖国的重任呀！ 弹药库存放弹药，修在阵地前沿，一旦打起仗来，敌人的炮弹就会轻而易举地击中弹药库，整个阵地就会被自己的弹药库炸毁，还谈什么保卫祖国安全！所以彭总“再也忍不住了”。	演示 补充资料 讲解	读资料	补充当时的背景资料，帮助学生体会当时形势的严峻。 通过谈感受，加深对人物的认识。
11分	同学们说得很好，还有要谈谈自己的理解的吗？ (出示：几位首长都说来过，对这个弹药库也提出了意见，只因为忙别的事，把改建弹药库耽误了。) 改建弹药库是多么迫在眉睫呀，而首长们却忽视了这样的头等大事，还在忙别的事，让他无法容忍。所以他电闪雷鸣般地发作了。	探询 演示 讲解 诱导	几位首长竟然把改建弹药库的事放在一边，还去忙别的事，所以电闪雷鸣般地发作了。 学生1：我抓住的是彭总的语言：“别的事……乱弹琴！”这段话用到了“叙述具体不空洞”的思维策略，具体形象地写出了彭总是个对工作很负责的人。	进入重点段想策略，培养运用策略理解文意的能力。

续表

时间	授课行为	应掌握的技能要素	学生行为	教学意图
14分	（出示课件：第3自然段） 提问：你从这段话中感受到了什么？ 板书：高度负责 在这一自然段中，你看到特殊句式了吗？ 那为什么非要用反问句呢？我们用陈述句不是也能表达这样的意思吗？不信我们试试？谁把这句改成陈述句？ （出示：对比句、反问句） 比较着读一读这两句话，发现有什么不同的地方？从中体会到了什么？ “还有比守住你们的阵地，不让敌人的炮弹把你们的阵地掀翻更重要的事吗？”（原句） “没有比守住你们的阵地，不让敌人的炮弹把你们的阵地掀翻更重要的事了。”（对比句） 这个反问句表达的这种更强烈的感情、更重的语气，与彭总当时的状态——电闪雷鸣般地发作了，是多么符合呀。 回想学习这个反问句的过程，我们有什么诀窍吗？ 我们一起来记一记这条思维策略的诀窍。 刚才，同学们分析得很好，那么，你能把你的感受读出来吗？	分析 确认 追问 比较 对比 分析 强调 诱导 强化 运用 指导朗读 语气、语调、节奏、重音、停延	我看到了反问句。感受到彭总把守住阵地看成头等重要的事。因为守住阵地就能保卫祖国。保卫祖国是军人、是国防部长的职责呀！ 没有比守住你们的阵地，不让敌人的炮弹把你们的阵地掀翻更重要的事。 反问句更能突出守住阵地的重要性。 学生：深思考、想不同、变句式、悟真情。 学生记诀窍 学生：我运用“表情朗读悟文意”的思维策略体会人物的特点。 学生1：我用到了“叙述具体不空洞”和“联想想象细揣摩”的策略去理解课文。 学生2：我用到了“表情朗读悟文意”的方法去理解人物的品质。	引导学生分析反问句的作用，为学习“分析比较巧归纳”的策略埋下伏笔。 学习“分析比较巧归纳”的思维策略，理解反问句的作用。 引导学生总结思维诀窍，为今后灵活运用打基础。 熟记“分析比较巧归纳”的诀窍。 运用“表情朗读悟文意”的思维策略感受人物特点。 让学生通过读，体会用词的准确性，培养学生的语感。
17分	四、拓展积累 1. 反思学习忆策略。 通过这节课的学习，你有哪些收获？可以从文章内容上来谈，也可以结合思维策略来谈。 2. 现在，你对这篇文章还有什么疑问吗？ 小结：同学们在学习的过程中，要有意识地去运用这些思维策略，我相信你们的阅读理解能力会更强。	指导反思 强化 探寻 提问 概括 形成期待	学生3：我在遇到反问句时，用到了分析比较的方法，就更能体会出句子的好处。	总结思维策略的学习给自己带来的帮助，深化认识。 培养学生反思监控思维的能力。 鼓励学生运用策略学课文，提高独立阅读能力。

日期：2013年12月1日

【教案特色】

进入课题，首先引导学生通过假设预读，探究阅读方法。

在设计上既有对以往所学思维策略的运用，又针对文章的内容，有目的地学习了“分析比较巧归纳”这一思维策略，学生在学习时，小组合作意识浓，积极性非常高。

在学生发言的基础上顺学而导，师生共同总结概括出“分析比较巧归纳”这一思维策略的诀窍是“深思考、想不同、变句式、悟真情”。这一诀窍也为学生们今后利用变换句式去深刻体会重点句的含义打下了基础。

搭建探究平台，实现知识衔接

——数学《平面几何中的向量方法》教学设计

北京十中　冯永霞

一、教材分析

《平面几何中的向量方法》是人教版高中数学必修4第二章《平面向量》第五节第一课时的内容。前面已经学习了向量的物理和几何背景，对向量有了初步认识，因此此节讲解如何运用向量解决一些物理和几何问题，本课时只研究解决几何问题。中学阶段研究几何问题涉及三种方法：解析法、综合法和向量法。向量法与几何中的代数方法一致，不同的是“用向量和向量的运算”代替“数和数的运算”，这就需要把点、线、面等几何要素归结为向量，对这些向量进行运算，然后再把这些运算结果翻译成关于点、线、面的相应结果。向量作为沟通代数、几何、三角函数的桥梁，在解决几何问题中的作用非常突出。

二、学情分析

学生在此之前还没接触过解析方法和向量法，所以第一次接触至关重要，要学生初步掌握用向量法解决平面几何问题的方法并不容易。他们习惯用几何方法的思维去考虑几何问题，对于相当一部分学生而言，运算能力相对较差，向量运算对他们而言并不容易，而本节涉及的向量的运用更是困难。

三、教学目标(见教案)

四、教学重点、难点

教学重点：会用向量及其运算来表示几种基本的几何元素及其关系；体会用向量来解决几何问题的工具作用。

教学难点：几何问题到向量及其运算的转化。

五、教学理念和理论依据

根据《普通高中数学课程标准》要求，学生的数学学习活动不应只限于接受、记忆、模仿和练习，高中数学课程还应倡导自主探索、动手实践、合作交流、阅读自学等学习数学的方式。这些方式有助于发挥学生学习的主动性，使学生的学习过程成为在教师引导下的“再创造”过程。同时，高中数学课程设立“数学探究”、“数学建模”等学习活动，为学生形成积极主动的、多样的学习方式进一步创造有利的条件，以激发学生的数学学习兴趣，鼓励学生在学习过程中，养成独立思考、积极探索的习惯。

六、教学策略

通过教师的指导探究，积极引导学生参与到新知识的探究形成过程，进而在此过程中有所收获。

引入采用了大家熟悉的余弦定理，并通过表格建立了向量与几何元素、向量运算与几个特殊几何关系之间的联系，帮助学生铺设道路，扫清一些认知障碍。

七、教学媒体

投影仪、PPT

八、教案

科目：数学 课题：平面几何中的向量方法　训练的技能：指导探究技能　主讲：冯永霞

教学目标：
1. 知识目标
(1)会用向量及其运算来表示几种基本的几何元素及其关系；
(2)通过探究理解用向量解决几何问题的方法，并能尝试应用向量解决简单的几何问题。
2. 能力目标
(1)通过探究过程，体会数形结合、转化与化归的数学思想方法；
(2)通过对例题的分析，体会从特殊到一般的数学推理与证明的方法。
3. 情感、态度与价值观
通过探究合作，培养严谨的学习态度和勇于克服困难的品质，并形成事物之间普遍联系的辩证唯物主义世界观。

时间	授课行为	应掌握的技能要素	学生行为	教学意图
0分	同学们好！现在开始上课！	组织管理	集中注意力	组织上课
	一、引入新课 大家还记得余弦定理吗？咱们用几何方法证明过，但不太容易，今天我们一起探究一种新的方法——向量法来解决类似的一些几何问题。 板书本节主题：平面几何中的向量方法 二、创设情境	导入	倾听 思考	引入新课，揭示本节研究内容，指出学生尝试学习目标。
0分20秒	问题一：你能发现几何中的元素——点、线与向量的关系吗？几何元素的相互关系(夹角、距离、平行、垂直)用向量如何表示？请认真思考，讨论完成学案表格。(表格见附二)	创设情境 发现问题 搜索解题	认真思考 合作讨论 理清关系 完成表格	抛出问题，引导学生思考，为用向量法解决几何问题做好铺垫，并从中体会合作的重要性。
	教师巡视，帮助学生理清关系。 请同学用投影仪展示表格内容。	验证答案	通过投影仪展示表格内容，同学间相互补充，纠正、完善答案。	通过演示，加强对旧知识的回顾，并通过讨论、补充，辩证地融入新知识。

续表

时间	授课行为	应掌握的技能要素	学生行为	教学意图
5 分 20 秒	问题二：你能尝试把所知道的平面几何中的简单结论翻译成向量语言吗？如：一个四边形满足什么条件是平行四边形？用向量的语言怎样表达？ 教师引导分析，并板书。 三、新课讲授	指导搜索	初步尝试用向量语言表述几何问题	在合作完成表格的基础上，具备了一定的迁移能力，通过思考、领悟，很自然地尝试将几何元素及其关系转化为向量及其运算，开始体会“形到向量”、“向量运算”、“回归到形”的过程。
7 分 20 秒	问题三：在刚才的分析处理过程中我们用到了向量法，那究竟什么是向量法？具体如何操作呢？ 教师引导分析，帮助学生用规范语言总结，并板书。	发散延伸	学生归纳总结用向量法解决几何问题的“三部曲”——形到向量、向量运算、回归到形。	
10 分	问题四：用所学知识完成下面小题： (1)若四边形 $ABCD$ 中满足 $\overrightarrow{AD}=\frac{1}{3}\overrightarrow{BC}$，判断这个四边形的形状。 (2)若四边形 $ABCD$ 中满足 $\overrightarrow{AD}=\overrightarrow{BC}$，$\overrightarrow{AD}\cdot\overrightarrow{BC}=0$，判断这个四边形的形状。 (3) $\triangle ABC$ 中，D、E 分别是边 AB、AC 上的点，若 $DE//BC$，你能得出哪些向量关系？ 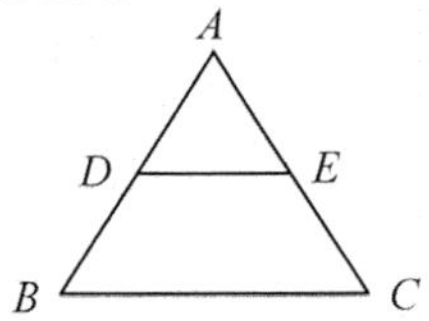	深化拓展巩固新知 验证答案	学生回答问题，进一步体会向量法的本质——数形结合。	第(1)、(2)小题带动学生进一步体会：向量到形。 第(3)小题带动学生进一步体会：形到向量。
13 分	四、例题讲授 问题五： 例题：平行四边形 $ABCD$ 中，$\overrightarrow{AB}=\vec{a}$，$\overrightarrow{AD}=\vec{b}$，你能发现平行四边形对角线长度与两个邻边长度之间的关系吗？ 教师引导： 1. 矩形是特殊的平行四边形，你可以利用矩形探索一下答案。 2. 怎么将问题转化成向量语言？ 3. 向量的哪种运算可以沟通量和数？ 4. 如何将运算结果回归几何结论？ 5. 不用向量，你会证明此结论吗？	深化拓展巩固新知 设问 搜索解题 验证答案	在教师引导下学生尝试用向量法“三部曲”解决完整的几何问题 学生板演证明过程	通过对例题的探究与分析，完整体会“三部曲”的过程，加深对向量法的理解。 利用矩形体会特殊到一般的数学思想方法。

续表

时间	授课行为	应掌握的技能要素	学生行为	教学意图
20分	五、巩固练习 你能用向量法证明余弦定理了吗?	发散延伸	通过投影仪展示证明过程	回扣问题情境，深化理解新知识，进行自我新知检测。
23分	六、小结 本节课你学到了什么?你能说出为什么要用向量法解决几何问题吗? 教师找不同学生小结，相互补充。	反思监控	小结本节学习感受及理解	通过小结，回顾本节课知识的形成过程，强化理解，领悟提升。

日期：2013年8月10日

附一：板书设计

平面几何中的向量问题	例题：
向量法：形到向量 ⇒ 向量运算 ⇒ 回归到形 $AB \overset{/\!/}{=} BC \Rightarrow \overrightarrow{AD}=\overrightarrow{BC} \Rightarrow$ 四边形 $ABCD$ 是平行四边形 问题四:(1) $\overrightarrow{AD}=\overrightarrow{\frac{1}{3}BC} \Rightarrow AD/\!/BC$ 且 $AD=\frac{1}{3}BC \Rightarrow$ 四边形 $ABCD$ 是梯形(向量到形) (2) $\overrightarrow{AD}=\overrightarrow{BC}, \overrightarrow{AD}\cdot\overrightarrow{BC}=0 \Rightarrow AB \overset{/\!/}{=} BC, AD\perp BC \Rightarrow$ 四边形 $ABCD$ 是菱形(向量到形) (3) $\overrightarrow{DE}=\lambda\overrightarrow{BC}$;$\overrightarrow{AD}=\lambda\overrightarrow{AB}$;$\overrightarrow{AE}=\lambda\overrightarrow{AC}(0\leqslant\lambda\leqslant 1)$(形到向量)	

附二：表格(学案)

几何图形	几何元素及其关系	向量图形 $A(x, y)$	向量及其运算
A •	点 A	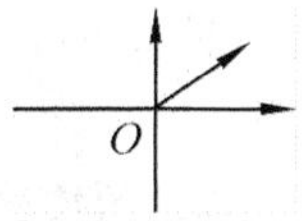	$\overrightarrow{OA}$
	线段 AB(A、B 两点间距离)		$\lvert\overrightarrow{AB}\rvert l$
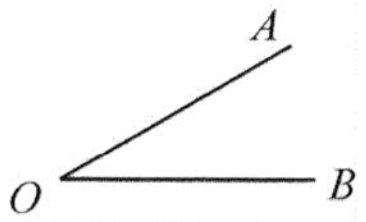	夹角 $\angle AOB$	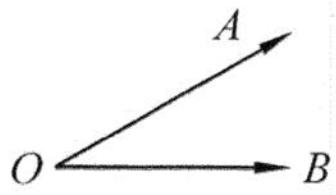	$\cos\angle AOB=\dfrac{\overrightarrow{OA}\cdot\overrightarrow{OB}}{\lvert\overrightarrow{OA}\rvert\cdot\lvert\overrightarrow{OB}\rvert}$
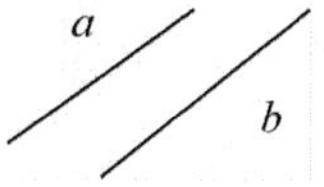	平行直线 $a/\!/b$	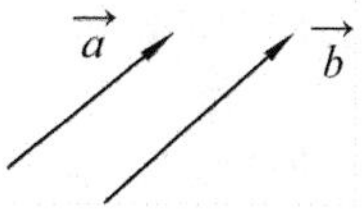	$\vec{a}/\!/\vec{b}$ $\vec{a}=\lambda\vec{b}(\lambda\in\mathbf{R})$

续表

几何图形	几何元素及其关系	向量图形 A(x，y)	向量及其运算
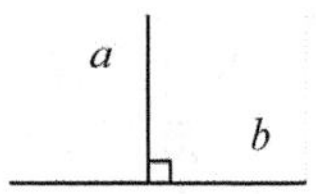	垂直 直线 $a\perp b$	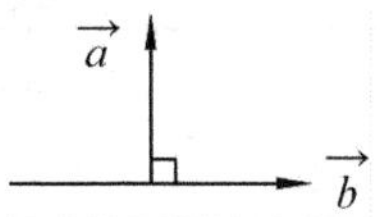	$\vec{a}\perp\vec{b}$ $\vec{a}\cdot\vec{b}=0$
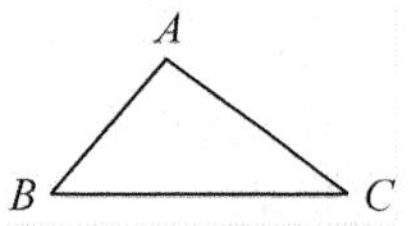		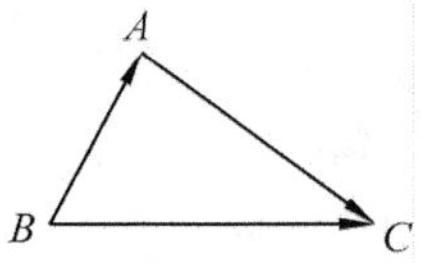	$\overrightarrow{BA}+\overrightarrow{AC}=\overrightarrow{BC}$ $\overrightarrow{BC}-\overrightarrow{BA}=\overrightarrow{AC}$

【教学反思】

通过学过的旧知识引入课题，让学生有亲近感；通过几何要素与向量及运算的对比表格创设问题情境，有效地激发了学生的探究热情；从学生熟悉的简单的几何图形发现问题，让学生有思考的空间与能力；例题仍然选用学生熟悉的平行四边形，进一步给学生铺设了台阶以跨过思维障碍，利于知识的发散延伸，教学效果显著。

探究活动巧学习，电流(热)效应妙提升

——物理《电流的热效应》教学设计

北京十二中　张兰兰

一、教学理念和理论依据

《义务教育物理课程目标》指出："让学生经历科学探究过程，具有初步的科学探究能力。"

二、教学策略

创造一个悬疑情境，训练学生观察实验现象，分析并叙述实验的条件、原因等，锻炼学生的分析能力和观察能力。

在影响电流热效应的因素的猜想中，教师铺设台阶，促进学生的合理猜想。

三、教案

科目：物理　课题：电流的热效应　训练的技能：指导探究技能　主讲：张兰兰

教学目标： 1. 知识目标 (1)知道电流的热效应及其中的能量转化。 (2)知道电流热效应的利用和防止。 (3)知道转化法在具体实验中的应用。 2. 能力目标 (1)通过探究电热与哪些因素有关的过程，发展学生初步的探究能力。 (2)通过观察分析，提高学生分析问题的能力，发展思维能力。 3. 情感、态度与价值观 通过创设各种问题情境激发学生的求知欲，使学生乐于探索生活中的物理现象。

续表

时间	授课行为	应掌握的技能要素	学生行为	教学意图
0分	某个周末的下午，你独自在家，正在电视上看当下最流行的神曲《江南style》，玩儿得真痛快！突然钥匙声响了，妈妈回来了。你马上关掉电视，假装写作业。结果妈妈一进门就发现了你的秘密。你来猜猜看：聪明的妈妈是怎么做到的？	创设情境 描述	认真听讲，身临其境。 回答：妈妈用手摸一摸电视机。	从学生生活实际事情入手，激发学生兴趣，创设本节课的合理情境。
1分	那我们就来看一看电视里面都发生了什么。 演示实验：(实验简介：通电的镍铬合金丝可以使夹在其中的火柴燃烧)	引导探究 提供支架	思考，期待之后的讲解。 观察实验器材。	通过简单的类比实验，为学生理解电流热效应打下基础，提供台阶，激发更深层的思考。
1分15秒	介绍器材：一根镍铬合金丝、火柴、开关、导线、学生电源。	说明	观察实验现象， 回答：没有变化。	实验指导： 训练学生的观察能力，完成实验为学生学习实验操作提供学习机会。
2分15秒	完成实验：闭合开关，请大家瞪大眼睛仔细观察，通电后的电阻丝有没有变化？	指导观察		
2分25秒	再耐心地等一等，睁大眼睛，注意观察！	创设情境	集中注意力观察， 回答：没有。	在实验现象不明显时，教师采用策略，创设神奇的精彩的实验现象，使学生带着期待观察。
2分35秒	再仔细看看，电阻丝有变化吗？	探查		
2分50秒	那我们离近点再看看，也没有！再离近点，仔细观察！	强化	惊呼：啊！火柴燃烧了！	
3分25秒	提问：你观察到了什么现象？ 提问：这个现象说明了什么问题呢？	确认	回答：火柴燃烧。	思维指导：通过对实验现象的总结分析，训练学生分析信息，学会从中思考问题，寻找答案。
4分20秒	总结：恩！回答得很好！我们直接观察电阻丝很难判断它的温度是否有变化，于是便把这一难题转化到观察火柴！在物理中，我们经常通过观察其他物体的变化来判断某一物体的变化情况。这就是我们经常用到的——转化法！	探究结论 说明 形成建构 逻辑性 概括	讨论回答：电阻丝通电后温度升高。 听讲。	方法指导：提炼转化法，学生熟悉的方法应用于实践，形成学生的方法知识建构。
5分30秒	我们再来想一个问题：这根电阻丝通电过程中，温度升高了，电能如何转化呢？	探查	回答：电能转化为内能，电流通过用电器，放出热量。	反思指导：训练学生从现象到本质的思维方式。
6分	总结：这就是我们今天要学习的电流热效应。 板书本节课的课题： 第四节　电流热效应 一、电流热效应	形成期待 讲解 假设	抄写笔记。	

续表

时间	授课行为	应掌握的技能要素	学生行为	教学意图
7分	1. 定义：电流通过导体，导体会发热的现象。 提问：如果老师把这根电阻丝送给你，你想拿它做什么？ 表扬：回答得非常好！科学家也都是这样想的，做成了我们生活中常用的电熨斗、电饭煲、电热毯等。	鼓励强化 指引实践	积极思考。 回答：如果它再长一些，多一些，我们就可以用它烧水做饭了。烧水、做饭、加热。	方法指导：将所学知识联系到生活实际中，促进学生的思考深度与学习兴趣。
8分 20秒	出示电熨斗、电饭煲、电热毯的图片。 这些用电器在工作的时候，电能几乎都转化为内能。 板书： 2. 电热器：$W=Q$	演示 说明	观看图片。 抄写笔记。	
9分 40秒	提问：并不是所有的用电器都是利用电流热效应工作的，哪些不是呢？ 出示电视、冰箱、空调的图片。 通过图片向学生展示不同的用电器并讲解。 讲解：电视、冰箱、空调，它们工作时，电能大部分转化为其他形式的能，只有一小部分转化为内能。 出示洗衣机、电风扇的图片。 讲解：还有类似于洗衣机、电风扇这类以电动机为主要部件的用电器，它们工作时电能大部分转为机械能，一小部分转化为内能。	诱导 演示 说明 演示 说明	思考并回答：电视、冰箱、空调；电磁炉、微波炉。 学生观察图片，联想生活实际。 认真听讲并理解。 抄写笔记。	反思指导：深化拓展，将所学知识联系到生活实际中，从物理走向社会。
12分 40秒	板书： 3. 非电热器：$W=E+Q$ 出示散热器的图片。 讲解：对于像电视机、电风扇这些用电器来说，电热是有害的，所以很多用电器都要安装散热装置。	指引观察归纳	观察图片。 思考。	思维指导：通过正例、反例去加深对问题的理解。
13分 40秒	课外作业：刚才有同学提到了电磁炉、微波炉，它们是利用电热工作的吗？先不要轻易下结论，请大家课下去查阅一些资料，下节课告诉老师，好吗？	启发 形成期待		探究指导：教师为学生补充220V的生活电压这一条件，可以避免学生猜想遇到障碍，为学生的探究实验设计铺好台阶。
14分 30秒	通过图片展示：日常生活中家里面许多的用电器都接在220V的电压下，可是工作一段时间之后，产生的电热却是不同的，为什么呢？	演示 质疑	猜想讨论， 回答：电热可能与电流、电阻、通电时间有关。	

续表

时间	授课行为	应掌握的技能要素	学生行为	教学意图
15 分	提问：电热受三个因素的影响，如何研究呢？ 好，那我们接下来就利用控制变量法逐次研究电热和电流、电阻、通电时间有怎样的关系。 ……	假设 提示 形成期待 ……	回答：利用控制变量法。 ……	交际指导：让学生交流讨论。 ……

2013 年 6 月 30 日

【教学反思】

本课将演示、探查提问、讲解等技能有机结合，学生在教师的引导下通过“观察—探究—建构”的学习过程，较好地实现了教学目标。

第一，创设学生看电视的熟悉的情境，吸引学生的兴趣。之后又通过通电的电阻丝点燃火柴实验，创造了一个悬疑情境。

第二，在学生观察实验之后，教师及时总结实验现象，提炼转化法，形成学生的方法、知识建构。

第三，学生猜想影响电流热效应的因素时，教师为学生补充 220V 的生活电压这一条件，避免学生在猜想时遇到障碍，为学生的探究实验设计铺好台阶。

指导中学习，探究中领悟

——物理《探究——凸透镜成像规律》教学设计

西罗园学校　许晓庆

一、教材分析

《探究——凸透镜成像规律》选自北京市义务教育课程改革实验教材 8 年级物理实验本第八章第六节，是一节实验探究课。本节内容是本章的核心，是在前两节对透镜及其在生活中的应用有一定认识的基础上，由生活到物理，让学生展开自主探究活动，找出凸透镜成像的规律，达到对凸透镜有更深层次的认识。

二、学情分析

光现象在生活中极为普遍，学生的感性认识比较丰富。学生又经过近一年的物理学习，观察、实验、归纳总结能力以及探究性学习的能力都具备了一定的基础，因而安排了本节较为复杂的探究性的学习内容。

三、教学目标(见教案)

四、教学重点、难点

教学重点：通过实验探究凸透镜成像规律。

教学难点：

(1)凸透镜成虚像的情况。

(2)让学生在自己的实验数据中发现成“放大实像”和“缩小实像”的物距和像距范围。

五、教学理念和理论依据

2011 年版《物理课程标准》中科学探究既是学生的学习目标，又是重要的教学方式。将科学探究列入“课程内容”，旨在让学生经历与科学工作者进行的相似的探究过程，主动获取物理知识，领悟科学探究方法，发展科学探究能力，体验科学探究的乐趣，养成实事求是的科学态度和勇于创新的科学精神。

六、教学策略

根据本节教材的特点和要求，以及学生的实际情况，在凸透镜成像规律探究的教学中，为了培养学生的操作能力、分析问题的能力以及总结规律的能力，采取分组实验(两人一组)的方法，通过讲解、提问、演示、启发等方式，从而达到预期效果。

七、媒体准备

PPT

八、教案

科目：物理　课题：探究——凸透镜成像规律　训练的技能：指导探究技能　主讲：许晓庆

教学目标：
1. 知识与技能
(1)知道凸透镜成放大实像、缩小实像、虚像的条件。
(2)通过实验，加深对实像和虚像的认识。
2. 过程与方法
(1)在探究活动的过程中，学习分类研究、全面研究的实验方法。
(2)对实验结果要学会分析和归纳。
3. 情感、态度与价值观
(1)在实验活动中，增加学生的求知欲。
(2)针对实验过程较为复杂的特点，培养学生勇于克服困难的勇气和相互协作的精神。

时间	授课行为	应掌握的技能要素	学生行为	教学意图
0 分	一、情境引入 在你们的实验台上有一个凸透镜，用它来看课本上的字和看远处的老师或同学，你看到了什么？	建立联系 引起注意	动手拿凸透镜观察书上的字和远处的老师。	提出问题，引发思考，为接下来的探究内容做好铺垫。
2 分	通过刚才的小游戏我们知道凸透镜能成不同的像。有时成放大的像，有时成缩小的像，有时成倒立的像，有时成正立的像。那么凸透镜成像的不同和什么有关系呢？凸透镜成像又有什么特点呢？ 教师板书标题。	调整反馈 焦点化 启发思考	观察后回答：通过凸透镜看书上的字是正立放大的像；通过凸透镜看远处的人是倒立缩小的像。 思考并讨论，大胆猜想。	引出本节课的课题：凸透镜的成像规律。
2 分 30 秒	二、大胆猜想 我们可以观察和对比投影仪、照相机和放大镜成像的相同点和不同点，看看大家能发现什么问题？	诱导意识 明确目的	回忆生活中的透镜，并比较不同光学仪器的特点。	联系上节课知识，使学生对各节知识建立联系。

续表

时间	授课行为	应掌握的技能要素	学生行为	教学意图
3分	三、深入探究 同学们猜测凸透镜的成像规律可能与物体到凸透镜中心的距离有关。那么，我们需要哪些仪器来验证我们的猜想呢？	焦点化	大家纷纷思考设计方案，确定实验仪器。	
3分30秒	我先给大家介绍一下实验室常用来研究凸透镜成像的仪器——光具座（带有刻度尺）。使用光具座时，物体（蜡烛）放在光具座的左侧，凸透镜放在光具座的中间，光屏放在光具座的右侧。物体、透镜和光屏都可以在光具座上移动。 为了方便，我们规定物体（蜡烛）到透镜中心的距离简称物距（u），像到透镜中心的距离简称像距（v）。我们选用的凸透镜的焦距 $f=10\text{cm}$。	搭建支架 流畅	专心听讲并结合实物学习，并根据老师的介绍安装实验仪器。 根据物距和像距的定义，自己练习测量物距和像距。	培养学生在合理的猜想基础上要进行实验检验的意识。
4分30秒	教师板书： 1. 实验器材（光具座、蜡烛、凸透镜、光屏） 2. 两个概念：物距和像距	结构布局	认真记笔记	
5分30秒	开始实验之前我们调整蜡烛火焰的中心、凸透镜的中心、光屏的中心在同一高度，为什么要这样做？	设计 明确目的	思考问题并交流。也有同学通过实际调节来探寻答案。	调节三心等高会让结果更加准确，更有说服力。
7分	目的：使物体所成的像在光屏的中央。（演示一遍调节过程） 好，下面我们按照小组进行实验，每个小组都有两项任务。 任务一：每个小组都需要按照下面的顺序进行实验。 成像条件：$u>2f$；$u=2f$；$f<u<2f$；$u=f$；$u<f$ 在每组成像条件下记录像的特点（大小、虚实、正倒）、像距范围，并结合生活中的透镜写出每组结果在生活中的应用。 教师板书整个实验数据表格。	操作 安排活动	学生继续调节。观察如果三心未调节等高，会出现的情况，进而加深印象。 在笔记本上记录下实验条件并分析各条件的含义。 将整个实验数据表格画在笔记本上。	任务一的操作顺序遵循实验正常的顺序，便于实验，让学生的思路更加清晰。

续表

时间	授课行为	应掌握的技能要素	学生行为	教学意图
10分	任务二：每组实验做完之后将物体与光屏的位置互换，观察成像的特点并记录结果。	发现问题	自己设计将物体与光屏互换时记录实验数据的表格。开始实验。	物体与光屏互换，观察成像特点，总结规律，为以后灵活应用凸透镜的成像规律打下坚实基础。
10分 20秒	下面动手实验。 大家在动手实验过程中思考这样几个问题：		边实验边参考教材，学习粗略测量凸透镜焦距的方法。	
10分 30秒	1. 如何测量所给凸透镜的焦距？ 2. 怎样在光屏上成清晰的像？ 3. 怎样观察虚像？ 4. 如何测物距和像距？	安排活动 讲解	学生在实验过程中反复调节光屏的位置，直至得到蜡烛清晰的像。	这几个问题的设置将实验过程中会出现的问题以及需要着重注意的要点提出来，让学生思考并注意。
20分	实验完毕，整理器材。 四、分析论证 接下来我请几位同学汇报实验数据。	反馈调整	虚像在光屏上无法接收。此时学生们在老师的提醒下取下光屏，透过凸透镜来观察蜡烛所成的虚像。	
21分	根据同学们的实验数据，将事先老师设计的实验表格填写完整。教师引导学生总结凸透镜的成像规律。		学生测物距的方法：凸透镜光心的刻度与蜡烛火焰中心的刻度之差。	
22分 30秒	教师板书根据学生数据填写实验数据表格。	布局	测量像距的方法：光屏中心的刻度与凸透镜的光心的刻度之差。	让学生分享自己的实验数据、实验结果的过程，目的不仅是互相交流知识，更是培养学生的交流能力、与人交往的能力。
24分	接下来一起概括结论如下： (a)当 $u>2f$ 时，成倒立、缩小的实像。 (b)当 $u=2f$ 时，成倒立、等大的实像。 (c)当 $f<u<2f$ 时，成倒立、放大的实像。 (d)当 $u=f$ 时，不成像。 (e)当 $u<f$ 时，成正立、放大的虚像(不能用光屏接收到)。	反馈强化	互相交流实验数据。 在老师的指导下总结出凸透镜的成像规律，并将实验数据表格填写完整。 在老师的引导下加深对凸透镜成像的理解和记忆。	
26分	五、课堂反馈 1. 用凸透镜正对着太阳，发现在凸透镜的另一侧 10cm 处的光屏上得到一个亮点，那么将点燃的蜡烛放在位于凸透镜前 15cm 处时，光屏上得到的像是(　　) A. 正立放大的像	练习实践	试着应用刚刚学到的凸透镜的成像规律来解决问题。 学生很快能锁定，这道题不仅考查了粗略测量凸透镜焦距的方法，还考查了凸透镜	通过练习让学生深刻理解凸透镜的成像规律，同时，让学生自我反思，从而找出自身存在的不足，以便查漏补缺。

续表

时间	授课行为	应掌握的技能要素	学生行为	教学意图
	B. 正立缩小的像 C. 倒立缩小的像 D. 倒立放大的像 2. 某物体放在离凸透镜 20cm 处，无论怎样移动光屏，光屏上始终得不到像，则该凸透镜的焦距可能是(　　) A. 30cm　　B. 15cm C. 10cm　　D. 5cm 3. 如果要使距透镜 15cm 处的光屏上得到物体的清晰、缩小的实像，则应选择的凸透镜的焦距为(　　) A. 5cm　　B. 10cm C. 15cm　　D. 20cm 4. 一个焦距是 10cm 的凸透镜，当物体从离透镜 20cm 处逐渐移向 30cm 处的过程中(　　) A. 像逐渐变大，像距逐渐变小 B. 像逐渐变小，像距逐渐变大 C. 像逐渐变大，像距逐渐变大 D. 像逐渐变小，像距逐渐变小 想要解决这样的问题，我们应该实际进行实验，移动过程中观察像的变化，以及像距的变化情况。这道题结束老师再提供给学生一个便于记忆的顺口溜：一倍焦距分虚实，二倍焦距分大小，实像异侧倒，虚像同侧正。物远实像小虚像大。		成像规律的第三条，并且很快给出正确答案 D。 根据凸透镜成像规律在生活中的应用，可以锁定第二条规律，可以用来测焦距。所以轻松得到答案 C。 学生根据清晰、缩小的实像可以锁定是第一条规律，并且根据像距范围确定答案是 B。 想要准确地做出这道题，学生要亲自做实验去观察，按题意调节物体与凸透镜的距离，观察到像逐渐变小，像距也在变小。确定答案是 D。	
30 分	六、课堂小结 1. 这节课你学到了哪些知识? 2. 这些知识我们是通过什么方式获得的?	反思监控	记录下老师总结的顺口溜，并理解每一句代表的含义。 总结本节课学到的知识和方法，并思考自己哪些地方做得不足。	通过课堂小结，对本节课的知识和方法进行系统的归纳和总结。可以使学生对本节内容有一个较为深刻的理解。

日期：2013 年 8 月 12 日

【教学反思】

1. 这一节课学生有学习兴趣，积极性高。由于学生还缺乏一定的实验技能，在探究过程中离不开老师的及时指导，学生实验时，老师要加强巡视和指导。

2. 在归纳凸透镜成像的基本规律时，学生的语言表达能力还不够成熟，在平常的教学中要加强这方面的训练。

3. 通过对凸透镜成像规律的探究，培养了学生动手实验的能力和同学之间的团队合作精神。加强了学生对实验数据的分析和论证能力，使学生得到从感性认识到理性认识的飞跃。让学生亲身体验在不断发现问题和提出问题的过程中逐步完善和升华，深化了对凸透镜成像规律的认识，从而用实验探究的方法得出凸透镜的成像规律。

自主合作探究，综合运用语言

——英语《It was a palace》教案设计

西罗园学校　陈月明

科目：英语　课题： It was a palace　**训练的技能：指导探究技能　主讲：陈月明**

教学目标：
1. 知识与能力：通过自主和合作学习的方式，归纳提示时态的时间状语，并能够区别使用正确的动词形式对文中出现的三个著名景点进行口头描述。
2. 过程与方法：教师指导探究，学生自主、合作学习。
3. 情感、态度与价值观：了解北京的名胜，感受语言和文化密不可分的关系，同时认识到中西方文化在英语学习中同等重要。

时间	授课行为	应掌握的技能要素	学生行为	教学意图
0分	**Language Input** Step 1 T: First let's read the text and fill in the blanks with be.	发现问题	学生初步阅读文段材料，试填入 be 动词的正确形式。	通过速读整体把握文章的主要内容。
2分30秒	Step 2 T: Let's listen to the tape and check the answer by yourself .	验证答案	学生听录音，自主核对答案。	
3分30秒	Step 3 T: Let's check the answer together.	自读自悟	全班核对答案，然后小组归纳做题要点。	再次对文章整体进行感知，熟悉语言。
4分30秒	Step 4 T: Let's read the text again.		全体学生大声朗读全文。	
9分30秒	**Language Focus** Step 1 T: Read the text again and circle True or False.	发现问题 解题	学生完成 True or False	理解文章细节信息。 合作学习培养合作意识。
	Step 2 T: Let's check the answer.	验证答案	两人讨论，然后全班核对答案，并做出修改。	
	Step 3 (教师 PPT 屏显主旨大意层次问题)	发散延伸	学生再次阅读。	

续表

时间	授课行为	应掌握的技能要素	学生行为	教学意图
10分30秒	T：Can you choose the correct answer? 1. What is this passage about? A. the Summer Palace B. the Palace Museum C. the Temple of Heaven D. three must-sees in Beijing	自读自悟尝试学习解题	全面理解材料，选出正确答案。	获取文章的主旨信息。
11分30秒	Step 4 （PPT进一步出示细节层次问题） T：Please underline these questions in the text. 2. Where is the Palace Museum? 3. Where is the Summer Palace? 4. Where is the Temple of Heaven?	自读自悟尝试学习解题	学生进行精读材料，在文中画出正确答案。	
15分30秒	Step 5 T：Fill the blanks according to the text. 5. ____________ was the home of China's emperors and their families.（选项同6） 6. ____________ was the summer home of the emperors' families. A. The Summer Palace B . The Palace Museum C. The Temple of Heaven	自读自悟尝试学习解题	学生进行精读材料，完成选择填空。	获取文章的细节信息，让学生通过回答问题深层次理解一般过去时。
17分30秒	Step6 （PPT出示Step 4和Step 5答案） T：Let's read the answers together and try to find out the usage of be in describing places of interests.	探究活动	学生大声朗读PPT上出示的Step 4和Step 5问题的完整答案。 学生归纳出： 在介绍景点地理位置和现状的时候通常选用一般现在时；而在介绍其历史情况时通常选用一般过去时。	观察 发现 归纳句型结构 体会时态综合运用及具体表意功能。
20分	结束			

日期：2013年8月13日

【教学反思】

通过本节课的学习，绝大部分学生在理解阅读材料的基础上，经过自主和合作探究性学习，思考讨论，观察、发现。总结并归纳出be动词描述景点时的运用规律，并学会综合运用一般现在时和一般过去时对景点进行介绍。

大部分学生能在设定的真实的语境中，通过完成不同层次的学习任务，体验如何综合运用所学语言知识。

指导中体验　思考中成长

——心理《合理归因》教学设计

北京十二中　周耀红

一、教材分析

《合理归因》是我校初一心理健康教育校本教材中的教学内容，具体内容围绕如何对生活中的成败事件进行合理归因而展开。本微格教学设计围绕如何正确地进行合理归因而展开。

二、学情分析

初一的学生正处于青春发育期，而这个时期正是个性形成的关键时期，由于认识事物的片面性，加上新一代的青少年大多数是独生子女，家长对他们的事情往往干涉太多，从小未形成一种对自己的事情负责的态度，致使他们对自己生活中的成败做不出合理的归因，影响了他们的行为方式，久而久之，会形成不良的人格，阻碍他们健康成长。通过这次课，帮助他们学会合理地归因，将有助于培养他们对自己负责的态度。

三、教学目标(见教案)

四、教学重点、难点

教学重点：能够认识到如何进行正确、积极的归因。

教学难点：理解不合理归因所产生的不良影响。

五、教学理念和理论依据

一个人把他或她的成功或失败归因于什么，这会影响到人对今后行为的认识，若把失败归因于稳定的原因，如能力不足，则当失败时一般不会再去争取胜利；若认为失败是不稳定原因造成的，如认为是自己努力不够，则将倾向于通过再努力，以求成功。

学生总是有意无意地对自己的学习成绩、人际交往等寻找原因，学生对自己的归因方式不仅反映着他们寻找学习成绩结果的倾向，而且还会影响到学生的学习动机，甚至影响到其人格特点。因此，帮助学生了解自己的归因类型，引导他们对自己的学习成绩、人际交往等进行合理的归因，对激发学生的学习积极性、培养良好的人格特征十分重要。

六、教学策略

1. 以游戏的方式进行导入，让学生在游戏中进行体验，然后对自身的归因方式进行分析，通过体验式的学习来激发学生的学习兴趣，提高学生的思维深度。

2. 以学生身边经常发生的事件为原型，由学生自己进行角色扮演，采用情景教学法，围绕事件精心设计问题，引发学生的思考，从案例中理解不合理归因会给个人带来的消极影响，从而突破教学中的难点。

七、媒体准备

多媒体课件、游戏所用的针和线。

八、教案

科目：心理　课题：合理归因　训练的技能：学习指导技能　主讲：周耀红

教学目标：
1. 知识目标：
(1)了解有关归因的理论知识；
(2)认识不合理归因产生的不良影响。
2. 能力目标：
(1)能够区分积极归因和消极归因；
(2)能够对生活中的成败事件进行正确、积极的归因。
3. 情感、态度与价值观：
通过对合理归因的探究，从而形成对自己负责任的态度，引导学生形成良好的人格特征。

时间	授课行为	应掌握的技能要素	学生行为	教学意图
0分	同学们好！大家看我手里面拿的是什么东西？ 我们一起来做个游戏，游戏的名字叫作“穿针引线”。 游戏的要求是这样的： ①两位同学结成组参加。 ②一位同学拿针，另一位同学拿线，在5秒钟内将线穿过针孔。 ③开始前两个人都必须将手放下，时间到时拿针的同学必须放手。 ④其他同学监督，用数“5、4、3、2、1、停”来帮助计时。 好，下面我们请两组同学来参与这个游戏，其他同学注意观察，看看你能从中吸取什么经验。	引起注意 创设游戏情境 活动要求 操作指导 提供支架 指引实践 合作探究	注意并回答：“针和线。” 倾听游戏规则。 体验和观看游戏活动。	通过简单而有趣的游戏创设轻松的课堂气氛。
2分	好，下面，我想采访这两组同学，你觉得游戏成功或失败的主要原因是什么？其他同学也可以发表自己的看法。	发现问题 反思指导 形成建构	回答：成功是因为两个人配合得好、方法正确等。失败是因为当时很紧张、对方的手总是在抖等。	启发学生思考并由此引入课题。
5分	好，刚才两组同学都找了找游戏成功或失败的原因，这个过程就是“归因”，归因简单地讲就是寻找原因，即你对学习、工作成败的原因做出判断。板书：归因。	讲解 确认	观看幻灯片。	出示概念。
6分	心理学家维纳认为我们一般把原因归结为以下几个方面：能力、努力、任务难度、运气等。并且，他把人们归纳的这些原因进行了分类：从来自于内部和外部，将它分为内因和外因；从它能不能被我们个人意愿所控制，将它分为可控和不可控。板书。	讲解 反馈强化 方法指导	倾听维纳的归因理论。	维纳的归因理论通过列表的方式呈现给学生，促使学生审视自己的归因特点。

续表

时间	授课行为	应掌握的技能要素	学生行为	教学意图
7分	下面我们就一起来分析这四种原因分别隶属于哪一个纬度。你觉得其中最特别的是哪个因素？ 板书。	激发兴趣 启发联想 形成期待	跟着老师一起分析并回答： 能力属于内因、不可控； 努力属于内因、可控； 任务难度属于外因、不可控； 运气属于外因、不可控。 最特别的是“努力”，唯一的一个可控因素。	引导学生注意唯一可控的“努力”因素。
10分	接下来就请大家看一段视频，看一看视频中的这两位同学是如何归因的。他们这样归因会对他们今后的行为产生什么影响？	创设视听情境 提供支架 反思监控 引导感悟	看视频。 分析、回答问题，甲同学将失败归因于能力，今后会丧失学习的信心等； 乙同学将失败归因于老师，今后会更加讨厌老师，不会努力学习等。	通过分析能明白归因影响行为。
13分	正如同学们所回答的那样，归因会对以后的行为产生重大影响，当一个人将成功或失败分别归因于这四个方面的时候，他们的后续行为会是什么样的呢？	鼓励发散 形成期待	将成功归因于能力强会充满信心，趾高气扬； 将失败归因于能力弱会丧失信心，听之任之； 将成功归因于努力会继续努力，争取再胜； 将失败归因于努力不够会相信努力就能成功； 将失败归因于任务难，就会埋怨客观环境，希望减轻任务； 将成功归因于任务容易，就会提醒自己认真学习； 将成功归因于运气好，会存在侥幸心理； 将失败归因于运气差，就会自认倒霉。	使理论能结合实际，发挥心理辅导课的功能。
15分30秒	通过以上案例和理论的学习，我们可以看出：不同的归因特点反映一个人对事情的不同看法，它会影响到人们的行为方式。不合理的归因就像戴了有偏差的眼镜，产生的结果是对人、对事的看法与实际情况产生很大的偏离，最终导致人们采取错误的行为方式。	总结归纳 确认		明确不同归因的影响。
15分40秒	结束。			

日期：2013年5月24日

【教学反思】

本课使用指导探究技能进行微格课堂教学实践，运用游戏活动增加学生体验和学习热情，创设问题情境，巧妙设计问题，引发学生的深入思考和感悟，教学效果显著。

本课教学的优势主要有：

1. 以游戏活动导入课堂，极大地激发了学生参与课堂的兴趣和热情。并且在学生参与和体验了游戏之后，教师创设问题情境，引导学生思考问题、发现问题并寻求问题的答案。整个导入体现了以学生为主体的体验式学习，学生参与度高，导入自然流畅。

2. 在课堂授课环节，创设情境，以学生身边经常发生的事情为原型制作视频，创设问题情境，学生以合作学习的方式进行探究活动；在交流环节，教师利用提问激发学生对问题的思考和探究，引导学生进行自主学习。

3. 在整个授课环节，教师认真考虑问题的设置，让学生在思考问题的同时完成自我的反思和成长，在师生互动过程中，教师用温和、真诚的目光，及时地点拨和鼓励学生表达自己的看法，引导学生形成正确的态度和价值观。

项目 13　指导口语交际技能

定义：在课堂教学中，教师指导学生在学习、交流、交往中，学会听、说，培养言谈举止文明礼貌习惯的一类教学行为。

要素：注意倾听、察言观色、表达思路、表达技巧、体态手势、反馈调整。

类型：当众发言、小组交流、讨论问答、一对一交流、辩论。

指导口语交际技能评价单

日期____________　任课教师____________

请您在听课后对以下各项目进行评价，在恰当的等级下画“√”。

	优	良	中	差	权重
1. 指导是否注重了训练？	□	□	□	□	0.2
2. 指导方式是否生动、活泼、多样，适合学生？	□	□	□	□	0.2
3. 是否做到了教书育人，培养了学生文明礼貌的习惯？	□	□	□	□	0.2
4. 是否指导了学生对语言的使用？	□	□	□	□	0.2
5. 指导学生使用体态语是否得当？	□	□	□	□	0.2

说一说，演一演，宽松环境促交流

——语文《小壁虎借尾巴》教学设计

看丹小学　王玉琴

一、教材分析

《小壁虎借尾巴》是一篇科普童话，课文借助形象化拟人的手法，通过小壁虎向小鱼、黄牛、燕子借尾巴的故事，讲了鱼、牛、燕子、壁虎尾巴的特点，揭示了“动物尾巴都有用”这样一个道理。文章语言浅显易懂，内容生动有趣，课文把小动物有礼貌和它们之间真诚相待的美好形象表述得栩栩如生，符合低年级学生的年龄特点，适合学生有感情地朗读和表演。教学本文适合说一说、演一演的形式，学生可以在宽松的语言环境中了解课文内容并与人交流，促进学生口语交际能力的发展。

二、学情分析

二年级学生基本能做到正确、流利地朗读课文，在理解课文内容的基础上，有感情地朗读课文是学习的重点。学生对文中的小动物比较熟悉，文章3～5自然段结构相同。学生在独立阅读的基础上，容易了解动物尾巴的用途。他们借助教师提供的交际平台，可以仿照课文的表达方式，结合搜集的资料展开想象学习表达，从而增强表达的自信心。

三、教学理念

1. 口语交际能力是学生必备的一种能力。新课程标准目标中对小学低段口语交际明确提出“与别人交谈，态度自然大方，有礼貌”，“有表达的自信心，积极参加讨论，对感兴趣的话题发表意见”的要求，语文课应注意激发学生“说话”的需要，引导学生学会倾听，乐于与别人进行口语交际，使学生具备初步的交际能力。

卡耐基说：“在都市化的社会里，一个人不论就学或从事任何职业，当众说话都是不可避免的。如果老是畏畏缩缩，吞吞吐吐，词不达意，是绝对与成功无缘的。”口语交际是学生人际交往中基本的口头语言活动，是适应现代社会发展需要的重要能力，口语是学生应用最广泛、最重要、最直接的交际工具。

随着科技的不断发展，人际间的对话距离大大缩短，口语交际场合和范围更加开放和广阔，对人的“口才”提出了更高的要求。教师应充分利用本学科的特点，在指导学习的过程中，不仅让学生掌握口语交际的知识，训练学生的听说能力，还要注意培养学生与人交流的意识、能力和习惯。

2. 开展合作学习。小组合作学习可以使学生在宽松舒适的语言环境中充分地与他人交流，促进口语交际能力的发展。教师指导学生在学习群体中为了完成共同的任务，有明确的责任和分工的互助性学习，可以有效地实现自主学习。

四、教学目标(见教案)

五、教学重点、难点

教学重点：

(1)了解动物尾巴的功能及壁虎尾巴可以再生的特点。

(2)分角色有感情地朗读课文。

教学难点：分角色有感情地朗读课文。

六、教学策略

1. 采取小组合作学习、教师指导倾听和表达、课内外知识联系迁移等方法进行教学。

2. 结合搜集的资料和生活实际，通过联想和想象，学习语言和表达，发展语言和思维。

3. 通过说一说、演一演的形式了解课文内容，使学生在宽松的语言环境中与人交流，促进学生口语交际能力的发展。

七、教案

科目：语文　课题：小壁虎借尾巴　训练技能：提问与口语交际　主讲：王玉琴

教学目标：

1. 理解课文内容，知道鱼、牛、燕子尾巴的用处及壁虎的尾巴能再生的特点。
2. 分角色有感情地朗读课文。
3. 能够仿照课文的叙述方式展开联想和想象说几句话。

时间	授课行为	应掌握的技能要素	学生行为	教学意图
0分	一、情境导入，激发兴趣 出示“小壁虎”图片：快和它打个招呼。小壁虎要考考同学们词语掌握得怎么样，你们敢接受挑战吗？	吸引兴趣	打招呼：小壁虎你好。	以本课的主人公“小壁虎”导入新课，激发学生的学习兴趣。
0分10秒	PPT出示：词语 壁虎　挣断　掌握　借尾巴　告别 拨水　蚊蝇　难看	肯定	读词语……	
1分30秒	读读这两个词：难过、高兴。你有“难过”和“高兴”的时候吗？课文中说的是谁“难过”、谁“高兴”？ 二、深入课文，了解内容 (一)质疑导读	因果联想 建立联系	结合生活实际说说让自己难过、高兴的事情。	通过因果联想，理解“难过”“高兴”的意思，知道这是两个描写心情的词语。
2分30秒	1. 想一想，通过读课题，你想知道哪些问题？	引导质疑 形成期待 促进参与	预设： 小壁虎为什么要去借尾巴？小壁虎向谁借尾巴？借到了没有？为什么没借到尾巴？……	引导学生提出问题，梳理问题，培养学生质疑探究能力。
4分0秒	2. 你们想怎样解决这些问题呢？	探询 指导学法	读书、和同学合作交流 读书、思考问题。	指导学法
4分30秒	3. 反馈：通过读书你解决了哪些问题？ 板书：小鱼　老牛　燕子 (二)合作学习，解决问题	探询	小壁虎的尾巴断了，想去借尾巴。 小壁虎向小鱼、老牛、燕子借尾巴。	探询提问，了解学情。
6分30秒	小壁虎想去借一条尾巴，怎样借？借到没有？为什么没借到？你和同学一起合作来学习好不好？ 1. 合作学习3～5自然段	台阶提问	带着问题读课文，边读边思考。	
7分30秒	学习内容：3～5自然段，任选一段。 要求： (1)由组长负责，其他同学要服从组长的管理。 (2)小组内每个同学都要发言，可以一人介绍一段，其他同学补充发言。 (3)每个同学先自己读一读，画一画它们说的话，思考问题，再和同学交	指导小组合作学习 分析综合	小组合作学习： 1. 分角色读一读它们说的话。 2. 小壁虎向谁借尾巴？小壁虎怎样说的？对方怎样说的？结果怎样？为什么？	通过合作学习的方式，为学生创设宽松的环境，给每一个学生充分发言的机会，培养学生的合作意识。

续表

时间	授课行为	应掌握的技能要素	学生行为	教学意图
	流。 (4)小组选好代表准备发言。 2. 教师巡视指导			
9分30秒	(三)反馈交流，有感情朗读 第三自然段：哪个小组愿意先汇报？ (1)指导学生先向同学们问好，再汇报，汇报后征求同学们意见。 (2)听汇报的同学要注意听，认为说得好的地方要鼓掌鼓励，有不同意见补充发言。 板书：拨水 (3)PPT出示 小壁虎说："小鱼，你把尾巴借给我吧。" 小壁虎说："小鱼姐姐，您的尾巴借给我行吗?" 读这两句话，你有什么感受?	指导口语交际	小组代表汇报： 大家好，我代表我们小组汇报。我们小组学习的是第三自然段，这一段写的是小壁虎向小鱼借尾巴，小壁虎说："……"，小鱼说："……"，小壁虎没有借到尾巴。因为，小鱼要用尾巴拨水。你们同意我的意见吗？……谢谢大家！ 补充发言…… 分角色有感情地朗读。	通过回答问题梳理本段的内容。 指导学生当众发言要有礼貌，会使用交际语言，倾听发言要学会思考，鼓励学生个性发言。
11分30秒	第四自然段 (1) PPT出示：小壁虎向老牛借尾巴的图片。 (2)你们组愿意给同学们表演吗? 看他们表演得多好呀，快给他们鼓鼓掌！还有哪个组愿意和他们组比试比试?	指导倾听 对比分析 指导说话要有礼貌	小组代表汇报： 大家好，我代表我们小组汇报。我们小组学习的是……，小壁虎没有借到尾巴。因为，老牛要用尾巴赶蝇子。你们同意我的意见吗？……谢谢大家！ 补充发言…… 小组分角色加上动作演一演。	通过汇报交流，指导学生进行口语交际，会使用交际用语。 知道老牛尾巴的用处。
13分20秒	第五自然段 (1) PPT出示：小壁虎向燕子借尾巴的图片。 (2)分角色给大家读一读吧。 三、总结归纳，学习表达	运用	大家好，我代表我们小组汇报。我们小组学习的是第五自然段…… 补充发言……	知道燕子尾巴的用处。
14分30秒	学习了课文，谁能讲讲小壁虎的故事? PPT出示：提示： 小壁虎向(　)借尾巴，小壁虎说：("　")，(　)说：("　")，小壁虎(　　)借到尾巴。	运用 归纳综合	小组合作分角色朗读。 同学评议…… 按照提示分别说一说： 小壁虎向(小鱼)(老牛)(燕子)去借尾巴，……	引导学生梳理主要内容，知道小动物的尾巴的用途，培养学生分析概括能力。

续表

时间	授课行为	应掌握的技能要素	学生行为	教学意图
16分30秒 17分0秒 20分0秒	四、总结、反思 通过今天的学习你知道了什么？谈谈你的收获。你还有什么问题，和同学交流。 结束。	指导反思		指导反思，培养反思监控能力。

日期：2013年12月1日

【教学反思】

本教学设计抓住文章的重点词"难过""高兴"引导学生质疑，提出问题，通过小组合作交流，在充分朗读的基础上了解小壁虎尾巴的功能，同时结合课文在语言表达上的特点，创设口语交际的情境，学习气氛活跃，学生兴趣盎然，学生语言能力和思维能力得到显著提高。

创设课堂口语情境，提升学生交际能力

——英语《Our school》教学设计

石榴庄小学　曹雪连

一、教学策略

1. 猜测导入，激发兴趣，分散难点

把故事教学和单词教学紧密地联系起来，充分运用故事，从故事入手学习单词，把单词置于情境当中，激发学生的参与感，保持学习兴趣。

设计猜测对话的活动，在"猜—听—说"的过程中进一步理解了故事中的单词，分散了难点，并提取出了故事中的生词。

2. 创设情境，注重交流，突破重点

如果没有一定的语境，掌握词汇也将失去意义。

学习科目的单词时，不把教师照片一张张地摆出来，而是把教师放在一个办公室里，如图所示：

这样不但给学生说单词创设了一个情境，有利于学生运用新单词进行交流，也有利于激发学生的学习兴趣。

二、教案

科目：英语　课题 Our school 第二课时　训练的技能：指导口语交际　主讲：曹雪莲

教学目标： 1. 知识与技能：在复习故事的基础上，通过创设情境学习单词，形成单词的认读能力，并在情境中运用所学单词和句子进行交流。 2. 方法与过程：在多媒体教学手段的引导下，认读、理解和尝试运用新单词。能运用句型和新单词尝试描述情境中的人和物，通过师生交流丰富故事内容。 3. 情感、态度与价值观：通过故事的结尾处续编故事，引出 Ken 和 Mocky 在打破玻璃后，到办公室向老师道歉，使学生体会到犯错之后要主动承认错误，培养学生尊重他人的意识。				
时间	授课行为	应掌握的技能要素	学生行为	教学意图
0 分	一、猜测导入，呈现新知 回忆课文故事。 猜测图四、五、十一中人物的话。 听录音验证答案，呈现对话中的新单词 math，classroom，office。 T：Can you say a sentence?	建立联系 诱导 确认 指导说话	自由发言…… 学生用单词造句。 预设： This is teacher's office. I like math. I don't like math. I like math teacher. This is a big classroom.	复习旧知，引出新单词的学习。 初步运用新单词造句。
5 分	二、创设情境，注重交流 1. 在情境中学习新单词 PPT 出示 Ken 陪 Mocky 到办公室道歉。 T：What can Mocky see in teacher's office? PPT 出示 6 位教师的图片。 T：Talk about in group. T：Why she's a music teacher? T：You're great. 教师立刻点击课件中的超链接，出示单词 music，播放录音。 出示相关图片，如音乐书、音乐课、音乐教师等。	形成期待 确认 质疑 反馈肯定 指导表达。	观看图片，并思考如何用英语表达。 小组交流…… 自由发言…… 预设 1： Maybe she's a music teacher. Because she's playing the piano. 认真听原腔原调，跟读单词。 用单词造句，进行交流运用。	给故事续尾，引出单词的学习。 教师提供丰富的图片，学生就明白要用单词造句了。 师生互动交流，提升学生的听力和口语交际能力，树立学生的自信心。

续表

时间	授课行为	应掌握的技能要素	学生行为	教学意图
	T：Why?	质疑	倾听发言。 预设2： Maybe he's a P. E. teacher. Look! He's wearing the uniform.	
	T：You're so clever. 用同样方法学习其他新单词。	反馈肯定		
10分	2. 及时纠错，顺势引导进入下一情境的学习。 教师示范扮演文中的一个角色介绍老师。			
	T：This is our... teacher. 一起介绍故事人物的老师。	指导倾听	认真倾听。	
	教师引导学生介绍课文中的老师。	强化 再次强化（变换人称）	个别发言，角色扮演。	进行人称的转换练习。
	T：This is their... teacher.	指导倾听	认真倾听。 小组说一说…… 个别说：	
	T：Is this our math teacher? Let's look!（用PPT出示本班数学教师的照片）	质疑	预设： This is our math teacher. No, this isn't our math teacher. That's our math teacher.	及时纠正学生人称运用的混乱，并衔接到下一环节。
12分	三、创设新情境与深挖教材并重，进行巩固与运用			
	1. 介绍我们的学校和老师 引导学生给Mocky介绍自己的学校和教师。 （PPT出示学校和教师的图片） T：Mocky goes back from their school, now he wants to go to our school.	指导运用 手势	观看图片。	创设“Mocky想来我们的学校，给Mocky介绍我们的学校”的情境，进行分角色表演。
	Look! This is our school. Do you like our school? Let's introduce our school to Mocky. OK? 教师示范。	确认 形成期待 指导倾听 反馈	集体说…… 认真倾听。 两人交流…… 小组表演。	激发学生兴趣，在实际情境中运用句型This is our...也对本课难点进行了巩固。

续表

时间	授课行为	应掌握的技能要素	学生行为	教学意图
16分	2. 说一说橱窗里还有哪些老师 师生示范，边说边补充橱窗里的两个老师。 用英语介绍橱窗里的老师。	指导倾听 运用 强化	认真倾听。 分小组贴…… 分小组说……	充分运用了教材，再次回到课文的第四幅图的情境中运用单词。

日期：2013年8月17日

【教学点评】

1. 注重在情境中与学生交流

交流中可以提升学生的听力和口语交际能力，树立学生的自信心。在本课中，当学生猜是哪位老师时，学生说：Maybe it's our music teacher. 此时教师与学生交流怎样猜到的？教师说：Look! He's wearing uniform. She's playing the piano. 提示学生是从人物的衣着和动作猜出来是哪位老师的。

2. 及时指出学生的错误，并引导学生进入下一情境的学习

本课故事中出现了 their 和 our，这是学生容易出错的地方，如果不及时纠正，学生就会出现人称运用的混乱，因此当学生出错时，教师及时指出来，并衔接到下一环节的学习。

3. 课堂教学过程及时进行现场评价

教师通过肢体语言、口头鼓励及时评价学生，培养学生回答问题的积极性。此外还进行了学生互评，即学生在分角色表演后，其他学生用“not bad, good, very good, super”给予评价，帮助学生树立说英语的自信心。

创情境巧铺垫，积极交流真交际

——英语《I like Bobby》教学设计

看丹小学　高艳

一、教材分析

本节课是北京师范大学出版社出版的北京市义务教育课程改革实验教材四年级英语上册第二单元第三课时，本课时设计有三个环节。但本次授课基于学生基础和训练目标的考虑，仅进行 Talk together。该部分在主题故事的基础上设计了专门的情境，重点学习本单元的主要句型“Do you like...?”“Do you know..."? 要求学生能够理解句型表达的意义、交际功能，能够在实际交流中恰当地运用来完成交际。教材创设的情境又引入了一种新的动物和国家名称，为学生表达提供了真实的情境。

二、学情分析

学生早在一年级时就学习过很多动物名称，在二年级和三年级也有一些补充。学生通过本单元的前两个课时的学习，也掌握了一些新的动物词汇。句型“Do you like…?”在三年级时也接触过。本节课将这些内容进行深入和拓展，使知识结构不断地

加固和丰富。但学生英语口语交际能力还有待进一步提高，缺乏综合运用语言谈论所学话题的能力。本节课在教师的指导下，通过对话练习、小组合作的方式展开口语交际，可以提升学生的交际技能。

三、教学目标(见教案)

四、教学重点、难点

教学重点：结合之前学习过的内容综合运用"Do you like...?""Do you know...?"句型。

教学难点：新旧知识结合，对动物的综合描述。

五、教学理念

《英语课程标准》明确指出：外语教育注重语言学习的过程，强调语言学习的实践性，主张学生在语境中接触、体验和理解真实语言，并在此基础上学习和运用语言。

英语口语交际技能的训练使语言的运用更加流畅、真实和有效。教师在指导学习的过程中，不仅让学生掌握口语交际的知识，训练学生的听说能力，还注重培养学生与人交流的意识、能力和习惯。

六、教学策略

教师通过创设真实的情境，带领学生开口说英语，进行语言知识的运用。通过设计听音猜谜语、看图提问猜谜语、练习"Do you like...?""Do you know...?"句型和动物类词汇，指导学生口语交际技能。通过生生对话、小组合作表演等一系列活动，给学生口语交际的平台，练习对动物的简单描述，逐步提高学生口语交际技能。

七、教案

科目：英语　课题：I like Bobby　**训练的技能：指导口语交际技能　主讲：高艳**

教学目标： 1. 知识与技能 (1)能够理解并初步运用"Do you like...?""Do you know...?"句型。 (2) 能够对日常生活中的动物进行简单的描述。 2. 过程与方法： (1) 通过师生、生生问答，练习"Do you like...?""Do you know...?"句型和动物类词汇。 (2) 通过模仿对话、创编对话、小组合作表演等方式，简单进行动物话题的口语交际。 3. 情感、态度与价值观：培养学生了解动物、热爱大自然的情感。				
时间	授课行为	应掌握的技能要素	学生行为	教学意图
0分	听音猜动物游戏导入。 Boys and girls, let's play a game. Listen, do you know this animal? (PPT 播放动物声音) Do you like tigers? Do you know this animal? Do you like it?	引起注意 建立联系	听声音，说出动物名称。 Yes, I do. It's ________.	游戏导入，激发学习兴趣。复习旧知，新旧知识间建立联系。

续表

时间	授课行为	应掌握的技能要素	学生行为	教学意图
1分30秒	Now, I want to play a more difficult game. Can you try? 示范。(对学生手持的卡片进行描述性提问，从而猜出卡片上的内容。) Is it an animal? Is it big/small? Can it swim/fly? Is it from China?	期待 鼓舞 示范 指导提问 确认 启发想象 注意倾听	生拿一卡片，卡片背对教师。对老师提出的问题，做出简单问答。	指导如何通过一环扣一环的问题，运用一定的思路，猜出谜语，达到交流的目的。
3分30秒	What color is it? 等，猜出答案。 让学生仿照教师，进行猜图。	表达思路 表达思路 猜想	生仿照教师，对卡片做出提问。猜出 koala bear。	训练沟通交际
5分30秒	猜出谜语后，借此导出 Talk together 图片。 Who are they? Do you know koala bear? Do you like it?	指导观察 确认	回答…… 学生预测对话内容：Maybe they are Ann and Ken.	训练如何预测
7分30秒	Can you guess what are they talking about? 播放对话 Do they like koala bear? Where are they from? 放磁带，诵读对话。 男女生分角色读对话。	想象 注意倾听 声调 表情读 角色读	听对话，回答问题。 Yes, they do. They are from Australia. 跟读…… 根据要求，分角色读。	模仿语音语调 创设真实情境
8分30秒	与生 pair work，示范。 PPT 示范哪些部分可以替换。 告诉学生可以表演对话，或者在对话的基础上创编对话，来说一说自己喜爱的动物。	示范 指导表达 体态手势	观察，倾听。	指导口语交际
14分	要求： 分角色扮演； 说话有条理； 配合神态、手势、语调； 上下场要有交际语。	巡回指导 评价反馈 生生互评	小组合作练习、对话。 展示 pair work，当众表演。	延伸 运用知识。 通过表演，训练口语交际能力。

日期：2013 年 8 月 21 日

【教学反思】

导入环节，多媒体素材的运用，复习旧知，激发兴趣，建立新旧知识间的联系；猜谜环节，通过示范指导，使猜谜时提出的问题层层相扣，整理思路，组织语言；学习环节，学生跟磁带读，模仿语音语调，为后面的小组表演打下基础；教师示范小组表演，补充资源，拓展知识，给学生口语表达的空间；表演环节，生生互评，评价反馈，激发学生语言运用的热情，促进口语交际真实有效地进行。

鼓励发言　兴趣浓厚

——语文《詹天佑》教案设计

东铁营二小　王璟

科目：语文　课题：詹天佑　训练的技能：指导口语交际技能　主讲：王璟

教学目标：
1. 知道詹天佑是怎样解决居庸关和八达岭隧道问题的。
2. 能够找到重点句并且借助句子画图。
3. 体会詹天佑的杰出、爱国和创新精神。

时间	授课行为	应掌握的技能要素	学生行为	教学意图
0 分	(播放火车的汽笛声)同学们，今天我们继续在京张铁路线上行进，马上要经过的是居庸关和八达岭两条隧道，关于这两条隧道你从课文中了解到了什么？	引起注意 建立联系	找到课文第 5 自然段，读句子，知道开凿这两条隧道的工程最艰巨。	为提问做铺垫。
2 分 10 秒	(出示两幅图画)同学们猜一猜哪一幅图是居庸关，哪一幅图是八达岭？想一想，说说你的理由。 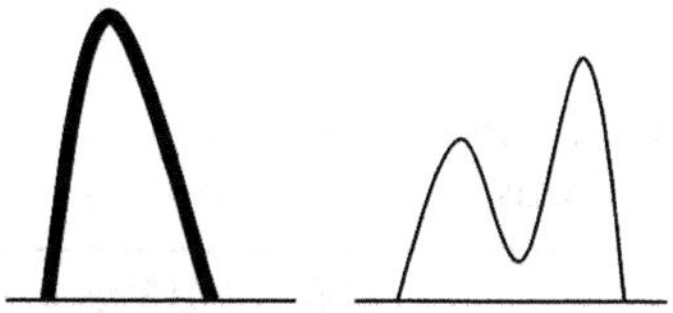	引导分析	观察，对照课文思考。 第一幅图是居庸关，因为山势高，岩层厚。 第二幅图是八达岭，因为长度很长。	引导学生理解课文语句。
4 分	你对课文的理解很准确！ 我们找到了这两座高山的特点，看来想要打通这两条隧道并不容易，面对这两座高山出的难题，詹天佑是怎么解决的呢？	反馈 表扬认可 说明 深化问题	在开凿居庸关隧道时，詹天佑采用了从两端同时向中间凿进的办法。开凿八达岭隧道时采用了中部凿井法。	用课文语句解决问题，抓重点句。
6 分 20 秒	概括得很简洁。但是，詹天佑的方法就一定是最好的吗？能不能不这么做？为什么？请你想一想再回答。	反馈 表扬 追问	开隧道，可以从一端开始开凿，一直到另外一端。	深入理解，引导学生自主思考。
7 分	我们理解的挖掘隧道就是像这位同学所说的一样，但詹天佑没有这样做。请你和同伴讨论一下，相互说说想法。	引发探究 讨论	如果从一端开凿向另一端，时间太长了，两端同时开始，时间就节省了，还能节省钱。	激发学生交流和表达的欲望，同时讨论开拓思路。

续表

时间	授课行为	应掌握的技能要素	学生行为	教学意图
9分	既然詹天佑的办法这么好，我们为什么不能尝试一下呢？请每一组的同学共同在图纸上根据课文内容画出居庸关和八达岭隧道。	合作 实践探究	组长分工，一人负责找课文中描述开凿方法的语句，一人负责绘图，一人负责汇报说明。	将抽象语言转化为实际操作，检测学生的理解情况。
12分	现在让我们来看看哪一组的小工程师完成得最好。	实践反馈	展示图纸，解说设计原因。	锻炼语言表达能力。
17分	通过我们对课文的阅读和自己的实践，你对于詹天佑又有了怎样的认识呢？	引导	詹天佑是一个聪明、敢于创新的人。	引导学生深入思考。
17分30秒	课文第五自然段还有哪些语句可以让我们更多地了解詹天佑？	追问	施工中詹天佑和工人们一起干活，同吃同住，遇到问题还虚心向老工人请教。	全面地思考问题。
	找得很准确，通过这段话我们可以知道詹天佑是怎样的人呢？	评价	他是身先士卒、不耻下问的人。	
	是怎样的信念支撑着詹天佑呢？	追问	希望给国人争气，爱国的想法让他做出了这么多的创举。	阶梯性思考，逐步升华情感。
19分	总结并导出下一话题。 同学们，第五自然段的学习我们都应用了哪些方法？	引导总结概括		总结归纳学法。为下一阶段的学习做准备。
	想想詹天佑是怎样解决青龙峡车站的铁路问题的？	综合	默读、划批、讨论、合作、画图。	

日期：2013年4月30日

【教学反思】

试讲后，我在第2稿中增加了学生实践的环节，从分辨居庸关和八达岭到亲自画隧道图。改进后学生的学习兴趣更加浓厚了，对于课文的文字也有了更加具体形象的了解，即使课上出现问题也可以及时解决，避免了问题的遗留。合作学习也锻炼了学生的配合协同能力和表达能力。教师提问的层次比较多了，让孩子做到有序思考。最后增加了总结环节，培养学生总结学习方法的习惯，为后面的学习打下基础。

指导运用口语交际，孕育课堂激情之花

——语文《鼎湖山听泉》教学设计

成寿寺小学　刁梦莹

一、教材分析

《鼎湖山听泉》是北京课改教材六年级语文上册第四单元“以写景为主题”的一篇文质兼美的写景散文。全文共五个自然段，其中以学习理解第四自然段作者描写夜里听到

泉声的变幻莫测、悦耳动听为重点内容，本次课堂教学即重在指导学生使用口语交际技能理解学习本段，抒发听泉的总体感受。

二、学情分析

六年级的学生对语言文字有一定的感悟、理解能力，但学习本篇文章尚有难度，一方面由于学生长期生活在都市，对自然风景名胜鼎湖山比较陌生，缺乏学习激情，无法很好地表达真实感受，另一方面则是缺乏运用课堂口语交际学习课文和分享感受的能力，致使他们只是富于简单的想象而已。

三、教学目标(见教案)

四、教学重点、难点

教学重点：理解第四自然段内容，感受夜里泉声的变幻莫测、悦耳动听。

教学难点：有感情地朗读相关段落，指导学生使用口语交际体会作者如何写出泉声美妙多变，表达和分享不同观点和感受，培养学生热爱自然、亲近自然的情感。

五、理论依据

1.《语文课程标准》指出："口语交际能力是现代公民的必备能力。应该培养学生倾听、表达和应对的能力。重视在语文课堂教学中培养口语交际的能力，鼓励学生在各科教学活动及日常生活中锻炼口语交际能力。"

2. 开展合作学习。组织学生开展小组讨论学习，作为合作教育学的基本形式，强调合作、竞争与个体化行为的兼容并存，并突出互助合作行为的主导地位，突出集体教育的功能。

六、教学策略

1. 采用读中感悟，通过多种形式的读积累语言，达到从读中感悟的目的。

2. 以小组为单位进行合作探究式学习，鉴赏词句表达效果和体会作者思想情感。

七、教案

科目：语文　　课题：鼎湖山听泉　训练的技能：指导口语交际技能　主讲：刁梦莹

教学目标： 1. 知识目标：理解第四自然段内容，感受泉声的变幻莫测、悦耳动听。 2. 能力目标：有感情地朗读相关段落，指导学生使用口语交际体会作者如何写出泉声的美妙多变，分享感受。 3. 情感目标：培养学生热爱自然、亲近自然的情感。				
0 分	一、"听"字切入，引出"听泉"，激发兴趣。 1. 今天我们继续来讲第 14 课，请大家齐读课题。 2. 提问： (1)你认为课题中哪一个字或词最重要？读出来。 (2)还可以怎样读？ (3)大家更同意谁的看法？为什么？ (此处在"听泉"下方标注"△"符号，突	引起注意 建立联系 确认 追问	1. 齐读课题…… 2. 预设： (1)生：我想表达我的意见，我觉得鼎湖山应该重读，因为它是地点，很重要，我愿意为大家读一读……我想听听其他同学的意见。	通过让学生当众发言表达不同观点，明确题目中的"听泉"最重要，激发学生的思考，再通过阅读来紧扣文章的重点，为下面的学习做铺垫。

续表

时间	授课行为	应掌握的技能要素	学生行为	教学意图
	出本文以写“听泉”感受为主。） 过渡：今天我们就继续走进夜晚的鼎湖山，听听它夜晚的泉声吧！	形成期待	(2)生：我不同意你的看法，我觉得本课重点以写“听泉”为主，所以我认为它该重读，我为大家读读……大家同意我的看法吗？	
3分	二、夜晚用心听泉，感受泉声变幻莫测、悦耳动听。 1. 自由读第4自然段。 提问： (1)作者夜宿古寺，听到的泉声又是怎样的？	追问	讨论问答预设： (1)生：我先来发表我的意见，我听到的是“像小提琴一样轻柔的是在草丛中流淌的小溪的声音，像琵琶一样清脆的是……是飞瀑急流跌入深潭的声音”。我回答完毕请其他同学为我补充。 (2)生：我来为你补充，我还听到了“忽高忽低、忽急忽缓、忽清忽浊、忽扬忽抑”的泉声呢！大家同意我的看法吗？	通过抛出话题“作者夜宿古寺，听到的泉声又是怎样的？”让学生讨论问答，当众表达不同观点，读出体会，营造积极的课堂氛围。
	(2)说得都非常好！那这些泉声中你最喜欢哪一种？能不能说说理由？我希望大家能说出不同体会！然后再把你喜欢的泉声读给大家听好吗？ 他读得真不错，读出了泉声的特点，你还可以怎么读呢？谁愿意再试试？	追问 讨论问答 当众发言	预设： (1)生：我来说说我的感受，请其他同学认真听，我最喜欢的是那在草丛中流淌的小溪的声音，因为它像小提琴一样轻柔，我愿意为大家读读……我读完了，请其他同学为我评价，然后我还想听听其他同学的看法。 (2)我觉得他读得非常好，读出了轻柔的感觉。我和他的想法不同，我最喜欢的是飞瀑急流跌入深潭的声音，因为它像铜管齐鸣一样雄浑磅礴，我为大家读读……其他同学同意我的想法吗？ ……	通过让学生运用口语交际讨论“自己喜欢的泉声”并说明理由，大胆抒发自己不同的感受和体会，并通过自己读、评价读，进一步感受泉声的美妙和变化莫测，使学生能在讨论交流中从不同的角度学习、体会和感受，训练朗读能力。

续表

时间	授课行为	应掌握的技能要素	学生行为	教学意图
6分	2. 这悦耳的泉声，这多变的泉声，作者是怎么让我们感受到的呢？ 请大家再次默读，将相关的词句圈画出来，并在一旁写下你的体会，再小组讨论。 指导小组讨论： (1)小组派代表汇报，其他同学做补充，汇报语："我代表我们组来回答……""我为本组做补充。" (2)其他组有没有补充或不同意见？能不能说说你的看法？	确认 确认 小组交流 讨论问答	默读画批，写出体会，再小组讨论。 小组运用口语交际进行汇报预设： 第1小组(假设) 生(代表)：我代表我们组来回答，本段通过比喻把泉声比作小提琴、琵琶、大提琴、铜管齐鸣的声音，生动形象，下面请本组同学做补充。 生(本组)：我为她来补充，还用了排比的修辞方法，每句的相似词是"那像……一样……是"，使句式整齐，增强表达效果。我想听听其他组同学的意见。 别组生(面对着1组同学)：我来为你们组补充，我觉得本段还通过四字词语描述泉声，描写细致，我的回答完毕。我还想听听其他同学的看法……	此处先让学生通过默读批画，自读自悟，养成其不动笔墨不读书的好习惯。 此环节教师先通过提出小组讨论的口语交际语言和技巧，再指导学生自己运用口语交际语言进行小组交流、汇报，讨论问答，表达不同观点和思想体会，让学生的思想碰撞，营造和谐、积极、浓烈的学习讨论气氛，营造激情课堂，提高学生的口语交际能力。
12分	三、读中比较"听泉"，鉴赏写法，体会情感。 过渡：修辞方法能够让语言变得生动、形象，下面我们就通过对比读再一次体会其表达好处。 1. 读中比较，体会比喻、排比修辞的表达效果(男女生读)。 2. 体会作者思想情感。 (1)作者为什么要把听到的泉声比作小提琴、琵琶、大提琴、铜管齐鸣的声音呢？ (2)其他同学有没有补充或不同意见？ (3)从中你体会到什么？ (4)表达了作者怎样的思想感情？	指导读 确认 当众发言	学生对比原文朗读，再次运用口语交际语言讨论、体会排比的好处。 预设： 生：我认为……句式整齐，节奏感强。 生补充：我补充……增强语势，提高表达效果。 …… 讨论体会比喻的好处。预设：(形式如上) 生：我觉得课文运用比喻，写出泉声的千变万化，给大家提供了无比广阔的想象空间，我想听听。	通过提问，让学生比较阅读，运用口语交际当众表达不同观点，相互补充，体会文中修辞方法的作用与好处，提高学生的阅读感悟能力与词句欣赏水平，进而有助于提高学生的写作能力。

续表

		追问 当众发言	其他同学的意见。 生（补充、抒发不同感受）：我同意刚才××同学的看法，我也想说说我的感受。我觉得比喻是用生活中熟悉的事物打比方，引起读者的回忆，使我们每个人都仿佛真的听到了这泉声一般，形象生动，有身临其境之感。 学生整段朗读，体会作者的思想情感。 预设：（发言、补充） 1. 喜欢鼎湖山之情 2. 热爱祖国山水之情 3. 热爱大自然的情感	
	3. 配乐指导朗读。 当这样用心品味时，听到的哪里还是泉声，分明是大自然这位天才的音乐家谱写的天籁之音哪！让我们随着音乐一起奏响它吧！（齐读）	指导读	配乐读，体会情感。	通过配乐朗读，体会作者写法的巧妙，感受比喻和不同的排比句式的美好效果，体会泉水的悦耳动听、变化莫测和作者对鼎湖山的喜爱。
18分	四、总结全段，细数收获。 (1)说说你这堂课的收获； （指导学生说不同收获） (2)质疑； (3)说说感受最深之处。	当众发言 反馈调整	学生畅谈体会预设： 1. 我想说说我的收获是…… 2. 我有不同收获…… 3. 我还有一些问题……	通过让学生运用口语交际当众表达感受，分享真实体会。通过质疑，解决遗留问题，反馈调整。

日期：2013年7月30日

【教案解读】

依据已修改过的教案，课堂实践效果明显改善：学生能够积极地运用口语交际分享认识和感受，思想得到碰撞，讨论发言热烈，气氛活跃。反思仍应进一步完善本课教学策略，在环节处理上应为学生提供更多口语交际的机会，增强指导性和实践性。

项目 14 思维训练技能

定义：思维训练技能是教师对学生进行思维策略、思维品质、思维心理等训练，指导学生掌握思维方法和策略，提高思维能力的一类教学行为。

要素：诱导意识、引导假设、指导程序、联想想象、启迪策略、监控思维。

类型：器官训练、能力训练、品质训练、方法训练、策略训练、信息训练……

思维训练技能评价单

日期__________ 任课教师 __________

请您在听课后对以下各项目进行评价，在恰当的等级下画“√”。

	优	良	中	差	权重
1. 能否搭建支架，激发思维兴趣？	□	□	□	□	0.1
2. 诱导思维形成解题开端思想了吗？	□	□	□	□	0.1
3. 训练方法是否多样？	□	□	□	□	0.1
4. 是否训练多种思维能力？	□	□	□	□	0.1
5. 是否注重思维品质培养？	□	□	□	□	0.15
6. 指导思维程序、步骤清晰吗？	□	□	□	□	0.1
7. 是否搭建了监控思维的平台？	□	□	□	□	0.15
8. 思维训练效果显著吗？	□	□	□	□	0.2

训练思维 激发潜能

——数学《两位数加两位数进位加法》教学设计

右安门一小 于海清

一、教材分析

两位数加两位数的进位加法是二册数学第六单元中的教学内容，把这部分内容编排在两位数加减两位数不进位不退位的笔算方法之后，符合儿童的认知规律。同时，两位数加两位数进位加法的计算方法是今后学习万以内数加法和多位数加法的基础，所以让学生学好此内容是十分重要的。本内容注重计算与解决实际问题的有机结合，重视了口算与笔算的结合，体现了算法多样化，教材呈现了多种计算方法，沟通各种算法之间的联系，突破满十进一的教学难点。

二、学情分析

学生已经熟练掌握了两位数加整十数、两位数加一位数口算和两位数加两位数不进位的笔算，以此为基础在教师的引导下，由学生探索计算方法，解决怎样算的问题。鼓励学生从不同角度探索计算方法，经历从独立探索、合作交流，到逐步体验并选择适合自己的方法，从而体现算法多样化。

三、**教学目标**(见教案)

四、教学重点、难点

教学重点：鼓励学生用自己的方法计算，沟通算法之间的联系，掌握两位数加两位数进位加法的笔算方法。

教学难点：借助小棒图，帮助学生理解进位加法的算理。

五、教学理念和理论依据

思维训练的机理是：人脑总体神经元减去用于躯体功能部分后，尚有数量很大的待开发的神经元，具有巨大潜力；天赋遗传素质仅提供思维和智力发展的可能性，大脑对于思维的先天性影响较之后天教育训练的影响要小得多。思维训练又称思维教学，指有计划、有目的地为增强思维能力，提高思维品质所进行的训练。思维训练把思维当作一种技能，可通过技能训练获得和增强，并改善人的思维品质。

依据课程标准，结合孩子的认知特点、生活经验和现有的知识水平，在设计时搭建思维支架为新知识的策略运用做铺垫。通过优化思维，鼓励学生大胆发散，充分体现学生学习的主体性。运用诱导启迪策略，帮助学生提取信息，根据信息提出问题，解决问题，调动学习积极性，让孩子充分体验成功解决数学问题的喜悦，增添对数学学习的信心和兴趣。

六、教学策略

1. 启迪意识让学生通过观察主题图，主动地去收集、选择、处理信息，教给学生解题方法。

2. 利用学具进行独立探索，在经历摆一摆、想一想、说一说的操作过程中，理解算理。

七、教案

科目：数学 课题：两位数加两位数进位加法 训练的技能：思维训练和沟通技能 主讲：于海清

教学目标：
1. 知识与技能：通过小组合作与交流，让学生体会到两位数加两位数(进位)加法的计算方法的多样化，培养学生的创新意识、合作交流能力以及口语表达能力。
2. 方法与过程：能够通过自己提出问题、解决问题这一过程，充分体验成功解决问题的喜悦。
3. 情感、态度与价值观：认识到数学源于生活，增强学生对学习数学的信心和兴趣。

时间	授课行为	应掌握的技能要素	学生行为	教学意图
0分	课前准备。游戏：小球碰碰碰。迅速算出两个碰在一起的小球，它们加起来是多少？ 一、复习旧知，导入新课	创设和谐学习环境 引起注意	生：9＋7＝16 生：9＋3＝12 生：8＋5＝13 生：15＋22＝37	组织管理。 复习旧知调动孩子的积极性。

续表

时间	授课行为	应掌握的技能要素	学生行为	教学意图
1分	师：于老师这儿还有一道题呢！14+23=？会算吗？怎样算的？ 师：看小棒图验证算得对不对。	演示 确认 建立联系	预设生：14+23=37 预设生：1加2等于3，4+3=7 学生看课件演示。	通过演示诱导思维意识，为搭建学生思维支架做铺垫。
2分	二、合作探究，解决问题 (一)提取信息，提出问题 1. 师：小朋友咱们马上要举行学校运动会了，你们看一年级组成啦啦队为运动员加油助威呢，快来读读，你知道了什么数学信息？	演示 确认 诱导思维意识	预设生：女生有19人，男生有23人。	通过演示出示学校运动会啦啦队情境，让学生在情境中学习，引起学生学习的兴趣，引发学生思考。
2分30秒 3分	2. 师：你找的信息既正确又完整！根据这两条数学信息，可以提什么数学问题呀？ 3. 师：真会动脑筋！谁会列式？	认同 启迪策略 肯定启发	预设生：一共有多少人？ 生列式，师板书19+23=	运用诱导启迪策略，帮助学生提取信息，根据信息提出问题，解决问题，调动学习积极性。
3分30秒	(二)动手操作，探究算法 1. 动手操作，同桌交流 师：19+23等于多少呢？	引导假设 启发联想	预设生：24、42。	引导学生大胆假设出算式的结果。
4分	师：到底19+23等于多少？你可以用手中的小棒摆一摆，也可以用老师提供的习题纸算一算，算完后和你的小同桌说一说。 眼神、体态、探询目光。 小组交流。	设定目标 巡视指导	学生独立完成后小组交流合作。	注意倾听小组讨论，教师巡视指导，培养学生合作学习的兴趣。
6分30秒	2. 全班汇报，交流算法 师：老师发现你们想出了许多方法解决了19+23这道题，真了不起！谁想大声地和同学说说？ 学生汇报。	尊重接纳 组织指导 鼓励发散	预设生：我是用小棒的方法计算的……我的问题回答完了，大家有什么问题吗？	通过优化思维，鼓励学生大胆发散。倾听促使学生交流，鼓励学生用不同的方法，建立学习方法间的联系，使学生主动学习数学。
7分30秒	评价：这么复杂的事情他用小棒把计算过程说得特别清楚，真不错！你们看明白了吗？他是怎么摆的，谁能说说？	表扬鼓励 诱导启发 监控思维	预设生：听明白了。 预设生1：学生可能说不清楚。 预设生2：他是用小棒摆的，他先把……再把……。	通过信任、鼓励、诱导、启发等手段强化小棒的方法，训练学生思维意识。

续表

时间	授课行为	应掌握的技能要素	学生行为	教学意图
8分30秒 9分	师：刚才都谁是用摆小棒的方法算的？跟你们的想法一样吗？ 师：看大屏幕再来回忆回忆怎样用小棒的方法计算，请你一边看一边说。	依从诱导 演示 建立联系	预设生：一样。 学生看大屏幕，边看边说摆小棒的过程。	通过演示小棒算法启发学生发散思维，引导学生掌握小棒算法，明确算理。
10分	师：除了小棒的方法，谁还有不同的算法？	尊重接纳 启发联想 倾听 分析 追问	预设生：我是用口算的方法计算的，9＋3＝12 10＋20＝30 30＋12＝42 所以19＋23＝42。	通过启发、联想、倾听让学生在计算方法多样化里理解了算理，体验学习的乐趣。
11分	师：你们发现口算的过程跟我们摆小棒的过程有没有一样的地方？你看他也是先把（　），再把（　　），最后（　）。大家看这样一比较，我们发现两种方法都是把几个一和几个一合起来，几个十和几个十合起来。还发现几个一和几个一合起来之后够十个一了，怎么办呢？	诱导意识 确认 启发联想 建立联系 鼓励强化 分析 确认	预设生：一样。 预设生：捆成1捆，再和十位相加。	运用诱导意识，沟通比较口算与摆小棒的方法之间的相同点，进一步明确几个一和几个一够十根，捆成一捆的算法。
12分	师：谁还想介绍一下你的算法？探寻	启发联想 探询	预设生：我是用竖式计算的。	通过启发联想让学生在群体沟通中交流，进一步理解算理，明确竖式计算的方法。
13分	师：你们看他也把19＋23的过程记录下来，写的是竖式，你们又有什么新的发现呢？	诱导启发 对比	预设生：学生回答不上来引导学生观察跟口算一样，先把（　　），再（　　），最后（　　）。	通过诱导启发、对比沟通强化几个一和几个一够十根，捆成一捆的算法。
14分	师：你们再看他用竖式记录的过程跟我们摆小棒的过程是不是也差不多呀，我们放在一起看看！	演示	学生观察课件演示竖式和小棒。	运用监控思维，引导学生及时恰当地进行小结，强化个位满十进一的算理的同时，初步培养了学生的归纳、概括能力。
14分30秒 15分	师：竖式和小棒的计算方法一样吗？刚才你们说写竖式时在十位上写小1，你能从小棒中找到这个小1吗？ 师：还记得小棒中的小1是哪儿来的？	诱导提问 监控思维 肯定	预设生：就是一个十。 预设生：9+3＝12够十捆成1捆。	

续表

时间	授课行为	应掌握的技能要素	学生行为	教学意图
15分30秒	师：说说19＋23到底等于多少？还记得课前我们解决的这道题吗？请你仔细观察这两道题，比一比，看看你有什么发现？有什么不同吗？	诱导确认 演示 分析比较 诱导启迪	预设生：42。 预设生：都是两位数加两位数，一道进位，一道不进位。	通过课件演示观察比较进位加法与不进位加法的不同，强化进位加法的算法，培养学生思维的深刻性、灵活性。
16分30秒	三、实践应用，巩固新知 1. 师：(课件出示：大森林)春天来了，我们一起到大森林里看看吧！大森林里有很多小动物欢迎我们。看，小松鼠不仅来欢迎我们，还给我们带来了小松果呢！你们能算一算一共有多少个小松果吗？有困难的同学可以先圈一圈，再算一算，会做的同学做完后可以圈一圈检查对不对。	引起注意 促进参与 诱导思维意识	预设生：13＋38＝？自己动笔算一算。	通过创设大森林情境引起注意，再一次调动学生学习积极性，活跃课堂气氛。
17分30秒	师：老师发现你们都圈出了一个十，能不能说说你们圈的一个十在竖式中哪儿能找到呀？	诱导启迪 确认 强化指导	学生观察比较。	通过诱导思维意识让学生充分地观察、发现、比较、归纳，进一步帮助学生把竖式中的小1与十个松果沟通联系。
18分	2. 请你们当小医生：我们帮助了小松鼠，啄木鸟也遇到了问题，它在给大树捉虫子，我们快来帮它找找看哪棵大树生病了吧。	观察 确认 引导 追问 分析	学生观察课件演示后，同桌交流说说。	运用群体沟通与个人沟通相结合，确认、强化算法。
19分	四、梳理知识，回顾总结 1. 小朋友们，今天你有什么收获？ 2. 师：今天你们的表现让于老师觉得特别骄傲，你们通过自己的努力解决了19＋23＝？孩子们，于老师希望你们在今后的学习中积极动脑学会学习。愿你们乘着知识的小船，在数学的海洋里自由航行。	指导反思 反馈强化 演示 指导应用 真诚信任 指导总结	交流交际，谈收获。	通过反思实现沟通校正。 真诚信任使师生情感升华，帮助学生树立学习信心，形成学习兴趣。
20分	3. 小老师出题	运用		运用自我提问自引导的策略延续学习兴趣。

日期：2013年12月1日

【教学反思】

教师利用信任、鼓励、追问等手段启发诱导学生发散思维，鼓励学生用不同的方法，建立学习方法间的联系，使学生主动学习数学。运用比较归纳的思维策略，沟通比较口算与摆小棒、摆小棒与竖式的方法之间的联系，进一步明确算理。

教师在教学中引导学生动手操作、自主探究和合作交流。运用监控思维，引导学生及时恰当地进行小结，在强化个位满十进一算理的同时，初步培养了学生的归纳、概括能力。

策略与文本默契，主动阅读现真知

——语文《锡林郭勒大草原》教学设计

王佐学校　胡雪

一、理论依据

新课标指出：阅读教学是学生、教师、文本之间对话的过程，阅读教学是学生的个性化行为，应该让学生在积极主动的思维和情感活动中，加深理解和体验。

思维训练教学技能是对学生进行思维策略、思维品质、思维心理等训练，指导学生掌握思维方法和策略，进而提高学生思维能力的教学行为。

教学要以提升学生的思维为能力中心，从课文的整体入手，利用思维策略品词赏句来体会文章的情感。珍视学生独特的感受、体验和理解。

二、教学实施策略

运用“细审词句明题意”和“典型特征细体会”思维策略学习课文，促进阅读能力的提高。

三、教案

科目：语文　课题：锡林郭勒大草原　训练技能：思维训练　主讲：胡雪

教学目标：
1. 知识目标：进一步巩固生字词，结合课文内容，理解词语“覆满”、“一洼洼”等词。
2. 能力目标：有感情地朗读课文。体会草原神奇美丽的景象。运用思维策略，紧紧抓住景物特点阅读课文。
3. 情感、态度与价值观：感受锡林郭勒大草原的广阔美丽和无限生机，产生喜爱这个地方的思想感情。

时间	授课行为	应掌握的技能要素	学生行为	教学意图
0 分	一、题目导入 板书题目，同学们和老师一起读读课题。 你知道什么？ 你想知道什么？	激发兴趣 确认 假设	读课题 细审词句明题意： 仔细读题，弄清词义。 以题入文揣摩文意和写法。 这是一篇写景的文章。 我想知道……	创设情境，激发兴趣，引起探究。 以题入文揣摩文意和写法。

续表

时间	授课行为	应掌握的技能要素	学生行为	教学意图
3分30秒	通过上节课的预习，知道锡林郭勒大草原有什么典型特点吗？ 说得好！ 写景的文章都会突出景物的特点，为了方便我们更好地学习景物特征，我们就要运用一个新的策略：典型特征细体会。 粗看策略名称，你知道这个策略是什么意思吗？ 我们怎么做到典型特征细体会呢？ 我们要先抓住的典型特征是什么？ 抓重点词语理解； 有感情地朗读加深体会。	建立联系 鼓励强化 启迪策略 指导策略 指导程序	那里广阔美丽，是个欢腾的世界。 说说自己的理解…… 抓住景物特征学习课文。 作者写的景物：草、花、水…… 知道学什么，怎样学。	通过启迪策略意识指导学习方法。 明确策略方法，形成阅读学习的主动性。
6分30秒	我们抓特征，就要根据作者描写的锡林郭勒草原广阔美丽景物来阅读课文…… 二、品读文章 请你默读课文第2自然段，找出你从哪里体会到草原的广阔美丽，抓重点词语和同组同学讨论，然后说一说。	形成期待 组织合作 分配任务	阅读建构程序： 阅读—理解—表达 自学，小组交流。	
9分30秒	引导：请结合自己的想象，体会草原的广阔美丽，与大家分享。 引导阅读重点句子，提示： 这两句是在写草原的什么？ 你能体会到什么？ 你能说出你的体会吗？ 从他的朗读中我们体会到了什么？ 提示：你还能从哪里体会到草原的广阔和美丽，结合抓重点词语说说。 “嵌”字通过预习我们知道是什么意思？ “一洼洼”说明什么？ 我们要读出湖水的清亮，读出草原的广阔美丽。 提示：开满，各种各样，阵阵清香……	点拨 启发 诱导 评价 引导： 联想想象 启发诱导 分析 诱导	交流 多：山岭上、深谷里、平原上，覆满了青青的野草。 深：深得怎么样？长得茂盛。 满眼，铺向：山岭上，深谷里，平原上。 覆满：没过十来岁的孩子，这里是作者用打比方的方法把内容写具体。 …… 高低不平的草滩上，嵌着一洼洼……“嵌着”说明湖水在草原里。 湖水多，清亮。 …… 野花：鲜红的山丹丹花，粉红色的牵牛花，宝石蓝的铃铛花，散发着阵阵清香。	学生阅读后自己经过思考和同学一起有效讨论，锻炼学生语言表达能力、提取信息能力。 指导学生：朗读揣摩悟文意；细品词语，从词语中理解文意。

续表

时间	授课行为	应掌握的技能要素	学生行为	教学意图
15 分	表情朗读悟文意： 如果你想把花香读出来应该怎么读？ 如果想让花香再久一点儿怎么读呢？ 读出了草原的广阔和美丽味道吗？ 我们刚才学了一个什么策略？ 我们怎么做的？ 在什么情况下可以运用这个策略呢？ 说一说你的学习收获吧！ 你有什么不懂的问题吗？ ……	指导策略 指导朗读 反馈评价 强化认识 确认 分析 引导反思 启发诱导 ……	在评读中提升认识：通过朗读我体会到了草原的典型特征。 典型特征细体会。 先找特点，再抓语句词语朗读体会这个特点。 阅读写景物的文章 认知、策略、情感 脑力激荡；自由联想 ……	整体感知，强化学习诀窍。 通过指导反思，培养学生监控自己学习的能力。 激发创造思维灵感 ……

日期：2013 年 12 月 1 日

【教学反思】

教师在思维策略的引导下指导学生学习文本。运用“典型特征细体会”、“细审词句明题意”的思维策略，帮助学生深入理解课文内容，独立思考，实现学习能力的提高。

学生积极主动，学习氛围浓郁，情绪高涨。

精心设计问题情境　培养学生思维能力

——品德与社会《价格中的小秘密》教学设计

黄土岗小学　董星亚

一、教材分析

《价格中的小秘密》是首师大版《品德与社会》四年级上册第一单元《由购物想到的》主题二《买东西的学问》第二个课时。本单元教学意指从学生熟悉的购物场所入手，熟悉不同购物场所的特点之后，进入主题二《买东西的学问》的学习，本主题下有三个小栏目，三个栏目循序渐进，以此来引导学生在购物的过程中要关注所购买商品的各种信息，关注购买商品的价格，学会自我保护。“价格中的小秘密”一课，为本主题的第二课时，通过生活中的一些现象，让学生探究出价格中的一些规律，提高比较价格的能力，学习自我保护。

二、学情分析

学生比较熟悉超市、批发市场等一般的购物场所，在高品位的商业集中区商场购物经历很少。多数学生已有一些购物的经验，愿意跟随父母到各种购物场所去购买自己的食品和衣物，对买卖过程有了初步的了解。但是，他们的体验毕竟受到年龄的限制，对买卖过程的认识是片面和零碎的，一方面卖方鱼龙混杂，对顾客缺乏诚信，另外一方面，买方追求奢华，这些现象使学生面临很多问题与困惑，从一定程度上影响了学生对购物的正确认识。在买卖的体验中，四年级的学生隐约知道不同地点、不同时间购物，商品的价格会有所不同，但是没有深入地思考影响价格的因素有哪些。他们渴望了解、探究购物活动中的特点、规律，以及与人们生活的关系，使他们的生活更有意义。

三、教学目标(见教案)

四、教学重点、难点

教学重点：通过探究价格差异和变化的探究活动，获得初步分析、整理资料的方法。

教学难点：从小树立“理财”意识，初步学会精打细算，合理消费，做聪明的消费者。

五、教学理念和理论依据

1. 课程标准中指出：品德与社会课程要注重学生在体验、探究和问题解决的过程中，形成良好道德品质，实现社会性发展。课程设计与实施注重联系学生的生活实际，引导学生在实践中发现和提出问题，在亲身参与丰富多样的社会活动中，逐步形成探究意识和创新精神。

2. 苏霍姆林斯基说过：“学生头脑里产生的疑问越多，他们对课堂上讲解的知识和新教材的兴趣就越高。”教育家孔子强调启发：“不愤不启，不悱不发。启谓开其意，发谓达其辞。”我们要注意启发学生学习，注意激发学生的学习兴趣。教师要掌握新知识出现的恰当时机，让学生“愤”而教师“启”，让学生真正有所得。

六、教学策略

1. 课前设疑：上课伊始，创设情境，激发学生学习兴趣，引发他们探究的意识，愿意自己寻找答案。

2. 小组讨论：教师充分把权力交给学生，结合孩子的兴趣点和已有的生活经验，自主选择喜欢探究的问题情境。小组中每个成员有根据地发言，使得大家的智慧在这里碰撞，思维在这里交汇，充分发挥了学生主体性。

3. 情境设置策略：培养学生发现问题的能力，激发学生的学习动机和好奇心，调动学生思维的积极性，体现课程标准的理念。

七、教案

科目：品德与社会　课题：价格中的小秘密　训练的技能：思维训练技能　主讲：董星亚

教学目标： 1. 知识与技能 (1)通过观察对比、课前调研等活动，发现商品价格的差异和变化，探究价格差异的一般原因； (2)知道购物时能够根据自己的需要，学会选择价格比较合适的商品； (3)具有简单的消费者自我保护的认识和方法。

续表

2. 过程与方法 (1)能够自主提出问题、尝试归纳整理和选择问题； (2)通过价格差异和变化的探究活动，获得初步分析、整理资料的方法。 3. 情感、态度与价值观 (1)在探究、体验的学习活动中，感受到购物的乐趣，购物过程中有很多学问； (2)从小树立“理财”意识，初步学会精打细算，合理消费，做聪明的消费者。				
时间	授课行为	应掌握的技能要素	学生行为	教学意图
0分	一、发现商品价格中的秘密 导入语：同学们，今天是几月几日？			创设一个整体的购物情境，让学生在一个故事的情境下进行整体学习，有利于学生整体认知。
0分10秒	是啊！时间过得真快，还有12天2012年即将过去，我们将迎来崭新的2013年，享受3天的元旦假期。	诱导意识	生：12月19日。	
0分40秒	1. 创设情境，激发兴趣 师：为了更好地跟家人、朋友聚会，老师决定提前动手，采买一些小食品、蔬菜、水果来招待客人，另外，马上就过年了，给自己买件新衣服，想到这里，老师别提多高兴了，说行动就行动，我背着包就去了很多地方，你们猜我在不同的地方都买了什么？		学生自主猜一猜，例如衣服、蔬菜、水果……	
1分30秒	2. 出示同一件商品在不同购物场所的价格，引发质疑 师：嘿！你们都没猜对，看！一瓶“冰红茶”，又是一瓶“冰红茶”。（出示4瓶）		生疑惑，引发学习兴趣。	激发学生学习的兴趣，引发他们思考，继而为探究商品价格中存在的秘密做好准备。
2分	3. 小结：你们可别小看这同样的“冰红茶”，这里的学问可不少呢！我从不同的地方购买，发现了他们的价格不一样，你们看看，同一种商品的价格有什么变化呢？ 4. 创设情境二，水果产地不同价格不同 师：嘿！你们先别急于回答老师这个问题，一会儿我们小组讨论一下，是什么原因影响了“冰红茶”的价格？在购买的过程中老师还发现了很多问题呢！	创设情境 诱导意识		

续表

<table>
<tr><th>时间</th><th>授课行为</th><th>应掌握的技能要素</th><th>学生行为</th><th>教学意图</th></tr>
<tr><td>2分
30秒</td><td>在去批发市场的时候，琳琅满目的水果可是吸引了我的眼球，我心想：经常能吃到的苹果和梨太普通了，来点祖国南方特产的水果肯定受客人的欢迎，快看看，老师留意了哪些水果？</td><td>诱导意识</td><td></td><td></td></tr>
<tr><td>3分</td><td><table>
<tr><th>水果</th><th>原产地价格</th><th>图片</th><th>北京价格</th></tr>
<tr><td>椰子</td><td>海南
2元/个</td><td></td><td>15个/个</td></tr>
<tr><td>香蕉</td><td>广西
1元/斤</td><td></td><td>3.5元/斤</td></tr>
<tr><td>葡萄</td><td>新疆
3元/斤</td><td></td><td>6元/斤</td></tr>
<tr><td>释迦</td><td>台湾
10元/个</td><td>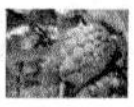</td><td>20元/个</td></tr>
<tr><td colspan="4">我们的思考：</td></tr>
</table></td><td></td><td>生看图，自由读出水果名称及价格。</td><td></td></tr>
<tr><td>3分
20秒</td><td>我又看了看水果的价钱，让我感到很诧异，老师也去过不少地方，这些水果也吃过，怎么在北京买这么贵呢？你能帮老师找一找原因吗？</td><td>创设情境
诱导意识</td><td></td><td></td></tr>
<tr><td>3分
50秒</td><td>5. 创设情境三，不同的购物方式价格也不同
师过渡：朋友来了也不能光吃水果啊，总得吃顿大餐啊！老师想了一个好办法，仅仅用了300多元，就预定了一顿900多元的大餐，赚了大便宜，心里甭提多美了，一会儿我们也分小组来研究一下。</td><td>创设情境
启发联想</td><td>激发学生兴趣。</td><td></td></tr>
<tr><td>4分
10秒

4分
20秒</td><td>6. 创设情境四，不同时间影响商品价格
师引导：新年到了，我得给自己添点喜气，买件新羽绒服吧！我又去了一趟家附近的杰奥羽绒服工厂店，结果垂头丧气地就出来了，你们看，老师身上的这件羽绒服是6月份买的，才398元，而现在要卖987元，贵了近一倍，这又是怎么回事呢？</td><td>创设情境
启发联想</td><td>引发学生兴趣。</td><td>本环节创设的情境对原本比较琐碎的知识点进行了归纳与统一，形成了本课的一条主线，让课堂具有完整性。</td></tr>
</table>

续表

<table>
<tr><th>时间</th><th>授课行为</th><th>应掌握的技能要素</th><th>学生行为</th><th>教学意图</th></tr>
<tr><td>4分20秒

4分30秒</td><td>师小结：在购买的过程中，我们发现在商品的价格中存在着很多秘密呢！今天就让我们带着自己感兴趣的问题分小组来研究一下，看看价格中有什么样的秘密？</td><td>启迪策略
思维监控

指导程序
启迪策略</td><td>分组探究，自愿选择自己喜欢研究的问题，填写研究问卷，自主探究。</td><td></td></tr>
<tr><td>8分30秒</td><td>二、探究商品价格中的秘密
1. 小组领取任务，结合已有的生活经验和课前调研资料进行初步探究
2. 分组汇报，在聆听中互相补充
(1)活动预设一：小组填写调查表，发现秘密。</td><td></td><td>生：小组内进行合作探究活动。
生：通过填写调查表，发现价格的秘密——购物场所不同。</td><td rowspan="2">本环节的设计意图是通过在不同购物场所分别购买一瓶“冰红茶”的价格差异引发学生思考，发现不同购物场所商品价格的差异。</td></tr>
<tr><td>10分</td><td><table><tr><th>商品</th><th>地点</th><th>价钱</th><th>思考</th></tr><tr><td rowspan="4">冰红茶</td><td>小卖部</td><td>3元</td><td rowspan="4"></td></tr><tr><td>商场</td><td>5元</td></tr><tr><td>超市</td><td>2.7元</td></tr><tr><td>批发市场</td><td>2.3元</td></tr></table>师过渡：通过你们的分析，商品价格跟什么有关系呢？
师小结：哦！原来不同的购物场所影响着商品的价钱，你们这么说我倒是明白了不少。以后买同样的商品，就要货比三家。冰红茶不仅老少皆宜，而且能补充维C，招待客人肯定不错，我想买20箱，谁给我出个主意去哪里买合适呢？</td><td>预设假设
思维监控</td><td>生1：也许跟购物场所有关系。
生2：商品的价格跟买东西的地方有关系。</td></tr>
<tr><td>12分</td><td>(2)活动预设二：观察水果产地，验证假设
师小结：有道理，北京很冷，这些水果都盛产在亚热带地区，他们可不是自己飞过来的，这些水果怎么到北京来的呢？
师：对，北京没有椰子树、香蕉树，这些水果都是运过来的，加上运费就比较贵了。
那又是什么影响了商品的价格呢？
师：你们说得很有道理，老师决定少买点热带水果，准备点北京特产来招待客人，看！这是什么？（大柿子）</td><td></td><td>生：通过运输来到北京，增加了成本，所以产地不同影响了水果的价格。

生：大柿子。</td><td>本环节的设计意图是在北方购买南方水果时的价格不同引发学生思考，知道离生产的场地较远也会导致商品价格的波动。</td></tr>
</table>

续表

时间	授课行为	应掌握的技能要素	学生行为	教学意图
13分0秒	师引导：一个个红红的大柿子看上去真是诱人啊！图个新鲜，赶紧去树上摘些下来招待客人，刚要摘，却被告	诱导意识	激发兴趣，大胆想象。	要灵活看待价格的变动。
	知摘下来的柿子5元一斤，怎么回事？明明在菜市场才1.5元一斤啊？这里怎么这么贵呢？	指导程序 思维监控	生：采摘的都是好的。 生：摘柿子有乐趣。	本环节的设计意图是通过网购图片中的价格不一样引发学生思考，发现不同的购物方式也会引发商品价格的变化。
	师：柿子虽然是北京的特产，但是采摘柿子不仅仅是买柿子，还体验了采摘的乐趣，价格自然就高出商品自身的价钱。	启迪策略	生亲自实践，找相关链接，亲自上网。	
15分30秒	(3)活动预设三 你们从网络链接中发现了什么？	启发联想 思维监控		
16分0秒	师：你们有网购的经历吗？谁给大家说说你的经历？		生说网购的经历及感受。	
	师小结：现在的购物方式多种多样，不仅可以到正规的购物场所，网上购物也作为一种新型的购物方式被人们肯定。	指导程序 思维监控		
17分30秒	(4)活动预设四 师：为什么羽绒服在不同季节价格不同呢？		生绘制柱形统计图，观察价格变化。	教师通过自己身上穿的羽绒服在不同季节的价格不一样引发学生思考，发现购物时间不一样也影响商品的价格。
18分30秒	师：价格的高低还会受到时间、季节变化的影响。在冬季买夏天的服饰或者用品，在夏天买冬天的服饰或用品，如果有需要的话，同学们完全可以尝试一下啊。我们发现商品的价格受时间的影响，这个小秘密经受得住考验吗？在一天的时间里还会影响价格吗？		生：季节变化引发价格变动。	
	师：图中的老奶奶总是在11：00时去早市，这里面难道有什么秘密吗？	启发联想 思维监控		
	师小结：看来，不同的购物时间确实影响着商品的价格。现在我有羽绒服，还是明年春季再买吧！ 板书：时间不同			

续表

时间	授课行为	应掌握的技能要素	学生行为	教学意图
19分10秒	三、沉淀与反思，辩证看待价格的波动 师引导：在你们的生活中，你们看到过吗？在什么时间看到过？	联想想象	生1：商场断码断号。 生2：店庆的时候。 生3：节日促销。 生4：清仓甩货。	在连贯的情境中，分小组探究了价格中的秘密，但对于价格波动的原因涉及的还不够全面，让孩子们再结合生活实际说说。
19分40秒	生：超市促销图，商场的外面。 师：老师也带来了几张，请分小组讨论一下，什么情况下也影响商品的价格？ 师：影响价格的因素可真多啊，有时候我们还发现同一件商品的价格会受到多种因素影响，那么，你学习了这么多相关的知识，你打算对自己的家人说点什么呢？ 师全课总结： 今天我们一起走进了不同的购物场所，研究了商品价格中的小秘密，知道了同一种商品的价格受到多种因素的影响，希望这周末大家能和家人一起走进超市、商场、菜市场，或者也可以尝试一下网络购物，体会购物的乐趣，做一个聪明的消费者。	启发引导 综合运用	生1：多看看再选择。 生2：要在换季的时候买衣服。 生3：价格中的秘密可真多，还要好好学习。	辩证地看待商品价格的变动，做聪明的消费者。

【教学反思】

本节课注重情境的设计，让整个课堂贯穿于一个情境之中，巧妙地进行了归类。使知识点有系统、有条理地出现，授课思路清晰。着重运用了思维训练的技能训练，不时地创设情境，诱导学生，激发学生的学习兴趣，鼓励他们大胆质疑，从探究中寻求价格差异的一些原因。

做思维体操　现原创美文

——语文《发现美　感悟美　再现美》教案设计

北京十二中　杨晋爱

科目：语文　课题：发现美 感悟美 再现美　训练的技能：思维训练技能　主讲：杨晋爱

教学目标： 1. 知识目标：感受图片中的美，引发对身边的人和事的联想，进而捕捉生活中的美好瞬间，发现写作素材。 2. 能力目标：思考、感悟生活中的美，能够用语言描述美好的瞬间，再现生活中的美。 3. 情感、态度与价值观：认识到生活中不是缺少美，而是缺少发现美的眼睛，引导学生关注社会，关注生活，思考人生。

续表

时间	授课行为	应掌握的技能要素	学生行为	教学意图
0分	今天我们来上一节作文课。同学们先说说在平时的写作中比较头疼的问题是什么?	引起注意 形成学习期待	思考并回答:不知道如何选材;觉得没得写,不知道怎么写等。	从作文症结入手分析,引发学生的关注与思考。
0分 15秒	同学们写作中面临的首要问题是没得写,无米下锅。今天这节课我们就针对这个问题来进行一些讨论和训练。下面我们一起来看几张图片,请同学认真观察,充分联想,努力发现图片中美好的地方,根据你看到的和想到的,为图片起一个比较美的名字。	诱导意识	倾听引导。	
0分 30秒	依次出示图片: 1. 黄果树瀑布图 2. 秋景图 3. 照相图(公园里一位父亲正在专注地为草丛中天真可爱的小儿子照相,另一位游客拍下了这一幕。) 4. 校运会上运动员起跑图	启发联想 鼓励发散	观看图片,思考。 为图片命名并阐述命名的理由: 1."飞流直下",图片中的瀑布虽然是静态的,但却传达出了动态美,让人身临其境,仿佛感受到黄果树瀑布的声势,借用李白诗句"飞流直下三千尺"来形容。 2."'秋'意盎然",画面中绿中泛黄的草地,红红的枫叶,丰收的果实,让人感到秋天的韵味很浓,想起"春意盎然",化用一下。 3."快,摁下快门!"草地上的小孩子非常可爱,拍照的这位父亲充满慈爱,游人拍父子俩又富有情趣,这样美好的瞬间要赶快抓拍下来。 4."离弦之箭",起跑的瞬间,运动员全神贯注,全力以赴,奋力争先,像离弦的箭一样迅疾有力,给人一种拼搏奋进的美好感觉。	用图片启发学生联想,挖掘图片中的美的力量。 通过为图片命名,促使学生发散思维,深入挖掘,发现图片中的美,并感悟这份美好。

续表

时间	授课行为	应掌握的技能要素	学生行为	教学意图
7分30秒	刚才我们看了一组图片，同学们都以独特的观察和想象为图片起了非常美的名字。有的同学由形到神，有的同学由此及彼，还有的同学对客观事物进行了理性的思考，领略到了身边的美。我们再欣赏几个同学们非常熟悉的场景。这些情景也许你常看在眼里，但却没往心里去，所以没有发现其中的美好之处，其实生活中处处都有美。	反馈强化	倾听小结，发散思维：丰富联想，捕捉头脑中的美好瞬间，加深对生活的感悟，捕捉生活中每一份美好的点滴。	
7分40秒	展示图片： 1. 公交车站人们有序排队 2. 课间操全体师生为雅安祈福 3. 神十太空授课 4. 出门前与爷爷挥手告别 5. 妈妈精心准备晚餐 6. 放学后老师耐心辅导同学 7. 师生共游园博园 8. 同学聚会“光盘行动” 9. 扶起摔倒的短跑选手 10. 班里同学互助值日	启发联想	感受图片，开启记忆，丰富对学习、生活的感悟。	
8分	我相信在同学们心中还有许多类似这样美好的镜头、片段、瞬间，下面让我们走出图片，走进大家自己的天地，去回忆、捕捉那些美好的人和事，每个同学回顾一个美好的瞬间：可以是自然方面的，可以是校园生活和家庭生活方面的，也可以是其他方面的；可以是定格在镜头中的，也可以是留在记忆深处的。想好之后请用凝练的语言说出来与同学们共同分享。	指导搜索 鼓励发散	思考、联想、挖掘记忆中的美好瞬间。 回答： 1. 生病时同学亲切问候时的眼神令我感动、难忘，我体会到了集体的温暖。 2. 以实际行动投入到“垃圾不落地，校园更美丽”活动时是美的，捡起一片纸屑，虽微不足道，但却超越了自我，体现了内心的成长。 3. 校艺术节荣获舞蹈比赛第一名时的瞬间是美好的。因为艰苦的付出终于换来了甜蜜的果实，这意味着对自身能力的肯定，鼓舞自己不断超越，更上一层楼。	通过口头交流引起学生对美好事物的共鸣，并激发学生灵感，启发学生平时要多关注生活、人生、社会，并要善于挖掘其中的美的力量和内涵。

续表

时间	授课行为	应掌握的技能要素	学生行为	教学意图
			4. 春天闻到第一缕花香时的瞬间是最美的，因为经过了严冬的肃杀，万物复苏，生机盎然，这展现了生命的伟大力量，象征了一年的美好希望。 5. 看到万里长城时我想到"民族脊梁"，万里长城蜿蜒雄伟，像一条巨龙腾空而起，是中国的象征，是中华民族精神的象征，是民族的脊梁。看到它，心中油然而生一种民族自豪感，令人充满力量。	
15 分	原来生活中有这么多美好的人和事，生活以它博大的胸怀赋予我们不同形态、不同内涵的美，真的要感谢生活的馈赠。其实美就在我们身边，只要我们善于去观察、认真去思考，就会发现触动心灵、激发灵感的丰富的素材。所以我们必须睁大眼睛，敞开心灵，关注自然、社会和生活。如果我们把生活中的美都看在眼里，记在心间，我们还愁没得写吗？可写的东西简直太多了！同学们，不经意间我们就发现了这么多好的写作素材，那么课下我们就把刚才提到的那些美好的镜头和感受写下来吧。	反馈强化 形成新的期待	倾听小结，领悟课堂内容。	引导鼓励，让学生充满写作自信，坚信有得可写，并进行写作尝试。

日期：2013 年 6 月 27 日

【教学反思】

这节课给我最大的收获是我的作文教学从此打开了一扇新窗。通过这节课，我调整了作文教学模式，由原来的传统封闭模式转变为现在的完全开放模式，我深刻地认识到作文教学最重要的是要让学生真正体会到作文的快乐！让学生由"要我写"转向"我要写"。"要我写"老师说得多，那是"一厢情愿"。"我要写"学生主动写，必然会求真出新。

这节课还让我认识到自己作文教学中的一些不足：一是对学生"创作"积极性的调动不够；二是还需进一步加强学生的口头表达训练。

步步探究，揣摩英雄本色

——语文《老人与海》教案设计

北京十中　牟海玲

科目：语文　课题：老人与海　训练的技能：思维训练　主讲：牟海玲

教学目标：

通过研读文本，把握小说的环境；通过分析人物形象，理解文中环境与人物的关系，揣摩本文的哲理和象征意味；学习老人永不服输的顽强精神，培养直面挫折、永不言弃的精神。

时间	授课行为	应掌握的技能要素	学生行为	教学意图
0分	同学们好！现在开始上课！	组织管理	集中注意力。	组织上课。
	导入。台湾作家李敖曾说过：我在想，男人的骨子里缺少一点什么的时候，就自然会想到海明威。那么，世间有那么多的英雄人物，为什么自然会想到海明威呢？今天让我们一起走进《老人与海》，探究作者是如何巧妙处理环境与人物的关系的。（板书）	创设情境	倾听，思考……	出示名言，激发学生的兴趣。
1分15秒	环节一：整体感知 梳理情节 （略）			
	环节二：探究环境与人物的关系 1.《老人与海》中，在这场人鲨大战中，我们看到浩瀚的大海中只有一个老人，那么老人都面对哪些环境因素呢？（板书：环境）	设问 指导搜索	思考，通过速读课文，搜索结果。 回答问题：凶残的鲨鱼、凶猛的海风、无边无际的黑暗、饥饿与寒冷。	通过回答问题，向新知识过渡。
2分15秒	2. 这些环境因素有哪些特点呢？它们有什么作用？请以小组为单位，从中选择一类环境，结合文本然后分析环境的特点。	设问 分组探究	形成探究意识。 小组汇报交流探究结果： 鲨鱼的特点：由一条、两条到一群鲨鱼，对手越来越多，越来越凶残； 海风：海风越来越大，越来越猖狂。	通过分析环境的特点，为探究小说描写环境的作用做铺垫。
5分30秒	3. 小说描写环境对塑造人物有怎样的作用？	设问 诱导意识	分析后回答：环境渲染气氛，烘托人物；环境推动情节的发展。	指导学生掌握思维方法和策略。
7分	4. 老人又是在什么情况下与这些凶残的鲨鱼搏斗的呢？	启发思考	活动要求：从身体情况、武器方面思考。	通过分析老人面对的危险情境为下文的分析做铺垫。

续表

时间	授课行为	应掌握的技能要素	学生行为	教学意图
9分15秒	5. 搏斗的双方，一方是年老体衰的老人，另一方是凶残强悍的鲨鱼，这样写有什么作用？	指导搜索 诱导	分析文本，得出小说用凶残强悍的鲨鱼做对比，对比中更突出力量悬殊的另一方——老人，突出老人勇敢、高大的形象。	通过分析文本，理解小说的环境对塑造人物所起的作用。
11分	6. 在与凶残的鲨鱼搏斗的过程中老人是怎么做的？从中我们可以看出桑地亚哥是一个什么样的人？请用文中的语句证明。（板书：人物） 教师示范：原句“他把鱼叉准备好用绳子系住，眼眨也不眨地望着鲨鱼向前游来。”可以看出，老人的沉着冷静。	启发联想 矫正措施	分析文章语句，根据教师示范分析：如“他把鱼叉准备好用绳子系住，眼眨也不眨地望着鲨鱼向前游来。”可以看出老人的沉着冷静。	根据教师示范，分析文章语句，总结人物形象，形成语文的阅读思维。
14分	7. 小结人物和环境的关系。	诱导分析	分析后回答：环境渲染气氛，烘托人物；环境推动情节的发展；揭示人物的形象、心理、性格等。	反馈强化，小说人物与环境的关系。
15分30秒	环节三：探究小说的主题 请结合课文和老师补充的资料，思考小说的主题。小组讨论，然后全班交流。 教师补充材料：见学案。	启发联想 鼓励发散	小组讨论后选派代表汇报： 作者运用了象征的手法。 用鲨鱼象征人生中的挫折、厄运；用马林鱼象征人生的理想，对超越极限的追求； 桑地亚哥则是人类中的勇于与强大势力搏斗的“硬汉子”精神的象征；大海象征变化无常的人类社会。由此得出，小说的主题是歌颂了人性中最宝贵的英雄主义精神，即人要勇敢地面对失败。	鼓励学生回答的深刻性和独创性。
21分15秒	环节四：拓展延伸 《老人与海》描述了一个发生在茫茫大海上的看似平凡而又不平凡的故事。人们认为它是一本让人受益终身的好书，因为它给予人们太多的人生启示。那么你从中获得了怎样的启示呢？	反馈发散	思考后汇报自己的感悟。	启迪学生思维，形成良好的思维品质。
24分	环节五：课堂小结	反馈矫正 引导反思	总结反思。	提高反馈能力。

日期：2013年8月5日

【教学反思】

导入新颖，激发兴趣；组织环节清晰，步骤紧凑；切入点小，但独特巧妙；注重文本的分析，落实有效。通过分析文本语句，使学生掌握小说中环境与人物的关系，并由此分析小说的主题；通过发散思维，引导学生揣摩本文的哲理和象征意味，培养学生形成良好的思维习惯。

地图展妙用　思维得提升

——地理《中国降水量的空间分布》教学设计

北京十二中　王丽华

一、教学理念

义务教育《地理课程标准》(2011 版)要求：学生要“通过各种途径感知身边的地理事物和现象，积累丰富的地理表象；初步学会根据收集到的地理信息，通过比较、分析、归纳等思维过程，形成地理概念，归纳地理特征，理解地理规律”。这一目标体现了学生在学习过程中所需要的思维过程。这样的思维过程需要老师的指导，帮助学生进行思维训练，帮助学生掌握这样的地理思维能力。

二、教学策略

通过读图、描图、画图等活动，学生进一步提升读图、用图能力，逐步形成正确的读图思维过程；通过对地理信息的提取、对比、分析、总结等学习环节，学生进一步掌握合理的地理思维过程。

科目：地理　课题：中国降水量的空间分布　训练的技能：思维训练技能　主讲：王丽华

教学目标： 1. 知识与技能 (1)运用中国年降水量分布图，说出我国降水量的空间分布规律； (2)运用气温曲线和降水量柱状图，说出我国降水量的时间分布规律。 2. 过程与方法 (1)运用读图、描图、绘图等活动作为思维的台阶，总结出我国降水量的空间分布规律； (2)通过思考和回答层层设计的问题，分析地图等资料，理解影响我国降水量空间分布规律的主要因素，提升地理思维能力。 3. 情感、态度与价值观 在分析中国降水量的空间分布规律及其主要影响因素的过程中，体会地理要素之间的相互影响和相互作用，进一步认识地理环境的综合性。				
时间	授课行为	应掌握的技能要素	学生行为	教学意图
0 分	设置情境：同学们都有独自外出的经历，比如，上次去生存岛住宿一晚。在出去之前，很多父母会千叮咛万嘱咐，别忘了这个，别忘了那个。徐艳的父母也是这样。（出示事例：七月	诱导意识		信息训练：从事例中提取信息，运用自己已有的知识或经验思考回答

续表

时间	授课行为	应掌握的技能要素	学生行为	教学意图
1分30秒	底，北京连降大雨。徐艳从北京出差去吐鲁番，妈妈提醒她别忘记带雨衣。九月下旬，北京秋高气爽。徐艳要去广州开会，爸爸也让她带上雨具。)你认为徐艳爸妈的提醒哪个必要性更大？能简单说明理由吗？ 刚才××的回答是正确的。具体的原因是什么？这是我们这节课要学习的内容。 承转：我们主要从空间分布和时间分布两方面来分析我国降水量的分布。分析降水量的空间分布规律需要用“中国年降水量分布”图。	形式期待	回答：徐艳的爸爸的提醒必要性更大。因为，吐鲁番很干燥，不需要带雨衣。广州下雨多需要带上雨具。	问题，引入本课的知识。
	提问：“中国年降水量分布”图跟我们前面学过的哪些图类似？ 总结：这一类地图我们称之为等值线图，它们的读图方法是一样的。	启迪策略	回答：等高线分层设色地形图、“中国1月(7月)平均气温”图。	策略训练：教给学生从未知中找已知，用已学过的方法指导自己获得新知识。
2分	读图指导： 如何阅读课本27页图6-9“中国年降水量”图？	诱导意识	读图说出：一看图名，二看图例，三看颜色和注记。	方法训练：培养学生规范的读图顺序。
2分30秒	提出问题，指导学生阅读课本27页图6-9，问题如下： (1)说出图中托克逊和火烧寮两点的年降水量。 (2)在图6-9中描出400mm、800mm等降水量线。 800mm与1月份的哪条等温线大体上一致？通过什么地方？400mm等降水量线大致通过哪些城市？ (3)找出年降水量超过1600mm及低于200mm的地区。	指导程序 指导操作	读图说出相应问题的答案，说出判断的原因，一位同学到前面指图展示400mm、800mm等降水量线。	能力训练：培养学生从地图中提取点状、线状、面状信息的能力。
7分	(4)画出箭头，箭头的方向表示降水量减少的方向。 (5)根据自己所画箭头，总结出我国降水的空间分布规律。(总结方法指导：从哪个方向向哪个方向降水量减少还是增多。)	指导程序	在图6-9中画出正确的箭头，同学到前面指图展示自己所画的箭头——从南向北的箭头、从东向西的箭头、从东南向西北的箭头。	方法训练：培养学生掌握运用已获取的地理信息分析问题、总结地理规律的方法。

续表

时间	授课行为	应掌握的技能要素	学生行为	教学意图
			用自己的语言总结出我国降水的空间分布规律——我国降水量从东南沿海向西北内陆逐渐减少。	
9分30秒	小结： (1)根据学生的回答出示箭头，箭头方向由东南指向西北，并沿箭头方向逐渐变细。 (2)解读箭头：这个箭头非常清楚地表达了我国降水量的变化方向和变化趋势。比较粗的一端表示降水量大，在东南沿海。比较细的一端表示降水量小，指向西北内陆——我国降水量从东南沿海向西北内陆逐渐减少。	启迪策略	在老师总结的过程中，理解箭头的含义，并进一步加深对我国降水量空间变化规律的认识。	策略训练：指导学生用简单、形象的符号来表述复杂的地理规律。
12分	原因分析：为什么我国的降水量会呈现这样的空间分布特点？ (1)出示中国地图叠加我国东南季风示意图。 (2)补充资料：来自太平洋的湿润的东南季风是夏季影响我国的主要风向。 (3)提示："强弩之末，势不能穿鲁缟也"，即再强的弓射出的箭到了最后，它的力量连最薄的布都射穿不透了。东南风也一样，它在向我国西北内陆吹的过程中会发生什么变化？ (4)小结：来自中国大陆所临海洋的湿润气流是降水的主要水汽来源，随着自东南向西北深入的季风逐步减弱，又使得年降水量从东南沿海向西北内陆逐渐减少。	联想想象	根据地图、资料、提示等分析、回答问题：越向西北内陆，湿润的东南季风的影响越弱，所以降水量从东南沿海向西北内陆逐渐减少。	方法训练：指导学生运用类比的方法理解地理知识。
14分	(5)引导学生总结： 提问：通过这节课的分析，说出影响我国降水量分布的因素有哪些？	监控思维	学生答案：距离海洋的远近、季风活动。	品质训练：培养学生及时对所学知识进行梳理、总结的品质。

日期：2013年6月8日

【教学反思】

本教学设计体现出两个亮点：一是，课堂中涉及大量学生描图、绘图的环节，让学生主动参与到教学活动中，在这些活动中教师能够时刻监控学生的思维动态，针对学生的思维状况给予适当的指导，保证对学生的思维训练是有效的。二是，通过多种有效的途径为学生搭设思维的平台，如通过自己画箭头来辅助思考我国降水量的空间变化规律、通过类比来思考东南季风在移动过程中发生的变化等，为学生进行思维活动提供了相应的方法。

由浅入深，引导思维，学习探究方法

——生物《物质跨膜运输的实例》教案设计

北京十中　朴海英

科目：生物　课题：物质跨膜运输的实例　训练的技能：思维训练技能　主讲：朴海英

教学目标：

阐明渗透作用的原理；解释植物细胞的渗透吸水和失水现象；结合植物细胞吸水和失水的探究活动，尝试提出问题，做出假设；进行关于植物细胞吸水和失水的实验设计和操作；通过观察质壁分离及复原现象，体验细胞的失水和吸水。

时间	授课行为	应掌握的技能要素	学生行为	教学意图
0分	同学们好！现在开始上课！ 环节一：创设情境，引入新课 导入，出示输液用生理盐水和葡萄糖溶液，提问：为什么输液时用生理盐水或5%葡萄糖溶液配制药物，而不是用清水或高浓度溶液？	组织管理 创设情境	集中注意力。 倾听思考……	组织上课，创设情境，为学习动物细胞的吸水和失水做铺垫，并引发学生的思考，导入新课。
0分30秒	环节二：演示实验，形成概念 从课题上看，我们要研究的实例是水分，水分是怎么跨膜运输的呢？ 演示渗透装置，设置两个渗透装置，1号装置半透膜内是蔗糖，烧杯内是清水；2号装置半透膜内是清水，烧杯内是蔗糖。 引导学生观察现象，提问： (1)1号装置出现了什么现象？为什么？水分只能从烧杯进入到漏斗吗？ (2)2号装置呢？	演示设计 指导观察	观察、描述现象： 1号装置漏斗内的水面上升，因为漏斗内浓度比漏斗外高。水分从烧杯进入漏斗的比出漏斗的多。 2号装置漏斗内的水面下降。	通过演示实验，将静态的知识动态化，直观生动地将渗透过程展现在学生面前。设置两组演示实验，结合提问可以使学生进一步理解渗透作用中水的移动方向，巩固对照思想，同时为接下来分析植物质壁分离实验的现象得出结论做铺垫。

续表

时间	授课行为	应掌握的技能要素	学生行为	教学意图
3分	介绍半透膜，同时提问： (3)如果换成纱布，漏斗管内的液面还会升高吗？ (4)如果烧杯中也是同样浓度的蔗糖溶液，结果会怎样？ 引导学生由上述实验及讨论得出渗透的概念和发生的条件。	设问 启发联想 启发思考	思考、回答问题： 纱布不会使液面变化。 如果半透膜两侧浓度相同，也不会引起漏斗内液面变化。 渗透作用是指水分通过半透膜的扩散。发生的条件有半透膜和膜两侧的浓度差。	设置的两个问题使学生进一步理解渗透作用的两个条件。自己归纳概念，体现学生的主体地位。
6分	过渡：回到导入问题——为什么输液时用生理盐水或5%葡萄糖溶液配制药物？因为这个浓度跟血浆浓度是等渗的。如果用清水或高浓度溶液就会发生渗透吸水或失水现象。 (1)这个过程中什么充当半透膜呢？ (2)如果将红细胞放在高浓度溶液中会发生什么过程？会出现什么现象？放到清水中呢？ 我们在前面的学习中运用过渗透吸水和失水的原理，请大家回忆一下。	设问 启发联想	观察、思考、回答问题。 细胞膜充当半透膜。 红细胞会发生渗透失水现象，出现皱缩现象。放到清水中会渗透吸水膨胀甚至涨破。	在有导入实例的铺垫下，学生应该能够很快说出动物细胞能够发生水分的渗透作用，只要稍加点拨，就能够理解红细胞膜是有半透性的。进一步提问，使学生能够利用学习过的渗透原理解释现象。最后一个提问对植物细胞结构的引入有铺垫作用。
10分	环节三：科学探究学习方法 1. 提出问题 过渡：动物细胞能够发生渗透吸水和失水，植物细胞呢？ 出示照片：萝卜条分别在清水、高浓度蔗糖溶液、高浓度氯化钠溶液中放置三小时前后的对照照片。 看到这个现象，大家有问题想问吗？ 引导。我在想：植物细胞是不是也会和动物细胞一样，在渗透吸水的时候会涨破呢？大家还能提出什么问题？或者我问，是不是植物细胞也是细胞膜充当半透膜呢？ 将学生提出的问题板书。	鼓励发散 启发联想	观察图片，提出问题。 学生可能提出的问题有：植物细胞是不是也会和动物细胞一样，在渗透失水的时候皱缩；植物细胞什么充当半透膜等。	引导学生对于看到的现象，多想想为什么。针对学生第一次接触探究实验，第一次尝试提出问题，给学生举例提出问题，再让学生试着提出问题，以降低难度。

续表

时间	授课行为	应掌握的技能要素	学生行为	教学意图
12 分 30 秒	出示图片：成熟植物细胞模式图。 引导学生观察，并给出植物细胞壁的电镜图，使学生理解植物细胞壁是全透的，伸缩性很小。 引导学生分析提出问题的可探究价值。	诱导	观察植物细胞模式图和细胞壁的结构图，分析提出问题的可探究价值。	通过讨论提出的问题是否具有探究价值，使学生进一步理解探究过程中提出的问题是不能利用已知知识来回答的。
15 分	2. 做出假设 成熟的植物细胞什么充当半透膜，你能回答吗？学生可能的假设是细胞膜可以充当半透膜。此时追问依据，进一步提问：细胞中维持细胞坚挺的细胞器是什么？萝卜条为什么会变软？细胞失去的水分是从液泡出去的，那么什么充当半透膜？ 围绕问题，我们结合已有的知识或经验分析问题，并且做出尝试性的回答，这种尝试性的回答称为“做出假设”。假设必须是有根据的，但是一定正确吗？	启发联想	结合导入中看到的现象，提出假设，如：植物细胞的细胞膜充当半透膜；植物细胞渗透失水会出现皱缩现象等。 学生根据以上学习提出：假设不一定正确，需要实验验证。	培养学生做出假设的能力，理解假设必须有依据。
16 分 30 秒	3. 设计实验 提问： (1)什么环境下成熟植物细胞能够发生渗透失水？如何判断细胞失水了？ (2)你认为能够观察到什么现象？ (3)为了观察这些现象，我们应该观察什么结构？ (4)什么材料容易观察这些结构？ (5)怎么观察？ (6)什么环境下成熟植物细胞能够发生渗透吸水？如何判断细胞吸水了？ (7)根据以上问题，你打算用哪些实验材料和用具检验自己的假设是否成立？试写出实验步骤。	诱导分析	分析回答： 植物细胞在高浓度溶液中才会发生渗透失水； 能够观察到液泡变小； 观察细胞结构； 液泡有颜色的材料容易观察到液泡的变化，如紫色洋葱鳞片叶表皮细胞等； 需要制作临时装片在显微镜下观察； 植物细胞在低浓度溶液中会发生渗透吸水，可以通过液泡是否变大判断； 学生通过问题分析初步确定实验材料、用具和操作方法。	利用问题串，引导学生理解实验设计的一般步骤，领悟选择合适的实验材料、试剂的重要性。

续表

时间	授课行为	应掌握的技能要素	学生行为	教学意图
20 分	小组讨论和教师指导，完善实验方案。	分组探究	小组讨论完善实验方案。	培养学生交流与合作的能力。
24 分	环节四：归纳小结，课后延伸 引导学生归纳探究实验的一般流程：提出问题，做出假设，设计实验，进行实验，分析结果，得出结论，表达和交流。 布置如下作业： 1. 设计实验，探究洋葱鳞片叶表皮细胞液的浓度。 2. 动物细胞能不能进行渗透吸水或失水？试设计相关实验证明。	总结反馈	总结反思。	提高总结能力。

日期：2013 年 8 月 15 日

【反思教学】

利用与生活紧密联系的实物导入，充分激发学生的学习兴趣；设计有对照的演示实验，加深学生的对照思想和严密的思维方式。教学内容紧扣导入情境，组织完整巧妙；举例、设问、引导等多种方法帮助学生突破难点，重视引导学生发散思维。

项目 15　组织讨论教学技能

定义：教师以组织指导的方式，使学生通过讨论交流，学会表达交际，利用独立思考，开展合作学习的一类教学行为。

要素：确定内容、选择方式、时机恰当、指导交际、协调关系、监控学习。

类型：定向式、开放式、小组讨论、全体讨论……

组织讨论教学技能评价表

日期____________　任课教师____________

请您在听课后对以下各项目进行评价，在恰当的等级后画“√”。

	优	良	中	差	权重
1. 学生是否掌握了口语交际技巧？	□	□	□	□	0.2
2. 讨论交流形式是否活泼多样？	□	□	□	□	0.2
3. 讨论时机是否合适？	□	□	□	□	0.2
4. 讨论内容与学生认知能力是否相适应？	□	□	□	□	0.2
5. 教师是顾问和合作者的角色吗？	□	□	□	□	0.2

互动合作，在交流中获益

——语文《“钢琴之王”的微笑》教学设计

白盆窑小学　黄静

一、教材分析

《“钢琴之王”的微笑》是第三单元的第二篇课文，是一篇精读课文。这篇课文用生动的语言记叙了“钢琴之王”李斯特热情帮助一个身处困境的姑娘的感人故事，表现了李斯特善解人意，能真诚帮助身处困境的人的人格魅力。课文很有特色，紧紧围绕“微笑”这一主线展开。

二、学情分析

学生已经掌握了一定的学习课文的方法，在学习课文时能够了解文章内容，能够从课文中提取简单的直接或间接信息。但是对于运用学习方法自主学习揣摩文章表达顺序，深入准确地评价一个人，还存在一定困难。

三、设计理念

《语文课程标准》要求：“达到工具性与人文性的统一。学生在课堂阅读中能够初步掌握学习语文的基本方法，养成良好的学习习惯。”同时要求：“关注学生的学习状况，注重对学习方法的有效渗透。注重培养学生良好的语文学习习惯和语言表达习惯。激发学生的学习兴趣，达到工具性和人文性的统一。”

“平行影响理论”强调集体的教育功能，强调学生之间的互帮互学，它的宗旨就是让学生通过集体活动、集体学习，为集体赢得荣誉，而最终在集体的帮助下，完善自身的发展。组织学生进行讨论学习，强调合作、竞争与个体化行为的兼容并存，并突出互助合作行为的主导地位，突出集体教育的功能。这一切都反映了“合作教育学”和“平行影响理论”的基本精神和教学原理。

“合作教育学”是以合作学习讨论为基本形式，系统利用教学动态因素之间的互动，促进学生的学习，以团体成绩为评价标准，共同达到教学目标的教学活动。学生的合作学习需要层次，以社会性的交往心理需要层次最高，学习的内驱力最强。

四、教学目标(见教案)

五、教学重点、难点

教学重点：通过品读词语，比较句子，有感情地朗读课文，从“钢琴之王”三次微笑中，体会出李斯特是个怎样的人。

教学难点：通过品文悟情，理解文中表现人物的句子，并能够评价课文中的人物。

六、课前准备

1. 学生准备：读熟课文，填写表格。

2. 教师准备：把相关的句子制作成课件。

七、教学策略

1. 运用“自我提问自引导”的策略引导学生自主提出学习写人文章的方法，继而理解课文内容。

2. 运用“多种角度看事物”的策略引导学生不仅对主要人物进行评价，也对次要人物进行评价，从而更深刻地理解课文。

3. 培养学生小组合作和课堂中的口语交际能力，创造和谐的课堂氛围，充分发挥学生的积极性。

八、教案

科目：语文　课题：“钢琴之王”的微笑　训练的技能：组织讨论和沟通技能　主讲：黄静

教学目标：
1. 通过品读词语，比较句子，有感情地朗读课文。从“钢琴之王”的三次微笑中，体会出李斯特是个怎样的人。懂得当一个人遇到困难的时候，应当给予诚挚的帮助，这种帮助往往会使困境中的人摆脱困境。
2. 结合课文内容或生活实际，理解文中表现人物的句子。
3. 通过品文悟情，能够评价课文中的人物。

时间	授课行为	应掌握的技能要素	学生行为	教学意图
0分	一、回顾表格，整体感知 昨天回家，我们自己学习了《“钢琴之王”的微笑》并且填写了表格。谁来汇报自己的学习成果？	搭建支架 回忆		熟悉课文内容，了解学生的归纳、概括能力。
2分	同学们回家自学的态度很认真。从刚才同学的发言中，看出你们对李斯特有了一定的了解。 那么我们学习这类写人文章的方法是什么？ （你已经掌握了写人文章的学习方法，而且表达得很清楚。）	真诚信任 确认学法 鼓励强化	这是一篇写人文章，人物有：李斯特、姑娘。要知道钢琴之王为什么微笑，就要找到李斯特三次微笑时的语句，以及描写李斯特言谈举止的语句，还有姑娘的表现，感受到李斯特是个怎样的人。	梳理文章结构。利用认知沟通类型，为继续学习做铺垫，培养学生的学习能力。
2分30秒	二、按照学法，深入感悟 同学们，像大家所说的，写人文章就是这样的学习思路。按这样的方法我们深入感受李斯特是个怎样的人。	指导建构 诱导		
2分50秒	1. 感受第一次微笑 打开书第10课，读一读第一次微笑的段落，你能体会到什么？（如果学生回答笼统，教师引导：从哪些词语体会，教学生方法；如果抓词语感受，教师表扬鼓励。）	组织交流 分析、理解 提出要求	学生互相补充：1. 从“微笑”、“您”等词看出李斯特的亲切、有礼貌、对人尊重。2. 请大家和我一起看第6自然段，从“好吗”、“温和地”等词语中也可以感受到	通过学生互相补充的形式提高学生的分析和交流能力。

续表

时间	授课行为	应掌握的技能要素	学生行为	教学意图
	读一读李斯特的话，再读一读姑娘的表现，用心体会姑娘可能在想什么。”走到学生身旁，边指名让学生说，边引导：“可能在想……” 你们和李斯特一样和蔼、亲切，了解姑娘的羞愧心理。 自己再有感情地读读这些语句。	吸收建构 深入理解 表达输出 指导朗读	李斯特的和蔼、亲切、对人尊重。3. 听完李斯特的话，姑娘的脸唰地一下红了，羞愧的泪水夺眶而出。从“羞愧”看出姑娘很自责。 可能在想…… 读第 7 自然段	在全班交流中，重视学生的独特感受和体验，采取读中感悟、想象揣摩人物心理活动等方式，引导学生与文本深入对话。
5 分 50 秒	第一次微笑学完了，我们是怎么学的？	概括 交流体会	通过抓李斯特和姑娘言谈举止中的重点词语，揣摩人物心理，体会李斯特是怎样的人，然后读出这些话。	通过回顾学法，让学生掌握学习方法，培养学生的学习能力。
6 分 30 秒	谁给大家提出自学提示，指导我们学习第二、三次微笑？ 2. 体会第二次微笑 指导交流：巡视、提示、插话、鼓励……	诱导交流 示范引导 组织方式 组织讨论 指导学生探究	读一读第二、三次李斯特微笑的段落，你能抓住描写李斯特和姑娘的重点词语，体会李斯特是个怎样的人吗？ 小组学习交流…… 学生交流： 生 1：我代表我们组汇报，我们组认为从“‘你也会弹得同样好。’李斯特微笑着说：‘你瞧，……李斯特的学生了。’”这句话中的微笑和夸奖的话看出李斯特十分善良，想继续帮助姑娘。我说完了，大家有不同意见或补充吗？	为学生提供充分的学习空间，培养学生自主学习的能力。
	××你说出了自己的体会。你看，有同学举手了，他们还要给你做补充呢！	交流提示 促进参与	生 2：我帮你补充，从这句话还能感受到李斯特在鼓励姑娘，也能看出他的和蔼、善良。 生 3：从姑娘的表现也可以看出她对李斯特的善良简直不可思议。你们看第 13 自然段中的“惊讶极了”。	利用指导类型，指导学生互相交流，探讨答案。在交流中拓展思维空间，在交流中分享感受，在交流中沟通见解。

续表

时间	授课行为	应掌握的技能要素	学生行为	教学意图
	如： ××真是个会学习的孩子！他善于抓住次要人物的表现感受主要人物的品质。	鼓励交流 引导提问	李斯特是“钢琴之王”，竟然收“我”为学生，太让我意想不到了；李斯特收我为学生，我要努力学习，弹一手好琴，不再让妈妈辛劳。	
	孩子们，假如你就是那个姑娘，此时你会想些什么，做些什么呢？	开拓思路		
	同学们还找到哪些地方？	启迪诱导	“姑娘……这次流的是感动的泪水。”姑娘都感动得哭了，看出李斯特对她的帮助太大了。	
9 分	对一个从未见过且一贫如洗的姑娘，李斯特能够做出如此举动，足见他是一个善良、实实在在帮助别人的人。 我们用怎样的方式表达出此时的情感呢？	讲解		通过反馈，围绕学习目标进行总结，完成知识建构。
		启迪点拨	把这段话读出感情 男女生对读	
	3. 体会第三次微笑 哪个小组汇报第三次微笑？ 李斯特的话有什么意思？从他的微笑和语言中你感受到了什么？ （你的理解能力很强，其他同学再体会着读一读。）	指导学生探究 鼓励交流	这里的“勇敢”不是在肯定姑娘的做法，而是一种“反语”，一方面提醒姑娘的这种做法不当；一方面体现了李斯特的宽容、大度。但无论祝贺还是指责，李斯特都是发自内心的，是真诚的。	学生有了前两次的学习体会作铺垫，无论是从学习方法还是从情感上都有了一定的基础，教师只需要顺水推舟，学生就可以理解到位了。利用情感沟通类型将学习情绪引向高潮。
	是呀，此时姑娘的心中感慨万千，咱们一同读出她的心声吧！	鼓励强化 指导朗读	齐读	
11 分 30 秒	联系课文或生活实际体会“点滴的帮助”与“黄金般珍贵”的意思。	诱导提问	“点滴的帮助”是对于李斯特说的，他给予姑娘的帮助对他来说是微不足道的；而“黄金般珍贵”是对于姑娘说的，她得到的帮助使她终身受益。所以尽自己所能帮助别人的结果是不可估量的。	
	通过学习《“钢琴之王”的微笑》这个故事，你对故事中的人物有什么评价？	引导 评价	生 1：李斯特是个善良、宽容他人的人。 生 2：姑娘是一个懂得感恩的人。	归纳总结李斯特是一个怎样的人。姑娘是个怎样的人。

续表

时间	授课行为	应掌握的技能要素	学生行为	教学意图
13 分	三、谈收获 通过同学们共同的努力，我们体会到了李斯特是个怎样的人。从这节课中，你有哪些收获想和我们谈一谈？ 你掌握了写人文章的学习方法，真了不起！	启发诱导 指导反思 鼓励交流	生 1：我的收获是写人文章的学法是抓住主要人物和次要人物的言谈举止，揣摩人物的心理，感受到主要人物的品质。	
	你知道了人之间相处的真诚，我们都应该这样做。	肯定鼓励	生 2：我的收获是我知道了人与人之间该如何相处，也许自己的一个小小的帮助，对别人可能就是很大的帮助。我要多帮助又困难的人。	
	我们还可以在课外阅读书籍深入了解李斯特。	指导方法	生 3：我以前只知道李斯特是个钢琴家，学完课文，我知道了李斯特还是一个善良、宽容的人。	
	你学到了朗读的小窍门！	强化鼓励	生 4：我知道了朗读对话时，体会人物的心理就能读出感情了。	
14 分 30 秒	想想姑娘，我们从她身上学到了什么呢？	启发思维 概括	姑娘得到了李斯特莫大的帮助，应该知道感恩。	培养学生多角度思考问题的能力。
15 分	四、说疑问 同学们的收获可真不少，你们都是会学习的孩子。我相信学完课文，你也会有一些疑问，谁有想让我们一起探讨的问题？ 同学们的研究意识真强，提的问题很有价值，我们课下一起翻阅课外书籍探寻答案。	指导探究 形成新期待	生 1：我想问问同学们，像李斯特这样的大师，都是这么善良、大度的人吗？ 生 2：我想问问大家，李斯特弹奏的著名曲目有什么？	利用反馈巩固类型，建构知识，形成新的期待。
	……	……	……	……

日期：2013 年 12 月 1 日

【教学反思】

1. 从学法入手，思路清晰，层次分明。通过学习李斯特第一次微笑，由学生归纳出学习方法，学生自主学习，不仅学会了学习方法，而且学习热情比较高涨。

2. 揣摩人物心理，深刻体会人物品质。

第二部分分为学生自主学习、小组合作交流、全班交流三个层次，为了使学生更好地体会李斯特是个怎样的人，我设计了两处揣摩人物心理的环节作为重点引导，分别是：

(1)听完李斯特的话，姑娘的脸唰地一下红了，(此刻她想______)羞愧的泪水夺眶而出。

(2)“先生，这……这……”姑娘惊讶极了，（想＿＿＿＿＿＿）一时不知道说什么好。

这两次引导学生揣摩人物心理，从学生的理解和表达来看，对体会人物品质起到了很大的作用。实际上也是引导学生知道揣摩人物心理也是一种理解文章的方法。

组织有序，讨论热烈

——语文《美丽的小兴安岭》教案设计

六圈小学　张淑凤

科目：语文　课题：美丽的小兴安岭　训练的技能：组织讨论技能　主讲：张淑凤

教学目标： 理解文意，学会模仿表达。通过讨论，完成学习任务。				
时间	授课行为	应掌握的技能要素	学生行为	教学意图
0 分	上课。 在我国东北小兴安岭，有数不清的各种树木……我们来欣赏春天的景色。 ……	 创设情境 语言生动 ……	集中注意。 学习兴趣。 ……	 激发兴趣 ……
30 秒	同学们默读思考：作者抓住哪些景物描写春天的景色。边读边批画。	巡视指导 调查了解	批画感悟。	指导自学
5 分 11 分	小组讨论，交流体会。要求：组长负责；推选发言。 全班讨论交流。 A. 欣赏优美词句。 B. 展开想象描绘小兴安岭春天的景色。 请朗读课文。 评读态度、评读语言。 请你构思一段话：校园的春天。 逻辑；用词；表情要求。 评价。 ……	讨论形式 确定讨论内容、时机 依从 指导交际 全班交流 指导表达 ……	分析交流、感悟。 抽、嫩绿、欣赏…… 树木、积雪、小鹿…… 联想想象 美读 评读：表情、语气。 语气、语调、表情。 体态、手势、语言。 交流，评论。 ……	提出要求，培养学生小组活动能力。 确定讨论内容，交流体会。 通过评读，提高学生的朗读能力。 提供话题，确定讨论内容，完成训练。 ……

日期：2013 年 12 月 1 日

【教案反思】

本课简短，教案简洁，达到了训练技能的目的。

组织显条理，讨论现真知

——语文《游山西村》教案设计

西罗园学校　张蕊

科目：语文　课题：游山西村　训练的技能：组织讨论技能　主讲：张蕊

教学目标：

1. 知识与能力：在反复诵读中熟悉诗文，了解诗中所叙写的内容。在把握诗歌感情基调的基础上，体悟诗歌的意境美。在反复品读诗中名句的基础上，欣赏宋诗的哲理美。
2. 过程与方法：教师组织指导为辅，学生自主学习、合作学习为主。
3. 情感、态度与价值观：体会诗中名句的哲理，学习欣赏宋诗的哲理美。

时间	授课行为	应掌握的技能要素	学生行为	教学意图
0分	一、导入 南宋大诗人陆游曾用“山重水复疑无路，柳暗花明又一村”来表达他游览时的心情，今天我们就追随陆游的脚步，走进山西村，去感悟一下那里的风土人情。	引入新课	集中注意力。	组织学生做好上课准备。
1分	二、探究展示 1.《游山西村》是一首七言律诗，由首、颔、颈、尾四联组成。作者陆游在每一联中都为我们营造出了一幅独特的画面，从不同角度向我们展示出山西村是一个“景美，人更美”的村庄。下面请同学们和老师一起分别为这四联所描述的画面“命名”，要求是都用四个字来概括。	设问 启发思考 讲解	独立思考。 在教师的启发下回答问题。	教师带领学生分析、解答问题，为之后组织指导学生自主探究问题提供借鉴。
4分	教师板书：首联——丰年留客；颔联——山村丽景；颈联——春社古风；尾联——拄杖重游。	总结	形成探究意识。	通过总结形成认识。
4分30秒	2. 全班分为四个小组，采用小组合作学习的方式来具体解读诗句。每个小组分析一联诗句，回答以下问题，最后派一名代表展示。	时机恰当 确定内容		教学中角色转换。
5分	(1)用自己的话说出这一联诗句的大意。 (2)找出这一联诗中表达诗人主观感情色彩的字或词，说明作者的用意。 (3)结合诗句说明这一联是重在写景还是抒情或是说理？诗句体现的是“情与景的交融”还是“景与理的交融”？说明为什么。	指导交际 协调关系	讨论交流。 合作学习。	引导学生利用独立思考，开展合作学习。

续表

时间	授课行为	应掌握的技能要素	学生行为	教学意图
10分	板书：主观字词　景　情　理 首联： 颔联： 颈联： 尾联：	选择方式 监控学习		出示展示格式
10分30秒	经过刚才各组激烈的讨论交流，相信大家已经达成了共识。下面请各组推举一名同学与全班同学分享你们的讨论结果，要求按照板书格式来说。 教师板书：	反馈 指导交际		
12分30秒	首联：莫笑、足(情＋景)	指导交际	第一小组展示讨论结果：莫笑、足(情＋景)	
14分30秒	颔联：疑、又(景＋理)	指导交际	第二小组展示讨论结果：疑、又(情＋景)	第一、三、四组的回答均没出现问题。纠正第二组的错误回答。不是情景交融而是景理交融。
16分30秒	颈联：简朴、古(情＋景)	指导交际	第三小组展示讨论结果：简朴、古(情＋景)	
18分30秒	尾联：若许、无时(情＋景)	指导交际	第四小组展示讨论结果：若许、无时(情＋景)	
19分	三、课堂反馈 我们通过小组合作学习的方式，解决了老师提出的所有问题。请同学们仔细观察板书所示的讨论结果，在这首诗中哪一联比较特殊？为什么？	时机恰当 监控学习	颔联比较特殊，只有它是景与理的交融，是在说明一个道理。	通过总结形成认识。
20分	四、教师总结 《游山西村》一诗中前三联都是情与景的交融，为我们描绘了一个“景美，人更美”的小山村。颔联“山重水复疑无路，柳暗花明又一村”是千古传唱的名句，它体现出的哲理更值得我们去反思与回味。请你说说这句诗蕴含的哲理。	监控学习 指导交际 反馈强化	只要从主观上坚定信念，勇于开拓，人生就能“绝处逢生”。比喻在困境中出现希望或转机，道出了世间事物消长变化的哲理。	通过分析，得出结论。诗歌名句的赏析的教学重点目标达成。
25分	结束			

日期：2013年8月10日

【教学反思】

本次教学使用了组织讨论技能，整个教学环节环环相扣、层层深入。由上课伊始的教师组织指导课堂为主，到最终的学生合作学习唱响主旋律，教师从旁协调组织教学，是一个循序渐进的过程。学生在合作学习中学到了知识，展示了自我。本堂课教学效果较好，完成了教学目标。

读读想想说说　在交流中练思维

——地理《中国地形特征》教学设计

丰台七中　田秀红

一、教材分析

《中国地形特征》一课内容来自中图版教材《北京义务教育课程改革实验教材七年级下册》第六章《中国的自然环境》第一节《地形特征和地形区的分布》第一课时的内容。

地形是环境的重要组成部分，是影响气候、河流、农业发展、人口分布等重要地理因素，它不仅是学习中国地理的基础，还是《中国地理》的重要内容之一。

二、学情分析

学生通过一学期的学习虽基本具备了阅读、分析地理图表和资料的能力。通过《北京市的地形》的学习，了解了什么是地形、地形的类型、地形地势特征等知识基础。但因学生年龄小、认知水平有限，地理思维、想象与归纳总结等能力正处于形成阶段，地形、地势特征的概念及资源、环境与可持续发展的观念尚未形成。

三、教学目标(见教案)

四、教学重点、难点

教学重点：我国地形、地势的主要特征。

教学难点：地势变化对我国气候和河流的影响。

五、教学理念

义务教育《地理课程标准》(2011 版)要求：学生要学习对生活有用的地理、对终身发展有用的地理——用学到的地理知识和技能解决生活中的问题。而达成这一目标的前提就是教师要对学生适时进行思维训练。因为只有这样，学生才能尽早掌握地理思维能力——即独立获取地理知识、善于发现并思考问题、灵活运用所学地理知识的能力。

六、教学策略

通过阅读地图与资料分析练习，学生进一步掌握分析地图与资料的方法。

通过比较、抽象、概括形成地理概念的思维训练，养成良好的地理思维习惯。

通过交流活动发现身边地理问题、运用相关知识与方法对问题进行分析、判断并提出解决问题的设想，实现教学目标。

七、教学媒体

多媒体辅助教学

八、教案

科目：地理　课题：中国地形特征　训练的技能：思维训练和讨论技能　主讲：田秀红

教学目标：
1. 知识与技能
(1)运用中国地形图，举例说出我国有哪些地形类型，并概括出地形类型特征；
(2)运用相关资料和中国各种地形占全国面积的百分比图，概括出我国地形分布特征，并能根据资料分析说出我国地形对人类生产生活的影响；
(3)运用中国地势三级阶梯示意图、地形剖面图，描述我国地势变化特征，进而概括出我国地势特征，并能举例说明我国地势变化对气候、河流等方面的影响。
2. 过程与方法
(1)通过学前热身运动，自主运用思维策略学习地形相关知识的主动性；
(2)通过北京山区开发事例，感知、理解身边地理事物的发展变化规律，养成地理思维习惯。
3. 情感、态度与价值观
(1)通过小组合作、交流、展示说出地形特征对我国的影响，树立关爱家乡、热爱祖国的情感；
(2)通过北京山区开发事例，感知身边的地理事物，理解地理事物的发展变化规律，树立正确的资源观、环境观，以实现真正意义上的可持续发展。

时间	授课行为	应掌握的技能要素	学生行为	教学意图
0分	引导学生，完成“学前热身运动”。地形是自然环境的重要组成部分，为人类的生产生活提供了基本条件，在学新知识前我们先回忆一下： 1. 按地表起伏形态，世界上共有几种地形类型？ 2. 在图中如何识别？	回忆	回答：五种，分别是山地、高原、盆地、平原、丘陵。	感官训练：通过学前热身运动，复习地形知识，引入本节课重点，使学生明确本节课的学习内容。
1分30秒	读图指导： 1. 如何阅读《中国地形图》？	诱导意识	读资料说出：一看图名，二看图例，三看颜色和注记。	方法训练：培养学生在图中识别地形类型和归纳地形特征的能力。
2分30秒	2. 指导学生阅读课本第19页图6—1，举例说出我国有几种地形类型。	形成认识	读图举例说出：华北平原、江南丘陵、黄土高原、四川盆地、太行山共五种地形类型。	
3分	3. 我国的地形种类具有什么特点？	能力训练	地形类型多种多样。	
7分	阅读资料一，说出山区都包括什么地形类型，山区面积占全国陆地面积比重有多少？ 说明我国地形分布上有何特点。(是山区面积大还是平原地区面积大)	指导程序 确认	回答：山地、丘陵和较崎岖的高原，山区面积广大。	方法训练：学生初步学会资料的阅读与使用。
	指导学生根据前面活动一中第1、2题的分析，总结说出活动一中第3题：我国地形类型和分布上具有什么特点？	监控思维 确认	回答：地形多种多样，山区面积广大。	

续表

时间	授课行为	应掌握的技能要素	学生行为	教学意图
8 分	读图指导： 在地形图中如何进行判读呢？ 练习：	指导程序 强调确认	回答：在分层设色地形图中，图中不同颜色代表海拔高度分别是多少，再通过图中颜色变化总结出我国的地势特征。	信息训练：初步学会在分层设色地形图上提取、分析、归纳有用的信息。
8 分 45 秒	指导学生阅读课本第 19 页图 6－1，分析完成学案活动二中第 1 题：说出我国地势哪儿高哪儿低，与哪幅图相符——地势特征是什么？	强调确认	回答：西高东低，D 图。 学生读剖面图进行评价	
09 分 35 秒	过渡： 如读的是地形剖面图，中国的地势特征就会更为直观。 练习：	联想想象	预设：好的更为直观；看不明白进一步方法引导。	感官训练
10 分	指导学生阅读课本第 21 页图 6－2 地形剖面图，完成学案活动二第 2 题中的表格。 陆地向海洋自然延伸——大陆架，在我国是第三级阶梯继续向海洋延伸，形成我国近海大陆架。由于该地区海水较浅（小于 200 米），可透射阳光——各种海洋生物资源非常丰富；此外海底还藏有丰富的石油资源。	建立联系 启迪策略	（略）详见学案	方法训练 信息训练
10 分 30 秒	1. 我国地形多种多样、山区面积广大，地势西高东低、大致呈阶梯状的地形特征，对我国经济发展、气候特征、河流落差和水能、河流流向、交通运输等方面可能会有什么影响？	提供平台 促进参与 形成期待	小组回答： 地形类型开发利用组： (1)我国地形类型多种多样的特点，有利于农、林、牧、副、渔等多种农业的发展。 (2)山区面积广大的特点，有利于发展林业、牧业、旅游业，但平原面积小、交通不便，阻碍了经济发展。 (3)山区开发不当会导致很多灾害发生，如：滑坡、泥石流等，只有因地制宜开发山区，才能实现可持续发展。 气候组： (1)地势西高东低、面向海洋，有利于海上湿润气流向我	品质训练：帮助学生树立正确的资源观、环境观、可持续发展观。
11 分 30 秒	2. 拓展：假如我国地势东高西低会怎样呢？ 小组活动要求： 1. 就所认领的任务，用所给资料围绕地形地势特征的影响去分析回答问题； 2. 小组交流分享时要注意倾听。	引导假设 联想想象		

续表

时间	授课行为	应掌握的技能要素	学生行为	教学意图
			国内陆推进。 (2)在海陆位置不变的前提下，我国降水的分布规律受地形的影响，从东南沿海向西北内陆逐渐减少。 (3)假如我国地势东高西低，我国年降水量不会增多，反而会变少。 河流流向组： (1)我国大多数河流流向受地势影响，从西向东注入太平洋。 (2)如果我国地势东高西低，则许多河流不仅改变流向为从东向西，且因不能入海，而由外流河变为内流河。 交通组： (1)受地势影响，我国多数河流从西向东入海。不仅沟通了我国东西方向交通，还促进了我国的经济发展。 (2)受地势影响，我国主要铁路与公路线均集中分布在我国的东部沿海地区。 (3)如果我国地势东高西低，则不能实现河海联运，在一定程度上限制了我国对外贸易等。 河流落差组： (1)河流从高一级阶梯流向低一级阶梯时，受地势的影响，河流落差变大。落差越大，水流速度就越快，河流蕴含的价值就越高。 (2)受地势影响形成了瀑布景观，其中会藏有丰富的水能资源。	能力训练 策略训练

续表

时间	授课行为	应掌握的技能要素	学生行为	教学意图
28分30秒	通过学习，你有什么收获吗？ 你还有什么不懂的问题吗？	监控思维 指导反思 新的期待	(3)连日来，云、贵等地长时间干旱，水力发电基本停顿的原因就是水量不足以发电。 (4)读课本第69页中国主要电站分布图，可知我国水能资源丰富地区主要分布于我国阶梯分界线地带。 学生回忆总结，自由发言。	回忆策略培养反思能力

日期：2013年6月1日

【教学反思】

本教学设计体现出三个亮点：一是教学目标明确、具体、有针对性——针对我校初一年级外来务工人员子女为主的实际情况；二是思维训练教学策略得当——针对我国地形、地势特征设计的梯度问题，不仅激发了学生潜能，引领学生思考，还有效促进了学生地理思维习惯的养成；三是重学情分析——从实施来看，学生对提出的问题积极思考，能提出自己的合理见解。

本设计的细节改进，让我进一步领悟到：教师微小的改变带给学生的将是无穷的变化。因为我们面对的是正处于初中入门学习关键期——思维方式形成期的学生。

项目16 沟通教学技能

定义：沟通技能是指教师在与学生的交往中，运用语言、情感手段，通过倾听、反馈，交换观点、意见，实现理解、信任、尊重、彼此接纳、合作，达成共识，形成良好的人际关系的一类教学行为。

要素：尊重接纳、真诚信任、公平合理、理解宽容、选择方法、反馈调整。

类型：群体沟通、个人沟通、认知沟通、情感沟通。

沟通教学技能评价单

日期____________ 任课教师____________

请您在听课后对以下各项目进行评价，在恰当的等级下画“√”。

	优	良	中	差	权重
1. 师生情感是否和谐、融洽？	□	□	□	□	0.2
2. 能创设情境与学生沟通吗？	□	□	□	□	0.1
3. 沟通的形式手段是否多样？	□	□	□	□	0.15
4. 教师言谈举止对学生是否尊重？	□	□	□	□	0.2
5. 能否通过反馈调整沟通效果？	□	□	□	□	0.25
6. 学生能否与教师主动沟通？	□	□	□	□	0.1

关注需求、激励探究，在沟通中有效学习

——数学《方向的认识》教学设计

六里桥小学　王玉梅

一、教学背景

1. 教材分析

《方向的认识》是京版小学数学第四册第五单元第一课时的内容。在第三册时学生已经认识了东、南、西、北这四个方向，本课是在此基础上，结合学生在日常生活中积累的关于认识方向的初步经验，进而又认识了东南、东北、西南、西北这四个方向，并能根据给定的一个方向(东、南、西或北)来辨认其余七个方向，并进一步运用这八个方位词来描述物体间的位置关系。学好了这部分知识为学生后续认识路线图和测定方向的学习打下基础。

2. 学情分析

学生已经具有前、后、左、右，东、西、南、北方向的知识，在此基础上进一步学习东北、西北、东南、西南这四个方向。通过本课学习，将促使学生更好地认识、理解生活的空间，丰富对现实空间的认识，建立初步的空间观念，发展形象思维。但是，他们的时空感具有片面性，需要借助具体环境识别方向。

二、教学目标(见教案)

三、教学重点、难点

教学重点：引导学生在已有经验的基础上，认识东南、东北、西南、西北，主动构建方位知识。

教学难点：让学生体会到参照物不同，物体的相对位置也会发生变化。

四、教学理念

课堂教学的效果取决于师生双方互动交流的沟通状况。教学并不是单向信息传递的简单方式，教师只有判断出师生交流是否成功，并据此进行反馈矫正，才能达到预期的教学效果。

课堂调查研究表明：在课堂教学中，教师的“教”与学生的“学”是在沟通中进行的。教师在教育工作中，70%的错误是不善于沟通造成的。语言沟通是实现教学目标的重要手段，师生沟通的质量决定着教学在多大程度上的有效性。

教师利用语言沟通对学生施加教育影响的作用是很大的。大量的教育实践表明：学生先喜欢教师，再喜欢教师所提供的教育，接受教师所施加的教育影响。

五、教学策略

1. 对学生进行调查，找到新、旧知识间的内在联系。通过实例使学生感受到方向在生活中无处不在，体会到学习的必要性，坚定信心和决心。

2. 引导学生进行操作活动，培养学生的动手能力和口语表达能力。

3. 先给方向起名字，运用鼓励的语言，让学生分组学习，培养学生的迁移能力。

六、教学媒体

PPT

七、板书设计

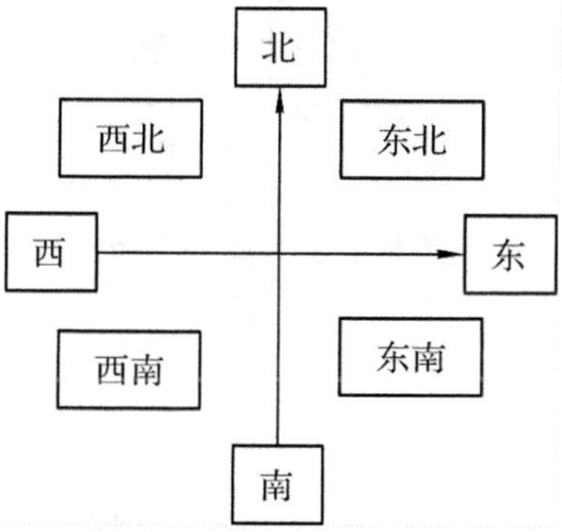

1. 确定观察点；
2. 画方向板；
3. 利用方向板判断方向。

八、教案

科目：数学　课题：方向的认识　训练的技能：情感沟通技能　主讲：王玉梅

教学目标：
在具体的情境中认识东北、东南、西北、西南，并能用这些词语描述物体所在的方向。通过创设情境、自主探究、合作交流的活动，学习方向的知识，获得成功的体验。

时间	授课行为	应掌握的技能要素	学生行为	教学意图
2分	同学们，今天老师给你们带了些照片，你们愿意看吗？	尊重接纳	学生说：愿意。	用语言拉近与学生的距离，创设和谐融洽的氛围。
	请看这张：珠海12名青年男女在攀登凤凰山的过程中迷路，6名救援队员于晚间入山搜救。历经7小时的艰辛努力，于次日凌晨4时许将迷路青年男女带下山。在这漫长的7个小时中，他们要经历寒冷、饥饿和黑夜，多么可怕呀！在我们的生活中，迷路的事情很多，那么我们怎么能保证自己不走错路呢？	探询		用探询提问，使学生感到公平、公正，从中体会到认识方向的重要性。
	对了，方向在我们的生活中非常重要，今天我们就一起来再次认识方向。	尊重接纳	请学生说：认识方向。 明确学习目标。	
2分30秒	老师这里还有一些照片，边看边说它们是什么地方？这张呢？这张呢……	真诚信任	生说：医保定点医院、莲香园小区、莲香园分校、北平楼饭店、兴海大厦等。	从学校周边的建筑物入手，激发学生的学习积极性。
	对了，这些照片都是我们学校周边的一些建筑。老师把它们放在平面图上，你们能说出它们分别在我们学校的什么方向吗？	认知沟通确认	能！ 学生说。	

续表

时间	授课行为	应掌握的技能要素	学生行为	教学意图
4分	老师出示平面图让学生说方位： 哟，你怎么这么快就说上来了，有什么好方法吗？	拓展延伸 探询	请学生用手边说边指上北、下南、左西、右东。	运用激励的语言，激发学生用原有知识解决问题的能力。
	其实在这张图上不光有这几个建筑，还有很多建筑呢！看，还有兴海大厦和广亨超市呢！看到这两个建筑的位置，你们有什么想法吗？	形成期待 认知沟通		
	它们既不在学校的正北方也不在学校的正东方，那么它在我们学校的什么方向呢？	反馈矫正（形成学习期待）	生：东北方。	探询提问，引发学生积极思考，发现问题，主动探究。
6分	和你的小伙伴说说你的想法。老师相信你们一定能说出你们的道理来。（巡回走动，调查了解。）	真诚信任 语言诚恳	同桌互相说。	通过反馈矫正，师生沟通形成对学习目标的共识。
	老师小结：对了，这两个建筑不在正北方也不在正东方，而是在东和北这两个方向之间，因此，我们就把东和北之间的区域叫东北方。	激励 反馈矫正	生：兴海大厦在东和北这两个方向之间，因此我认为兴海大厦在学校的东北方。	
10分	谁愿意上来指一指，东北方在哪里？	探询		
	同学们，你们能用自己的话说说东北方在什么地方吗？		请学生说。	通过探询提问，激发学生的探索欲望。
	哪位同学愿意上来把东北方贴在方向板相应的位置上？	沟通方法 变化提问	请学生到前面来贴。	
	老师挪动方向名称，问：贴这儿可以吗？这里呢？这儿呢？为什么贴在哪里都行？		学生回答： 它们都是在东方和北方之间。	运用多种手段提问，使学生树立解决问题的信心。
	知道了东和北之间的区域叫东北方，那么这些建筑物分别在学校的什么方向呢？（小组合作学习）	明确学习目标	学生分组讨论，并说明理由。	
	哪位同学愿意上来把这些方向贴上？	运用 提问分配	请学生说，并到前面贴方向。	利用反馈矫正使学生明确方向的定义。
14分	同学们，你们怎么这么快就能正确说出这些建筑物在学校的什么方向？是什么帮助了你们？对了，有了方向板，我们就可以正确地确定物体的方向了。那么，这个方向板是随便画在哪儿都行吗？首先我们要判断出观察点，这些建筑都是在学校的（　）方，	启发提问 分析	生：方向板。 请学生说，若回答不行，要看是从哪儿观察的。	运用激励的语言培养学生的探究意识和小组合作能力。

续表

时间	授课行为	应掌握的技能要素	学生行为	教学意图
18分	因此观察点是学校。知道观察点了，再在观察点上画上我们的小助手方向板。那么我们只要根据方向板就可以正确确定物体的方向了。 同学们学会了吗？老师出两道难一点的题考考你们，你们敢挑战吗？再观察这幅图说一说北平楼在华润超市的(　)方，是这样吗？ 我们用刚刚学过的方法验证一下： 读题，观察点在哪儿？ 画方向板，利用方向板确定方向。 在兴海大厦的(　)方？ 提问：同样是北平楼饭店，怎么一会儿在西北方，一会儿在西南方呢？ 老师小结：对了，观察点发生了变化，同一物体的位置也就不同了。 今天，我们又借助方向板学习了四个新的方向，它们都是什么？请同学们说一说。 再加上我们二年级学过的四个方向,我们一共学习了几个方向？ 观察黑板上的方向板，这么多的方向你们有什么好的方法记住它们吗？哪位同学愿意先说一说？ 1. 同学们学得真棒！看来方向的知识大家学习得很好，老师要给你们一张从北京市地图上截取的城区图，你们根据老师的提示猜一猜，这两个地方是什么区县？动动脑筋，老师相信你们一定能猜出来。 哪位同学愿意当个小老师，出几道题考考大家？ 2. 同学们学习方向学得这么好，你们能动手制作方向板吗？利用	归纳总结 鼓励 启发提问 讲解、演示，引发学生思考 归纳总结 探询 引导观察 真诚信任 真诚信任 反馈矫正 理解宽容 表扬鼓励 真诚信任 确认 真诚信任	方向板的画法和运用。 生：敢！ 请学生说答案并说思考过程。 生：观察点不同，物体的位置也就不同了。 归纳位置：东北、西北、东南、西南。 同桌互相说。 生：北和南相对、东和西相对、东北和西南相对、西北和东南相对。 请学生说并到前面来指一指。 学生小组合作。	用探询的提问使学生感到公平、公正。 运用多种沟通手段与学生交流，实现对教学目标的沟通。 运用激励的语言鼓励学生勇于挑战困难。 有效提问，培养学生良好的解决问题的习惯。 保护学生的自尊心，尊重学生的想法。 使学生感到受尊重和信任。 运用多种手段沟通，实现教学目标的达成。 运用鼓励，使学生树立学习的信心。 运用鼓励的语言，激励学生动手，培养学生的动手能力和口语表达

续表

时间	授课行为	应掌握的技能要素	学生行为	教学意图
20分	方向板，说出自己周围的八个方向上的同学都是谁。方向板的方向和图上的方向是一致的，但和生活中的方向却是不一样的。那么生活中的方向是什么样的呢？我们怎样利用这个方向板呢？ 小结：同学们，通过今天的学习你们学会了哪些知识？ 对了，今天我们给东和北、东和南、西和北、西和南之间的区域正确地起了名字。	综合运用 引发学生的思考 启发提问 指导反思 语言简练、准确、有激励性	先动手制作方向板，再和同桌同学说一说。 学生说。	能力。 利用反馈矫正使学生明确方向板的使用方法。 鼓励表扬增加学生的学习兴趣，激发学生的学习热情。 引发学生思考，激发学生求知欲。

日期：2013年12月1日

【本课的特色】

我大胆地对本课进行了修改，通过让学生观看青年学生迷路的照片、新闻，再加上老师生动的讲解，鲜活的实例使学生深刻地感受到方向在我们生活中无处不在，体会到学好方向的重要性，从而坚定了学生要学好方向的信心和决心。

举一反三，发展思维。从多角度变换出题，使学生的思维更加活跃，学生的发散思维得到了较好的锻炼。最后又让学生自己出题考考同学，一人出题，一人答题。一道题中的多种练习形式，使学生的头脑一直处于不断地思考中，学生的发散思维能力得到了发挥。

沟通中指导　探究中提升

——数学《乘法的初步认识》教案设计

靛厂小学　王丽

科目：数学　课题：乘法的初步认识　训练的技能：语言沟通、学习指导技能　主讲：王丽

教学目标：1. 理解乘法的意义，结合实际问题写出乘法算式，并掌握乘法算式的读法。2. 经历乘法的产生、形成与发展过程，感受到数学知识源于实践，激发学生学习数学的兴趣。3. 探索解决问题的方法，丰富解决问题的策略，初步形成合作意识、探究意识，培养学生解决问题的能力。				
时间	授课行为	应掌握的技能要素	学生行为	教学意图
0分	一、创设情境，引出新知 1. 解决生活问题 (1)同学们，自上学以来，你们是不是有越来越多的发现啊？在我们身上或身边你一定能发现许多数学知识。	创设情境 尊重 真诚	是。	情感沟通，拉近师生关系。 搭建支架。

续表

时间	授课行为	应掌握的技能要素	学生行为	教学意图
30 秒	比如：我们都有 2 只手，2 条腿；每个学习小组有 4 个小朋友……谁能像我这样把你发现或想到的信息说一说？（课件） 真不错！你们的小眼睛挺会发现！咱们用这些信息做一个新的数学研究怎样？大家说，行不行？说行的请举手！啊，大家都认为行，是吧！ (2)老师先出一个题目，请注意！看：每只手 5 个手指，2 只手多少个手指？（板书：5＋5＝10） (3)现在老师换题目了，注意：要吃饭了，每人用 2 根筷子，你们家 3 口人一共用几根筷子？ （板书：2＋2＋2＝6）	提供支架 启发引导 探询语调 真诚 公平 指导观察 探询眼神 激将语气 启发创造	每只青蛙 4 条腿；每盒冰棍 6 元钱；每件上衣 5 个扣子…… 10 个，5＋5＝10。 6 根，2＋2＋2＝6。	认知沟通，搭设支架。 指导观察，加深认识和理解。
2 分	(4)同学们都是小数学家，谁能像老师这样，利用你发现的信息提个数学问题？ （板书：4＋4＋4＋4＋4＝20） （板书：6＋6＋6＝18） 2. 认识相同加数 (1)同学们，观察这些算式，他们有什么相同的地方？	真诚信任 迁移 指引观察 对比提问 指导建构	生 1：一只青蛙 4 条腿，5 只青蛙多少条腿？ 4＋4＋4＋4＋4＝20 生 2：每盒冰棍有 6 元，3 盒冰棍多少元？ 6＋6＋6＝18 生 1：都是加法。 生 2：好几个数相加。 生 3：加数相同。 生 4：都求总数。	指导提问，启发思维。 搭设支架，帮助建构。
4 分 30 秒	(2)请同学们开动脑筋，请看：算式里的加数都相同，请你们给它们起个好听的名字。（板书：相同加数） (3)上面这些算式的相同加数分别是谁？你能读出来吗？ (4)像这样的算式你能写两个吗？试着写在纸上。（练习纸横线部分） 反馈。	指导概括 探询语调 探询眼神 实践操作	生读。 生自由写。	群体沟通，指导记忆。 指导操作，探究学习。
6 分 30 秒	哟！你念得真快，可是我只记得相同加数是 7，没记住有几个 7。 又简单，又清楚，表达得有创造性！（板书：5 个 7） (5)同桌互相说说对方的算式是几个几相加。	着急语调 鼓励、诱导 组织指导交流	生：7＋7＋7＋… 生：5 个 7。 生交流。	个人沟通。 巡视行间，个别指导。 组织交流，深化理解。

续表

时间	授课行为	应掌握的技能要素	学生行为	教学意图
9 分	3. 引入新知 (1)下面，我说算式，你来写！注意听，看谁写得又快又正确。(练习纸横线部分)(指名板演) ①3 个 5 相加； 追问：你检查什么呢？ 表扬：做事谨慎、认真的小伙子(姑娘)。 ②4 个 8 相加； ③10 个 3 相加； ④100 个 3 相加。 追问：怎么了？	指导操作 语言清晰 提示 鼓励强化 语调清晰 眼神组织教学	学生写。 学生自主检查。 看看相同加数是不是都是 5，数数是不是写了 3 个 5 相加。有的学生不写了，太多了，太难写了，太费时间了！ 没有。	实践操作，指导建构。 个体沟通，全面指导。
10 分	(2)那么生活中有没有这样的问题要你解决呀？ 比如：午饭每人发 3 个荔枝，全校 485 名学生一共吃了几个荔枝？这是几个 3 相加？写吧！485 个 3 相加。 是呀，你们的想法和科学家的一样啊，你们能猜到科学家有什么新方法吗？(板书：乘法) 二、学习新知，掌握方法 读写乘法算式。 (1)介绍乘法符号 乘法是一种运算，和加减法一样，也有自己的运算符号，你知道吗？你怎么知道的？ (板书：×)它叫乘号。(板书：乘号) (2)乘法算式的读法和写法。	提示 探询 启发诱导 形成期待 沟通目标 鼓励探究 鼓励探究 追问 讲解 巩固建构	生：更难了！太多了！太麻烦了！ 好奇。 猜想。 生若会写，符号可由生写。	启发思维，鼓励探究。 个体交流，鼓励探究。
12 分	谁知道 2＋2＋2 表示的意义？ 对！2＋2＋2 表示 3 个 2 相加是 6。 用乘法怎么表示？(板书：3×2 或 2×3)它们的结果与加法算式的结果相同，也是 6。谁能读出这个算式？ 说说，乘法算式里的“2”、“3”分别是加法算式里的什么数？	确认 重复强调 鼓励探究 讲解 分析 探究学习	2＋2＋2 表示 3 个 2 相加是 6。 生读。 2 是加法算式里的相同加数，3 表示有 3 个 2。	启发思维。 鼓励探究，形成意义建构。 指导交流，丰富认知。

续表

时间	授课行为	应掌握的技能要素	学生行为	教学意图
14 分	(3)小组学习 你们 4 人一小组，能不能合作着将黑板上的连加算式改写成乘法算式？ (课件出示学习要求：小组长组织；每人一道；写完后先读一读你写的乘	探询语气 指导合作 实践操作 巡视、纠正	小组合作学习。 每组选一名代表与大家	
14 分 30 秒	法算式，再说说每个乘法算式里的数是加法算式的什么数。) (4)比一比 100 个 3 既能用加法算式表示，也能用乘法算式表示，你选择哪种方法？为什么？ 那 485 个 3 是多少？你怎么列式？	指导交流 引导比较 反思方法 强化建构	交流。 100×3，简单多了，又快又简便。 485×3。	通过交际合作完成建构。
16 分	三、巩固应用，进一步理解乘法意义 1. 根据小熊的话写乘法算式 6 个 3 连加。 4 个 10 连加。 7 乘 8。 9 和 6 相乘。 2. 你认为下面哪些算式可以改写成乘法算式？改一改。 3+2+3+4　　5+5+5+5 7+7+7+2　　2+2+2+2+2 4+5+6+7+8　6+6+6−6 追问：××同学将 7+7+7+2 改写成 7×3+2 行不行，为什么？	实践 强化 实践	独立完成后交流思想。 独立完成后交流思想。 生 1：7+7+7+2=7×3+2 生 2：不行，不是每个加	实践操作，检验学习效果。
18 分 30 秒	师：恩，加法算式中几个加数都相同可以改写成乘法算式。 师：看看题目要求，这是一道乘法算式吗？看来这样写不符合题目要求，是不对的！但是，××同学，老师看出你也理解了乘法的意义，能利用新	启发诱导 鼓励、建构	数都相同。 生 3：行！因为，他是把 3 个 7 改写成了 7×3，再加上不一样的 2。 畅谈收获或充分质疑。	通过讲解实现群体沟通。
20 分	学的知识把复杂的问题变简单！你是个有潜力的学生！ 四、总结质疑 这节课你有什么收获？ 还有什么问题？ 这节课学完，说说你的心情！ 师追问：什么样的加法题可以用乘法计算？	指导总结 反思	内容预设： 这节课我知道了很多加法问题可以用乘法计算。	指导反思学习，巩固提高学习水平。

续表

时间	授课行为	应掌握的技能要素	学生行为	教学意图
	师：恩，今天你体会的是写起算式来比较简便，今后你还会有新的发现！ 师：课堂上你一定认真倾听同学的发言，积极思考了！ 师：很好啊！ 这个问题问得好！是不是这样呢？老师不回答你，你试着在今后的学习中自己寻找答案，答案找到了记得告诉老师！ 家庭作业： 数数家中物体的数量，根据找到的信息提出像这样既能用加法也能用乘法解决的问题考考你的爸爸妈妈，也带到下节课来，考考老师同学。	肯定、鼓励启发、调动	生：我知道用乘法计算比较简便。 生：我今天学得特别轻松，乘法知识一点儿也不难！ 生：老师，我能提个问题吗？乘法的得数是不是也要先算加法得数才能算出来？ ……	以个体交流提升学生学数学的兴趣。 鼓励提问，培养和保护学生学习的积极性。

日期：2011 年 6 月 8 日

【教案点评】

苏霍姆林斯基说："在人们的心灵深处有一种根深蒂固的需要，这就是希望自己是一个发现者、研究者、探索者，而在儿童的精神世界中，这种需要尤为强烈。"为了满足学生这一强烈需求，我将本节课的设计思路凝聚在十个字中——"沟通中指导，探究中提升"。

1. 借"语言沟通"，塑和谐课堂。整节课，我以激励性语言、鼓励性情感与学生在一系列的学习活动中交流、互动，认真倾听、积极反馈、交换观点、彼此接纳……积极建立良好的师生关系，营造和谐氛围，为顺利而有效地开展课堂教学"搭桥"、"铺路"。

2. 借"学习指导"，促探究提升。课前准备中，我集聚智慧，仔细斟酌学习材料，精心设计教学活动，积极运用学习指导技能，为学生创建一个有利于他们主动探索的数学情境，关注学生自主探索与合作学习的可参与性。课堂上，我不但为学生提供学习实践的平台，还积极参与学生的活动与讨论，监控学生参与学习、讨论的实际效果，引领他们在互评中反思，在总结中提升，使学生在获取学习方法和基本技能的同时，体验到学习的乐趣，真正成为学习的发现者、研究者和享乐者。

"语言沟通"与"学习指导"技能在一节课中不是孤立存在的两个独立性技能，它们相互依存，交织于一体，共同服务于课堂教学始终，只有在和谐的沟通中运用科学的教学手段实现有效的学习指导，引领学生在自主发现、自主探究中不断地反思、总结，才能使学生在学习过程中真的有收获，确实有提升。

以疑促学，增强学生探究情趣

——品德与社会《发现有趣的变化——水能爬》教学设计

丰台实验学校　王玲

一、教材分析

《发现有趣的变化——水能爬》一课是北京义务教育课程改革实验教材(首师大版)二年级下册第三单元《神奇的大自然》中的最后一课。此单元主要是围绕儿童与自然的轴线，使学生在观察、实验、绘画、制作、游戏等亲近自然的活动中，感受大自然的美丽和神奇，体验生活中处处有科学的奥秘。

《水能爬》一课的教学旨在引导学生用观察、比较、小实验等进行简单的探究活动，感受科学的魅力，发展学生关注身边常见自然现象的发现能力、探究能力和解释问题的表达能力、交流能力，发展学生热爱科学的情感，促进学生动脑筋、有创意地生活。

二、学情分析

小学二年级的学生在观察、记忆、想象等方面的水平还不高，他们对大自然的知识主要来源于书本、学科教学相关内容等浅层次的认识，缺少深入到大自然去感悟实践的体验。学生在生活中不能主动去发现、亲近大自然，感受不到大自然神奇的力量，对于感兴趣的自然现象只停留于表面，缺乏深入探究的能力。

本课在学生感受大自然的美丽和神奇后，在学生已有观察的基础上发现事物的变化，能够进一步体验生活中处处有科学的奥秘。

三、教学目标(见教案)

四、教学重点、难点

教学重点：通过体验探究，知道水能爬的科学现象。

教学难点：在实验探究中，知道水为什么能爬的科学道理。

五、教学理念和理论依据

1. 学科理论依据：《品德与生活》课程遵循儿童生活的逻辑，以儿童的现实生活为课程内容的主要源泉，以密切联系儿童生活的主题活动或游戏为载体，以正确的价值观引导儿童在生活中发展，在发展中生活。

2. 社会学习理论依据：个体可以通过观察他人的行为结果而习得新的行为。

3. 沟通技能理论：课堂教学千变万化，沟通技能通常有情感沟通、认知沟通、群体沟通和个人沟通等 4 种类型。教师在与学生的交往中，运用语言、情感手段，通过倾听，反馈，交换观点、意见，实现理解、信任、尊重、彼此接纳、合作，达成共识，可以形成良好的人际关系。

六、教学策略

师生互动，增强探究情趣，用喜闻乐见的形式增强教学的吸引力和感染力。通过多种有效的沟通方式，培养学生的探究能力。

七、媒体准备

多媒体课件、吸管、纸、布、芹菜、红水。

八、教案

科目：品德与社会　课题：发现有趣的变化——水能爬　训练的技能：沟通技能　主讲：王玲

教学目标：

1. 认知目标：通过观察、比较、小实验等方法，知道水能爬的科学现象，并能说出水能爬的原因，提高发现问题的能力、探究科学的能力、与人合作的能力。

2. 技能目标：能结合生活实际举例说出水能爬的现象，感受科学与生活的关系；在动手创意的过程中，发展学生热爱科学的兴趣。

3. 情感目标：在探究活动中，学会总结实验步骤，体验探究科学知识带来的乐趣。

时间	授课行为	应掌握的技能要素	学生行为	教学意图
0分	1. 情景再现，观察思考。 同学们，昨天晚上老师买来的两棵芹菜，一棵放在水盆里，一棵放在地上。可是，你们看看，现在有什么不同？ 看到这种现象，你们有什么问题吗？	联系生活 引起注意 语调 引起质颖	观看图片 仔细观察，仔细比较。 一棵新鲜、一棵蔫了。 为什么放在水盆里的芹菜新鲜？	通过实际生活情境再现，激发学生探究学习的兴趣。
1分30秒	2. 小结：我的想法和同学们一样，芹菜为什么能吸水呢？在它的身体里隐藏着什么秘密呢？今天，就请同学们一起来研究，发现芹菜吸水的秘密。	尊重接纳 梳理思路 认知沟通		
2分	3. 活动一：探究芹菜吸水的秘密。 (1) 出示浸泡过红水的芹菜，引导学生观察思考：你发现了什么？ 你的发现说明了什么？ 你们观察得真仔细呀，下面我们继续在观察中发现吧。	实物观察 产生学习意愿 反馈激励	芹菜变红了。 说明芹菜真的能吸水呀。	通过动手操作活动，引导学生在实验中发现水能爬的现象，在师生的活动中，明白水能爬的道理，培养学生科学实验能力、探究能力和小组合作能力。
3分	(2) 引导提问：下面我们怎样做才能发现芹菜吸水的秘密呢？ ① 小组讨论，达成共识。 ② 实验操作，交流发现。 你们在实验中发现了问题，找到了答案，老师真为你们骄傲。你们真棒！	互动 实验探究 反馈激励	把芹菜掰开，发现芹菜茎上有一个个小红点；把芹菜撕开，发现芹菜茎上有一条条红线。	
5分	(3)投影观察，师生小结。 芹菜茎上一个个小红点就像一个个小孔，一条条红线就像一根根小细管，芹菜就是靠着它吸收水份保持新鲜的。 4. 活动二：实验感知水能爬。 过渡：为了更具体地了解这一现象，老师找来一些细管，供大家实验。看	展开联想 印证结果	把细管放入红水中，红水进入到细管里；细管粗细	

续表

时间	授课行为	应掌握的技能要素	学生行为	教学意图
8分	看你们又能发现什么？ ①小组实验。 ②观察交流：你发现了什么？	再次实验 进一步明理	不同，管里的红水高低也不同。	
9分	是呀，我们再一次通过实验，在细致的观察中，发现了有趣的变化。 课件小结：水能沿着细管中的孔隙上升这种有趣的现象，水能爬。（板书：水爬）	反馈激励 语调变化 肯定结论		
10分	5. 活动三：实验探究，水能沿着纸、布等材料中的缝隙上升。			
13分	过渡：在我们的生活中，水还可以沿着哪些物品爬呢？下面，让我们继续去研究，看看善于观察的你们还能发现什么？	语气激励	把打印纸、餐巾纸、毛巾条、纱布条、衣服条放入红水中并观察。	通过对各种不同材料的实验，再一次明确水能够沿着物体的孔隙爬这种科学道理，学生学习兴趣浓厚。
15分	(1)小组实验： 分配实验材料，分组进行实验。 (2)结合实验说一说：你又发现了	第三次实验 形成期待 指引交流	纸条、布条会吸水； 布条吸水有的快有的慢；	
17分	什么？		水爬到了纸条和布条上； 玻璃盘中的水减少了。	
	真有意思呀，不同的材料水都能够爬上来。 (3)讨论：水为什么能沿着纸、布等材料向上爬呢？ 课件小结：看到纸、布等物品放入红水中的变化，我们发现了水能沿着纸、布等材料的缝隙上升。	反馈小结 仔细观察	看、摸。 观看课件。	结合实验，让学生在探究中通过沟通得到答案，加深学习效果。
19分	同学们，生活中我们经常会发现很多现象，在这些看似普通的现象背后，如果人们能够多提出几个为什么，多一些发现，往往能带给我们意想不到的收获。	情感沟通 激励语	听。 结合自身想象。	运用语言激励学生做一个善于探究的人。

日期：2013年6月28日

【教学反思】

本课遵循儿童生活的逻辑，结合《品德与社会课程标准》中“以儿童的生活为基础，以培养品德良好、乐于探究、热爱生活的儿童为目标的活动型综合课程”要求，以儿童成长的特点和接受能力，从学生实际出发，增强了教学的吸引力和感染力。

结合教材内容，运用有效活动的创设，让学生在学习中发现有趣的变化。如学生探究“水能沿着纸、布等材料中的缝隙上升”这个现象时，设计了观察芹菜、细管和纸布等实验内容，引导学生感知明理。

运用有效的沟通手段——口语表达，帮助学生归纳总结，得到收获。课堂中由浅入深，层层发问，运用问题引导学生发现水能爬的原因。

巧用沟通，情绪激昂，愿为集体尽份力

——品德与社会《我也尽份力》教学设计

丰台一小　顾磊

一、教材分析

《我也尽份力》是首师大版《品德与社会》三年级下册第三单元《温暖的社会大家庭》主题四《大家帮助大家》的第二个课时。本单元引导学生走进社会这个大家庭中，认识到我们都是社会的一分子，与他人都有着密不可分的联系，谁也离不开谁。主题四《大家帮助大家》引导学生认识到热心人的及时帮助会使我们的生活更加美好。本课在学生认识到社会需要热心肠的基础上，侧重于让学生将自己的热情、爱心落实到平时的行动当中。

二、学情分析

丰台一小三年级八个教学班都设立了班级服务岗，老师也指派了各岗位的负责人。学生在岗位服务的过程中提高了一些能力，有一些学生愿意为别人服务。但在学生工作的过程中，缺少主动服务的意识，经常需要老师提醒，主要原因是他们没有从为他人服务的过程中感受到内心的快乐，有个别学生不按老师的要求做，甚至产生烦躁劳动、厌恶老师的情绪。

我通过学生志愿服务满意度调查，了解到我校三年级学生的志愿服务水平有待提高。具体数据如下图：

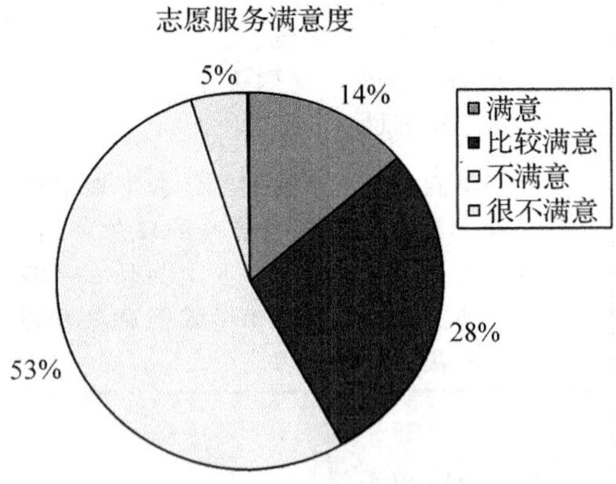

根据调查结果，我认为树立好的榜样，开展志愿者教育有利于学生树立正确的参与意识、责任意识，对培养负责任、懂合作的小公民有积极作用。

三、教学目标(见教案)

四、教学重点、难点

教学重点：愿意为班级、为学校尽份力。

教学难点：感受主动为他人服务的志愿精神。

五、教学理念和理论依据

1. 课标依据

《品德与社会课程标准》指出：本课程是知与行相统一的过程，注重学生在体验、探究和问题解决的过程中形成良好的道德品质，实现社会性发展。本课教学通过对班级事务的分工与岗位竞选活动培养学生主动为他人、为集体做事的志愿精神，并以此作为日后发展学生志愿精神，为社会志愿服务的基础。

2. 社会学习理论依据

美国教育心理学家班杜拉的社会学习理论认为：学生通过观察他人在一定环境中的行为，观察他人所接受的强化就能完成学习。在本课，教师积极树立服务榜样，让学生在观察中主动地向他们学习，共同参与到志愿服务当中。

3. 关于沟通技能的理论

建构主义学习理论认为：知识不是通过教师的传授得到的，而是学习者在特定情境的渲染中，特定情绪的撩拨下，借助必要的学习资料，自己感悟、理解而获得的。因此教学中教师与学生沟通是开展有效教学的关键。在本课，教师营造了和谐的学习气氛，真诚地与学生互动，认真倾听学生的真实想法，经过学生的合作最后达成了“人人都应尽份力”的共识。

六、教学策略

1. 树立榜样

为了引导学生出现预期行为，本课中我不断给学生树立榜样。从课程刚开始的社会志愿者图片到本班主动做好岗位工作的学生，再到为了班级需要放弃自己意愿的学生都拿来作为榜样。充分挖掘他们身上的闪光点，激励每一名学生向他们学习。

2. 小组讨论

在课堂中出现学生不能确定的情况时，我把做决定的权利交给学生。经过他们的思考、商量制定出对于他们来说最切实可行的方案，这有利于学生发挥主体性。

3. 师生互动策略

在课堂中，我有意创设和谐的课堂气氛，让学生说出自己的真实想法。在交流过程中，真实地展现出学生对主动服务的认识程度，突出榜样的作用。

七、教案

科目：品德与社会　　课题：我也尽份力　　训练的技能：沟通技能　　主讲：顾磊

教学目标： 1. 知识目标 知道每个学生都应该为班级、为学校尽份力。 2. 能力与方法 (1)主动认领岗位，提高交流、合作能力； (2)主动与同学商量，做好同一个岗位的工作。 3. 情感、态度与价值观 (1)喜欢本班志愿服务榜样，认同志愿者的志愿行为； (2)愿意通过自己的行动主动为班级、为学校尽一份力。

续表

时间	授课行为	应掌握的技能要素	学生行为	教学意图
0分	一、看一看，我来说——温暖的社会大家庭 导入语：同学们，社会上有这样一些人，他们无私奉献，不计回报。我们看一看他们的身影。	尊重接纳		
10秒	配乐播放社会上志愿者服务的照片。 看到这些图片你有什么想法？	真诚信任	听音乐、观看图片。	展现温暖的社会大家庭，引发学生主动为社会尽份力的意愿。
40秒 1分50秒	大家都非常欣赏这些志愿服务的人，如果社会上人们都这样热心做志愿服务，我们的社会会怎么样？	认知沟通	生：社会美好。	
3分	小结：他们的出现使我们的社会充满了温暖。生活在这样一个温暖的社会里，我们都会感到幸福。			
	二、找一找，我认领——营造和谐的班集体			
3分10秒	过渡语：人人参与志愿服务，我们的社会就是一个温暖的大家庭。	语速 语调		
3分20秒	我们的班级就是一个大家庭，谁为我们的班集体服务过？	群体沟通		
4分	大家说的都是班级岗位。大家想一想我们班里都需要设置哪些志愿服务岗位？ 老师根据学生汇报记录岗位。 岗位报名说想法。	公平合理 群体沟通	生：擦地。 生：擦黑板。 生：扫地。 ……	了解班级的需要。
8分	你愿意为班集体做好哪一项工作？把你的照片贴到黑板前的岗位大表格中。	真诚信任 情感沟通 群体沟通	按顺序将自己的一寸照片贴到黑板前的大表格里。	知道班级需要每名学生出一份力。
11分	通过大家刚才选报各个岗位的情况，你能发现什么问题吗？	反馈调整 认知沟通	观察岗位报名情况，找问题。	发现岗位分布表上呈现出的问题，知道该怎么为班级尽一份力。
12分	(1)为什么有这么多人都愿意负责这个岗位？	尊重接纳 认知沟通	分析某岗位报名人数多的原因。 生：这个岗位重要。 生：大家都喜欢干这个工作。	思考该怎样为班级尽份力。
12分40秒	既然这个岗位重要，你又喜欢干，你们怎么能把这个岗位的工作做好呢？	情感沟通	生：负责。 生：分工。 生：互相提醒。	培养主动为班级尽份力的意识。

续表

时间	授课行为	应掌握的技能要素	学生行为	教学意图
13分10秒	(2)为什么××岗位的报名人数这么少呢？跟你附近的同学讨论一下，想一想没人选这个岗位的原因。	尊重接纳 认知沟通	生：墩地费劲儿。 生：换水容易把衣服弄湿。	分析出现的问题，思考该怎样为班级尽份力。
	现在这个岗位因缺人而不能正常工作，请大家设想会出现什么后果。我们怎么解决呢？	认知沟通 情感沟通	生：调一些人到缺人的岗位！	
13分30秒	愿意调动岗位的同学请到前面挪动自己的照片。	反馈调整	个别学生举手主动调整照片。	
14分	(3)采访：你为什么要调配到这个岗位上？	认知沟通 真诚信任	生：那个岗位的工作不能没人干。	
14分20秒	追问：你勇于承担起这份责任，这种精神十分值得大家钦佩。但我要提醒你，你承担这份工作后可没有任何物质方面的回报。老师可能不会送给你小礼物，也可能不会给你加分。你还愿意干吗？	情感沟通 真诚信任 个人沟通 情感沟通	生：我愿意。	强化自愿、不为任何回报，主动尽份力。
15分20秒	做这些事可能会占用一些你的休息时间，怎么办呀？ 小结：当集体需要你的时候，你能够为我们这个班集体提供服务，贡献个人的时间和精力，这就是志愿精神。让我们为这些小志愿者鼓鼓掌！	真诚信任 公平合理 个人沟通 情感沟通	生：自己安排好时间。 生：先干完班里的事再干自己的事。 生：也可以先干自己的事，但不要耽误班里的事。	正确看待自己与集体的关系，愿意主动为班级尽一份力。
16分	三、定职责，我付出——集体因我更精彩			
17分	我们每个人都有了志愿服务岗位，怎样才能更好地为班级服务？ 我们每个人都尽心尽力地为班级服务，我们的班集体会怎么样？	个人沟通 情感沟通 个人沟通 情感沟通	生：认真干。 生：轮流干。 生：互相提醒，争取做到最好。	思考怎样才能为班级服务好。
18分	作业：分组制定岗位职责。	群体沟通	按岗位分组，制定岗位服务方案。	
18分30秒	再次播放社会上志愿者服务的照片。			制定可行的方案。
20分	结束语：让我们带着这份热情从这个课间就开始为我们的班级、校园尽份力！我们也要尽我们的力量为我们的家庭、我们的社区尽一份力，让我们的班级、家庭、社区越来越和谐，越来越温暖。	情感沟通	带着讨论的热情结束本课，开始为班级尽份力。	

日期：2013年12月1日

【教学反思】

1. 本课注重运用情感沟通、认知沟通、群体沟通、个人沟通等沟通技能让学生说出了自己不愿选报某个岗位的真实想法，让老师更加了解学生。

2. 运用沟通技能分析出了自愿调整到班级需要的岗位上的学生的思想闪光点，并将他树立为全班的榜样，激发全班学生主动为班级、为校园尽份力。

3. 运用沟通技能使师生之间形成了良好的课堂互动，并激发了学生主动为班级尽份力的愿望。

4. 涉及班级管理制度，受到班主任的支持，有利于将活动持续下去。

本课的不足：运用沟通技能的熟练程度有待提高。

团结一心　勇斗灰太狼

——体育《途中跑》教学设计

长安新城小学　张金程

一、教材分析

耐久跑本身对广大学生而言，形式单一，比较枯燥乏味，并且需要身体承担一定的生理负荷和心理负荷，它是考验学生心肺功能是否强健、意志力是否顽强的一种运动项目。对于水平二学段的小学生来说，耐久跑的任务重在培养学生对此项练习的兴趣。通过练习，学生能够感受到耐久跑练习带来的身心变化，能掌握一定的技术技能。

二、学情分析

三年级学生具有活泼、好动，求知欲望、好胜心理较强的个性特征。其中男生 22 人，女生 18 人；运动能力较强的有 8 人，较差的有 6 人。通过创设故事情境自然地渗透耐力素质练习，学生可以达到身心统一的和谐发展。

三、教学目标(见教案)

四、教学重点、难点

教学重点：正确掌握耐久跑中的途中跑技术和呼吸节奏。

教学难点：正确了解耐久跑的体力分配方法。

五、教学理念和理论依据

本课以小学《体育与健康课程标准》为依据，以“健康第一”为宗旨，结合学生实际的身心特点、认知水平，深挖教材本身的趣味因素，采用创设情境教学方法进行耐久跑练习，并使教学情境贯穿教学全过程，力图在教学中激发学生对耐久跑的兴趣，提高学生的耐久素质和形成坚韧不拔的意志品质与合作精神。让学生在乐中练、趣中练、玩中练。

皮亚杰的建构主义学习理论的内涵有如下表述：知识不是通过教师的传授得到的，而是学习者在特定情境的感染中，特定情绪的撩拨下，借助于必要的学习资料，自己感悟、理解而获得的。教师在与学生的交往中，运用语言、情感手段，通过倾听、反馈，交换观点、意见，实现理解、信任、尊重、彼此接纳、合作，达成共识，可以形成良好的人际关系，高效完成教学任务。

六、教学策略

1. 运用“分析比较归纳”的策略引导学生探究新知。

2. 学生运用“自我提问自引导”的策略进行练习。

3. 培养学生对耐久跑的兴趣。

七、教案

科目：体育　课题：途中跑　训练的技能：沟通和学习指导技能　主讲：张金程

教学目标： 1. 初步学习途中跑的技术，进一步掌握正确的呼吸方法； 2. 发展学生下肢力量和耐力素质以及协调能力； 3. 培养克服困难、坚持到底的精神和顽强的意志品质。				
时间	授课行为	应掌握的技能要素	学生行为	教学意图
0分	一、开始部分 师生问好，教师宣布：今天我们继续进行耐久跑练习。先进行队列练习，看看谁今天表现得最顽强，最勇敢。同学们有没有信心？ 队列练习： 1. 原地转法 2. 原地踏步练习 3. 齐步走——立定	创设学习氛围 语言激励 尊重信任 活动变化 鼓励强化	听到铃声迅速站队。 精神饱满，口令洪亮。 注意力集中，听口令迅速做动作，动作干净利落，班级整齐划一。	运用创设情境集中注意准备上课。 课堂常规训练中培养学生良好的行为习惯，促进参与。
2分30秒	二、准备部分 (一)游戏：找朋友 (二)专项准备活动 1. 肩部运动 2. 扩胸运动 3. 髋关节运动 4. 膝关节运动 5. 活动踝腕 6. 高抬腿跑 7. 模仿耐久跑呼吸	语言诱导练习 组织活动	学生在教师带领下进行练习。 让学生充分把身体活动开，为后边的学习做好铺垫。	语言激励化练习。
8分30秒	三、基本部分 1. 创设故事情境 “羊家族”召开会议决定开展体能训练准备与“灰太狼”进行决战。 2. 教师讲解、示范。	诱导意识 形成期待 注意倾听 尊重接纳	积极，准备参与活动。 学生聆听。 学生提问：可以不按要求跑吗？可以找好伙伴一块跑吗？	激发兴趣，培养主动参与意识。 通过观察，自觉开展锻炼。
9分30秒	原地呼吸练习，跑两三步一吸气，再跑两三步一呼气，口和鼻同时进行，教师巡视指导。 3. 学生示范，教师观察指导。	分析归纳		
10分		理解宽容	积极，参与活动。	

续表

时间	授课行为	应掌握的技能要素	学生行为	教学意图
13分30秒	4. 沿图行进，听信号做跑和走交替（遇灰太狼图案快速跑；遇见小山图案大步走；遇见小树林图案小步放松走。）	指引实践		
15分	5. 沿田径场跑道跑走交替。由各小组组长进行组织。	诱导意识 真诚信任	生：累。	培养学生团结协作意识。
15分30秒	6. 提示呼吸方法。		生：不累。 生：好玩。	通过活动达到身心放松的目的。
16分30秒	7. 学生踏步休息1分钟。 师：同学们感觉怎样啊？	注意倾听	生：下次还上吗？ 学生积极放松。	运用反思类型，在总结中评价自己，同时也评价他人。
17分	8. 教师再次提示：节奏、呼吸方法。 请说说本课学习收获？	尊重接纳 指导、反思	生:学生们聆听教师的总结。交流心得……	

日期：2013年8月13日

【教学反思】

教学过程中，能够注重与学生沟通，看重学生个体差异，发挥学生主体作用。在耐久跑的练习时，采用“目标提示”方法，使学生在小组长的带领下进行走跑交替练习，从而激发了学生自主学习的积极性，学生在“灰太狼”的活动中得到乐趣，突出学生的主体地位，锻炼了学生的管理能力。

项目17　鼓励创见教学技能

定义：教师以精神和行为上的积极强化的方式，激发学生的创新动机，培养、支持、肯定学生的创见行为，提高学生创造能力的一类教学行为。

要素：营造氛围、脑力激荡、点拨启发、指导技法、激励发表、鼓励自训。

类型：个人的、集体的、延时的、定向的。

鼓励创见教学技能评价表

日期________　任课教师________

请您在听课后对以下各项目进行评价，在恰当的等级下画“√”。

	优	良	中	差	权重
1. 鼓励能引起学生注意吗？	□	□	□	□	0.1
2. 鼓励及时、准确，促进了学生积极参与活动吗？	□	□	□	□	0.1
3. 能用多种鼓励类型、手段吗？	□	□	□	□	0.1
4. 鼓励手段使用自然、恰当吗？	□	□	□	□	0.2
5. 鼓励客观、真实，学生乐于接受吗？	□	□	□	□	0.2
6. 能否在教学的关键处运用鼓励？	□	□	□	□	0.1
7. 鼓励有连续性，顺畅、合理吗？	□	□	□	□	0.1
8. 教师鼓励是否热情、真诚？	□	□	□	□	0.1

鼓励探究，开启创见思维

——数学《平行四边形的面积推导》教学设计

看丹小学　郭跃清

一、教材分析

平行四边形面积的计算是在学生掌握了推导计算长方形、正方形面积的方法和平行四边形的特征的基础上进行教学的。这部分知识是将来进一步学习计算三角形面积和梯形面积的基础。本课内容共分为两个层次：第一层是推导平行四边形面积的计算公式；第二层是应用面积的计算公式计算平行四边形面积，解决实际问题。平行四边形面积公式的推导是利用“等积变形”的转化思想解决新问题。通过建立新、旧图形的内在联系得出平行四边形面积的计算公式，并使学生掌握转化的学习方法。

二、学情分析

学生已经掌握了平行四边形的特征以及推导计算长方形、正方形的面积的方法。这些都为本节课的学习奠定了坚实的知识基础。但是小学生的空间想象力不够丰富，对平行四边形面积计算公式的推导有一定的困难。同时对于应用数学思想解决数学问题的意识还没有建立，因此本节课的学习就要让学生充分利用好已有知识，调动他们多种感官全面参与新知的发生、形成和发展过程。

三、教学目标(见教案)

四、教学重点、难点

教学重点：使学生切实理解由平行四边形剪拼成长方形后，长方形的长和宽与平行四边形的底和高的关系。

教学难点：平行四边形面积公式的推导过程。

五、教学理念

《数学课程标准》指出：“在数学课程中，要注重发展学生的应用意识和创新意识。”在现实生活中，蕴含着大量的与数量和图形有关的问题，这些问题可以抽象成数学问题，用数学的方法予以解决。教师应该在教学过程中，培养学生用数学的眼光来看待这些问题，并尝试用数学的方法加以解决。

创造性学习是人类特有的心理活动，心理学家指出：任何正常人包括儿童都有创造性思维或独创性，而创造性思维是学习必不可少的心理因素或条件，发挥学生的创造性使他们产生前所未有的新异的观念、行为及作品是教育和教学中不可缺少的重要一环。

六、教学策略

1. 学生通过动手操作，小组交流，参与推导平行四边形面积公式的过程；

2. 在具体情境中感受数学知识，在解决现实问题的过程中，增强应用数学的意识。

七、教学媒体

1. 多媒体课件；

2. 每个学生 3 张不同形状的平行四边形硬纸片、剪刀一把及尺子一把。

八、教案

科目：数学　课题：平行四边形的面积推导　训练的技能：鼓励创见技能　主讲：郭跃清

教学目标：
1. 知识与技能：通过学生自主探索、动手实践推导出平行四边形面积计算公式，能正确求得面积。
2. 过程与方法：让学生经历梯形面积公式的推导过程，通过操作、观察、比较，发展学生的空间观念，渗透转化的思想方法。
3. 情感、态度与价值观：培养学生的分析、综合、抽象、概括和解决实际问题的能力；使学生感受数学与生活的联系，培养学生的数学应用意识，体验数学的价值。

时间	授课行为	应掌握的技能要素	学生行为	教学意图
0分	一、生活情境引入 1. 我们学校在假期时进行了校园改造工程，大家快来看看学校的巨变。(出示一组图片) 请你用数学的眼睛来观察，看看你有什么发现？ 2. 上节课，我们已经认识了平行四边形，你能在这么多的图形中，一下把它辨认出来吗？ 那今天你们想研究什么呀？ 今天我们就来一起研究平行四边形的面积。	建立联系 形成期待	各种不同的图形。 平行四边形的面积。	联系生活实际，激发学习兴趣。 将现实生活事物转化成数学问题。
2分	二、引导探求 (一)渗透数学思想——“转化思想” 1. 既然要研究平行四边形的面积，同学们有什么办法吗？ 2. 能不能用以前学过的知识帮助我们解决今天的问题呢？ 是呀，“曹冲称象”的故事中，小小年纪的曹冲正是运用了数学上这种很重要的“转化思想”，把大象重量转化为石块重量，从而称出大象重量的。 3. 猜想。赶快拿出你们桌子上的平行四边形，大胆地猜想一下。 利用“转化思想”能够将平行四边形转化成我们已经学过的哪些图形呢？ 大家的猜测是否正确呢？快来验证一下。	诱导提问 点拨 启发创见 发散联想	自由发散。 学生回答：可以将平行四边形转化成所学过的图形。通过讨论，掌握转化的数学思想。 学生猜测： 平行四边形——长方形 平行四边形——正方形	通过故事，渗透转化思想，为学生搭建思维支架。 通过学生大胆猜测假设并检验活动，培养学生的创造思维能力。

续表

时间	授课行为	应掌握的技能要素	学生行为	教学意图
4分	(二)活动验证 1. 各小组进行讨论：怎样进行转化的？看谁的思维活跃，发散思维，看哪个小组能想出不同的转化方法。 出示课件： (1)你们是怎样转化的？ (2)转化后的图形各部分与原平行四边形有什么关系吗？ (3)你能根据转化后的图形推导出原来平行四边形的面积公式吗？		学生小组讨论，动手操作，利用发散思维进行拼摆，样式越多越好。	通过动手操作、探究，推导平行四边形的面积公式，培养学生的逻辑推理能力和创造力。
9分	2. 汇报交流，归纳总结。 (1)谁愿意把你们探究的方法说给大家听呢？请上台来交流！ (2)有没有不同的剪拼方法？(继续请同学演示) 评价语： 你的想法很独特，了不起。 你真像个小老师，说得头头是道。 你的思路新颖流畅，启发了老师和同学们。 这么复杂的转化过程，你说得非常有条理，这样剪拼确实高人一筹。 3. 小结：同学们真棒！通过你们的汇报，看来大家都运用“转化”的方法将平行四边形这个新图形转化成了我们已经学过的长方形和正方形，建立图形之间的联系后，推导出了平行四边形面积的公式，数学家总结出来的知识，我们也能推导出来，你们真是太优秀了！	指导交际 鼓励创见 营造氛围 诱导发散 创造机会 支持操作 发表 语言激励 鼓励强化	组内交流，选派代表，集体汇报：小组上台汇报，指着图形说拼摆转化过程，推导公式。	通过交流汇报，掌握平行四边形的求面积方法。
14分	4. 自学字母公式 你会用字母表示平行四边形的面积公式吗？		学生说字母公式：$S=ah$	通过推导公式，使学生由感性到理性，培养学生的抽象概括能力。
15分	三、应用解决，巩固练习 下面利用刚才我们推导出来的平行四边形的面积公式来解决生活中的一些实际问题。			将学到的知识用于实际，培养学生的创造思维能力。

续表

时间	授课行为	应掌握的技能要素	学生行为	教学意图
	1. 生活中的数学。 出示一个平行四边形的停车位，让学生求面积。 要求它的面积，必须知道什么？ 2. 请你结合生活实际出一道求平行四边形面积的练习题。 3. 选择题。	归纳讲解 指导综合	生：平行四边形的底和这条底上相对应的高。	巩固新知，应用公式解决实际问题。
20分	四、课堂小结 通过今天的学习，你有哪些收获？	指导反思		培养反馈监控能力。

日期：2013年8月9日

【教学点评】

本节课在试讲后，对学生预想的内容更为丰富，加强了对学生易出现的问题的预设。针对学生的思维创见方面增加了鼓励的方式方法，使学生能够更好地展示思维的广度与深度。修改了合作建议，使自主、合作的环节更具有针对性，帮助学生更为系统地理解、掌握关于图形方面的知识。

策略技能共融合，鼓励创见促思维

——语文《绝句》教学设计

四合庄小学　唐艳茹

一、教材分析

《绝句》是第六册语文教材中的第一首古诗。它承接了第五册四首古诗的“朗读、背诵、默写古诗”和“看注释、查字典了解诗句的意思，想象画面”的要求，加入了“提出不懂的问题”和“采用喜欢的方式汇报”等新要求，加大了学生自主学习的力度。这首古诗仅有二十八字，描写的景物却极有特色。全诗最大的特点是：对仗工整、色彩明丽、黄翠相对、白青相映、互相衬托、有静有动、有声有色。

二、学情分析

三年级的学生已经积累了一些古诗，具备一些学习古诗的方法，能结合注释、插图，查字典等大概理解古诗的意思。但由于学生年龄特点和生活经历等原因，学生几乎没有看见过“千秋雪”和“万里船”这样的生活画面，对于后一句所描绘的宏大场景及古诗所表达出来的意境、情感的理解和体会能力还不强。

三、教学目标（见教案）

四、教学重点、难点

教学重点：有感情地朗读古诗。运用“鼓励创见”等技能启发学生依据诗句展开想象，领会诗的意境，体会诗中的情感。

教学难点：想象诗句描绘的景象，感受古诗的意境，体会诗人的情感。

五、教学理念

营造阅读、感悟、创作的学习古诗的良好氛围，运用鼓励创见等技能努力培养学生的自主探究能力，引导学生发挥个性进行联想，还原画面。利用积累，发展孩子们的语言和思维能力。

六、教学策略

运用鼓励创见等技能和“联想想象细揣摩”、“分析比较巧归纳”等思维策略适时点拨，让学生去读悟，去体会，去感受，培养学生想象诗句意境的能力。

运用学生小组合作探究等手段，提高学生口语交际能力。

七、媒体准备

录音录像、多媒体课件。

八、教案

科目：语文　课题：绝句　训练的技能：鼓励创见技能　主讲：唐艳茹

教学目标：
1. 知识目标
(1)利用工具书和注释，学习生字，自学、协作、交流、理解诗的意思；
(2)通过反复朗读，读出韵味，读出感情，体会诗的意境美；
(3)有感情地朗读并背诵古诗。
2. 能力目标
(1)通过自主、协作学习，运用鼓励创见等技能，培养学生的创造力，发展学生的思维能力；
(2)通过朗读、游戏等多种实践活动的开展，品析诗句，初步了解对仗工整的特点，培养和检查学生对语言文字的感悟能力、理解能力和口头表达能力。
3. 情感、态度与价值观
能感受作品中明媚秀丽的景致，体会诗的意境美。

时间	授课行为	应掌握的技能要素	学生行为	教学意图
0分	一、创设情境，激趣揭题 创设情境(画面音乐)，引出课题…… 同学们，你根据以往的经验，说说怎样学习这首古诗？ 小结。	引起注意 建立联系 形成期待	揣摩诗句；朗读并想象；写短文、画画、演唱……	调动学生视听感官，营造氛围，激发兴趣，探究学法。
01分30秒	二、初读古诗，理解诗意 过渡：诗人给我们描绘了怎样的景象呢？让我们跟随诗人一起进入到这首诗中去看一看吧！ 1. 正确、流利地朗读古诗 (1)指名读，读准字音，正确流利。 (2)过渡：字音读正确了，要有古诗的味道。为了表现古诗的音韵美和语言美，我们在朗读时，应延长语气，注意节奏， 要显示出古诗特有的乐感	启发诱导 指导操作	读课题《绝句》——杜甫。	通过点拨启发放手让学生个性化诵读，创造了自我阅读的空间，使每

续表

时间	授课行为	应掌握的技能要素	学生行为	教学意图
	和韵味。同桌诵读诗句，体会语感，尝试用斜线画出诗句中的停顿。 课件反馈： 两个/黄鹂/鸣翠柳， 一行/白鹭/上青天。 窗含/西岭/千秋雪， 门泊/东吴/万里船。	定向强化	学生朗读练习。 交流。	一个学生都能增强语感。
3分	(3)检查、指导学生读出古诗特有的节奏。 (4)师：现在咱们来一起合作读，好吗？你们读每句诗的前四个字，我来读后三个字。（课件：在背景图上一行行出示，同时加入音乐，让学生感受诗的意境。）	变化活动 诱导感受	同桌诵读诗句，体会语感，尝试用斜线画出诗句中的停顿。	
	师：这样读，真好！我们再来读一次。现在，我读前面四个字，后面三个字你们读，再次品味一下。（再合作读！课件、背景、音乐不变。）	即时强化 语言鼓励 变化方式	读出古诗特有的节奏，学生与师对读。	通过合作学习，交流体会。
	师小结：看，这样抑扬顿挫、有声有色地读，我们还真把古诗的韵味给读出来了。同学们一起来完整地读一读这首诗。	正强化 反馈	全班齐读。	通过语言渲染为学生进行想象创设条件，采用多种形式的诵读，让学生自由表达所理解的诗的意境。
5分	2. 读懂诗句，理解意思。 同学们读得很不错，读准了字音，也读出了古诗的节奏，如果我们能够理解这首诗的意思，就能明白诗人写这首诗时的想法，也就能读出诗人的心声，读出这首诗的味道了。	肯定鼓励		
	布置自学要求：先认真读这首诗，再读注释，看看插图，试着说说诗句的意思。	指导步骤	学生自学诗句的意思。	
	教师随机追问，并且依据诗的内容画上简笔画。	演示强化	集体交流。请四名同学，一人一句说出诗句的大概意思。	运用简笔画培养意象思维，增强创造形象能力。
	师：诗句的意思都理解了，那我们就绘声绘色地读出来。	随机指导	朗读，体会诗句的意思。	
	师：读得怎么样？有什么优点？你有什么建议？	言词激励 引导假设	自由发表意见。	通过假设启迪学习策略。
	小结：清楚了诗句的意思还不够，要想真正读出这首古诗的韵味意境，还	反馈强化		培养阅读能力

续表

时间	授课行为	应掌握的技能要素	学生行为	教学意图
8分	需要我们真正走进诗句所描述的情景中。 三、品读想象，领悟诗情 师：我们常说诗中有画，画中有诗，请你们静下心来听配乐范读，用心欣赏这首诗。请同学们一边听一边自由想象，从诗句中你看到了怎样的画面？听到了什么样的声音？有什么样的感受？	启发点拨 声音强化 启发想象	学生听音乐欣赏诵读。	运用音乐渲染启迪学生联想想象，增强对诗句的感受能力和理解能力。
10分	四、体会诗境 1. 品味“两个黄鹂鸣翠柳”，猜想画面。 (1)创设情境：(再现课文插图用语言描述) 晚年的杜甫住在成都西郊的一个草堂里。一天，杜甫正在屋中看书，忽然听到窗外有清脆的鸟叫声，(放鸟叫声录音)他透过窗户，向外望去，诗人看到了什么呢？ (2)角色扮演 瞧！小黄鹂落在了刚长出嫩绿叶子的柳枝上，色彩多么明丽。它们多高兴呀，就像在唱歌。同学们，假如你就是这只小黄鹂，你都欣赏了哪些地方美丽的春景，才这么高兴地歌唱呀？ 运用“联想想象细揣摩”的思维策略引导学生看图片说句子： 飞过桃树林，看见…… 飞过小河，听到了…… 他们飞到了柳树身边…… 小结：他们看到春天里到处一派生机勃勃的景象，他们高兴地唱起了歌，那是赞美春天的歌。 同学们，有了丰富的想象，诗句就变成了一幅优美的画。看着眼前的美景，你能想象出诗人此时是怎样的心情吗？	演示强化 启迪诱导 引导想象 营造氛围 语言强化 启迪想象	观察入情。 想象交流。 桃花露出了粉红的笑脸，河水在欢快地歌唱，柳树姑娘在河边洗着头发，春天到了，细长的柳枝(长出了嫩绿的叶子，翠生生、油亮亮的)。微风一吹，柳树姑娘(吹起了她那长长的头发)。两只活泼可爱、小巧玲珑的黄鹂(在翠绿的柳梢间一会儿飞到这儿，一会儿飞到那儿，多么自由自在呀)！他们看到(小草绿了、桃花开了、小河醒了)……欢快地唱起了歌颂春天的歌。	启发学生进行模拟扮演，运用联想想象细揣摩的策略感受理解诗句。 通过交流培养想象能力和表达能力。

续表

时间	授课行为	应掌握的技能要素	学生行为	教学意图
12分	让我们怀着高兴的心情美美地读一读这句诗。 (3)品味"一行白鹭上青天"，描绘画面。 (4)语言描绘情境： 当杜甫正陶醉于黄鹂美妙的歌声时，忽然眼前一道白色弧线飞上天空，那是什么呀？ 师：白鹭从哪儿飞的？怎么飞的？同学们做做飞的动作。让我们充满活力，展翅高飞，一边做动作，一边有感情地读读这句诗。 (5)感受色彩 师：画面不仅有动感，还有色彩。谁能在诗中找到表示色彩的字？ 师：看到这样色彩的画面，你有什么感受？ 师：黄绿相印，青白对照，诗人用凝练的语言，仅仅两句话就让我们浮想联翩。带着这种清爽的感觉再读读这句诗。 (6)写话练习 师：仰望天空，洁白的鹭鸟飞向蔚蓝的天空，这又是一幅多么高远而开阔的美呀！你能不能学着刚刚学习第一句诗的方法，想象这句诗所描绘的画面，把它写下来，好吗？ 教师及时启发并点评。 天空颜色？白云变化的？ 白云都像什么？白鹭飞翔时队形？它们会说些什么？	强化情感 点拨启发 动作强化 确认 朗读强化 营造氛围 活动强化 激励发表 反馈强化	生朗读。 生读：一行白鹭上青天。 动作表演。 到课件中用圆点在字的下面做标注。 交流感受。 有感情地美读诗句。 课件出示：______的天空中，…… 学生在发好的纸上填写完后，交流并进行评价。	在理解的基础上朗读，强化情感思维能力。 运用情境创设和动作表演感受诗境，进行学法迁移，发挥学生的积极性，利用古诗资源，培养学生的综合阅读能力。 通过形象表达活动，鼓励自训，激励学生独立表达并给予肯定。
14分	2. 品味"窗含西岭千秋雪"，感悟画面。 (1)用语言描述情境 黄鹂、翠柳、白鹭、青天，真是色彩鲜明、春意融融，怎不令诗人陶醉其中，此时的诗人透过窗户，向远处望去，他又被什么吸引住了呢？ (2)运用分析比较策略虚实对比 师：秋是什么意思？什么是千秋雪？	诱导想象 质疑	读：窗含西岭千秋雪。 千是说数量很多。千秋雪	运用分析比较巧归纳的思维策略，通过实数和虚数的对比，联系以往学过的旧知识，

续表

时间	授课行为	应掌握的技能要素	学生行为	教学意图
	千秋雪是一千年的雪吗？ 师：诗中两个，一行是实指，千年是虚数，是虚指的写法，是诗人的想象。诗的意境因此幽远开阔，显示了诗人胸怀，古人常用。你还知道哪些诗句或成语中也用像“千”、“万”这样表示数量多的词呀？	启发联想 指导搜索	是指多年不化的积雪。 桃花潭水深千尺，不及汪伦送我情。飞流直下三千尺，疑是银河落九天。千山万水、百里挑一等。	让学生了解古诗写法上的特点，为今后学习文言文打下基础。
	(3)鼓励质疑 师：读到这句诗，你有什么疑问吗？ 师：诗人是从哪儿看到覆盖积雪的西岭山的？	鼓励质疑 焦点化 确认	为什么雪含在了窗户里？ 诗人从窗口向远望。	
	(4)实物解疑 师：拿实物画框摆在简笔画的上面，问同学们：看这像什么？ 师：窗框就像画框一样把外面的景色都包含进来了。“窗含西岭千秋雪”中“含”是什么意思呢？诗句的意思呢？	演示 启发想象 强调 理解提问	观察一幅画。	
	(5)换词比读 师：同学们觉得这句诗中的“含”字用得好吗？这样我们不妨用其他的字来换换，可以用哪些字来换？读一读比较哪个字用得好？为什么？ 师：我们选两个字换上读读看，比较一下哪个词好，为什么？ 引导学生理解：“窗有西岭千秋雪”写出西岭雪山像一幅画存在于窗框之中，只是静态的画。可是，我们一般说人才用“含着什么”，这儿用了“含”字好像把窗框写活了，写出画面的动态之美，更有了动感，诗中静动结合，充满生机。这个“含”字用得真妙，让我们一齐读第三句诗，突出“含”字。	鼓励发散 点拨启发 强化认识 启迪引导 行为强化	生：含就是衔着、镶嵌的意思。西岭千年不化的积雪景色像衔在窗框里一样。 有、里、内、前…… “窗有西岭千秋雪”，“窗前西岭千秋雪”。 朗读诗句。	换词比较分析，能帮助学生加深理解句子，领悟拟人手法对突出景物描写和体现诗意的特定作用。体会词语的准确性，感悟语言表达的方式。 运用朗读强化对诗句的理解。
16分	3.品味“门泊东吴万里船”，联想画面。 (1)用语言描绘情境 诗人凭窗眺望岷山雪峰，陶醉在大自然的美景中。不知不觉低下头来，看到门前停靠着到万里以外的东吴的船只。 (2)学法迁移	诱导	齐读：门泊东吴万里船。	

续表

时间	授课行为	应掌握的技能要素	学生行为	教学意图
18分	同学们能用理解千秋雪的方法解释万里船是什么意思吗？ (3)地图背景 师：诗人千里迢迢经过这么远的路程要到哪里去呀？ 师：出示地图介绍东吴在长江、江苏一带。杜甫在哪儿？ 从四川成都横跨大半个中国到东吴是不是要行万里路？到东吴的船只是不是要叫万里船？杜甫的老家在河南，安史之乱前住在东吴，安史之乱中移居到四川成都草堂。安史之乱后，战争结束了，船只通航了。此时杜甫最想做什么？ 师：像杜甫这样想回家乡的人很多。万里船勾起了诗人淡淡的思乡之情，更多的是喜悦之情。因为终于可以回家了，亲人们可以团聚了。让我们以高兴的心情读读这句诗。 4. 读出画面 (1)解释课题 师：这首绝句每行七个字，是七言绝句。二年级时我们还学过一首杜甫写的《绝句》，一起背诵：迟日江山丽，春风花草香。泥融飞燕子，沙暖睡鸳鸯。这首绝句每行五个字，叫五言绝句。绝句是诗歌的一种体裁，与诗的内容无关。绝句有明显的对仗特点，非常工整。表示数量、颜色、动词等一一对应。 (2)说对子我最棒 师：这首诗对仗工整，表示数量、颜色、动词等一一对应。 出示：“两个”对“一行”，“黄鹂”对“白鹭”，两个(黄鹂)鸣 (翠柳)，一行(白鹭)上(青天)。(窗)含(西岭)(千秋雪)，(门)泊(东吴)(万里船)。 现在咱们就玩游戏说对子。 五、拓展延伸，情感升华 六、情境诵读，升华情感	引导方法演示 确认 营造氛围 诱导启发 指导技法 讲解 发散延伸	万里船表示路程远。 东吴。 四川成都草堂。 他最想坐船回家乡。 喜悦心情：读门泊东吴万里船。 观察课件。 两两同学说对子。	点拨启发迁移学法，强化加深学生对词的理解。借助地图，了解历史背景，形象直观地让学生体会路途遥远，诗人回家的急切心情。 运用朗读表达理解，培养综合阅读能力。 用游戏形式鼓励自训，引领学生探究发现，激发兴趣，感受诗句的魅力。

续表

时间	授课行为	应掌握的技能要素	学生行为	教学意图
20 分	1. 语言描绘情境：短短的四句诗，仅仅二十八个字，我们借助想象，欣赏了一幅幅美妙的春景图。现在让我们再一次回到千年以前的杜甫草堂，和诗人一道欣赏这美丽的景象吧。（出示配有音乐的一幅幅画面）		学生欣赏画面。	营造氛围，学生在音乐的渲染下张扬个性诵读，进入古诗的意境，升华情感。
	引读一：这一天，风和日丽，天朗气清，诗人闲坐在草堂里，欣赏着外面的景物，向门前的院子里看去，他看见——“两个黄鹂鸣翠柳”。	神态强化	激情朗读。 “两个黄鹂鸣翠柳”。	
	引读二：他抬起头，向天空望去，只见——“一行白鹭上青天”。	动作强化	“一行白鹭上青天”。	
	引读三：他又透过窗户向远处望去，看到了一幅嵌在窗框里的风景画，那就是——“窗含西岭千秋雪”。	语言强化	“窗含西岭千秋雪”。	
	引读四：再往门前的江面望去，他看见了——“门泊东吴万里船”。	演示强化	“门泊东吴万里船”。	指导技法，用演唱表演表达诗人的情感和思想，发挥学生创造性学习的能力。
25 分	2. 体会背景，升华情感。 师：有了这种感觉，诗人眼前的这种景象更是美得不寻常啊！真是景中有情，情中有景，情景交融。让我们体会着诗人的心情，随着范唱边舞边唱吧！	提供平台 指导表达 鼓励强化	演唱、表演，展示激情。	
	3. 总结 谈谈你有什么收获？ 总结：这堂课我们一起走近诗人……	反馈强化 反思监控 深化拓展	谈收获。 形成新的期待。	培养反思监控学习习惯。 激发兴趣。

日期：2013 年 12 月 1 日

【教学反思】

教师能运用鼓励创见教学技能，积极创设学生自主探索的学习情境，激发学生产生创新思维和表达的动机。在自主探索的基础上，轻松地学到了知识，发展了思维，提高了感悟能力和口头表达能力。

本课精彩之处是：学生用自己的思维方式自由地、开放地去学习与交流。在倾听、赏读、情说、绘画、描写、演唱、表演等丰富多彩的学习实践活动中，发挥了创造性学习能力。

微格教学设计说课篇

沟通中指导　探究中提升

——数学《乘法的初步认识》教学设计

靛厂小学　王丽

2013 年 8 月，我完成了微格教学设计《乘法的初步认识》，选择的教学技能是学习指导技能和语言沟通技能。

课堂教学设计是教学中的一个重要环节，是教学的目的性、过程性、科学性与艺术性的统一，不但需要深厚的教育理论作支撑，而且需要适当运用丰富多样的教学方法和教学技术。微格教学设计研究恰恰体现了这一点，为教师更好地把握课堂教学起到积极的指导作用。

微格教学设计的主要内容包括：教材分析、学情分析、教学目标、教学重难点、教学理念、教学策略、教案设计、教学评价和教案点评。

下面就结合每项内容的撰写与您谈谈我的思考与理解。

一、教材分析

本节课是北京版二年级数学上册表内乘法(一)这一单元的第一课，是在学生学会数数以及加法运算的基础上进行教学的，是乘法教学的起始课，它是今后学习乘法口诀、表内乘除法和多位数乘除法的基础。

图示 1

这是我对《乘法的初步认识》一课进行的教材分析，我想这部分内容的撰写要做到：要整体把握教材，专业地读懂教学内容，既要找到知识的前期基础，又要明确本节内容对后续学习的价值定位。

二、学情分析

学习乘法的初步认识时，学生已学习了加法的相关知识，并且也学习了找规律、分类等一些数学认知策略，具备了一些知识经验。经课前调查，很多学生已经能流利地背诵乘法口诀，对乘法有了一定的了解，但这种了解只停留在知其然，而不知其所以然的程度。

图示 2

我认为，学情分析时要客观地直面学生实际情况，“用心地”读懂学生的已有认知和能力基础，以便于教学环节设计时老师能直面学生的现实，从学生已有的知识基础、生活经验、认知规律和心理特征设计教学，找准教学的起点，从而更加明确教学目标、教学重点、教学难点。

三、教学目标

教学目标是把握教学的方向舵，有效的教学设计首先取决于课堂教学目标制定的有效性，课堂教学目标制约着课堂教学的进程与发展，直接影响着教学质量。

有效教学目标的确定不是一个孤立思考、武断撰写的过程，它是来自于之前对教材、对学生读懂了的基础上而产生的，并且进行清晰描述的。

教学目标： 1. 理解乘法的意义，结合实际问题写出乘法算式，并掌握乘法算式的读法。 2. 经历乘法的产生、形成与发展过程，感受到数学知识源于实践，激发学生学习数学的兴趣。 3. 探索解决问题的方法，丰富解决问题的策略，初步形成合作意识、探究意识，培养学生解决问题的能力。

图示3

如图示3所示，因为本课是乘法教学的起始课，就必须引导学生经历具体问题的解决过程，经历知识数学化的过程。因为学生"知其然不知其所以然"，就让学生在经历数学化的过程中充分理解乘法的意义，而整个学习过程就将成为学生探索解决问题方法、丰富解决策略的过程，形成探究与合作意识的过程。

四、教学重点、难点

教学重、难点的确定决定一节课核心环节的设计思路，同样的，整个确定过程也不是孤立而言的，一句话："重点是对教材而言，难点是对学生的认知而言。"

教学重点、难点： 重点：在具体的情境中理解乘法的意义，结合实际问题写出乘法算式，并掌握乘法算式的读法；结合具体情境产生对一种新运算的需要，经历乘法的产生、形成与发展过程，感受到数学知识源于实践，激发学生学习数学的兴趣。 难点：在解决问题的情境中，沟通求几个相同加数和加法与乘法的关系。

图示4

如图示4所示，教学重难点与教材、学情分析以及教学目标的确立是密不可分的。但在撰写方面又与目标有所不同，目标突出结果，重难点就要适当加入达成目标的途径。简而言之：既注重结果，更重视突破的过程。

五、教学理念

长期以来，包括我在内的教师们普遍认为系统而复杂的教学理论不易被有效地运用于课堂教学中。而在新课程推进的过程中，我们努力学习新课程所倡导的教学理论，并正在努力探索与实践的结合，特别注重把教学理论和研究成果运用于实际教学来指导教学工作，同时也注重将教师的教学经验总结上升到理论层面。虽然有了这么多尝试，但我仍然在教学设计写"教学理念"时总有种生搬硬套的感觉，为了理论而理论的感觉。假期中完成设计时，我对这部分的撰写进行了新的尝试，将理念与自己的教学研究挂钩，从文字阐述上就做到"理论联系实际"，这样就能"变被动为主动了"。于是我这样阐述本课教学理念：

1. 在沟通中，重视学生经验的积累，充分感受乘法产生的必要性。 2. 精心安排学习材料，设计课堂互动环节，重视学生在直观操作与体验中逐步理解乘法的意义。

图示5

在描述中，我力图将教学理念、微格教学技能和我研究的教学内容有机结合。教学理念与教学理论具有统一性，只要做到教学理论与课改吻合，教学理念与自己的教学研究挂钩就可以了。

六、教学策略

教学策略是为实现教学目标、体现教学理念而服务的，也是教学流程设计的整体方案，同时，它必须是可操作的、必操作的。结合本课教学目标和教学理念，我筹划的教学策略如下：

1. 创设真实的学习情境，激活已有认知积淀，调动学生参与情绪。
2. 在具体的问题情境中，引发并处理学生的先前经验和直觉。
3. 鼓励学生在合作学习中得到思维碰撞，发展沟通与认知能力。
4. 以学生经历乘法产生、形成与发展过程的真实的认知为基础展开教学。

图示 6

七、教案设计

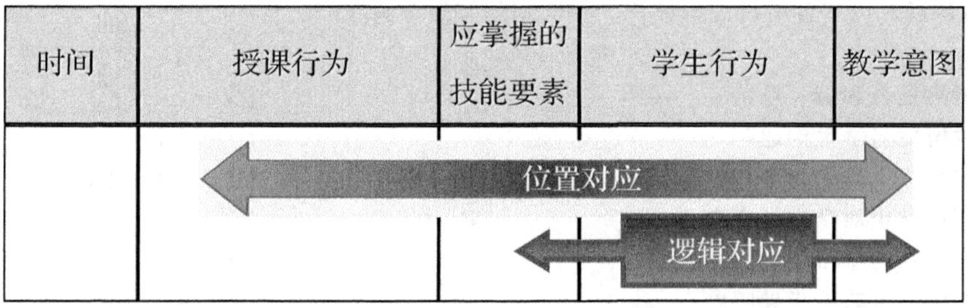

图示 7

如上图，微格教学设计的教案设计环节以表格形式呈现，主题部分横向分为五列：时间、授课行为、应掌握的技能要素、学生行为和教学意图。这五列之间既要体现位置对应关系，更要在“应掌握的技能要素”和“教学意图”间体现逻辑对应关系。比如：导入环节的设计。

时间	授课行为	应掌握的技能要素	学生行为	教学意图
0 分	一、创设情境，引出新知 1. 解决生活问题 (1)同学们，自上学以来，你们是不是有越来越多的发现啊？在我们身上或身边你一定能发现许多数学知识。	创设情境 尊重 真诚	 是 	情感沟通，拉近师生关系 搭建支架
30 秒	比如：我们都有 2 只手，2 条腿；每个学习小组有 4 个小朋友……谁能像我这样把你发现或想到的信息说一说？（课件）	提供支架 启发引导	生：每只青蛙 4 条腿；每盒冰棍 6 元钱；每件上衣 5 个扣子……	认知沟通，搭建支架

图示 8

上课伊始，导入环节既肩负着拉近师生关系的任务，又要为学生学习新知识做好铺垫，于是，我设计了饱含尊重和真诚的语言与孩子们进行新授前的沟通，并在教学意图中的相应位置上写道：情感沟通，拉近师生关系，搭建支架。同时，在要素一栏的相应位置上写道：创设情境、尊重、真诚。

为了达成对新知的铺垫目的，我又在启发式引导中引领学生借助已有认知，润物细无声地将学生引入相关内容的思考与交流中。此时，我在意图栏中写道：认知沟通，搭建支架。在要素栏中写道：提供支架，启发引导。

要素与意图的相互对应再一次体现了前面所谈的教学策略。每个环节都这样思考、体现，就会呈现出一份有理有据的教学设计。

八、教学评价

因为我选择了两个技能——语言沟通和学习指导技能，所以结合学生年龄特点和本课所涉及的内容，我将书中两个要素评价表进行了重组、整合，以利于对本课两项技能的运用效果做客观评价。

请您在听课后对以下各项目进行评价，在恰当的等级下画“√”。

	优	良	中	差	权重
1. 师生情感是否和谐、融洽？	□	□	□	□	0.5
2. 能创设情境与学生沟通吗？	□	□	□	□	0.5
3. 沟通的形式手段是否多样？	□	□	□	□	1.5
4. 教师言谈举止对学生是否尊重？	□	□	□	□	1.5
5. 能创设良好的学习情境吗？	□	□	□	□	0.5
6. 注重方法、策略的指导吗？	□	□	□	□	1.5
7. 指导手段是否多样？	□	□	□	□	0.5
8. 能够提供开展实践的平台吗？	□	□	□	□	1.5
9. 能够指导反思学习吗？	□	□	□	□	1.5
10. 教师角色定位适当吗？	□	□	□	□	0.5

图示 9

九、教案点评

如图示 10 所示，我认为教案点评环节要抓住教学设计的核心理念进行理与据的整体阐述，过程中突出教学细节的亮点。结合本课微格训练技能，我将本课设计思路凝聚在十个字中——“沟通中指导　探究中提升”。

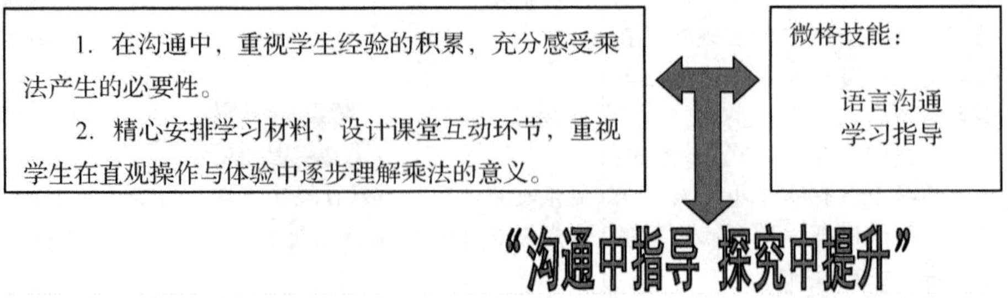

图示 10

在写教案点评时，我就围绕这一主题挖掘亮点，分为三个层面进行有理有据的阐述：

第一层：借“语言沟通”，塑和谐课堂。

整节课，我以激励性语言、鼓励性情感与学生在一系列的学习活动中交流、互动，认真倾听、积极反馈、交换观点、彼此接纳……积极建立良好的师生关系，营造和谐氛围，为顺利而有效地开展课堂教学“搭桥”、“铺路”。

图示 11

整个一段围绕组织教学的细节亮点进行了点评。

第二层：借“学习指导”，促探究提升。

课前准备中，我集聚智慧，仔细斟酌学习材料，精心设计教学活动，积极运用学习指导技能，为学生创建一个有利于他们主动探索的数学情境，关注学生自主探索与合作学习的可参与性。 课堂上，我不但为学生提供学习实践的平台，还积极参与学生的活动与讨论，监控学生参与学习、讨论的实际效果，引领他们在互评中反思、在总结中提升，使学生在获取学习方法和基本技能的同时，体验到学习的乐趣，真正成为学习的发现者、研究者和享乐者。

图示 12

此段内容中，我先谈到课前准备中，我是怎样做的，又谈到课堂上，我是怎样做的。整段话重点围绕探究环节如何借助“学习指导”技能引导学生探究新知，突出主体地位做点评。

第三层：我的理解。

“语言沟通”与“学习指导”技能在一节课中不是孤立存在的两个独立性技能，它们相互依存，交织于一体，共同服务于课堂教学始终，只有在和谐的沟通中运用科学的教学手段实现有效的学习指导，引领学生在自主发现、自主探究中不断地反思、总结，才能使学生在学习过程中真的有收获，确实有提升。

图示 13

这一段，我主要把自己对两项微格技能在教学中的有机运用以及自己的一些个性思考做了简要说明，以突出微格技能的科学使用对教学所起到的积极作用。

当然，设计者在教案点评时还可以就课堂上学生表现出色的效果点以“教学精彩片段”的形式进行重点阐述。

以上，就是我在学习撰写微格教学设计时对各部分内容的一些思考与感悟，其中，还有许多不成熟的地方，欢迎您的批评指正。

细节凝聚智慧精华

——科学《声音的产生》教学设计

右安门一小　滕旭

我的微格教学设计的题目是《声音的产生》，选择的教学技能是思维品质训练技能。

微格教学设计的主要内容包括：教材分析、学情分析、教学目标、教学重点、教学难点、教学理念、教学策略、教案撰写、教学评价、教案点评。

课件出示：

微格教学设计

教材分析
学情分析
教学目标
教学重点
教学难点
教学理念
教学策略
教案撰写
教学评价
教案点评

下面就结合每项内容的撰写说明我的教学设计。

一、教材分析

课件出示：

教材分析

《声音的产生》是首师大版四年级上册科学教材《声与生活》单元的第一课，同时是小学阶段声学教学内容的起始课。

本课的核心概念:声音是由物体振动产生的。为后面学习《声音的传播》、《声音的变化》提供了知识基础。

整体把握

准确定位

《声音的产生》是首师大版四年级上册科学教材《声与生活》单元的第一课，同时是小学阶段声学教学内容的起始课。

本课要学习的核心概念是：声音是由物体振动产生的，为后面《声音的传播》、《声音的变化》的学习提供了知识基础。

二、学情分析

课件出示：

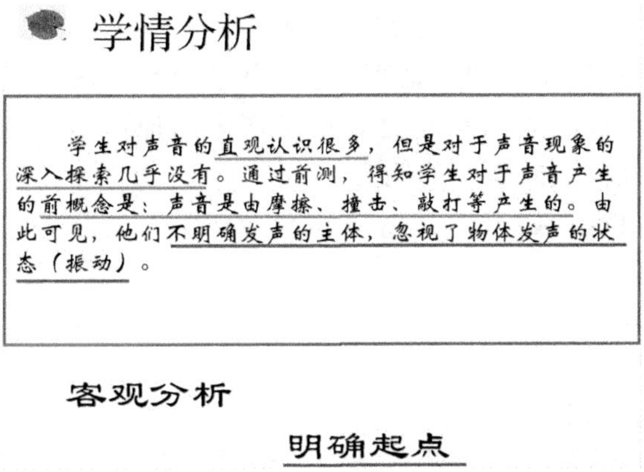

学生对声音的直观认识很多，但是对于声音现象的深入探索几乎没有。通过前测，得知学生对于声音产生的前概念是：声音是由摩擦、撞击、敲打等产生的。由此可见，他们不明确发声的主体，忽视了物体发声的状态(振动)。

三、教学目标

教学目标由教材分析和学情分析而来。

课件出示：

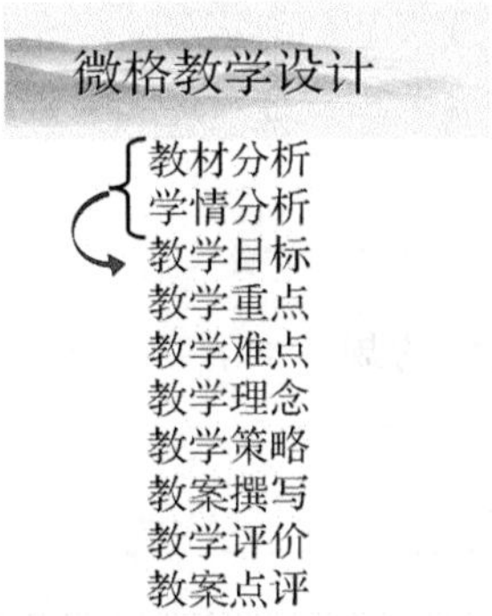

依据教材分析和学情分析制定教学目标。

课件出示：

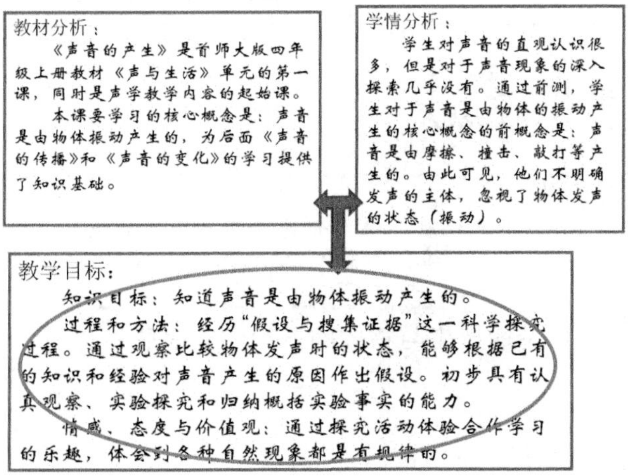

知识目标：知道声音是由物体振动产生的。

过程与方法：经历“假设与搜集证据”这一科学探究过程。通过观察比较物体发声时的状态，能够根据已有的知识和经验对声音产生的原因做出假设。初步具有认真观察、实验探究和归纳概括实验事实的能力。

情感、态度与价值观：通过探究活动体验合作学习的乐趣，体会到各种自然现象都是有规律的。

四、教学重点

课件出示：

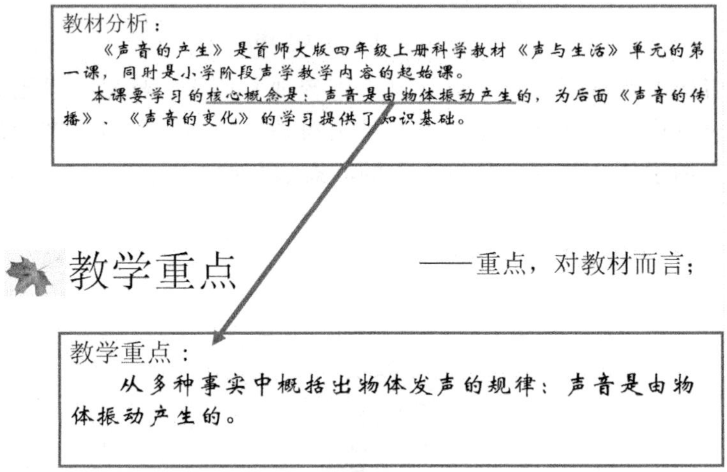

从多种事实中概括出物体发声的规律：声音是由物体振动产生的。

五、教学难点

课件出示：

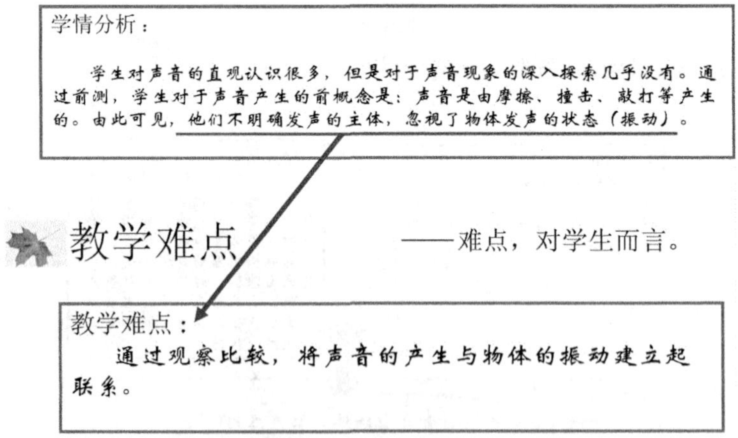

通过观察比较，将声音的产生与物体的振动建立起联系。

六、教学理念

课件出示：

教学理念

关注学生学习活动中的思维过程，注重在学生前概念向科学概念转化的过程中思维品质的训练。

我在本课教学中，依据的教学理念是：关注学生学习活动中的思维过程，注重在学生前概念向科学概念转化的过程中思维品质的训练。

七、教学策略

课件出示：

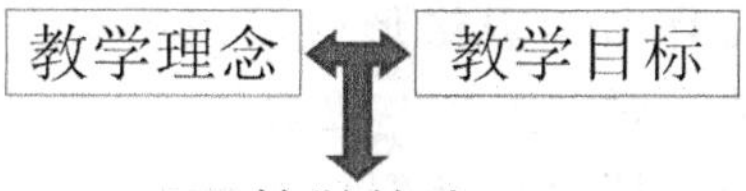

教学策略

1. 在知识科学化过程中进行思维品质训练。
2. 在经历科学探究过程中进行科学探究策略及方法的指导。

教学策略是为实现教学目标、体现教学理念而服务的，结合本课教学目标和教学理念，我的教学策略如下：

1. 在知识科学化过程中进行思维品质训练。
2. 在经历科学探究过程中进行科学探究策略及方法的指导。

八、教案

课件出示：

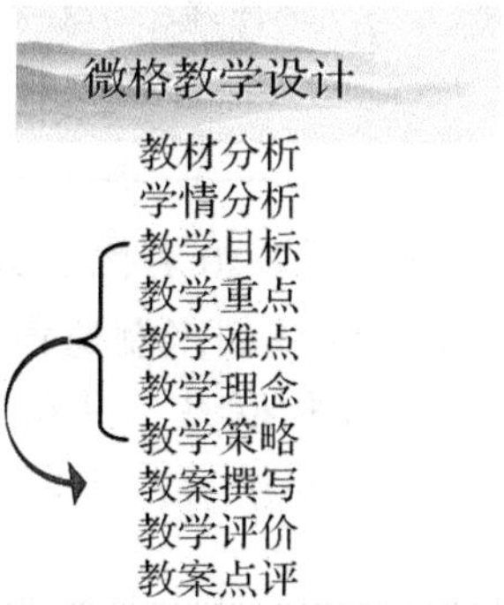

教学目标、教学重点、教学难点、教学理念、教学策略是撰写教案的依据。下面我就结合本课教案中的制造声音环节做具体说明。

本教案片段是在学生认识声音的作用之后的教学环节。我想借此环节来纠正学生前概念中将发声方法与发声原因混为一谈的错误。在纠正学生前概念的过程中帮助学生建立科学概念。

课件出示：

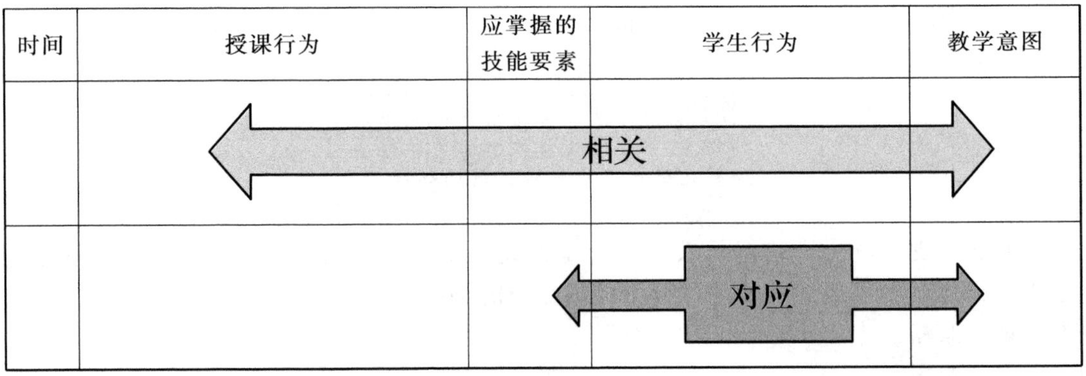

微格教学设计的教案撰写环节以表格形式呈现，主题部分横向分为五列。在教案撰写时，这五列之间要体现位置对应关系，更要注意“授课行为”与“教学意图”相关联，“应掌握的技能要素”和“教学意图”相对应。

课件出示：

时间	授课行为	应掌握的技能要素	学生行为	教学意图
00 分	导入： 刚才我们认识了声音的作用。下面，让我们来制造声音，体会物体在什么情况下会发出声音。	诱导意识	倾听。	通过诱导意识，建立制造声音与探究声音产生原因间的联系。
00 分 10 秒	1. 观察你们手里都有哪些材料？	引起注意	学生观察：纸、鼓、塑料袋、尺子。	通过引起注意，引导学生关注发声主体。

基于以上考虑，在 00 分 00 秒到 00 分 10 秒的导入环节中，我用简洁概括的语言：“刚才我们认识了声音的作用。下面，让我们来制造声音，体会物体在什么情况下会发出声音。”有意地诱导学生将活动与探究相联系，并在教学意图一列中相应的位置上写道：通过诱导意识，建立制造声音与探究声音产生原因间的联系。同时，在技能要素一栏的相应位置上写道：诱导意识。

针对学生不明确发声主体的问题，我设计了使用特定材料制造声音的步骤，通过限定材料促使学生关注发声主体。于是在 00 分 10 秒时，我设计了引起学生注意的提问：“观察你们手里都有哪些材料？”并在教学意图中的相应位置上写道：通过引起注意，引导学生关注发声主体的教学意图。同时，在技能要素一栏的相应位置上写道：引起注意。

课件出示：

时间	授课行为	应掌握的技能要素	学生行为	教学意图
00分15秒	2.你能用手中的这些材料制造声音吗？ （1）你想让什么发出声音？ （2）怎样让它发出声音？ 反馈： 谁被你拍响了？ 你是怎么让桌子发出声音的？ 肯定：你用拍的方法让桌子发出声音了。你真棒！ （3）追问：他用____的方法，让____发出声音了？	启发探询 肯定提问 指导搜索 肯定提问 指导操作方法 强化 指导搜索	预想回答： 桌子。 我拍桌子就能发出声音。 桌子。 我是拍的。 预想回答： 他（她）用拍的方法让桌子发出声音了。	通过启发探询，指导搜索，反馈强化，在指导制造声音方法的同时，让学生明确发声方法与发声物体，纠正学生前概念中的逻辑错误，培养学生思维的深刻性。

在接下来00分15秒到01分50秒的教案撰写中，我以问题“你能用手中的这些材料制造声音吗?”为线索，引出问题(1)“你想让什么发出声音?”和问题(2)“怎样让它发出声音?”并设计了追问：“他用______的方法，让______发出声音了?”此处教案设计是针对“学生不明确发出声音的主体，将发声方法与发声原因混为一谈”的问题进行的，所以我在教学意图中的相应位置上写道：通过启发探询，指导搜索，反馈强化，在指导制造声音方法的同时，让学生明确发声方法与发声物体，纠正学生前概念中的逻辑错误，培养学生思维的深刻性。在教学中，教师通过提问引导学生区分发声主体和发声方法；并且，在反馈时，对学生的回答进行梳理和强化。例如：如果学生对问题(1)和(2)的回答是：“我想让桌子发出声音。”“我拍桌子就能让它发出声音。”这时，教师的反馈就是：“谁被你拍响了?”学生回答：“桌子被我拍响了。”教师继续追问：“你是怎样让桌子发出声音的?”学生回答：“我是用拍的方法让桌子发出声音的。”这时，教师在肯定学生回答的同时，要对学生的回答进行总结：“你用拍的方法让桌子发出声音了。你真棒!”接着教师追问：“他用______的方法，让______发出声音了?”进行总结强化。此时段教学体现的技能要素是：启发探询、肯定提问、指导搜索、指导操作方法、强化。

课件出示：

时间	授课行为	应掌握的技能要素	学生行为	教学意图
01分50秒	（4）谁再来说说，你想用什么方法让什么发出声音呢？	指导搜索	预想回答： 我想用撕的方法让纸发出声音。 我想用拨的方法让尺子发出声音。 我想用甩的方法让塑料袋发出声音。	通过指导搜索，引导学生结合总结后的成果进行思考，培养学生思维的深刻性。

接着我在01分50秒到02分00秒的时间段，设计了问题："谁再来说说，你想用什么方法让什么发出声音呢?"提示学生在总结的基础上思考问题，并在教学意图中的相应位置上写道：通过指导搜索，引导学生结合总结后的成果进行思考，培养学生思维的深刻性。在相应的教学技能位置上写道：指导搜索。

课件出示：

时间	授课行为	应掌握的技能要素	学生行为	教学意图
02分00秒	3.还有其他的方法制造声音吗？ **(1)**反馈： （针对预设1）真好，你用拍的方法发出声音了。 不许拍，你能不能制造声音？ （针对预设2）不许用舌头，你能不能制造声音？ （针对预设3）太好了，蹭也能制造声音，不许蹭。	指导搜索 表扬强化 指导搜索	尝试、发散、想象 预设：1.拍手能发出声音。 预设2：我用舌头发出声音。 预设3：用胳膊蹭。 预设4：呼吸、打喷嚏、流鼻涕、咳嗽……都能制造声音。	通过指导搜索，引导学生进行更多的制造声音的体验，培养学生思维的发散性和灵活性。

在 02 分 00 秒到 03 分 30 秒的时间段里，我只设计了一个问题：“还有其他的方法制造声音吗?”在相应位置的教学意图中写道：“通过指导搜索，引导学生进行更多的制造声音的体验，培养学生思维的发散性和灵活性。”对应的技能要素中写道：指导搜索。在此时间段的教学中，要想达到培养学生思维的发散性和灵活性的教学意图，对学生回答的反馈非常重要。教师反馈的有效性，直接影响到教学意图能否达成。在此处教学的反馈中我重复运用简洁的提问句式“不许怎样”，促使学生思维的发展。当学生想出制造声音的方法时，在肯定学生操作的同时，重复追问：不许用(这样的方法)呢，你能不能制造声音？例如，如果学生说“拍手能发出声音”，那么老师在反馈时就说：“真好，你用拍的方法发出声音了。不许拍，你能不能制造声音?”学生继续回答：“用舌头发出声音。”这时老师就说：“不许用舌头，你能不能制造声音?”学生继续搜索答案：“用胳膊蹭。”老师就反馈到：“太好了，蹭也能制造声音，不许蹭……”通过这样简洁巧妙又符合学生语言习惯的反馈方式，促使学生用不同的方法使不同的物体发出声音，活跃学生的思维，训练学生思维的敏捷性。

课件出示：

时间	授课行为	应掌握的技能要素	学生行为	教学意图
03分30秒	(2)小组合作，制造声音 过渡：你能制造出这么多声音啊！ 大家想不想也像他这样制造声音？ 请你们小组合作制造声音。	语气神态：惊讶 肯定提问 辅导巡视	预设回答：想。 动手操作。	通过肯定提问引起学生动手操作的兴趣，丰富学生制造声音的体验，培养学生思维的敏捷性。

在学生回答后，我在 03 分 30 秒到 08 分 30 秒的时间段里，设计了分小组合作制造声音的步骤，丰富了学生对于制造声音的体验。

课件出示：

时间	授课行为	应掌握的技能要素	学生行为	教学意图
08分30秒	（3）学生汇报。 请你按照“我用______的方法，让____发出声音。”的方式汇报你的成果。	强化 指导方法 归纳总结	预设： 我用跺的方法让脚发出声音。 我用咳嗽的方法，让身体发出声音。	通过归纳总结训练学生思维的深刻性。
09分	小结与过渡： 我们用了许多不同的方法让各种物体都发出了声音。 发声的物体不同，使物体发声的方法也不同，这些物体发声时有没有相同的地方？	总结归纳 诱导意识 启发探寻	回忆、确认。	通过诱导意识、启发探寻，培养学生思维的敏捷性。

随后，在08分30秒到09分00秒的学生汇报过程中，我要求学生：请你按照“我用______方法，让______发出声音。”的方式汇报你的成果，以固定的句式明确和整理学生的体验结果。此处的教学意图是：通过归纳总结训练学生思维的深刻性。所对应的微格教学技能是：强化、指导方法、归纳总结。

最后一步是09分00秒到09分15秒的小结与过渡。我引导学生总结归纳：我们用了许多不同的方法让各种物体都发出了声音。发声的物体不同，使物体发声的方法也不同，这些物体发声时有没有相同的地方？此处的教学意图为：通过诱导意识、启发探询，培养学生思维的敏捷性。体现的教学要素是：总结归纳、诱导意识、启发探询。

九、教学评价

本课教学借鉴了思维品质训练技能评价表。表格如下：

课件出示：

教学评价 ——思维品质训练技能评价表

评价项目	好	较好	一般	待努力
1、训练点是否准确？	（ ）	（ ）	（ ）	（ ）
2、是否启迪了思维意识？	（ ）	（ ）	（ ）	（ ）
3、有启发联想、想象吗？	（ ）	（ ）	（ ）	（ ）
4、指导搜索是否有效？	（ ）	（ ）	（ ）	（ ）
5、是否引导发散思考问题？	（ ）	（ ）	（ ）	（ ）
6、反馈强化是否及时有效？	（ ）	（ ）	（ ）	（ ）

（评价等级：好 较好 一般 待努力）

请在听完课后，在恰当的等级括号里打勾。

十、教案点评

本教学设计的特色为：将小学科学教学理念与微格教学技能中的思维品质训练相结合，在教学中，挖掘学生思维转化过程中的提升点，进行思维品质训练，在细节处体现教学智慧精华。

课件出示：

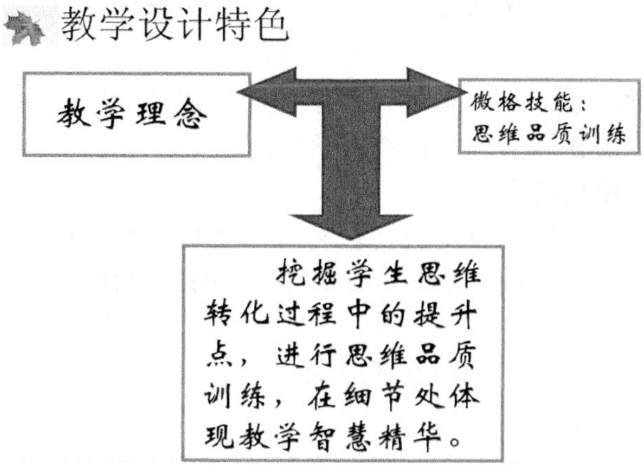

最后，课堂教学中，智慧体现在哪儿？

课件出示：

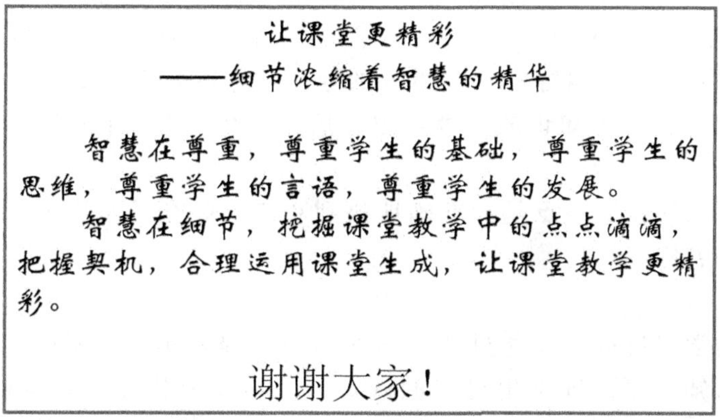

智慧在尊重，尊重学生的基础，尊重学生的思维，尊重学生的言语，尊重学生的发展。智慧在细节，挖掘课堂教学中的点点滴滴，把握契机，合理运用课堂生成，细节浓缩着智慧的精华，让课堂教学更精彩。

以上就是我撰写的微格教学设计片段，还有许多不成熟的地方，欢迎您批评指正！谢谢大家！

组织探究学习，环节紧扣精细

——生物《种子的结构》教学设计

卢沟桥中学　王丽霞

教学设计是运用系统方法分析教学问题和确定教学目标，建立解决教学问题的策略方案、试行解决方案、评价试行结果和对方案进行反复修改的过程。

通过参加微格培训，我明白了微格教学设计与传统备课不同。

虽然微格教学设计同普通大课设计原理是一样的，但是微格教学设计有三个特点：

第一，微格教学是一个教学事件，它有开头、展开和结束，麻雀虽小，但是五脏俱全。

第二，微格教学是培训教学技能，教师必须掌握教学技能要素和类型，明确教学要素的运用目的。

第三，微格教学虽然是对教师进行教学技能的培训，但是，它有实战性，教师必须心中有学生。教师的教学水平，必须从学生的行为中表现出来。这一点，必须在教案中的预想回答栏目中反映出来。

我参与的教学设计是组织教学技能。它的定义是：组织教学技能是指教师通过变换学习的方式，组织学生积极、主动参与学习活动的一类教学行为。

组织教学技能的要素有：稳定情绪、言辞激励、安排活动、反馈调整。

组织教学技能的类型有：管理性的组织教学，诱导性的组织教学，指导性组织教学和建立常规、纪律要求。

一、教材分析

教材分析必须说出本课教材编排特点。《种子的结构》一课，位于北京版《生物》第三册第十一章第一节，属于生物教学课标第四个一级主题《生物圈中的绿色植物》，第一个二级主题“绿色开花植物的一生”，具体内容标准是“描述种子萌发的条件和过程”。

《种子的结构》在教学内容中有着重要的地位：它既是上一章绿色开花植物完成双受精作用形成果实和种子知识的延续，也是后面学生探究《种子萌发所需要的外界条件》的实验前提。

所以，本节课的教学重点是：准确地找到和说出胚在种子中的位置，明确胚自身的各部分的结构名称。

二、学情分析

课时预期的学习目标，要通过教与学的活动过程来实现，所以，在备课时必须考虑学生的原有认知水平。即学生已有的认知水平和能力状况，学生存在的学习问题，学生的学习需要和学习的行为等，以及与所学内容之间的差距是什么，如何衔接。针对本课的学习，我对所教的学生状况分析如下：经过花卉种植等生活经历，学生已经具备了有关种子萌发的外部条件的知识；学生知道在小麦种子中有淀粉、蛋白质等有机营养物质；了解了从开花到结果和种子形成的过程，但是学生缺少对种子的内部结构的具体认识。

所以，我确定的本课的教学难点是：观察玉米籽粒的结构，识别玉米籽粒中胚乳、胚的各部分结构。

依据教材分析、学情分析和教学大纲的要求，我指定了以下三维目标。

三、教学目标

1. 知识目标：

(1)辨认大豆和玉米籽粒的结构并准确描述其特征，说明二者之间的异同，阐明胚是种子的最主要结构。

(2)能说出胚的部分结构与植物体的联系。

2. 能力目标：

(1)通过解剖种子的实验，提高实验操作技能。

(2)学会简单的观察方法。

3. 情感、态度与价值观：

通过观察种子的结构，养成实事求是的科学态度和严谨的科学精神，能关注农业生产的有关事物。

四、教学理念

根据《基础教育课程改革纲要》要求，要改变课程过于注重知识传授的倾向，强调学生形成积极主动的学习态度。《课标》倡导“探究性学习”和“合作学习”，可以促进学习方式的改革，因此，要通过合作学习，积极引导学生参与科学探究过程，从而在这个过程中形成能力。

五、教学策略

1. 导入突出新颖性，引起学生注意，积极思维，呈现最佳的探究学习状态。

2. 精选实验材料，通过观察比较，提高学生的观察能力。

3. 教学方式体现高效性。在观察玉米籽粒结构的过程中，通过组织学生合作学习，突破教学难点。

4. 通过教学反馈，开展制作人工种子活动，形成知识建构。同时引导学生反思学习，达成三维目标。

六、教案设计

组织教学技能的设计与教学模式相关。

我撰写的组织教学设计流程如下：

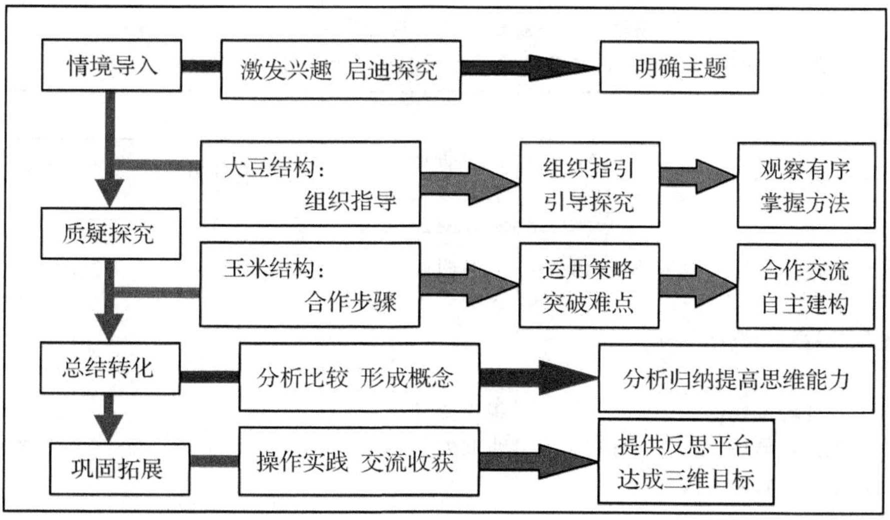

图示 1

微格教案简介：

本课从 00 分 00 秒开始导入，主要技能要素是：组织管理，提出活动要求。

微格教案——情境导入：创设情境 形成期待

科目：生物　课题：种子的结构　训练的技能：组织教学技能　主讲：王丽霞

教学目标：				
时间	授课行为	应掌握的技能要素	学生行为	教学意图
0 分 0 秒	上课！展示图片。 现在是秋天，收获的季节…… 观察你收集的种子，说说特点。 仔细观察细揣摩，你能提出哪些探究问题呢？ 大家提出有价值的问题都是围绕种子结构展开的…… 我们一起来探讨种子结构。	引起注意 组织管理 引导探究 形成期待	观察，交流。 可以探究种子结构…… 明确学习方向。	比较种子形态，引起兴趣。 形成探究意识，进入探究学习。

图示 2

教师在课前布置学生收集种子，上课时让学生观察收集的种子，说说自己收集的种子的特点，教师利用实物投影展示学生收集的不同种子，观察形态、大小等特点。

这时，教师引入课题：收集到这么多的种子，我们能提出哪些可探究的问题呢？

组织教学技能要素是：引起注意，通过组织管理，形成期待。

设计意图是：启迪学生形成探究意识，帮助学生向新课知识过渡，进入探究学习。

在 5 分 00 秒的时候，教师提出诱导问题：我们怎样进行探究种子结构呢？

微格教案——质疑探究：启迪假设 明确步骤

科目：生物　课题：种子的结构　训练的技能：组织教学技能　主讲：王丽霞

教学目标：				
时间	授课行为	应掌握的技能要素	学生行为	教学意图
05 分	我们怎样进行探究种子的结构呢？ 选取的材料为豌豆…… 小结： 多种角度看事物： 外形观察：形状、颜色、种皮 内部观察：胚的结构 纵剖观察：……	启迪假设 诱导 提出要求 步骤安排	交流： 水，……	组织学生有序观察，指导学生应用生物观察方法，形成科学素养。

图示 3

学生根据教师的提问，交流怎样进行种子结构的探究。交流后，教师小结：选取的材料为豌豆。提出：外部观察，如形状、种皮、颜色等，内部观察，观察胚的结构，纵剖观察……

组织教学的要素设定为：启迪假设，用诱导提问，引导学生交流，提出观察要求，设定观察步骤安排。

教师使用这几项教学要素的教学意图是：组织学生有序观察，指导学生应用生物的观察方法观察事物，并形成科学素养。

下面进入探究建构环节：观察大豆和玉米种子的结构。

时间在 10 分 00 秒，教学细节如下：

微格教案——探究操作：组织活动 形成建构

科目：生物　课题：种子的结构　训练的技能：组织教学技能　主讲：王丽霞

教学目标：				
时间	授课行为	应掌握的技能要素	学生行为	教学意图
10 分	根据所学习的观察种子的方法，请各小组设定观察玉米籽粒的实验步骤，根据步骤进行观察。 小组完成以下操作： 外部观察、内部观察 完成纵切，切面染色实验，思考：变蓝的部分是哪一部分？说明有什么成分？ 剥离完整的胚的结构并观察结构特点。 ……	步骤安排 矫正措施 组织管理 矫正措施 ……	流出少量水，证实种孔的存在…… 将两片子叶轻轻打开，并与豌豆幼苗比较观察，指出胚根、胚芽、胚轴和子叶位置。 ……	由易入难，学生对观察方法进一步内化，指导学生应用生物的观察方法观察事物，对各部分结构进行准确识别。 ……
23 分	大家根据老师提出的要求，分小组制作人工种子。	活动要求	小组制作人工种子。	通过实践内化知识。

图示 4

这个教学细节，教师运用的组织教学技能要素是：提出步骤安排，根据学习情况实施矫正措施，期间要有预设的组织管理，保证观察活动顺利进行。

设计意图：由易入难，学生对观察方法进一步内化，指导学生应用生物的观察方法观察事物，对种子各部分结构进行准确识别。

下面还有教学过程，由于时间的关系，不再赘述。

本课教学结束的时候在 27 分 00 秒。

教学细节如下：

微格教案——巩固拓展：提供平台 指导反思

科目：生物　课题：种子的结构　训练的技能：组织教学技能　主讲：王丽霞

教学目标：				
时间	授课行为	应掌握的技能要素	学生行为	教学意图
27 分	自我提问自引导，请大家交流学习收获。 及时倾听、反馈。	引导反思 矫正措施 追问 反问答疑	交流： 认知的；方法的；情感的质疑。	通过交流，培养学生的反思学习能力和创造思维能力。

图示 5

上课结束是巩固拓展环节，教师提供反思平台，提出依从问题：请大家交流学习收获。

组织教学技能要素是：引导反思，教师要根据课堂实际，决定采取的“矫正措施”，预设的教学行为，如：及时倾听，实施反馈，包括质疑、答疑等活动。

设计意图：通过交流，落实三维目标，培养学生的反思学习能力和创造思维能力。

现在说明：由于教学评价是照抄微格教材，所以本处略去不讲了。

最后，我的教学反思：

1. 本课围绕组织教学技能的要求进行设计，组织环节清晰，步骤紧凑。要素和教学意图明确，具有内在逻辑性。

2. 紧密围绕生物新的教学理念实施授课，教学环节组织精细。

3. 通过实验观察，学生能够辨认大豆种子和玉米籽粒的结构并准确描述其特征，说明两者之间的异同，能够阐明胚是种子的最主要结构。教师实行以学生为主体的探究学习，体现了高效教学的理念。

4. 问题：课堂中如何有效地组织小组活动，是教师今后有待探讨的问题。

附：教案见本书第 187 页。

编后记

本书在设计体例上力求大体一致，为了不至于呆板，所以，根据撰写情况，对有些教学设计有所调整，有的掐头去尾，仅取教案；有的即使在教案里边，也不再收录教案的开头和结尾，只是展示教案中间教学最精彩的细节片段。谓之“切片”。

微格技能培训具有小课、局部“切片”式的细节特点，既然是“切片”，教师撰写的微格教案重点是突出对某些技能的展示，带有探究性质，不能用整合课堂教学的眼光审视，这是微格教学训练的特点之一。

由于教学技能分类还不成熟，又由于教师兴趣不同，参与研究课题的教师人员有限，所以选编的设计案例的篇幅数量，如技能项目、学科、年级等都不均匀。

例如，学习指导技能，它的内涵丰富，教学需求强烈，参与设计的教师积极性高，选编的文章就多。其中，指导口语交际是属于学习指导范围，但是因为它的作用突出，是新课程教学大纲所看重的，所以我们就独立成篇，以凸显该项教学技能的地位与作用。又如，指导探究教学技能，教师撰写还显稚嫩，教学还不成熟，数量又少，我们同样单列成项目，将同类的教案编在一起了。

在我们的课题实验中，依据微格教学的传统认识，课堂教学基本技能，一共有 10 项，其中板书技能和结束技能专门训练的机会不多，它们都是融入到其它教学技能的训练之中进行的，所以，教师专门为它编写的教案不常见，本书选编的教学设计就少。

因为本书是实验学校教师所选定的研究课题的教学设计案例，由于选编仓促，教学设计还不能完全体现实验课题的要求，选编的案例疏漏、瑕疵定会很多，所以，本书仅仅起到抛砖引玉的作用。

我们希冀选编出更好的微格教学设计，这还需要在今后的实验中逐步探讨、完善，从而拿出比较理想的微格教学设计案例。

本书在编撰过程中得到北京教育学院钟祖荣副院长的耳提面授，在此表示衷心的感谢！

编者

2014 年 3 月